Uni-Taschenbücher 2050

Eine Arbeitsgemeinschaft der Verlage

Wilhelm Fink Verlag München
A. Francke Verlag Tübingen und Basel
Paul Haupt Verlag Bern · Stuttgart · Wien
Hüthig Fachverlage Heidelberg
Verlag Leske + Budrich GmbH Opladen
Lucius & Lucius Verlagsgesellschaft Stuttgart
Mohr Siebeck Tübingen
Quelle & Meyer Verlag Wiesbaden
Ernst Reinhardt Verlag München und Basel
Schäffer-Poeschel Verlag Stuttgart
Ferdinand Schöningh Verlag Paderborn · München · Wien · Zürich
Eugen Ulmer Verlag Stuttgart
Vandenhoeck & Ruprecht in Göttingen und Zürich

Michael Maunay

Franz-Josef Krumenacker

Bruno Bettelheim

Grundpositionen seiner Theorie und Praxis

Ernst Reinhardt Verlag
München Basel

Franz-Josef Krumenacker
Dr. phil, Diplomsozialpädagoge, Tätigkeiten in der ambulanten und stationären Jugendhilfe, wissenschaftlicher Mitarbeiter im Studiengang Sozialpädagogik der Universität Bremen, Lehrbeauftragter an der Universität Bremen

Die Deutsche Bibliothek – CIP-Einheitsaufnahme

Krumenacker, Franz-Josef:
Bruno Bettelheim : Grundpositionen seiner Theorie und Praxis / Franz-Josef Krumenacker. – München ; Basel : E. Reinhardt, 1998
  (UTB für Wissenschaft : Uni-Taschenbücher ; 2050)
  ISBN 3-8252-2050-8 (UTB)
  ISBN 3-497-01467-2 (E. Reinhardt)

© 1998 by Ernst Reinhardt, GmbH & Co, Verlag, München

Dieses Werk, einschließlich aller seiner Teile, ist urheberrechtlich geschützt. Jede Verwertung außerhalb der engen Grenzen des Urheberrechtsgesetzes ist ohne schriftliche Zustimmung der Ernst Reinhardt, GmbH & Co, München, unzulässig und strafbar. Das gilt insbesondere für Vervielfältigungen, Übersetzung in andere Sprachen, Mikroverfilmungen und für die Einspeicherung und Verarbeitung in elektronischen Systemen.

Einbandgestaltung: Alfred Krugmann, Freiberg/Neckar

Printed in Germany

ISBN 3-8252-2050-8 (UTB-Bestellnummer)

Inhalt

Einleitung 11

A. **Faszination: Ein »weiser Erzieher« und »großer Therapeut«. Zur Selbstdarstellung und Idealisierung Bruno Bettelheims** 15

    Zur Idealisierung Bettelheims 18
    Zu Bettelheims Selbstdarstellung und strategisch-selektivem Umgang mit Wahrheit 21

B. **Irritation: Ein unberechenbarer Tyrann und ehrgeiziger Karrierist. Zur posthumen Kritik an Bettelheim** 24

    Zur posthumen Kritik an Bettelheim 25
    Argumente und Strukturen der Gegenkritik 29
    Resümee: Das ambivalente Erbe B. Bettelheims 32

C. **Diskurs: Grundpositionen der Theorie und Praxis Bettelheims** 36

1.   Zu Bettelheims Psychoanalyse-Verständnis 37

1.1   Zwischen Trieb und Selbst. Bettelheims Psychoanalyse-Verständnis und die »vier Psychologien der Psychoanalyse« 37
1.1.1   Zwischenresümee 47
1.1.2   Zwischen Häresie und Orthodoxie. Zur charakteristischen Widersprüchlichkeit von Bettelheims analytischem Denken 48
1.1.2.1   Komplementarität? 52
1.1.3   Zusammenfassung 54

1.2   Bettelheims humanistische Freud-Interpretation 57
1.2.1   Selbstachtung als Therapieziel 61
1.2.2   Bedürfnisbefriedigung als Mittel der Therapie 63
1.2.3   Todestrieb 68

1.2.4	Entsexualisierter Eros	71
1.2.5	Akzentuierter Triebdualismus	73
1.2.6	»Das Innerste und Wertvollste des Menschen« – Bettelheims/Freuds Metapher der Seele	74
1.2.6.1	Erlösung der Seele	78
1.2.6.2	Sympathie und Empathie – Durch eigene Erfahrungen Gemeinsamkeiten erschließen	79
1.2.6.3	Das Wesen des therapeutischen Prozesses	89
1.2.7	Zur Funktion und Bedeutung der Seelen-Metapher	90
1.2.8	Zusammenfassung	93
2.	Vernachlässigung der Umwelteinflüsse und Fixierung auf das Pathologische – Bettelheims Psychoanalyse-Kritik	96
2.1	Vernachlässigung von Umwelteinflüssen	97
2.2	Im Bann des Pathologischen	102
3.	Anmerkungen zum Verhältnis von Individuum und Gesellschaft bei Bettelheim	106
D.	**Zur Bedeutung einer gestalteten Umwelt. Das Konzept »Milieutherapie« in systematischer Perspektive**	111
4.	Hintergründe, Entwicklung und eine Systematik der Bettelheimschen Milieutherapie	113
4.1	Biographische Aspekte	113
4.2	Sachlich-inhaltliche Aspekte	115
4.3	Frühe Milieutherapie	118
4.4	Späte Milieutherapie und die Entwicklungslinie des Konzepts	120
4.5	Eine Systematik des Bettelheimschen therapeutischen Milieus	123
4.5.1	Tiefenpsychologisch reflektierter und 'abgestufter' Alltag	125
4.5.2	Nicht-alltägliche Ereignisse im therapeutischen Milieu: »Magische Tage«	128

5.	Dimensionen von Milieutherapie. Systematische Rekonstruktion	131
5.1	Dimensionen von Milieutherapie: I Die Umgebung	131
5.1.1	Standortvoraussetzungen: Zur Lage der Orthogenic School	131
5.1.2	Zur Funktion und Bedeutung der Milieudimension Umgebung	132
5.2	Dimensionen von Milieutherapie: II Gebäude, Räume und Ausstattungen	134
5.2.1	Architektonische Voraussetzungen der Milieugestaltung	134
5.2.2	»Stumme Botschaften«. Bettelheims dominanter Blickwinkel	135
5.2.3	Zur Symbolik der Architektur der Orthogenic School	137
5.2.4	Zur Symbolik der Innenräume und Ausstattungen	139
5.2.5	Fünf interpretierend-kommentierende Bemerkungen	143
5.2.6	Jenseits der Symbolik: Weitere qualitative und quantitative Aspekte der Milieugestaltung	145
5.3	Dimensionen von Milieutherapie: III Die »institutionelle Umwelt«	146
5.3.1	Organisationsstrukturen der Orthogenic School	146
5.3.1.1	Einheitlichkeit	148
5.3.1.2	Autonomie	151
5.3.1.3	Soziale Solidarität	154
5.3.1.4	Gemeinschaft	158
5.4	Dimensionen von Milieutherapie: IV Die »menschliche Umwelt«	161
5.4.1	Beziehungsgestaltung. Ein voraussetzungsreicher Prozeß	163
5.4.1.1	Personelle Voraussetzungen der Beziehungsgestaltung an der Orthogenic School	163
5.4.1.2	Institutionelle Voraussetzungen	165
5.4.2	Beziehungsgestaltung exemplarisch: 'Harry'	165
5.4.2.1	Vorbereitung auf das Kind	166
5.4.2.2	Anbahnung der Beziehung	166
5.4.2.3	Ausprobieren der Angebote durch das Kind	170
5.4.2.4	Erste Beziehungsaufnahme	171
5.4.2.5	Festigung der Beziehung	173
5.4.2.6	Modifikation der Beziehung	177
5.4.2.7	Überstrenges Gewissen	179

5.4.2.8	Individualisierung der introjizierten Werte und Durcharbeiten individueller Probleme	180
5.4.3	Zur Funktion des Direktors in der milieutherapeutischen Beziehungsgestaltung	181
5.4.4	Anmerkungen zur Bedeutung der Gruppe in der nicht-dyadischen Beziehungsgestaltung	184
5.4.5	Zusammenfassung des Fallbeispiels	185
5.4.5.1	Die humanisierende Wirkung von Aktivität	189
5.4.5.2	Wechselseitigkeit	190
5.4.5.3	Autonomie	190
5.4.6	Aktivität, Wechselseitigkeit und Autonomie in der vorgestellten Beziehungsgestaltung	191
5.4.7	Durch pädagogisch-therapeutische Arbeit eigene Konflikte lösen	194
5.4.7.1	Umgang mit der Gegenübertragung	199
5.4.8	Zusammenfassung und abschließende Definition von Milieutherapie	202
6.	Zur notwendigen Kritik der Bettelheimschen Milieutherapie	206
6.1	Zur Problematik des Konzentrationslagers als negativem Fluchtpunkt von Milieutherapie	206
6.1.1	Verhinderung statt Ermöglichung von Autonomie	208
6.2	Eine Leerstelle in Bettelheims Milieukonzeption: Das »Unterleben«	212
6.3	Macht und Willkür der Leitung – Ein blinder Fleck in der institutionellen Organisation der Orthogenic School	213
E.	**Spurensuche. Elemente einer theoriegeschichtlichen Einordnung Bettelheims**	217
7.	Bettelheim und Pestalozzi – Milieutherapie und 'Wohnstubenpädagogik'	218
7.1	Liebevolle Fürsorge und absolute Respektierung der kindlichen Bedürfnisse als Programm	224
7.2	Die »Wohnstube« als therapeutisches Milieu	227
8.	Bettelheim und Montessori. »Therapeutisches Milieu« und »vorbereitete Umgebung«	233

8.1	Das »Montessori-Phänomen« oder »die Polarisation der kindlichen Aufmerksamkeit«	234
8.2	Montessoris Ideen im Wien der 20er und 30er Jahre. Lebensgeschichtliche Annäherung	236
8.3	Gemeinsame Merkmale der pädagogischen Anschauungen	239
8.3.1	Annahme einer konflikthaften Eltern-Kind- bzw. Erwachsenen-Kind-Beziehung	239
8.3.2	Die Würde des »leidenden Kindes«	242
8.3.3	Selbsttätigkeit	245
8.4	Kontrapunkt Phantasie	246
8.5	Das »therapeutische Milieu« als eine »vorbereitete Umgebung« im Sinne Montessoris	247
8.5.1	Ästhetische Gestaltung	248
8.5.2	Ordnung	251
8.5.3	Dem Kind angemessene Proportionen	254
8.6	Resümee: Bettelheim und Montessori	256
9.	Bruno Bettelheim und John Dewey. Milieutherapie und Progressive Education	257
9.1	Lebensgeschichtliche Annäherung	259
9.2	Erziehung zum Realitätsprinzip – zu Bettelheims expliziter Dewey-Rezeption	261
9.3	Schule als vereinfachte, gereinigte und integrierte Umgebung	263
9.4	Nicht-normatives Vorgehen; Fehlen eines Bildungszieles; Lernen durch Erfahrung; Situations- und Handlungsbezug	268
9.4.1	Fehlen eines normativen Gehalts und Unbestimmbarkeit eines Bildungszieles	269
9.4.2	Lernen durch Erfahrung	272
9.5	Resümee: Milieutherapie als Synthese modifizierter psychoanalytischer Positionen und der Progressive Education Deweys	275
Literatur		279
Personenregister		293
Sachregister		297

Einleitung

Als der greise österreichisch-amerikanische Pädagoge und Kinderpsychologe Bruno Bettelheim 1990 durch Freitod aus dem Leben schied, ehrte man ihn in zahlreichen Nachrufen in Europa und Amerika. Die New York Times charakterisierte den Wiener Emigranten als einen »Psychoanalytiker mit gewaltigem Einfluß« und »Pionier in der Behandlung geistesgestörter Kinder, der Großes leistete« (Goleman 1990). Ein anderer Autor der Times sprach von »einem der wichtigsten wissenschaftlichen und therapeutischen Vermächtnisse des Jahrhunderts« (Bernstein 1990). Nicht weniger wertschätzend urteilten deutsche und europäische Stimmen. Von einem »weisen Erzieher und großen Therapeuten, der uns alle leben und lieben lehrte«, war hier beispielsweise die Rede (Frise 1990). Die Reaktionen auf Bettelheims Tod spiegeln das außerordentliche Ansehen wider, das er in der breiten Öffentlichkeit genoß. Seine Schriften über Kinderpsychologie, Kindertherapie und Kindererziehung – beinahe in alle Sprachen übersetzt – erfuhren eine ungewöhnliche Verbreitung und enorme Wertschätzung. Bücher wie *Die Geburt des Selbst* ([1967] 1989a) *Liebe allein genügt nicht* ([1950] 1988) oder *Kinder brauchen Märchen* ([1976] 1990b) wurden von Millionen Menschen gelesen und beeinflußten ihren Umgang mit den eigenen und fremden, mit gesunden und emotional gestörten Kindern. Neben seinen originellen Ansätzen gründete der enorme Erfolg Bettelheims wohl auch in seiner besonderen Schreibweise. Eine flüssige, allgemeinverständliche Sprache benutzend, wirkten seine Texte immer lebensnah und erfahrungsgesättigt. Gleichermaßen entschlossen, nicht in hochtechnischen oder übermäßig spezialisierten Fragen zu versinken und psychoanalytischen Fachjargon zu vermeiden, entwickelte Bettelheim einen klaren, unverwechselbaren Stil, der seine Leser in ihrem Innersten ansprach und – wie der amerikanische Historiker und Psychoanalytiker David James Fisher (1994, 96) weiter formulierte – »eine echte Verständigung mit anderen Menschen von Seele zu Seele erlaubte.«

Weitaus weniger Beachtung und Wertschätzung als in der breiten Öffentlichkeit erfuhr Bettelheim allerdings in psychoanalytischen und akademischen Kreisen. Ein Mangel an (Meta)Theorie, fehlender Respekt vor den Standards wissenschaftlicher Methodologie und die anekdotenhafte Dokumentation seiner Behandlungsberichte wurden bemängelt (Craig 1992, 280; Zimmerman 1991; Merritt 1968). Von der breiten Öffentlichkeit als Vermittler zwischen der psychoanalytischen

Gemeinschaft und der Außenwelt wahrgenommen, betrachtete die etablierte Psychoanalyse Bettelheim als feindseligen Abtrünnigen (Eissler 1965, 243) und großen Popularisierer psychoanalytischen Gedankengutes (Coen 1988). Wie eine außerordentlich wertschätzende Anmerkung Donald W. Winnicotts belegt (1969, 246), bestätigen aber auch hier Ausnahmen die Regel.

Acht Jahre nach Bettelheims Freitod kann zumindest punktuell aber auch ein erneut erwachtes Interesse an seinem Werk registriert werden. Wichtige Etappen auf dem Weg dorthin markieren die Veröffentlichungen von Fisher (1991), Frattaroli (1992, 1994), Kaufhold (1993, 1994), Krumenacker (1997), Marcus/Rosenberg (1994), Roazen (1992), Sutton (1996), Szajnberg (1992), Winkler (1997), Wunsch (1998) und Zimmerman (1991, 1994, 1997). Im Vergleich mit den Rezeptionsbemühungen der frühen 90er Jahre zeichnet sich der heutige Diskussionsstand u. a. dadurch aus, daß der faktische Gehalt der nach Bettelheims Tod entfachten Kontroverse differenziert aufgenommen wird. Beispielhaft für einen konstruktiven Umgang damit stehen die Arbeiten von Pauker (1994), Sutton (1996) und Zimmerman (1997).

Wie Young-Bruehl (1996, 22) und Zimmerman (1997, 27) festgestellt haben, fällt eine vorläufig abschließende Bewertung, Würdigung und Kritik von Bettelheims Werk auf dem heutigen Erkenntnisstand allerdings noch schwer. Dazu bedarf es weiterer detaillierter Untersuchungen. Vor diesem Hintergrund suche ich hier erstmals einen gleichermaßen umfassenden, systematischen *und* kritischen Zugang zu Bettelheims pädagogisch-therapeutischem Werk. Ein solcher Anspruch machte es erforderlich, zusammen mit der Idealisierung und spezifischen Selbstdarstellung Bettelheims auch die posthume Kritik an seiner Person und Praxis ernstzunehmen und soweit es hier möglich war, aufzuarbeiten.

Die Richtung, die meine eigene Entwicklung in der mehrjährigen intensiven Auseinandersetzung mit seinen Ideen nahm, spiegelt der diesen Band strukturierende Dreischritt wider. Zu Beginn dominierte die *Faszination*, die auch für mich von dem Werk und der Person ausging. In meinem Falle wurde sie noch dadurch verstärkt, daß ich in meiner eigenen pädagogischen Tätigkeit in einer Reformeinrichtung der Jugendhilfe die Erfahrung machen konnte, daß der milieutherapeutische Ansatz – jedenfalls die Elemente, die davon in meiner Praxis umsetzbar waren – funktionierte. Nach dieser Phase folgten *Irritation* und Ernüchterung. Die nach seinem Tod gegen Bettelheim erhobenen Vorwürfe erwiesen sich im Spiegel einer sorgfältigen Literaturrecherche bald als inhaltlich gerechtfertigt, wenn auch absolut einseitig. Bestätigt wurde dieser Eindruck durch meine Korrespondenz mit Personen, die in der öffentlichen Kontroverse um Bettelheim ihre Stimme erhoben hatten und nicht zuletzt durch Auskünfte ehemaliger SchülerInnen und MitarbeiterInnen der Orthogenic School, jener legendären Heimschule an der Universität von Chicago, die Bettelheim bis in die 70er Jahre geleitet hatte. So führte ich mit Tom Wallace Lyons, der fast zwölf Jahre in der Orthogenic School lebte und auf den ich durch seine autobiographische Novelle über diese Zeit aufmerksam wurde (Lyons 1983), einen inspirierenden Briefwechsel. Seine außerordentliche Hilfsbereitschaft und die differenzierte Art und Weise, in der er zu meinen Fragen Stellung bezog, haben mich sehr beeindruckt und viel zu meiner eigenen Einschätzung der posthumen Kritik beigetragen.

Der dritte Schritt – und der Hauptteil dieses Bandes – versucht, die zwischen der Faszination und der Irritation bestehende Spannung nicht einseitig, sondern für einen kritischen *Diskurs* zu nutzen. Mit kritischer Sympathie leite ich Grundpositionen der Theorie und Praxis Bettelheims ab. Das Erkenntnisinteresse gilt seinem humanistischen Psychoanalyse-Verständnis, seiner Psychoanalyse-Kritik sowie dem Verhältnis von Individuum und Gesellschaft in seinem Denken. Es folgt eine ausführliche Rekonstruktion und Interpretation von Bettelheims Konzept eines therapeutischen Milieus. Der Anspruch dieses Teils besteht darin, die umfangreichen Beschreibungen Bettelheims in einen begrifflich abstrakteren Diskurs zu überführen und dadurch zu einem tieferen Verständnis und einer neuen Ausgangsposition für die Rezeption zu gelangen. Den negativen Fluchtpunkt dieses Kapitels bildet eine Rezeption des Konzeptes »therapeutisches Milieu«, die es in aller Regel auf einen Ansatz zur Gestaltung von Räumlichkeiten reduziert. Das Kapitel endet mit einer abschließenden Definition von Milieutherapie, die ihrer tatsächlichen Vielschichtigkeit und Komplexität gerecht wird.

Im Anschluß beginne ich damit, einen kritischen Diskurs über das Konzept des therapeutischen Milieus zu führen. Von einer These Michel Foucaults inspiriert, problematisiere ich Bettelheims Bezug auf das Konzentrationslager und erörtere die Frage, ob seine spezifische Realisation eines therapeutischen Milieus nicht auf eine Verhinderung, statt auf eine Ermöglichung von Autonomie hinauslaufen müsse.

Der Teil E ist einer Einordnung von Bettelheims Denken in pädagogische Traditionen gewidmet. Hier vergleiche ich seinen Ansatz mit dem Johann Heinrich Pestalozzis, Maria Montessoris und John Deweys. Der überraschend große Ertrag dieser vergleichenden Betrachtungen mag die vorgenommene Auswahl rechtfertigen und ihre Einseitigkeit/Unvollständigkeit ansatzweise kompensieren. Dem Kapitel über das Verhältnis der Bettelheimschen Milieutherapie und der Progressive Education John Deweys kommt in diesem Zusammenhang eine besondere Bedeutung zu. Im Gang der Argumentation arbeite ich den außerordentlichen Einfluß dieses wohl bedeutendsten amerikanischen Erziehungswissenschaftlers auf Bettelheim heraus und zeige dabei die pädagogischen Anteile von Bettelheims Denken auf. Dem großen Einfluß Deweys trägt auch das Resümee dieses Abschnitts Rechnung, in dem ich Bettelheims Ansatz als eine Synthese modifizierter psychoanalytischer Positionen und modifizierter Positionen des amerikanischen Pragmatismus charakterisiere. Die Auseinandersetzung mit geistesverwandten Konzepten deutet damit nicht nur Traditionslinien an, in die das Denken des Milieutherapeuten eingeordnet werden kann, sie trägt überdies zu seiner präziseren Charakterisierung bei.

Abschließend möchte ich allen danken, die mich beim Schreiben dieses Bandes unterstützt haben. Besonderer Dank gebührt meiner Frau, Martina Boller, die in unzähligen Diskussionen mein kritisches Bewußtsein geschärft und darüber hinaus den gesamten Text Korrektur gelesen hat.

A. Faszination: Ein »weiser Erzieher« und »großer Therapeut«. Zur Selbstdarstellung und Idealisierung Bruno Bettelheims

> »Idealisierung: Psychischer Vorgang, durch den die Qualität
> und der Wert des Objekts Vollkommenheit erlangen.«
> J. Laplanche / J.-B. Pontalis (1973, 218)

In seiner Studie *Wieviel Wahrheit braucht der Mensch? Über das Denkbare und das Lebbare* benutzt Safranski (1990, 11) zur Veranschaulichung seiner Fragestellung ein altes chinesisches Märchenmotiv:

> Über der Arbeit an einem einzigen Bild alt und einsam geworden, versammelt ein Maler – nachdem er endlich den letzten Strich an seinem Bild getan hat – seine verbliebenen Freunde um sich. Als diese sich nach sorgfältiger Begutachtung des Bildes dem Maler zuwenden wollen, ist dieser gerade im Begriff, in seinem Bild zu verschwinden. Er geht die von ihm gemalte sanfte Anhöhe hinauf, öffnet die Tür des von ihm gemalten Hauses, hält einen Augenblick inne, wendet sich noch einmal zu seinen Freunden um, winkt ihnen zu und verschwindet – sorgfältig die Tür hinter sich verschließend – in dem von ihm gemalten Haus.

Eine Anwendung dieses Gleichnisses über die Identität von Leben und Werk auf den Pädagogen und Therapeuten Bruno Bettelheim hätte wohl lange Jahre keinen großen Widerspruch hervorgerufen. Der Wiener Emigrant galt als einer der wenigen, der in seiner pädagogisch-therapeutischen Arbeit mit extrem gestörten Kindern dieser Utopie sehr nahe gekommen ist. In seiner Selbsteinschätzung befähigten ihn vor allem seine in deutschen Konzentrationslagern erlittenen Erfahrungen dazu. In einer Interpretation eines Gedichtes des von ihm verehrten Paul Celan (1920–1970) hat Bettelheim diesen Zusammenhang selbst hergestellt. Diese Verse und seine aufschlußreiche Interpretation sollen hier zitiert werden, weil sie inhaltlich ins Zentrum von Bettelheims Ansatz weisen und überdies seine charakteristische Schreibweise illustrieren. Bettelheims Wertschätzung von Celan resultierte maßgeblich aus der Tatsache, daß dieser sich offensiv mit der eigenen, traumatischen Erfahrung des Konzentrationslagers auseinandergesetzt hat. Besonders eindringlich geschah dies in einem Gedicht ohne Titel, das Bettelheim in seinem Essay *Der Holocaust – eine Generation später* zitiert. Celan spricht darin von Gefangenen, die ihr eigenes Grab schaufeln:

Es war Erde in ihnen, und
sie gruben.

Sie gruben und gruben, so ging
ihr Tag dahin, ihre Nacht. Und sie lobten nicht Gott,
der, so hörten sie, alles dies wollte,
der, so hörten sie, alles dies wußte.

Sie gruben und hörten nichts mehr;
sie wurden nicht weise, erfanden kein Lied,
erdachten sich keinerlei Sprache.
Sie gruben.

Es kam eine Stille, es kam auch ein Sturm,
es kamen die Meere alle.
Ich grabe, du gräbst, und es gräbt auch der Wurm,
und das Singende dort sagt: Sie graben.

O einer, o keiner, o niemand, o du:
Wohin gings, da's nirgendhin ging?
O du gräbst und ich grab, und ich grab mich dir zu,
und am Finger erwacht uns der Ring.« (Bettelheim 1980, 111)

In einem anderen Essay hat Bettelheim diese Zeilen sehr persönlich interpretiert und damit selbst den Schlüssel zum Verständnis seines Werkes geliefert. In *Eigner eigenen Gesichts* (1980, 122) heißt es:

> »Jene äußerste Einsamkeit und Verzweiflung der Menschen, von denen Paul Celan sagt, daß 'Erde in ihnen' war, und jenes neuerliche Erwachen zum Leben, das der Betroffene erfährt, wenn er jemanden hat, der von sich sagen kann 'Ich grab mich dir zu' – diesen beiden Zuständen bin ich auch in meiner lebenslangen Arbeit mit psychotischen Kindern und Jugendlichen begegnet. Ähnlich jenen Todeslager-Insassen, die sich, wie der Dichter sagte, ihr eigenes Grab schaufelten, gibt es auch unter diesen Jugendlichen viele, die unfähig sind, 'sich eine eigene Sprache zu erdenken', denn eine Sprache, die ihrer Qual, Verzweiflung, Vereinsamung und ihrem Tod bei lebendigem Leibe entspricht, kann es nicht geben.«

Die Schlußfolgerung dieser Interpretation hat Bettelheim wiederum in dem zuvor zitierten Essay (1980, 116) gezogen. Darin notiert er:

> »Wenn wir uns mit Einfühlung und Mitleid jenen entgegengraben, die die Hoffnung so sehr aufgegeben haben, daß 'Erde in ihnen ist', dann wird uns das zusammenbinden [...] und wir werden beide erwachen: jene aus ihrem Tod bei lebendigem Leibe und wir selbst aus unserer Gleichgültigkeit gegenüber ihrem Leiden.«

Dies ist das Bild, das Bettelheim von sich und seiner Arbeit entwirft. Wie die Kommentare ehemaliger Mitarbeiterinnen belegen, setzte er alles daran, den formulierten Anspruch auch praktisch einzulösen. Von einem außerordentlichen Pflichtgefühl ist darin ebenso die Rede, wie von einer strengen moralischen Grundorientierung und einem beispiellosen Einsatz (Shulenberger und Kahn in Sutton 1996, 353; Tyroler in Grossman 1990). So erinnert sich beispielsweise die frühere Betreuerin Fae Tyroler daran, wie Bettelheim an einem Vorweihnachtsabend auf dem Fußboden der Orthogenic School herumkroch, um hunderte kleiner Zinnsoldaten aufzustellen, die die Kinder beim Erwachen vorfinden sollten. Eine andere, Karen Zelan, erinnert daran, wie Bettelheim sich persönlich eines fünfjährigen Mädchens annahm, das jegliche Flüssigkeits- und Nahrungsaufnahme verweigerte und zu der die Betreuerinnen nicht durchdringen konnten (Grossman 1990). Sowohl der langjährige Leiter der Orthogenic School als auch seine Mitarbeiterinnen verschweigen aber, was Pekow (1990) – genauso einseitig die negative Seite hervorhebend – die »dunkle, gewalttätige Seite« Bettelheims nennt.

Betrachtet man das vorherrschende Bettelheim-Bild eingehender und mit kritischer Distanz, so lassen sich zwei Anteile identifizieren: Zum einen resultiert das Bild eines mit den extremen Wechselfällen des Lebens vertrauten und zu jedem Einsatz bereiten, psychoanalytischen »Heilers autistischer Kinder« (Fermi 1971) aus einer ausgeprägten Übertragungs- und Projektionsbereitschaft seiner Anhänger; den Großteil der Sekundärliteratur zu seinen Schriften kennzeichnet eine verehrende Übertragung. Sie läßt sich selbst bei Bieniussa (1986) nachweisen, dem das Verdienst zukommt, als einer der ganz wenigen deutschsprachigen Autoren frühzeitig auf die Idealisierung des Milieutherapeuten – zumindest durch seine Mitarbeiter – hingewiesen zu haben. So spricht auch er von den »großartigen Behandlungserfolgen« (32) oder der »genialen Leistung« (40) des Kindertherapeuten.

Neben einer solchen ausgeprägten Bereitschaft zur Glorifizierung durch seine Mitarbeiter und Anhänger läßt sich – zweitens – aber ebenso deutlich ein Eigenanteil Bettelheims an der Verklärung seiner Person und Praxis identifizieren. In diesem Kontext ist auf die bezeichnenden Auslassungen in seinen Schriften, auf die Betonung des Gelingenden und seine gelegentlichen 'Umdeutungen' hinzuweisen.* Eine ähnliche Selbststilisierung läßt sich auch im Hinblick auf seine Biographie nachweisen. In der französischen Originalausgabe ihrer detaillierten Biographie spricht Sutton (1996) von *belles histoires,* die Bettelheim in den USA über seine Vergangenheit verbreitete. Auslassungen, einsei-

---

* Am gravierendsten wohl im Falle der von ihm angegebenen Heilungsrate der in der Orthogenic School behandelten autistischen Kinder (Sutton 1996, 484).

tige Akzente und belles histoires zusammen konstituieren diese Praktiken, was ich einen strategisch-selektiven Umgang mit Wahrheit nenne und weiter unten exemplarisch aufzeigen werde.

Zur Idealisierung Bettelheims

Im Spiegel der Sekundärliteratur zu seinem Werk scheint es, als seien die nonkonformistischen, zuweilen durchaus eigenwilligen Standpunkte Bettelheims und die nicht selten kämpferische Weise, in der er sie darlegte, besonders geeignet, extrem gegensätzliche Reaktionen hervorzurufen. »Sein Leserkreis schien sich in Anhänger und Leute, die ihn nicht ertragen konnten, aufzuteilen«, bringt es Theran Raines, Bettelheims langjähriger Literatur-Agent, auf den Punkt (zit. nach Fremon 1994, 104). Es liegt nahe, in diesen ausschließlich positiven oder allein negativen, immer aber stereotypen Reaktionen jene charakteristischen Umgangsweisen in der Auseinandersetzung mit den Werken »großer Männer« zu sehen, die Kohut (1976, 172) herausgearbeitet hat. Nach seiner Überzeugung fällt eine objektive Bewertung ihres Schaffens so schwer, weil sie in der intensiven Auseinandersetzung mit ihrer Person und ihrem Werk unvermeidlich zu Übertragungsfiguren des Forschenden avancieren. Nach Kohut neigt der Forscher dazu, entweder eine idealisierende Übertragung zu entwickeln oder aber sich durch eine Reaktionsbildung dagegen zu wehren. Die negative Seite vernachlässigend, beschränke ich mich hier darauf, die im Falle Bettelheims ungewöhnlich ausgeprägte Tendenz zur Idealisierung an einigen Beispielen aufzuzeigen.

Aus den zahlreichen, seinem Werk und seiner Person gewidmeten Schriften, an denen sich die geläufige Verherrlichung aufweisen ließe, habe ich ein extremes Beispiel ausgewählt: die ausführliche Besprechung von Bettelheims Hauptwerk *Die Geburt des Selbst* ([1967] 1989a) durch Robert Coles. Ursprünglich in *The New Republic* erschienen, wurde sie in Coles Buch *The Mind's Fate: Ways of Seeing Psychiatry and Psychoanalysis* (1975) wiederabgedruckt und mir dadurch zugänglich.

Den euphorischen Ton dieses Buch-Essays kündigt schon seine Überschrift an: *A Hero of Our Time*. In einer Diktion, die streckenweise an Wilhelm Reichs *Rede an den kleinen Mann* erinnert, stellt Coles darin Bettelheim als einen jener außergewöhnlichen und tendenziell verkannten Männer vor, die bahnbrechende Leistungen vollbracht haben und die ihre Kollegen zu neuen Sichtweisen zwangen. Leistungen – wie die Bettelheims – seien außergewöhnlich genug, um von romantischeren Naturen als »schicksalhaft« bezeichnet zu werden. Wenig später spricht er von einem Schimmer von »Erlösung«, der von dem besprochenen Buch ausgehe und merkt an, daß diese, im Zusammenhang mit psychiatrischen oder psychoanalytischen Themen ungebräuchliche Formulierung, hier durchaus angebracht sei. Nach einer Beschreibung von charakteristischen Verhaltensweisen autistischer Kinder und verschiedenen ätiologischen Ansätzen zum Verständnis dieser schwersten psychischen Erkrankung des Kindheitsalters fragt Coles (1975, 139):

> »Wer kennt die Antwort – wenn sich nur ein paar wirklich darum bemühen und die innere Entschlossenheit, Selbstdisziplin (self-command) und Hartnäckigkeit dafür besitzen? Bruno Bettelheim hat diese Qualitäten und in diesem, wie in seinen anderen Büchern, ist er bereit, mit uns die Erfahrungen zu teilen, die er (in den Konzentrationslagern) machte und von denen ich annehme, daß sie diesen ungeheuren Lebenswillen (prior vitality) und diese Fähigkeit zur Einfühlung (plasticity of temperament) hervorbrachten.«

Die Besprechung endet, wie sie begonnen hat. Bettelheim wisse, daß die Ironien und Widersprüche des Lebens von dem psychiatrischen Kliniker soviel harte Arbeit, soviel genaueste Beobachtung und soviel Bescheidenheit fordere, wie er nur aufbringen könne. Gleichzeitig gebe es bis heute mehr Fragen als Antworten. »Vielleicht ist es solches, unter extremen Umständen erworbenes Wissen«, endet Coles, »das die Art des stillen Heroismus ausmacht, die Bettelheim und seine Kollegen weiterhin demonstrierten, Tag für Tag« (141).

Glorifizierungen wie diese tilgen jeden Makel, dulden keinen Rest von Unvollkommenheit oder Schwäche an der verehrten Person. Im verklärenden Licht der Idealisierung erscheint sie nicht länger als ein Mensch mit Stärken *und* Schwächen, sondern als makellose Idealgestalt. Auch wenn es sich bei Coles Besprechung um ein Extrembeispiel handelt, die darin überdeutliche Tendenz zur Idealisierung ist im Falle Bettelheims beinahe universell. So sieht sich auch Charles Rycroft (1992) in der Besprechung des gleichen Buches genötigt, den »Heroismus« des Milieutherapeuten zu preisen: Angesicht einer Arbeit, die die meisten Psychotherapeuten als herzzerreißend empfänden, müsse jeder Leser von der Bewunderung für den Heroismus und die Ausdauer von Bettelheim und seinen Mitarbeitern überwältigt werden, heißt es dort (98). Ähnlich euphorisch 'feierte' einige Jahre später Christopher Lehmann-Haupt (1974, 25) das Erscheinen von Bettelheims *A Home for the Heart* (1974) (dt. *Der Weg aus dem Labyrinth*). In seiner Besprechung im Feuilleton der New York Times beklagt er, daß es »nur einen Bruno Bettelheim gibt« und nur wenige es mit ihm hinsichtlich Einfühlsamkeit und Courage aufnehmen könnten.

Bettelheims, von jedem Experten-Jargon freie Schriften fanden ihre Leser aber nicht nur im Kreis interessierter Laien oder Eltern. Als Beleg dafür mögen die sieben Ehrendoktorate gelten, die er von amerikanischen Universitäten verliehen bekam (Wolffen 1990, 12). Seine Verehrung gipfelte in den 80er Jahren schließlich in einer Bemerkung des englischen Antipsychiaters Laing, derzufolge Bettelheim für sein Lebenswerk einen Nobelpreis verdient habe (1987).

Um Mißverständnissen vorzubeugen: Auch mir imponiert das außergewöhnliche Engagement Bettelheims für schwer gestörte Kinder, seine kompromißlose Parteinahme für ihre Autonomie und Menschenwürde und nicht zuletzt die in all seinen Behandlungsgeschichten aufscheinende pädagogisch-therapeutische Kreativität. Diese Qualitäten verdienen es, gewürdigt zu werden. Das Problem der zitierten Stellungnahmen besteht in ihrer radikalen Einseitigkeit. Indem sie keine Spur von Unvollkommenheit und nicht den leisesten Zweifel zulassen, suspendieren sie das eigene Denken und verklären die verehrte Person im Dienste eigener (unbewußter) Bedürfnisse.

Im Rahmen der an Bettelheims Person und pädagogischer Praxis geübten posthumen Kritik, der ich mich im nächsten Kapitel zuwende, wurde auch die Idealisierung seiner Person durch seine Anhänger thematisiert. Die erhobenen Vorwürfe, denen zufolge Bettelheim Kinder geschlagen und in manch anderer Hinsicht gegen die von ihm formulierten Prinzipien verstoßen habe, seien auf zerbrochene Idealisierungen zurückzuführen, war zu lesen (Kaufhold/Rügemer 1991, 104). Bemerkenswert an dieser Argumentation ist allerdings, daß sie die Person Bettelheims ihrerseits idealisiert. In einer solchen Sicht der Dinge wird das den kritischen Publikationen zugrundeliegende Motiv, primär nicht in der Empörung über und der erlittenen Kränkung durch das Fehlverhalten Bettelheims gesehen. Den eigentlichen 'Antrieb' sieht die Argumentation von den zerbrochenen Idealisierungen in der aus einer zerstörten Illusion resultierenden, narzißtischen Kränkung *der Kritiker*. Zugespitzt: Hier werden die Boten erschlagen, die die Nachricht vom Krieg überbringen. Die 'Opfer' werden zu 'Tätern', der 'Täter' zum 'Opfer' stilisiert. Bettelheim erscheint dann als das tragische Opfer einer Rufmordkampagne. Dadurch gelingt es, das makellose Bild seiner Person auch angesichts von Hinweisen aufrechtzuerhalten, die das Gegenteil nahelegen. Die Charakterisierung seiner Praxis in dem hier herangezogenen Aufsatz als »[...] unzweifelhaft überaus erfolgreiche und vorbildliche Arbeit [..]« (Kaufhold/Rügemer 1991, 104) spricht in diesem Zusammenhang eine deutliche Sprache.

Die Bettelheim-Hagiographen erliegen einem Fehlschluß, der in der Philosophie als *argumentum ad verecundiam* bezeichnet wird. Eine Behauptung wird umstandslos als »wahr« hingenommen, bloß weil sie von einer verehrten Person stammt. Mehr noch: Mit Praktiken, die – gelinde gesagt – als unwissenschaftlich bezeichnet werden müssen, versuchen sie, ein ideales, makelloses Bild aufrechtzuerhalten bzw. bringen dies selbst hervor. So wurde beispielsweise bei der deutschen Übersetzung des von David James Fisher mit Bettelheim geführten letzten ausführlichen Interviews eine lange Passage mit 'problematischem' Inhalt gekürzt, ohne dies kenntlich zu machen. In geringerem Maß trifft dies auch auf das letzte Gespräch Bettelheims mit Ekstein zu.* Ebenso wurden Passagen, die dem herrschenden Bettelheim-Bild widersprechen, aus der deutschen Fassung von Daniel Karlins letztem Film über Bettelheim herausgeschnitten. Dieses Schicksal widerfuhr etwa der Sequenz, in der Karlin mit dem langjährigen Leiter der Orthogenic School dessen charakteristische verbale Brutalität im Umgang mit Studenten und Betreuern seiner Schule diskutierte; Bettelheims Unterrichtsstil hatte ihm unter Studenten den Spitznamen »Brutalheim« eingetragen.

Zu Bettelheims Selbstdarstellung und strategisch-selektivem Umgang mit Wahrheit

Unter diesen Blickwinkeln fällt zunächst auf, daß in Bettelheims Publikationen nirgends ausdrücklich von Mißerfolgen in der Arbeit mit einzelnen Kindern die Rede ist, obwohl es sie gegeben hat. Als Begründung führt Bettelheim in *Liebe allein genügt nicht* ([1950] 1988, 25) lapidar an: »Es erschien uns jedoch überflüssig, den Leser mit einer Aufzählung unserer Mißerfolge zu belasten«. Aber auch andere problematische Themen, wie etwa das der Disziplin, fehlen. Dieses Defizit wurde von Fritz Redl bereits anläßlich des Erscheinens von Bettelheims erstem Buch *Liebe allein genügt nicht* kritisiert: »Dein Buch ist gut [...]. Aber warum hast du eine Märchensammlung daraus gemacht? [...] Warum schreibst du nichts über die Schwierigkeiten? Warum erwähnst du die Frage der Disziplin nicht?« (zit. nach Sutton 1996, 352). Bettelheims Antwort: »Die Leute würden mich doch nur mißverstehen. Sie würden es als Ausrede benutzen, um ihre eigenen Kinder zu mißhandeln« (352).

Heute ist davon auszugehen, daß die Bücher des Milieutherapeuten das Ideal präsentieren, nach dem er und seine Mitarbeiterinnen strebten. Obwohl die vielen Fallbeispiele und sonstigen Details aus der

---

* Ausgelassen wurden die Seiten 172–174 des Originalinterviews. Darin räumt Bettelheim ein, keine langjährige und tiefreichende Lehranalyse absolviert zu haben, wie er es noch in *Der Weg aus dem Labyrinth* (1975, 16) behauptet hatte. Fisher (1991, 159–181).

Praxis Authentizität zu verbürgen scheinen, verhandeln sie nicht die tatsächliche Praxis. Auch an der Orthogenic School unter Bettelheim gestaltete sich die Arbeit mit gestörten Kindern aufreibender, chaotischer und insgesamt weniger 'glatt' und auch weniger erfolgreich, als es ihr langjähriger Leiter in seinen Publikationen darstellte. Wenngleich er das Positive auf Kosten problematischer Gehalte hervorhob, bestätigen ehemalige Mitarbeiter gleichzeitig, daß seine Beschreibungen in weiten Teilen doch dem entsprachen, was sie an der Orthogenic School erlebten und ins Werk setzten. Bettelheim vorzuhalten, er habe in seinen Publikationen Wunschimagines verbalisiert, schießt daher über das Ziel hinaus. Zutreffender ist es, von einem strategisch-selektiven Umgang mit Wahrheit zu sprechen. Besonders deutlich kommt dieser in einem Briefwechsel mit Elisabeth Badinter zum Ausdruck. Im Jahre 1981 bat die französische Soziologin Bettelheim um ein Vorwort für ihr Buch *Die Mutterliebe,* in dem sie die Existenz eines Mutterinstinkts bestreitet. Er verweigerte ihr dies mit der folgenden Begründung:

»Unglücklicherweise ist mir das [etwas der Verbreitung des Buches Förderliches zu schreiben] aus beruflichem Verantwortungsgefühl nicht möglich. Mein ganzes Leben lang habe ich mit Kindern gearbeitet, deren Leben durch den Haß oder die Indifferenz ihrer Mütter zerstört waren. Das Fehlen des Mutterinstinktes ist mir also von zahlreichen Müttern her bekannt. In der Tat hat McMillan einige der Bücher publiziert, in denen ich genauer beschrieben habe, wie diese Mütter ihre Kinder zerstört haben. Der Inhalt des Buches war mir also nicht neu. Der Grund, warum ich mich nicht für das Buch einsetzen kann, ist der, daß es das Schuldgefühl unterdrücken wird, das durch die Ablehnung des Kindes ausgelöst wird und welches als einziges Element dem von der Mutter zurückgewiesenen Kind einen gewissen Schutz bietet. Zu zeigen, daß der Mutterinstinkt nicht existiert – und er existiert nicht, warum hätten sonst so zahlreiche Kinder meiner professionellen Hilfe bedurft – und daß es so viele Mütter gibt, die ihre eigenen Kinder ablehnen, wird dem Schuldgefühl ein Ende bereiten, der einzigen Barriere, die bestimmte Kinder wenigstens vor der Zerstörung, dem Selbstmord, der Magersucht oder wie immer Sie es nennen wollen, hätte retten können. Ich kann meinen Namen also nicht zur Aufhebung dieser letzten Barriere hingeben, der vielen unglücklichen Kindern eine Chance bietet, der Zerstörung zu entkommen. [...]« (zit. nach Badinter 1981, 28).

Dies ist der sachlich-inhaltliche Aspekt von Bettelheims selektiv-strategischem Umgang mit Wahrheit. Auch hinsichtlich seiner eigenen Publikationen befürchtete er offenbar, daß die »ganze Wahrheit« zu, für die betroffenen Kinder, nachteiligen Mißverständnissen hätte führen können. Um Eltern oder Professionellen keine Vorwände für einen fragwürdigen Umgang mit ihren Kindern zu bieten, zog er es offenbar vor, bestimmte Dinge unausgesprochen zu lassen. Um nicht selbst in den Verdacht des Idealisierens zu geraten: die spezifischen Auslassungen in seinen Schriften standen überdies wohl auch im Dienst der Selbststilisierung und Selbstdarstellung seiner Person. Mit solchen Praktiken trug er selbst zu seiner Idealisierung bei, auch wenn er sich mit Sätzen, wie den folgenden dagegen verwahrte: »Ich habe keine Verwendung für Heilige. Sie sind unmögliche Menschen; [...]. Je eher sie zum Himmel fahren, desto besser, denn da gehören sie hin« (zit. nach Dempsey 1970, 108).

Betrachtet man Bettelheims selektiv-strategischen Umgang mit Wahrheit im Zusammenhang mit seiner Lebensgeschichte, so erscheint er als Ausdruck des Bemühens, einem ungeheuren inneren Erfolgszwang gerecht zu werden. Dieser wiederum gründete maßgeblich in dem Schuldgefühl, das Konzentrationslager überlebt zu haben. In *Der Weg aus dem Labyrinth* (1975) hat er darauf hingewiesen, daß die Erfahrung der Lager bei ihm zu der leidenschaftlichen Überzeugung geführt habe, daß zukünftig kein Leben mehr sinnlos vergeudet werden dürfe (Bettelheim 1975, 16). Sein leidenschaftliches Engagement resultiere aus dem unbewußten Bedürfnis, nicht versagen zu dürfen, was in seinem Fall einem tiefen, persönlichen Scheitern gleichgekommen wäre. Die aus diesem Bekenntnis ableitbare Psychodynamik lautet im Klartext: Jeder mißlungene Versuch für hoffnungslos erklärte Kinder zu 'retten', stellte nichts Geringeres in Frage als die eigene Lebensberechtigung. Umgekehrt schien jeder Heilungserfolg die Tatsache, überlebt zu haben, zu rechtfertigen. Vollkommen kann allerdings auch eine solche lebengeschichtliche Interpretation den Eindruck mangelnder intellektueller Redlichkeit und eines ungeheuren persönlichen Ehrgeizes nicht auslöschen.

Die Konsequenzen, die aus der hier aufgezeigten Idealisierung und Selbststilisierung Bettelheims für die Rezeption seines Werkes und mithin auch für die vorliegende Arbeit zu ziehen sind, diskutiere ich im Anschluß an das folgende, der posthumen Kritik gewidmete Kapitel.

B. Irritation: Ein unberechenbarer Tyrann und ehrgeiziger Karrierist. Zur posthumen Kritik an Bettelheim

> »Das eine bin ich, das andere sind meine Schriften.«
> Friedrich Nietzsche ([1908] 1973)

> »Es ist ein großer Unterschied zwischen dem,
> was man beschreibt und dem, was wirklich geschieht.«
> Bruno Bettelheim (1976, 15)

Die Geschichte der Pädagogik hält viele Beispiele für ein ambivalentes Erbe ihrer Protagonisten bereit: Da ist etwa Jean-Jacques Rousseau (1712–1778), jener herausragende Wegbereiter der modernen Pädagogik, der keine Zeit und kein Interesse hatte, sich um die eigenen Kinder zu kümmern; er übergab sie einem Findelhaus. Da ist Maria Montessori (1870–1952), die leidenschaftliche Anwältin des Kindes und Protagonistin einer Erziehung vom Kinde aus. Um ihre akademische Karriere nicht zu gefährden, 'versteckte' sie ihren unehelichen Sohn auf dem Lande. Da ist Giovanni Don Bosco (1815–1888), weltweit gefeierter Erfinder der Präventivmethode und entschiedenster Gegner jeder körperlichen Strafe. Mit einem ernsten Disziplinproblem in seinem Heim konfrontiert, 'löste' er es, indem er den jugendlichen Delinquenten ohrfeigte. Und – da ist schließlich Bruno Bettelheim, der einfühlsame Erzieher und Therapeut schwergestörter Kinder, der seine Mitarbeiter – wie kein anderer – lehrte, sich in die ihnen anvertrauten Kinder einzufühlen und jeden zu entlassen drohte, der sich zu körperlichen Sanktionen hinreißen ließ. Einen ersten Hinweis darauf, daß auch er dem genuinen Dilemma zwischen Theorie und Praxis nicht entgangen war, lieferte David Dempsey im Jahre 1970. Er zeichnete das Porträt einer Person, die den Ruf genoß, innerhalb und außerhalb der Hörsäle eine tyrannische Figur zu sein. Das ganze Ausmaß des damit angedeuteten 'Problems' offenbarte die nach Bettelheims Tod von ehemaligen Patienten (und Mitarbeitern) veröffentlichte Kritik an seiner Person und Praxis an der Orthogenic School. Den Aussagen einiger lange Jahre dort betreuten Kindern folgend, verbreitete der große alte Mann der Kinderpsychologie dort Angst und Schrecken. Im Gegensatz zu dem kanonisierten Bild des Milieutherapeuten als grenzenlos geduldigem und einfühlsamem Heiler autistischer Kinder, entwarfen sie das Bild eines Menschen, der sich vor allem durch seine Unberechenbarkeit und legendären Launen auszeichnete. Das vernichtende Resümee seiner Beziehung zu Bettelheim und damit zugleich die heftigste Anklage des für seine Weisheit und Wärme gerühmten Pädagogen stammt von Ronald Angres:

> »[...] ich lebte jahrelang in panischer Angst ['terror'] vor seinen Schlägen, in panischer Angst vor dem Widerhall seiner Schritte im Schlafraum – in erbärmlicher, animalischer Angst. Ich wußte nie, wann er mich schlagen würde, oder für was, oder wie brutal« (Angres 1990, 27).

Nach solchen Anschuldigungen scheint es, als gebühre dem Milieutherapeuten ein Ehrenplatz in jener noch zu schreibenden, satirischen Geschichte der Pädagogik, der es nach Siegfried Bernfeld vorbehalten bleibt, die Lehren auch »der größten und ehrwürdigsten« Pädagogen darzustellen »[...] in ihrer schreienden Dissonanz zum edlen, ewigen, erschütternd formulierten Ziel« (Bernfeld [1925] 1973, 40).

Jede Arbeit über Bettelheim, die sich nicht dem Vorwurf der dogmatischen Abschirmung aussetzen und gegen die Regeln eines aufgeklärten Diskurses verstoßen will, muß sich mit den erhobenen Vorwürfen auseinandersetzen und dazu Stellung beziehen. Weder ihre unkritische Verleugnung noch ihre Verabsolutierung stellt einen angemessenen Umgang mit Bettelheims Erbe dar. Konstruktiv erscheint mir allein, die Kritik in ihrer ganzen Radikalität zur Kenntnis zu nehmen, sie – soweit möglich – auf ihre Stichhaltigkeit zu überprüfen und ihre Argumente sodann mit denen der Gegenkritik zu konfrontieren. Am Ende gilt es, Schlußfolgerungen, sowohl im Hinblick auf die Person als auch im Hinblick auf die hier relevanten Aspekte ihres Werkes zu ziehen. Da sich sowohl die Idealisierung als auch die Kritik Bettelheims durch radikale Einseitigkeit auszeichnet, gilt das Erkenntnisinteresse hier auch der jeweils verdrängten »anderen Seite«. Dadurch soll die Ambivalenz der Person und des von ihr vertretenen Ansatzes zum Vorschein gebracht und in einer vornehmlich nach der Devise »No Shades of Gray. Just Black or White« geführen Debatte, die Wahrnehmung von Grautönen ermöglicht werden. Am Ende dieses Kapitel soll ein differenziertes, weder grob idealisiertes, noch grob negativ verzerrtes Bild des Milieutherapeuten und seines Ansatzes skizziert werden.

Zur posthumen Kritik an Bettelheim

> »Wenn es uns Juden gelingt, uns von den verbliebenen Resten des Ghettodenkens zu befreien, mag uns die Aufgabe zufallen, der westlichen Welt beizubringen, daß sie wie jeder einzelne von uns das Zusammengehörigkeitsgefühl über die eigene Gruppe und über ideologische Grenzen hinaus ausdehnen muß – *nicht weil alle Menschen im Grunde gut sind, sondern weil Gewaltanwendung für den Menschen so natürlich ist wie der Hang, Ordnung zu schaffen*« (Bettelheim 1990, 290; Hervorh.: F.-J. K.).

Mit diesen Worten beschloß Bettelheim seine letzte eigenständige Buchveröffentlichung. Der Hinweis auf die potentiell gewalttätige Natur des Menschen erhielt durch die gegen ihn laut gewordenen Vorwürfe plötzlich eine ganz unerwartete Brisanz.

Eröffnet wurde die posthume Debatte über Bettelheim und seine Praxis an der Orthogenic School durch einen wenig beachteten, lediglich mit den Initialen W. B. gezeichneten Leserbrief an die Wochenzeitung *Chicago Reader*. Darin widersprach William Blau, der von 1949–1950 als Betreuer an der Orthogenic School gearbeitet hatte, dem kanonisierten Bild Bettelheims, indem er ihn als unbeherrschte und unberechenbare Persönlichkeit schilderte. Weltweite Aufmerksamkeit erregte jedoch erst ein Artikel von Charles Pekow (1990) in der Washington Post. Pekow wurde 1965 in die Orthogenic School aufgenommen und verbrachte zehn Jahre dort. Mit zweimonatigem Abstand folgte ein ausführlicher Beitrag von R. Angres über seine Erfahrungen in der Bettelheim-Institution in der konservativen jüdischen Monatsschrift *Commentary*. Diese beiden Berichte ehemaliger Absolventen der Orthogenic School stellen die beiden 'großen' schriftlichen Dokumente der Kontroverse dar. Versucht man, die in ihnen vorgebrachte Kritik zu systematisieren, so lassen sich mindestens fünf unterschiedlich geartete Vorwürfe unterscheiden:

– Der langjährige Leiter der Orthogenic School habe Kinder körperlich und verbal mißhandelt, während er sich öffentlich gegen jede Gewaltanwendung aussprach.
– Bettelheim habe die Eltern der Kinder, mit denen er arbeitete, in grausamer Weise beschuldigt, die Leiden ihrer Kinder verursacht zu haben.
– Bettelheim habe viele Probleme als psychogen diagnostiziert, die auf somatische oder neurologische Ursachen zurückgingen.
– Von der Überzeugung ausgehend, daß es keine Unfälle (Zufälle) gäbe, habe Bettelheim Kinder für körperliche Ungeschicklichkeiten und Zusammenstöße mit anderen Kindern bestraft, weil er darin einen Ausdruck unbewußter Aggression sah.
– Der Kunsthistoriker Bettelheim, der das Milieu der Orthogenic School durch Kunstwerke für die Kinder attraktiv zu gestalten vorgab, habe tausende von Dollars dafür ausgegeben, Teile der Einrichtung, die von den Kindern selten betreten wurden, mit Kunstwerken zu dekorieren.

Die folgenden Ausführungen beschränken sich auf den gravierendsten, zuerst genannten Vorwurf. Konkret spricht Pekow von Ohrfeigen aus nichtigen Anlässen und davon, daß Bettelheim Kinder mit Fäusten in die Seite geschlagen habe – in einem Fall für die Dauer von fünf Minuten. Der ehemalige Patient präzisiert seinen Vorwurf insofern als er einräumt, die Übergriffe hätten nicht zu körperlichen Verletzungen geführt, die Auswirkungen auf die Selbstachtung der Kinder seien allerdings verheerend gewesen.

Mit Nachdruck hebt dies auch Angres (1990, 27) für seine eigene Person hervor. Er berichtet davon, von Bettelheim an den Haaren auf die Bank geschleift worden zu sein, auf der die Schüler warten mußten, bis sie in den Speisesaal eingelassen wurden. Um dem unvermeidlichen Gedränge zu entgehen, hatte er sich in einen Sessel in einem angrenzenden Raum gesetzt. Dafür wurde er von dem Leiter als »megalomaniac« beschimpft. In einem anderen Fall, berichtet Pekow, habe Bettelheim ein jugendliches Mädchen an den Haaren aus der Dusche gezerrt und coram publico geschlagen. Selbst vor autistischen Kindern, die sich nicht deutlich artikulieren konnten, habe er nicht halt gemacht. Zusätzlich zu solchen körperlichen Übergriffen habe er die ihm anvertrauten Kinder routinemäßig als »verrückt« oder »crippled in the mind« beschimpft und ihnen mit der »Klapsmühle« (»nut house«) gedroht. Eine Jugendliche, die Bilder der Beatles aufgehängt hatte, wurde von Bettelheim als »Schlampe« (»slut«) beschimpft. Zusammen mit seinen legendären Launen, schreiben Angres und Pekow übereinstimmend, hätten solche Übergriffe Bettelheim zu einer von Kindern wie Betreuern gleichermaßen gefürchteten Person gemacht und zu einer angstvollen Atmosphäre in der Einrichtung geführt. Die Glaubwürdigkeit von Pekows Artikel wird dadurch untermauert, daß zahlreiche von ihm befragte ehemalige Mitpatienten und Mitarbeiter seine Aussagen bestätigten bzw. ihrerseits von Übergriffen Bettelheims berichteten. So wiederholte Alida Jatich ihren Vorwurf, Bettelheim habe sie als fünfzehnjährige grundlos an den Haaren aus der Dusche gezerrt und vor den anderen Kindern ihres Schlafraumes geschlagen (Jatich 1991, 9; 1991a, 6). Sie berichtete von einem weiteren Zwischenfall. Mit leiser Stimme hatte sie Bettelheim gegenüber gewagt zu behaupten, die Schule sei zu restriktiv, wofür sie von ihm geschlagen worden sei (1991a, , 6). Indem Jatich ihre Schuldgefühle gegenüber anderen Kindern der Orthogenic School anspricht, unter denen sie heute leidet, macht sie noch auf eine andere Dimension des Problems aufmerksam. Heute bereue sie, bei Übergriffen Bettelheims, deren Zeugin sie wurde, nicht zumindest ihre Stimme erhoben zu haben:

> »[...] ich habe gesehen, wie Bettelheim viele andere Kinder geschlagen hat und habe nie ein Wort dazu gesagt. Heute bedauere ich das, unabhängig von potentiellen Konsequenzen, die ich zu tragen gehabt hätte. Eine meiner Schlafraumgenossinnen schrieb in einem Brief, daß sie nach Hilfe gerufen habe, als Bettelheim sie schlug. Sie war zurecht entsetzt, daß niemand, weder ein Mitarbeiter noch ein anderes Kind, für sie eintrat, noch einzugreifen versuchte. Auch ich war anwesend, als das passierte« (1991a, 8).

Aber selbst in den vernichtenden Vorwürfen ehemaliger Schüler läßt sich auch 'die andere Seite' von Bettelheims ambivalenter Persönlichkeit und Praxis ausmachen. So räumt Pekow – im Unterschied zu Angres – ein, daß einige der von ihm befragten ehemaligen SchülerInnen der Orthogenic School, Bettelheim für die Hilfe, die ihnen dort zuteil geworden sei, dankbar seien, ohne dies allerdings weiter auszuführen. Zugleich berichteten aber auch sie davon, geschlagen worden zu sein. Zu diesem Personenkreis gehört Tom W. Lyons, der 1983 eine autobiographische Novelle *The Pelican and After* über seinen Aufenthalt an der Orthogenic School publizierte. In meiner schriftlichen Diskussion mit ihm differenzierte er seine Sicht der Orthogenic School und der Bettelheim-Kontroverse, in deren Rahmen der Kinderpsychologe über Nacht von einem »media darling« zum einem »media pariah« degradiert wurde (Lyons 1995, 3). Lyons hebt hervor, daß den bitteren Vorwürfen gegen Bettelheim und seine Mitarbeiter ein reales Leiden vieler Ehemaliger zugrundelag, das danach verlangte, verstanden zu werden (1995, 4). Damit setzt er aus der Innenperspektive einen wohltuenden Kontrapunkt zur Argumentation der zerbrochenen Illusionen. Bezogen auf seine eigene Person schreibt Lyons:

> »Ich glaube, daß mir an der Orthogenic School geholfen wurde. Das unterscheidet mich womöglich von vielen derer, die sich jetzt beschweren. Viele beschweren sich über körperliche Züchtigung. Ich wurde geschlagen. Aber es geschah nur ungefähr ein oder zweimal im Jahr, wenn überhaupt. Und es gab ein paar zweijahres Episoden, in denen ich überhaupt nicht geschlagen wurde. Ich glaube, daß ich gelegentlich zu Unrecht geschlagen wurde. Aber als ich klein war, habe ich mich oft daneben benommen. Oft habe ich erwartet, geschlagen zu werden und nichts passierte. Bedenken sie aber, daß andere öfter geschlagen worden sein könnten als ich« (1995, 4).

Vor dem Hintergrund eigener Erfahrungen an der Orthogenic School gibt Lyons sodann zu bedenken, daß die Berichte der Kritiker zugleich zutreffen und dennoch den falschen Eindruck einer Terror-Herrschaft hervorrufen könnten. Einseitig nur die Übergriffe thematisierend, die zudem verschiedene Personen betrafen, verfehlen sie, »daß zwischen diesen Ereignissen eine Menge normales und selbst glückliches Leben stattgefunden haben könnte« (1995, 5). An einer anderen Stelle schreibt er ausdrücklich: »In der Tat gab es eine Menge Wärme und Alltag an der Orthogenic School.« Und er fügt hinzu: »Ich erinnere mich nicht daran, daß ich mich einer konstanten Bedrohung ausgesetzt fühlte, auch wenn es einige harte Zeiten gegeben hat« (6). Insgesamt glaubt Lyons, daß diejenigen, die von ihrem Aufenthalt an der Orthogenic School profitiert hätten, in der Medien-Debatte unterrepräsentiert gewesen seien. Womöglich hätten sie einfach ihren Aufenthalt in einer psychiatrischen Einrichtung nicht öffentlich machen wollen. Fairerweise sollte aber ihr Schweigen die Vorwürfe jener nicht entkräften, die sich entschlossen hätten, sie auszusprechen (5).

Auch wenn es sich bei Lyons Novelle um einen fiktiven Text handelt und seine Grenzen als 'Dokument' bedacht werden wollen, so legt die strukturelle Übereinstimmung der Schilderung mit den von Kritikern erhobenen Vorwürfen einen hohen Realitätsgehalt nahe. Zugleich muß aber betont werden, daß eine Kritik an oder gar Abrechnung mit Bettelheim und der Orthogenic School nicht das Grundmotiv dieser Novelle darstellt.

Argumente und Strukturen der Gegenkritik

Was aber erwiderten die Fürsprecher Bettelheims auf die erhobenen Vorwürfe? Im Überblick lassen sich ihre Stellungnahmen in vier Kategorien einteilen: Zum einen wurden die artikulierten Vorwürfe pauschal angezweifelt. Exemplarisch für diese Gruppe der Verteidiger soll hier Duncan R. Scott (1990), ein früherer Student Bettelheims, stehen. Er bezweifelt, daß die von Jatich und anderen beschriebenen Übergriffe tatsächlich stattgefunden hätten und verweist darauf, daß die Eltern und Kinder die Universität von Chicago zum Einschreiten hätten veranlassen können. Der zweiten Kategorie müssen jene Stimmen zugeordnet werden, die das Motiv der Anschuldigungen primär in den zerbrochenen Illusionen der Kritiker orteten. Als herausragender Repräsentant dieser Argumentation muß der amerikanische Psychoanalytiker und Historiker David James Fisher (1992) angesehen werden. Da auf diese Sichtweise bereits im ersten Teil dieser Arbeit eingegangen wurde, braucht sie hier nur benannt zu werden. Die dritte Kategorie konstituieren die Stellungnahmen Ernst Federns (1994a, 1994b), der zu den in Angres Artikel vorgebrachten Vorwürfen Stellung nahm. Wie die Bettelheim-Debatte insgesamt, so rief auch Federns Verteidigung die Gegner der Psychoanalyse auf den Plan. Wie sich in unserer schriftlichen Diskussion herausstellte, wurde Federns Beitrag von Masson auf undifferenzierte Weise verächtlich gemacht. Nach Federns Meinung dürfe Gewalt zwar unter keinen Umständen ein Erziehungs- oder Behandlungsmittel sein, dennoch komme es aber in jeder Milieutherapie zu Eskalationen, »in denen die Anwendung von Gewalt nicht ausgeschlossen werden kann. Gewaltanwendung in Erziehung und Behandlung ist immer eine besondere Ausnahme«, schreibt er weiter, »die unglücklicherweise nicht völlig aus der Realität ausgeschlossen werden kann« (1994a). So realistisch diese Einschätzung des erfahrenen

Praktikers auch ausfällt, ich kann in den von den Kritikern thematisierten Szenen keine Anzeichen entdecken, die auf Eskalationen hinweisen. Zugleich bestätigt und differenziert werden die Vorwürfe gegen Bettelheim von den Beiträgen seiner beiden Nachfolger B. Cohler (zit. nach Grossman 1990, 9 und Darnton 1990, 58) und J. Seevak Sanders sowie den Ausführungen seiner französischen Biographin Nina Sutton. Sie sollen hier der vierten und letzten Kategorie zugeordnet werden. Sanders, die vierzehn Jahre mit Bettelheim zusammenarbeitete, bevor sie 1973 die Leitung der Schule übernahm, macht darauf aufmerksam, daß Bettelheims Bedürfnis, etwas Großes zu leisten, ihn zu einem schwierigen Mitmenschen machte. Mit seinem Hintergrund und seiner Erziehung, räumt sie ein, konnte es vorkommen, daß er Kinder schlug. Und auch in ihrer Stellungnahme scheint die Ambivalenz der Person und Praxis Bettelheims auf: »Aber er war doch ein großer Lehrer, und er war immer da für die Kinder« (Sanders zit. nach Wehrmann 1990, 87). Im gleichen Sinne äußerte sich auch Cohler.

Die bisher gründlichste Auseinandersetzung mit der posthumen Kritik findet sich in Suttons Bettelheim-Biographie (Sutton 1996, 15 ff., 423 ff. und passim). Sie benennt nicht nur einige wichtige, in der bisherigen Debatte ungenannte Tatsachen wie die, daß die ehemaligen SchülerInnen, die Bettelheim nach seinem Tod öffentlich anklagten, sich alle kannten. In ihren sich wechselseitig bestätigenden Schreiben behandelten sie einander aber wie unbekannte Personen. Ronald Angres, Alida Jatich und Charles Pekow gehörten zu jener Generation, die Bettelheim – wie Sutton schreibt – »ohne Zweifel etwas vernachlässigt hatte, so absorbiert wie er mit der schwierigen Angelegenheit seine eigene Nachfolge zu regeln, war« (Sutton 1996, 27). Überdies weist sie darauf hin, daß die Kritiker zu der Generation gehörten, die er durch sein Ausscheiden verließ. So zutreffend diese Fakten sein mögen, kritische Stimmen werden darin wenig mehr entdecken können als eine nachträgliche Rechtfertigung persönlichen Fehlverhaltens. Eine weitere wichtige Information, die Sutton beiträgt, betrifft Bettelheims Verhalten in den frühen Jahren. Die ersten Betreuerinnen der Orthogenic School bezeugten ihr gegenüber übereinstimmend, ihren Vorgesetzten nie ein Kind haben schlagen sehen. Aber auch sie räumen ein, daß seine Kommentare gegenüber den Kindern schon zu dieser Zeit mitunter so grausam ausfallen konnten, daß sie selbst für die Betreuerinnen schwer auszuhalten waren (323).

Sutton leugnet nicht, daß der langjährige Leiter der Orthogenic School die Beherrschung verlieren konnte. Sie charakterisiert ihn vielmehr als eine Person, die in ihren späten Jahren dazu tendierte, alle Grenzen zu ignorieren. »Do as I say, not as I do« (353), lautete Bettelheims Ratschlag an seine Betreuerinnen, der bezeugt, daß er sich selbst der Differenz zwischen seiner Theorie und Praxis bewußt war. Der entscheidende Beitrag Suttons zur posthumen Debatte besteht aber darin, daß sie ihren Akzent verschoben hat. Nach ihrem Dafürhalten verfehlt eine Diskussion den Punkt, die die erhobenen Vorwürfe allein unter dem Gesichtspunkt »körperliche Bestrafung« zu verstehen versucht. Nach Sutton resultierten die kritisierten Handlungen Bettelheims aus seinem therapeutischen Hauptanliegen: er habe die ihm anvertrauten Kinder davor bewahren wollen, Aggressionen gegen sich selbst zu richten. Mit seinem Schlagen bot er sich als Zielscheibe an, auf die sich der unterdrückte und vielfach autoaggressiv gewendete Haß der Kinder richten konnte. Der Französin zufolge übernahm Bettelheim in der Orthogenic School die Funktion eines »öffentlichen Feindes«, wie es eine ehemalige Betreuerin formulierte (Cleaver 1997, 29). In Anspielung auf die symbolische Bedeutung des Wolfes in vielen Märchen bezeichnete er sich selbst als den »großen bösen Wolf« (Sutton 1996, 423 ff.). Indem er die oftmals verborgenen, schwer zu integrierenden und damit selbstdestruktiven Aspekte des Seelenlebens der Kinder stimulierte und ihnen zugleich eine Angriffsfläche bot, machte er sie gleichzeitig bearbeitbar. In *The Art of the Obvious* (1993) heißt es an einer Stelle: Wir müssen unseren Patienten dazu verhelfen, wieder hassen zu lernen. Das Beispiel aus der Novelle von Tom Lyons weist eben diese Struktur auf. Ein Junge, der, indem er einem Mitspieler zu seinem Ausscheiden gratuliert hatte, einen verdeckt aggressiven Akt beging, stößt kurz darauf einer Mitspielerin seinen Ellenbogen ins Gesicht. Bettelheim deutet dies nicht als Unfall, sondern als eine zweite, verdeckt aggressive Handlung. Suttons Argumentation zufolge, hätte Bettelheims rüde körperliche Züchtigung den Zweck verfolgt, den Jungen mit seinen aggressiven Regungen in Kontakt zu bringen und ihm zugleich eine äußere Angriffsfläche dafür zu bieten. Die wichtigste Quelle für diese Interpretation der Biographin stellt das Referat einer ehemaligen Betreuerin auf einer Veranstaltung der Universität von Chicago zu Ehren Bettelheims dar. Nicht über den idealisierten, sondern den Bettelheim aus Fleisch und Blut sprechend, den sie in der Alltagsarbeit kennengelernt hatte, bescheinigte Leslie Cleaver ihm, »ein 'würdiger Gegner' gewesen zu sein – standhaft, deutlich sichtbar, letztlich absolut verantwortlich und absolut unzerstörbar« (Cleaver 1997, 29). Dadurch wären viele potentiell gefährliche Gefühle in der Orthogenic School in ihrem ganzen Ausmaß lebbar geworden. Nach Sutton (1996, 434) geht die Erkenntnis der therapeutischen Bedeutung eines 'äußeren Feindes' ebenfalls auf Bettelheims Erfahrungen im Konzentrationslager zurück. Dort habe er gelernt, daß nichts wirkungsvoller gegen selbstdestruktive Gefühle wirke und den Kontakt zur Außenwelt zuverlässiger gewährleiste, als ein sichtbarer äußerer Feind, auf den sich der ganze Haß richten kann. Wenn diese Interpretation Suttons zutreffen sollte, so darf sie aber keineswegs als Rechtfertigung für Bettelheims Übergriffe dienen. Dieser Eindruck kann zuweilen bei der Lektüre ihrer Biographie entstehen. Sutton läßt überdies die Frage unbeantwortet, warum diese 'Methode' – wenn sie denn psychohygienisch so wertvoll war – in den frühen Jahren offenbar nicht zur Anwendung kam, bzw. der gleiche Effekt auch mit vertretbareren Mitteln erzielt werden konnte. Schließlich findet sich bei ihr keine klare Trennungslinie zwischen dem unbeherrschten 'größenwahnsinnigen' späten Bettelheim und dem »großen bösen Wolf«. Eine Rechtfertigung von Bettelheims Verhalten mit dieser Argumentationsfigur verstärkt, was Lyons als einen der die Kinder am tiefsten kränkenden Aspekte der Orthogenic School bezeichnete: Die Überzeugung, daß Bettelheims Übergriffe immer therapeutische Absichten verfolgten (Lyons zit. nach Sutton 1996, 444). Mit größerer kritischer Distanz betrachtet, kann Bettelheims gewalttätiges Verhalten ebensogut als eine agierte destruktive Gegenübertragung interpretiert werden. Aus dieser Perspektive handelt es sich dann eindeutig um einen Behandlungsfehler (Zimmerman 1997, 290; Winnicott 1983).

Resümee: Das ambivalente Erbe B. Bettelheims

Im Unterschied zu Sutton, die die Ambivalenz der Person und Praxis Bettelheims detailliert dokumentiert, sie abschließend aber zum Positiven auflöst, erscheint es mir angemessener, diese charakteristische Ambivalenz bestehen zu lassen. Niemand hat sie treffender formuliert als Richard Kaufman, Psychiater und ehemaliger »Consultant« der Orthogenic School: »Bettelheim was part genius, part Svengali and part Ivan the Terrible« (Kaufman zit. nach Grossman 1990, 9). Als Symptom von Suttons undialektischer Auflösung der letztlich unauflöslichen Ambivalenz mag gelten, daß auch sie diesen Ausspruch nennt, ihn allerdings um seinen unliebsamen letzten Teil verkürzt (Sutton 1996, 26).

In Übereinstimmung mit Kaufmans pointierter Charakterisierung und nicht zuletzt auch mit Bettelheims eigenem »Do as I say not as I do«-Diktum fällt für mich die Einschätzung Nina Helsteins am überzeugendsten aus. Während der posthumen Debatte nach ihrer Bewertung gefragt, antwortete die ehemalige Lehrerin der Orthogenic School: »Er [Bettelheim] hatte eine großartige und seltene Vision von dem, was Kinder brauchen, aber manchmal war er nicht in der Lage das zu tun, was er als das Beste erkannt hatte« (Helstein zit. nach Darnton 1990,

58). Die Person und das Erbe Bettelheims als genuin ambivalent zu charakterisieren und sie als solche zu belassen, erscheint mir zum einen gegenüber jenen geboten, die ohne Zweifel unter ihm gelitten haben. Zum anderen halte ich eine solche Sichtweise für notwendig, um sein Werk gleichermaßen gegen die allzu enge Umarmung durch unkritische Verehrer, wie auch gegen defätistische Kritik verteidigen zu können, die es pauschal für gescheitert erklärt. Schließlich wehre ich mich dagegen, die Ambivalenz zur positiven oder negativen Seite hin aufzulösen, weil nach meinem Dafürhalten gerade die widerstrebenden Kräfte der Persönlichkeit Bettelheims die Spannungen erzeugten, aus denen sein ungewöhnliches Engagement und seine beträchtliche Kreativität erwachsen konnten. Das Bild Bettelheims als unberechenbarer Tyrann ist daher ebenso unzutreffend – weil radikal einseitig – wie das Bild des liebevollen Kinderfreunds in seiner Einseitigkeit heute verharmlosend erscheinen muß. Der 'wahre' Bettelheim aber war beides: Tyrann *und* Kinderfreund. Im Spiegel der durch die posthume Kritik an die Öffentlichkeit geratenen Tatsachen, stellt er sich mir heute als das männliche Gegenstück zu jenem weiblichen 'Dämon' dar, den Dostojewski in seinem Roman *Die Dämonen* porträtierte:

> »Sie schien stolz, mitunter sogar dreist; ich weiß nicht, ob es ihr gelang, gut zu sein; aber ich weiß, daß sie es sehnlich wünschte und sich quälte, um sich dahinzubringen, daß sie einigermaßen gut sei. In dieser Natur lagen sicherlich viele schöne Triebe, und es waren die besten Ansätze vorhanden; aber alles in ihr suchte fortwährend gewissermaßen ins Gleichgewicht zu kommen, ohne daß dies doch gelang; alles befand sich in Unordnung, in Aufregung; in Unruhe. Vielleicht stellte sie auch gar zu strenge Anforderungen an sich und fand in sich nicht die Kraft, diesen Anforderungen zu genügen.«

Ebenso wie die posthume Debatte vornehmlich *ad hominem* geführt wurde, zielt diese Charakterisierung primär auf die Person Bettelheims. Welche Konsequenzen sind aber für die Rezeption des Konzeptes Milieutherapie zu ziehen? Nach der Lektüre von Angres, Jatich und Pekow könnte man zu dem Schluß gelangen, daß Bettelheims Ansatz keiner weiteren Aufmerksamkeit bedürfe, da offenbar selbst der Begründer – zumindest zeitweise – nicht in der Lage war, die von ihm formulierten Ansprüche einzulösen. Mehrere Gründe sprechen jedoch dagegen, auf eine intensive Auseinandersetzung zu verzichten: Mag auch die Person Bettelheim – zumindest partiell – versagt haben, so kommt ihm doch das Verdienst zu, die Möglichkeiten der stationären pädagogisch-therapeutischen Arbeit mit gestörten Kindern minutiös ausgeleuchtet und über Jahrzehnte hinweg entwickelt und erprobt zu haben. Aus diesem Grund bieten seine umfangreichen Beschreibungen ein hohes, bislang ungenutztes Anregungspotential. Es resultiert maßgeblich daraus, daß Bettelheim in seiner Arbeit Schwerpunkte setzte, die – auf den ersten Blick – den hierzulande beispielsweise in der Heimerziehung favorisierten Ansätzen diametral entgegengesetzt sind. Eine eingehende Analyse zeigt aber, daß sie den hierzulande umgesetzten Reformen nicht widersprechen, sondern sich komplementär zu ihnen verhalten. Gleichwohl darf das, was Bettelheim für die Gruppe extrem gestörter Kinder entwickelte, nicht umstandslos kopiert werden. Um die erforderliche Rezeptions- und Übersetzungsleistung jedoch überhaupt erbringen zu können, muß das Konzept »Milieutherapie« vorher in seinen verschiedenen Dimensionen und pädagogisch-therapeutischen Bezügen systematisch rekonstruiert und verstanden werden. In Analogie zu Suttons (1996) Studie, die ein differenziertes Porträt der Person Bettelheims entwirft, gilt es im folgenden, ein differenziertes Bild seiner Ansichten zur Milieutherapie zu erarbeiten. Dies kann nur gelingen, wenn alle verfügbaren Materialien herangezogen und eine systematische Perspektive darauf eröffnet wird.

Die Bedeutung der Bettelheimschen Milieutherapie muß sich an der Sache, nicht an der Person entscheiden und erst ein umfassendes Verständnis des Ansatzes und seiner wissenschaftlichen Einordnung können dafür eine Basis bilden. Der Schwerpunkt meiner kritisch-systematischen Erörterung liegt ausdrücklich auf den Möglichkeiten des Konzeptes. Dennoch liegt der gesamten Untersuchung eine Grundhaltung *kritischer* Sympathie und eine angemessene Skepsis gegenüber der Perspektive und dem Selbstverständnis Bettelheims zugrunde. Wo immer es mir möglich war, habe ich deshalb seine Inhalte nicht nur unter zur Hilfenahme aller mir verfügbaren Quellen akribisch rekonstruiert, sondern auch versucht, eine konstruktive Distanz zu wahren, Widersprüche zu benennen und eigene Positionen zu formulieren. Eine solche Haltung erscheint mir umso notwendiger, als das Gros der Sekundärliteratur zu seinem Schaffen kritiklos sein Selbstverständnis und seine Bewertungen übernimmt.

Schließlich muß aus den vorangegangenen Erörterungen noch der Schluß gezogen werden, daß Bettelheims Schriften gerade *keine* Dokumente seiner Praxis darstellen. Wie ihre charakteristische Diktion suggeriert – und auch wenn er nicht so weit geht, wie Pestalozzi in seinem *Stanser Brief* oder Makarenko in seinem *Pädagogischen Poem* – handelt es sich bei den Veröffentlichungen des Milieutherapeuten in aller Regel um quasi literarische Darstellungen. Sie als 'Literatur' zu klassifizieren, bedeutet, einzugestehen, daß die dargestellten Inhalte einer spezifischen Stilisierung unterlagen. Die von Sutton dokumentierten Kommentare seiner ehemaligen Mitarbeiterinnen zu seinem ersten Buch *Liebe allein genügt nicht* ([1950] 1988) belegen, daß er Akzente versetzte, Sachverhalte ins Extrem trieb, verdichtete und überhöhte. Ebenso wie er in der Beratung seiner Mitarbeiter Zusammenhänge oft durch Geschichten illustrierte oder Studenten, die seine Vorlesung verlassen wollten, während er eine seiner legendären Geschichten erzählte, aufforderte zu bleiben, weil es die Geschichten seien, derer sie sich später erinnern würden (Lazarus 1990, 31), ebenso erzählte er in seinen Büchern die Geschichte der Orthogenic School, ihrer Kinder und Mitarbeiter. Und auch wenn diese Geschichten die Realität nicht getreu abbildeten, so enthielten sie doch immer eine psychologische oder pädagogische Wahrheit. Auch dies bestätigen seine ehemaligen Mitarbeiter. Die Auseinandersetzung mit einer literarisch stilisierten Realität schließt daher auch im Falle Bettelheims nicht zwingend pädagogische Erkenntnisse aus. Im Gegenteil: Vorausgesetzt sie fand unter pädagogischen Gesichtspunkten statt, kann die Stilisierung erst Erkenntnis evozieren (Sünkel 1990, 303).

C. Diskurs: Grundpositionen der Theorie und Praxis Bruno Bettelheims

In diesem Teil werden in systematischer Darstellung Grundlagen für ein differenziertes Verständnis der Theorie und Praxis Bettelheims gelegt. Zunächst nähere ich mich Bettelheims Psychoanalyse-Verständnis an, indem ich nach seiner 'Verortung' innerhalb psychoanalytischer Theorietraditionen frage (1.1). Auf einer systematisch allgemeinen Ebene weise ich nach, wie sich die »vier Psychologien der Psychoanalyse« (Pine 1988) – die Triebtheorie, die Ich-Psychologie, die Objektbeziehungs- und die Selbstpsychologie – in seinem Psychoanalyse-Verständnis niederschlagen. Ein Zwischenresümee hält den erreichten Kenntnisstand fest (1.1.2). Ins Zentrum von Bettelheims Psychoanalyse-Verständnis und zugleich ins Zentrum seines Ansatzes insgesamt weist der mit *Zwischen Häresie und Orthodoxie* überschriebene Abschnitt (1.1.3). Exemplarisch für sein mitunter logisch inkonsequent erscheinendes Denken insgesamt, setze ich mich darin mit den Widersprüchen auseinander, die Bettelheims Umgang mit unterschiedlichen psychoanalytischen Theorietraditionen hervorbringt. Zusammengenommen ermöglichen die Überlegungen dieses Arbeitsschrittes eine erste Charakterisierung und Einordnung von Bettelheims analytisch orientiertem Denken. Um seine charakteristischen Merkmale herauszuarbeiten, bleiben sie allerdings zu allgemein. Aus diesem Grund vertiefe ich im folgenden Abschnitt (1.2) die Freud-Rezeption des späten Bettelheim. In der Auseinandersetzung vor allem mit seinem Essay *Freud und die Seele des Menschen* ([1982] 1986) arbeite ich die spezifisch *humanistische* Prägung seines analytischen Standpunktes heraus. Im Anschluß steht Bettelheims Psychoanalyse-Kritik im Mittelpunkt des Interesses (2.). Einige Anmerkungen über das Verhältnis von Individuum und Gesellschaft in seinem Ansatz (3.) beschließen dieses Kapitel. Aus der Zusammenschau der unterschiedlichen Abschnitte des Teils C resultiert ein differenzierter und systematischer Einblick in Grundpositionen der hier interessierenden pädagogisch-therapeutischen Theorie und Praxis. Für sich gelesen stellen die einzelnen Abschnitte erste, mehr oder weniger detaillierte Studien zu Einzelaspekten dar. Die in diesem Teil unbeantwortet bleibende Frage nach der Einordnung von Bettelheims Denken in *pädagogische* Theorietraditionen greife ich in Teil D (4.5.1) und ausführlicher in Teil E auf.

1. Zu Bettelheims Psychoanalyse-Verständnis

1.1 Zwischen Trieb und Selbst. Bettelheims Psychoanalyse-Verständnis und die »vier Psychologien der Psychoanalyse«

> »Trotzdem werde ich wahrscheinlich immer bis zu einem gewissen Grad im Bann psychoanalytischer Vorstellungen bleiben, in denen der Schaden der Beschränkungen, die den Trieben des Menschen von der Gesellschaft auferlegt werden, überbetont und der größere Vorteil, den der Mensch durch die Gesellschaft hat, außer acht gelassen wird.«
> Bruno Bettelheim ([1960] 1989, 41)

Unter den zahlreichen Einflüssen, die die theoretischen Anschauungen Bettelheims beeinflußten, kommt der Freudschen Psychoanalyse ohne Zweifel eine herausragende Bedeutung zu. Gegen Ende seines Lebens tritt dies noch einmal besonders deutlich hervor. Der Essayband *Themen meines Lebens*, Bettelheims letzte eigenständige Buchveröffentlichung, dokumentiert anschaulich, wie die Freudsche Lehre zu dem wurde, was der Wiener Kindertherapeut rückblickend den »wichtigsten Bestandteil« seines »geistigen Lebens« nannte (1990, 35).

Bettelheims analytisches Denken im Überblick betrachtend, wird deutlich, daß die klassische Psychoanalyse in seinem Selbstverständnis nicht nur den Ausgangs- sondern auch den Endpunkt seiner eigenen pädagogisch-therapeutischen Reflexionen bildete. Daraus auf eine geradlinige und ausschließlich innerhalb der Freudschen Orthodoxie verlaufende Entwicklung zu schließen, wäre allerdings verfehlt. Vielmehr durchlief sein Psychoanalyse-Verständnis einige Wandlungen und Modifikationen, die notwendig eine mehr oder weniger große Distanz zu orthodox freudianischen Positionen bedingten. Sein Verhältnis zur klassischen Analyse fällt also durchaus spannungsreicher aus, als es seine häufigen Bekenntnisse zu Freud vermuten lassen.

In den 50er Jahren publizierte Bettelheim den ersten einer auf drei Bände angelegten Reihe über die Arbeitsweise der von ihm geleiteten Orthogenic School. Unter dem inzwischen zum geflügelten Wort gewordenen Titel *Liebe allein genügt nicht* ([1950] 1988) beschreibt er darin, wie die besonderen pädagogischen und therapeutischen Anschauungen dieser Institution während eines typischen Tagesablaufs in die Praxis umgesetzt wurden. Unter dem Titel *So können sie nicht leben* ([1955] 1985) folgte ein Band mit ausführlichen Fallgeschichten und 1975 unter dem Titel *Der Weg aus dem Labyrinth* (1975) schließlich eine voluminöse Gesamtdarstellung, die die Sichtweisen der Mitarbeiter akzentuiert. Versucht man, im Spiegel dieser zentralen Veröffentlichungen die Entwicklung seines Psychoanalyse-Verständnisses nachzuzeichnen, so muß zunächst festgestellt werden, daß er selbst diesen Prozeß nicht systematisch reflektiert und dargestellt hat. Auch wenn das Projekt einer dreibändigen Einführung in die Milieutherapie einen systematischen Anspruch suggeriert, löst er ihn nur ansatzweise ein. Beachtung verdienen allerdings Bettelheims zumeist beiläufige Hinweise auf die Entwicklung seiner psychoanalytischen Überzeugungen. So merkt er beispielsweise in *Aufstand gegen die Masse* ([1960] 1989) an, daß er in *Liebe allein genügt nicht* und in *So können sie nicht leben* zwar einen Versuch unternommen habe, sich von der klassischen psychoanalytischen Praxis abzuwenden, es ihm zugleich aber wichtig gewesen sei, seine eigenen Positionen in der Sprache der klassischen Psychoanalyse zu formulieren (Bettelheim [1960] 1989, 325). Besonders deutlich teilt sich diese Spannung zwischen Loyalität und Abweichung in Bettelheims Debüt als publizierender psychoanalytischer Pädagoge mit. Sie stellt sich dort allerdings eher als ein Spannungsverhältnis zwischen klassischer Analyse und Ich-Psychologie und nicht so sehr als ein potentieller 'Konflikt' zwischen genuin Freudschen und Bettelheimschen Positionen dar. Über das Verhältnis von Milieutherapie und klassischer Analyse hatte er dort notiert:

»Im allgemeinen liegt uns [...] mehr daran, das Ich zu stärken, als unbewußte Tendenzen ans Licht zu bringen, obwohl wir auch lezteres tun müssen. Wir versuchen dies zu tun, indem wir das Ich bei seinen Bemühungen unterstützen, Triebwünsche zu beherrschen und die Probleme der Realität zu bewältigen. [...] Diese Bemerkungen sollen nicht bedeuten, daß Ich-Stärkung und Bewußtmachung des Unbewußten einander widersprächen; tatsächlich müssen wir oft, wenn wir das Ich in seinem Kampf mit dem Es unterstützen, Wesen und Richtung triebhafter Tendenzen bewußt machen und dem Kind zeigen, wieviel Schaden angerichtet werden könnte, wenn man diese Tendenzen nie in Schach hielte. Der Unterschied liegt also in der Betonung, nicht im Wesen – in einer Betonung, die aus der Art unserer Arbeit entspringt. Diese Ich-Stärkung durch Erfahrungen, bei denen das Kind erlebt, wie Probleme, die sich aus alltäglichen Vorkommnissen ergeben, erfolgreich gehandhabt werden, und diese Bewußtmachung unbewußter Tendenzen als ein Schritt zu ihrer Beherrschung sind nur in der Methode, aber nicht ihrem Wesen nach das Gegenteil der klassischen Psychoanalyse« (Bettelheim [1950] 1988, 44).

In seiner ersten Monographie nimmt Bettelheim also eine vermittelnde Stellung zwischen der klassischen Psychoanalyse und der Ich-Psychologie ein. Eine stärkere Hinwendung zur Ich-Psychologie vollzieht er in *So können sie nicht leben*. Das Ziel der Ich-Stärkung wird von ihm betont, weil die in frühester Kindheit gebildeten Substrukturen der Persönlichkeiten der behandelten Kinder immer schwach blieben und in ihren Grundstrukturen nicht zu verändern seien. Auf dieser problematischen Grundlage gelte es, das Ich der Kinder zu stärken und die schwache Substruktur »gleichsam abzustützen« (Bettelheim [1955] 1985, 17 f.).

Ausdrücklich und ohne erkennbare Einschränkung schließt er sich aber erst in *Die symbolischen Wunden. Pubertätsriten und der Neid des Mannes* ([1954] 1990c) der Ich-Psychologie an. Auch wenn es nicht primär in ihrem Erkenntnisinteresse lag, so schien die Ich-Psychologie im Gegensatz zur Psychologie des Unbewußten geeignet, auch Aufschluß über das Verhalten von Menschen in Extremsituationen zu bieten. Während seiner Internierung in den deutschen Konzentrationslagern Dachau und Buchenwald beobachtete Bettelheim, daß manche seiner Mithäftlinge eine erstaunliche Ich-Stärke an den Tag legten, die sich weder aus dem »Es« noch aus dem »Über-Ich« herleiten ließ. Solange man mit Freud das »Es« als den Kern des menschlichen Wesens ansah, blieben solche Verhaltensweisen im analytischen Bezugsrahmen nicht erklärbar. Betrachtet man dagegen mit der Ich-Psychologie das »Ich« des Menschen – nachdem es einmal gebildet ist – als ein autonomes psychisches System, das über eine unabhängige psychische Energie verfügt (Hartmann [1950] 1974, 203) und nicht nur – wie Anna Freud in ihrer klassischen Arbeit *Das Ich und seine Abwehrmechanismen* ([1936] 1987, 193 ff.) gezeigt hatte, als Produkt einer reaktiven Charakterbildung mit triebabwehrendem Ursprung, so werden Bettelheims Beobachtungen im Konzentrationslager zumindest prinzipiell erklärbar. Daß er einen theoretischen Baustein nicht ignorieren konnte, der geeignet schien, Fragen zu beantworten, die er in seinem Versuch über menschliches Verhalten in Extremsituationen hatte offen lassen müssen, liegt auf der Hand. Zweitens empfahl sich ihm die Ich-Psychologie zur Rezeption, weil sie der Psychoanalyse eine Möglichkeit bot, aus dem Schatten der Pathologie zu treten.

Während Anna Freud in der genannten Arbeit die Aufmerksamkeit auf das Ich lenkte, blieb sie mit ihrer Betonung seiner hemmenden Funktionen dennoch stark im Instanzenmodell Es-Ich-Über-Ich verhaftet. Allerdings setzte sie in diesem Rahmen deutlich andere Akzente als ihr Vater. Letztlich blieb aber das »Ich« bei ihr ein unter dem Diktat des »Es« stehendes Sekundärphänomen. Seine 'positiven' – nicht aus einem konflikthaften Ursprung, nicht aus einer Hemmung resultierenden – *Leistungen* – etwa die synthetisierende Funktion des »Ichs« – wurden der psychoanalytischen Theoriebildung erst durch die Arbeiten Hartmanns zugänglich. Sie ermöglichten Aussagen über das psychische Geschehen, die nicht erst aus dem Umweg über pathologische Prozesse gewonnen werden mußten. »Wir wissen«, schrieb Hartmann

([1950] 1974) diesbezüglich, »wieviel die Psychologie der Pathologie verdankt, besonders der Pathologie der Neurosen; hier [in der Ich-Psychologie] findet auf Umwegen das Umgekehrte statt« (Hartmann [1950] 1974, 189). Mit der Ich-Psychologie war also eine wichtige Voraussetzung geschaffen, um jener negativen Tendenz innerhalb der Psychoanalyse entgegenzuwirken, die Bettelheim als die Vernachlässigung der »positiven Kräfte des Lebens [...] gegenüber den lähmenden Einflüssen der Neurosen« bezeichnete (Bettelheim [1960] 1989, 40).

Ohne diese hier nur skizzierte neue Sichtweise, die mit dem Übergang der Psychologie des Unbewußten zur Ich-Psychologie einherging, hätten Bettelheims *Symbolische Wunden* nicht geschrieben werden können. In dieser Auseinandersetzung mit Initiationsriten vollzieht er selbst diesen Perspektivenwechsel nach. Er postuliert darin, daß sich über Jahrhunderte tradierte Rituale eher erklären ließen, wenn man statt eines negativen einen positiven Zweck annähme. Gewisse Initiationsriten dürfen dann nicht länger als symbolische Kastrationen interpretiert werden, sondern müssen vielmehr aus den Versuchen von Adoleszenten erklärt werden, mit ihrem Neid auf das andere Geschlecht umzugehen ([1960] 1989, 26). Letztlich verberge sich hinter der negativen Interpretation der Initationsriten das fragwürdige, weil einseitige Menschenbild der klassischen Analyse:

»Ich glaube, daß die vorherrschende psychoanalytische Auffassung der Beschneidung und der Pubertätsriten eine unausgewogene Ansicht über die Natur des Menschen darstellt. Dies scheint wenigstens zum Teil das Ergebnis der Auffassung zu sein, daß soziale Einrichtungen weitgehend destruktive oder irrationale Triebtendenzen ausdrücken. Zu Beginn der Psychoanalyse war dies vielleicht notwendig, als der eingefleischten Verleugnung der Triebtendenzen entgegengewirkt werden mußte. Aber das ist eine einseitige Ansicht und läßt sich nur auf einen Teil des theoretischen Systems der Psychoanalyse zur Untersuchung der menschlichen Natur anwenden. Sie spiegelt die frühe Theorie wider, die sich hauptsächlich mit dem Es beschäftigte im Gegensatz zur Ich-Psychologie [...]. Ich und Über-Ich sind nicht 'bloße' Superstrukturen, die sich über der 'einzigen Realität' des Es erheben. Die menschliche Persönlichkeit resultiert aus dem ständigen Wechselspiel aller drei Instanzen des Bewußtseins. Soziale Phänomene dürfen nicht nur eine Instanz widerspiegeln, das Es [...], sondern auch das Über-Ich und am meisten das Ich. Gesellschaftliche Institutionen sind tatsächlich Schöpfungen des Ich – das Über-Ich und das Es können nur über das Ich auf die Welt einwirken. [...] Wir können uns mit einer Erklärung nicht zufrieden geben, die lediglich die destruktiven, die sexualfeindlichen und angsterzeugenden Aspekte einer großen sozialen Einrichtung berücksichtigt, selbst wenn diese eine wichtige Rolle spielen. Ich bin tief beeindruckt von dem Ausmaß, in dem Initationsriten aus Versuchen zu entstehen scheinen, asoziale Triebtendenzen zu integrieren statt sie freizusetzen« (Bettelheim [1960] 1989, 26).

Aus zwei Gründen habe ich hier Bettelheim selbst ausführlich zu Wort kommen lassen: Einmal, um seine Überzeugung zu illustrieren, derzufolge die klassische Analyse, auf das Pathologische fixiert, die konstruktiven Seiten beispielsweise von Initiationsriten verfehlt. Zum anderen, weil in der zitierten Sequenz – wie in den *Symbolischen Wunden* insgesamt – Bettelheims Bekenntnis zur Ich-Psychologie und ihren Implikationen anschaulich zum Ausdruck kommt. Fisher (1991c, 193) irrt daher, wenn er aus der Perspektive der neunziger Jahre Bettelheim als »Zeuge der Geburt und des hegemonialen Sieges der Ich-Psychologie« attestiert, er habe sich ihr weder jemals voll verschrieben, noch von ihr vereinnahmen lassen. Die ambivalente Haltung des Wiener Emigranten gegenüber der Ich-Psychologie, die sein Laudator hier hervorhebt, teilt sich indessen in den *Symbolischen Wunden* noch nicht mit. Sie taucht erst in Bettelheims Schriften der sechziger Jahre auf, zu einem Zeitpunkt also, als die Ich-Psychologie ihren Siegeszug in den USA. angetreten und dabei neben den beiden angesprochenen 'positiven' auch noch eine dritte, negative Qualität zutage trat. Dadurch, daß Hartmann und andere Ich-Psychologen das Ich des Menschen als sein »spezifisches 'Organ' der Anpassung« (Hartmann [1950] 1974, 192) definiert hatten, bereiteten sie einer Rezeption den Weg, in deren Rahmen die Psychoanalyse zum probaten Mittel der Anpassung herabzusinken drohte. Diese Tendenz scharf kritisierend, erteilte Bettelheim in *Freud und die Seele des Menschen* ([1982] 1986) jeder Interpretation der Freudschen Theorie eine Absage, die sie in die Nähe einer Anpassungslehre rücken wollte. Der Grund für die hohe Bewertung von »Anpassung« in der amerikanischen Psychoanalyse müsse allein in den Wertvorstellungen der amerikanischen Analytiker gesucht werden und widerspreche den Intentionen der Freudschen Lehre (Bettelheim [1982] 1986, 52). Im Zusammenhang mit seiner kämpferischen Opposition gegen die Instrumentalisierung der Psychoanalyse zu Anpassungszwecken muß auch die Äußerung interpretiert werden, die ich diesem Abschnitt als Motto vorangestellt habe. In aller Schärfe kommt die kritische Distanz des späten Bettelheim zur Ich-Psychologie schließlich in seinem letzten ausführlichen Interview zum Ausdruck. In ihm rückt er ausdrücklich von Heinz Hartmann ab. Überdies bleibt darin seine vom Interviewer vorgenommene Charakterisierung als »klassischer Freudianer« unwidersprochen (Fisher 1991b, 173 f.). Rückblickend betrachtet, trifft Fishers oben genannte Einschätzung daher zu; aus der hier eingenommenen Entwicklungsperspektive auf das Werk Bettelheims erscheint sie allerdings fragwürdig.

Nimmt man zusätzlich Bettelheims *Kinder brauchen Märchen* ([1976] 1990b) und seinen aufschlußreichen Briefwechsel mit Carl

Frankenstein* hinzu, so läßt sich sein spätes ambivalentes Verhältnis zur Ich-Psychologie und die Beziehung, die sie in seinem Werk mit der Psychologie des Unbewußten eingeht, noch genauer klären. Aufgrund der spezifischen Verschränkung von Psychologie des Unbewußten und Ich-Psychologie – und zum Preis der Vernachlässigung der Anteile der jeweils anderen Lesart – läßt sich *Kinder brauchen Märchen* zum einen als eine ich-psychologische Schrift, zum anderen aber auch als ein der Psychologie des Unbewußten geschuldetes Werk interpretieren. Unterschiedliche Kritiker haben das Buch dann auch exakt in diesen beiden Weisen gelesen: »Bettelheims Stellung ist unverkennbar die der psychoanalytischen Ich-Psychologie«, schreibt Wyatt (1981) in seiner Besprechung. Bettelheim zeige, in welcher Weise Märchen dem Kind bei der mühsamen Aufgabe des Aufwachsens behilflich sein können, wobei es vornehmlich mit Aufgaben des Sich-Anpassens und Sich-Durchsetzens konfrontiert sei, also mit Aufgaben, die seinem Ich obliegen (Wyatt 1981, 664, 667).

Ein amerikanischer Kritiker, Murray M. Schwarz (1977), moniert dagegen Bettelheims Art, das Unbewußte als Medium für seine moralisierenden Bewertungen zu instrumentalisieren, wie er auch insgesamt eine unkritische Parteinahme für das Unbewußte bei Bettelheim ausmacht. Seine Kritik mündet in der Behauptung, das Buch sei Ausdruck eines psychoanalytischen Denkens, das Freuds berühmtes Diktum »Wo Es war, soll Ich werden« in sein Gegenteil verkehre (Schwarz 1977, 143). Auch wenn diese Kritik in ihrer Radikalität vermutlich nicht haltbar ist, so verweist sie doch auf ein bemerkenswertes Merkmal von Bettelheims Psychoanalye-Lesart. Sie akzentuiert nämlich in der Tat die Bedeutung des Unbewußten. Zunächst von ihm ausdrücklich begrüßt, geht aus der Perspektive des späten Bettelheim mit der Hinwendung zur Ich-Psychologie und dem damit verbundenen Postulat einer autonomen energetischen Basis des »Ich« die Gefahr einher, die Bedeutung der aus dem »Es« stammenden Energie zu verfehlen. Ein »Ich«, das auf die ungeheuren Energiequellen des »Es« nicht zurückgreifen kann, bleibt aber notwendig eine schwache psychische Instanz. Als doppelt geschwächt erscheint es gar, wenn es seine begrenzte Energie dazu verwenden muß, die Energie des »Es« zu unterdrücken (Bettelheim [1976] 1990b, 115). Positiv formuliert, muß

---

* Dr. Carl Frankenstein war ein in Berlin geborener israelischer Psychoanalytiker und Erziehungswissenschaftler, der 1935 nach Palästina emigrierte. Als Bettelheim ihn anläßlich seines Studienaufenthalts in Israel im Jahr 1964 persönlich kennenlernte, entwickelte sich zwischen beiden eine enge Freundschaft, die bis zu Frankensteins Tod im Jahre 1988 bestand (Sutton 1996, 469 ff.).

es also darum gehen, dem »Ich« auch die Kraftquellen des Unbewußten zu erschließen. Nach seinem Dafürhalten können traditionelle Volksmärchen hierzu einen Beitrag leisten. Ihre Ablehnung auch in psychoanalytischen Kreisen bedeute, Kindern eine ihrem Entwicklungsstand angemessene Art und Weise zu verwehren, ihren unbewußten Strebungen Gestalt zu verleihen und damit vertraut zu werden, ohne sie jedoch bewußt zu machen.

Paradoxerweise und im Gegensatz zu Freuds weiter oben erwähnten Auffasssung vom »Es« als »Kern« des menschlichen Wesens, diagnostiziert Bettelheim bei den Psychoanalytikern – und auch bei Freud – eine Furcht vor dem Unbewußten. Nachdem er gegenüber Frankenstein sein Bedauern darüber zum Ausdruck gebracht hatte, seinen eigenen Kindern keine Märchen vorgelesen zu haben – und radikaler als in seinen Veröffentlichungen – schreibt Bettelheim:

> »Aber auf eine merkwürdige Art haben Freud und seine Anhänger wirklich Angst vor dem Unbewußten. Sie sagen, es enthalte die Quelle unserer Stärke, aber irgendwie wenden sie sich alle davon ab [shied away], selbst Freud. Vor ihm wußten wir nicht was es war [...] also haben wir uns auch nicht dagegen geschützt. Freud lehrte uns, um was es sich handelt und ich glaube, statt uns zu lehren, wie wir es benutzen können, lehrte er, wie wir ohne es leben können. Wie bei jedem anderen Propheten trug auch seine Lehre ihren eigenen Niedergang in sich« (Bettelheim zit. nach Sutton 1996, 543).

In einer Offenheit, die nichts zu wünschen übrig läßt, spricht er hier eine seiner zentralen Überzeugungen aus. Psychoanalyse zu betreiben heißt für ihn, zu lehren und zu lernen, die Kräfte des Unbewußten zu erschließen und sie zu benutzen, was keineswegs allein bedeutet, unbewußte Strebungen bewußt zu machen. Vielmehr ist es ihm darum zu tun, das Unbewußte als eine machtvolle Kraftquelle und Qualität des Menschen *sui generis* zu erkennen und es als solche auch zu akzeptieren. Jede Wahrnehmung unbewußter Strebungen als lediglich *noch-nicht* bewußte tut ihnen Gewalt an und führt in letzter Konsequenz zu einer Verarmung der Menschlichkeit. Seine gewagte These von der Flucht Freuds und der Psychoanalytiker vor dem Unbewußten traf bei seinem Freund Carl Frankenstein jedenfalls auf die erhoffte Resonanz:

> »Moderne Technologie hat einen Mangel an Respekt vor dem Unbekannten produziert. Die furchtbare Arroganz der Techniker, der Mathematiker, der Messer, der Konsumabhängigen, der Statussucher, all dieser Derwische der Rationalität und des Bewußtseins-Kultes. Sie waren überaus erfolgreich darin, die äußeren Aspekte des Lebens in die einzigen Inhalte des menschlichen Geistes zu verwandeln. Und was diese Perversion noch schmerzhafter macht, ist die Tatsache, daß die eine Revolution, die eine Änderung hätte herbeiführen

können, die Tiefenpsychologie, geholfen hat, die menschliche Wahrheit in die Ablehnung des Unbekannten zu verzerren. Sie haben Freud, der das Unbehagen in der Kultur kannte, fehlinterpretiert. Aber Freud ist nicht frei von Schuld für seine Söhne und Töchter, für seine Mitstreiter. Zumindest hat er nicht genug getan, um dem gefährlichen Aberglauben entgegenzuwirken, das Unbewußte immer nur als potentiell Bewußtes wahrzunehmen« (Frankenstein zit. nach Sutton 1996, 533).

Bisher war von den Einflüssen der klassischen Analyse (Triebtheorie) und denen der Ich-Psychologie auf Bettelheims eigenes analytisches Denken die Rede. Jede Untersuchung der Einflüsse unterschiedlicher psychoanalytischer Strömungen auf seinen Ansatz bleibt aber unvollständig, solange sie seine Autismusstudie – *Die Geburt des Selbst* ([1967] 1989a) – ausspart. Wie im deutschen Titel angekündigt, arbeitet Bettelheim darin mit dem Konzept eines »Selbst«. Darüber hinaus und daneben argumentiert er im theoretischen Bezugsrahmen einer Objektbeziehungstheorie. Die Entwicklung einer Theorie des »Selbst« im Rahmen der Psychoanalyse, an prominentester Stelle in den Arbeiten Heinz Kohuts, stellt insofern eine Konsequenz aus der Ich-Psychologie dar, als die differenzierende Untersuchung unterschiedlicher Ich-Funktionen zu einem Verlust eines ganzheitlichen, personalen Bezugspunktes geführt hatte. Das Konzept eines »Selbst« stellt diesen wieder her. Indem das besondere Augenmerk der Selbstpsychologie den eigenen bewußten und unbewußten Erlebnisweisen des Menschen gilt, erweitert sie überdies die psychoanalytische Sichtweise um die Phantasien seiner Größe bzw. Geringfügigkeit. Eine präzise Bestimmung des Begriffs »Selbst« bereitet allerdings Probleme. Kohut verzichtet denn auch auf eine Definition im engeren Sinne und verweist darauf, daß uns nicht das »Selbst« an sich, sondern nur seine introspektiv oder empathisch wahrgenommenen psychologischen Manifestationen zugänglich seien (Kohut zit. nach Bittner 1981, 21). Bettelheim äußert sich ähnlich zurückhaltend, weshalb hier ein mittelbarer Zugang zu seinem Begriff des »Selbst« gewählt werden muß. Konstitutiv für ihn sind die Prinzipien »Eigenaktivität« und »Gegenseitigkeit«. Nach Bettelheim sind es die gegenseitigen »winzigen Anpassungsleistungen« ([1967] 1989a, 35) zwischen Mutter und Kind, die die »grundlegenden Voraussetzungen für die Persönlichkeitsentwicklung« darstellen. In Rahmen dieser Interaktionen wandele sich »ein verschwommenes Gefühl des Selbstseins zum Selbst« (36). Wie die moderne Säuglingsforschung und im Unterschied zu der Theorie M. Mahlers behauptet Bettelheim, daß sich das »Selbst« in einem interaktionistischen Prozeß und nicht aus einer symbiotischen Matrix heraus entwickelt:

»Es wurde lange angenommen, daß die Beziehung des Säuglings zu der bemutternden Person ganz am Anfang der menschlichen Entwicklung stehen muß; unsere Erfahrungen [...] konnten nicht belegen, daß dies notwendigerweise so ist.

Was das Kind braucht, um seinen autistischen Rückzug aufzugeben, sind beteiligte es versorgende Personen [»concerned caretakers«]. Sein Verlangen muß beachtet, seine Bedürfnisse müssen erkannt, respektiert und so weit wie möglich befriedigt werden. Aber selbst wenn wir das und noch viel mehr tun, wie etwa ihm angenehme Umstände, Stimulation und Anteilnahme zusammen mit unserer Gesellschaft zu bieten, das Erste, was erscheint, ist nicht die Beziehung zu anderen. Es ist ein rudimentäres Selbst.

Wo beginnt dieses Selbst? Was setzt es in Bewegung? Dafür braucht es mindestens einiges Interesse an der Realität plus die Erfahrung, daß *eigene* Bemühungen beeinflussen können, was einem zustößt. Normalerweise ist das erste, was das Baby an der Außenwelt interessiert, seine Mutter. Dies kann die Tatsache verschleiern, daß es nicht die Beziehung zu jemandem ist, die sein Interesse weckt. Es ist nicht die bedürfnisbefriedigende Antwort der Mutter, die die Entwicklung des Selbst auslöst, obwohl es ohne diese Antwort sich nicht adäquat entwickeln wird. Was die Entwicklung des Selbst anstößt, ist die Erfahrung des Säuglings, daß es seine Aktionen sind, die dort eine positive Antwort hervorrufen, was bis dahin ein undefinierter Bezirk außerhalb seines Selbsts war. Daß seine Aktionen diese Undefiniertheit in eine spezifische und befriedigende Erfahrung verwandeln, ermutigen den Säugling fortzufahren, seine Fähigkeiten zu entwickeln, die äußere Welt zu beeinflussen« (Bettelheim 1965, 132).

Bettelheims »Selbst« erscheint mithin als ein unter günstigen äußeren Bedingungen erscheinendes und sich in den Interaktionen des Säuglings mit empathischen Bezugspersonen entwickelndes inneres Aktivitätspotential. Unter feindseligen Bedingungen hingegen kann das »Selbst« verkümmern, fragmentiert oder gar zerstört werden. Im Vergleich mit Bettelheims mutet Kohuts Begriff des »Selbst« relativ statisch und passiv an. Unter der ständigen Drohung fragmentiert zu werden, entsteht das Bild einer verletzlichen Entität, deren einzige Bestimmung darin zu bestehen scheint, ihr labiles Gleichgewicht und ihren Zusammenhalt herzustellen bzw. zu stabilisieren. Bettelheim denkt das »Selbst« sehr viel aktiver und entwicklungsbezogener. Es erscheint synonym mit einem von äußeren Faktoren abhängigen, aktiven Streben nach Entwicklung und höherer Integration (Frattaroli 1994, 399).

Wenn sich das »Selbst« in den Interaktionen mit empathischen Bezugspersonen entwickelt und der Prozeß des Selbstwerdens auch später ohne wachstumsinduzierende Beziehungen zu sogenannten signifikanten Dritten zum Erliegen käme, so muß seine Entwicklung im Bezugssystem einer Objektbeziehungstheorie erklärt werden. Im

Spiegel dieser bis heute bedeutendsten Weiterentwicklung erscheint Psychoanalyse als »eine Theorie zwischenmenschlicher Beziehungen und ihrer Störungen« (Kutter 1989, 30). Die Qualitäten der Bettelheims Autismus-Studie impliziten Objektbeziehungstheorie hat Robert Rogers (1991) im Rahmen seiner Überlegungen zu einer einheitlichen Objektbeziehungstheorie hervorgehoben. Eine »unified theory of object relations« muß danach und im Unterschied etwa zu der triebbezogenen Objektbeziehungstheorie M. Kleins personenbezogen sein, sowohl mit den Annahmen der Libidotheorie brechen, als auch die metapsychologischen Ausschmückungen der Ich-Psychologie überwinden. Als theoretische Basis muß ihr eine erweiterte Bindungstheorie (attachement theory) dienen, die geeignet ist, alle bedeutenden Aspekte der klassischen und gegenwärtigen Objektbeziehungstheorie zu integrieren. Eine einheitliche Objektbeziehungstheorie nach Rogers wird schließlich in Wechselwirkung mit einer systemischen Theorie des »Selbst« stehen müssen (Rogers 1991, 44). Mit diesen Prämissen unterzieht er psychoanalytische Fallberichte von Winnicott, Lichtenstein, Sechehaye und Bettelheim einer Neuinterpretation, in der er Aspekte interpersonalen Konflikts und Bindungsdefizite hervorhebt und die Bedeutung sexueller Faktoren niedriger bewertet als die Verfasser der jeweiligen Studien. Bei Bettelheims Fallgeschichte des autistischen Jungen Joey läuft Rogers Neuinterpretation allerdings lediglich auf eine Paraphrase des Originals hinaus. Er begründet dies damit, daß die Bettelheims Erörterungen inhärente Objektbeziehungstheorie schon weitgehend seinen Ansprüchen genüge. Er schreibt:

»Anders als die bis hierher berücksichtigten Fälle, in denen die Rezeption des Materials durch den Analytiker immer [...] bis zu einem gewissen Grad durch einen trieborientierten Blickwinkel geprägt war, weist der Fall Joey keine Verzerrungen dieser Art auf. Im Gegenteil, Bettelheim [...] präsentiert sein Material [...] in einer Art und Weise, die die zentralen Grundannahmen einer personenorientierten Theorie von Objektbeziehungen widerspiegelt. Die Bettelheims Präsentation implizite personenorientierte Theorie von Objektbeziehungen weist die im zweiten Kapitel erwähnten Elemente auf, die eine einheitliche Theorie charakterisieren, eine Theorie, die durch die Bindungstheorie (attachment theory) belehrt ist, sich aber gleichzeitig die volle Aufmerksamkeit für die Dimension internalisierter Objektbeziehungen bewahrt und ferner eine Selbst-Theorie anstelle der Ich-Psychologie verwendet. Bettelheim [...] behauptet, daß das Selbst im Autismus 'verkümmert' sei, zugleich aber soweit vorhanden, um einen Rückzug von den anderen initiieren zu können; Autismus sei eine 'autonome Antwort' des Kindes. Und wie es aktuellere Diskussionen des Selbst tun, betont Bettelheim in seinen Kommentaren die Bedeutung von interpersonaler Gegenseitigkeit zwischen Mutter und Kind für die Entwicklung eines Selbst« (Rogers 1991, 95).

Auch wenn eine solche Charakterisierung die Besonderheiten von Bettelheims Sichtweise herauszustreichen und zu würdigen versucht, sie belegt zugleich, wie sehr Rogers Wahrnehmung durch seine Vorannahmen eingeschränkt wird. Er verfehlt nämlich eine – wenn nicht die – zentrale Qualität von Bettelheims »Objektbeziehungstheorie«. Ihr besonderes Verdienst besteht nämlich darin, die Aufmerksamkeit über eine Zweierbeziehung hinaus auf die weiteren sozialen *und* räumlich-sachlichen Bezüge der Kinder gelenkt zu haben. Letzteren kommt in der Arbeit mit psychotischen Kindern lange Zeit eine größere Bedeutung zu als ihren Beziehungen zu Personen. Der Begriff »Objektbeziehungstheorie« erfährt derart bei Bettelheim eine beträchtliche Erweiterung.

1.1.1 Zwischenresümee

Zusammenfassend läßt sich festhalten, daß alle vier Psychologien der Psychoanalyse – die Triebtheorie, die Ich-Psychologie, die Selbstpsychologie sowie die Objektbeziehungspsychologie – in Bettelheims Denken Niederschlag gefunden haben. Ebenso wie in der Studie von Pine (1988), in der dieser den Ausdruck die »vier Psychologien der Psychoanalyse« einführte, stehen sie auch bei Bettelheim mit ihren jeweiligen Möglichkeiten und Grenzen gleichberechtigt nebeneinander, bleiben im Grunde aber unintegriert. Bettelheims Umgangsweise mit den vier Strömungen der Psychoanalyse läßt sich daher als *pragmatisch-eklektizistisch* bezeichnen, was auch bedeutet, daß er sich keiner der vier Richtungen vollkommen zuordnen läßt. Er nimmt sich vielmehr die Freiheit, seinen theoretischen Bezugsrahmen innerhalb der vier Psychologien zu wechseln. Dadurch bezieht er eine Gegenposition zu einer evolutionären Sichtweise, die eine fortschreitende Höherentwicklung der Psychoanalyse von der Triebtheorie über die Ich-Psychologie zur Selbst- und Objektbeziehungstheorie annimmt, sowie von einer Aufhebung der jeweils vorangegangenen Stufe durch die nächsthöhere ausgeht. Eine solche evolutionäre Überzeugung kommt beispielsweise im Ansinnen Rogers zum Ausdruck, im Rahmen einer einheitlichen Theorie der Objektbeziehungen die Trieb- und Ich-Psychologie ganz zu überwinden. Im Unterschied zu Rogers Position machen Bettelheims Rekurse auf die Triebtheorie, die er zwar für Ergänzungs- und revisionsbedürftig hält, deutlich, daß er sie gleichwohl nicht als prinzipiell überholt ansieht. Vor diesem Hintergrund erscheint auch Rogers 'Vereinnahmung' Bettelheims als Vertreter der von ihm skizzierten Objektbeziehungstheorie nur solange gerechtfertigt, wie man sie auf den Bettelheim von *Die Geburt des Selbst* beschränkt. Sobald man andere Schriften hinzuzieht, läßt sich diese Charakterisierung nicht länger aufrechterhalten.

Positiv gesehen, kann Bettelheims Eigenart, seinen psychoanalytischen Bezugsrahmen den jeweiligen Erfordernissen entsprechend zu wechseln, ohne eine theoretische Integration der unterschiedlichen Blickwinkel erlangt zu haben, als Ausdruck eines nonkonformistischen Freidenkertums erscheinen. Nicht frei von idealisierenden Obertönen hat ihm dies beispielsweise Fisher (1994, 97) attestiert. Für ihn war Bettelheim

»[...] eine der letzten wirklich unabhängigen Stimmen der Psychoanalyse, einer jener respektlosen Bilderstürmer, die sich voll Verachtung für regionale, nationale, internationale Streits über psychoanalytische Doktrinen niemals um Institutionen des Establishments oder psychoanalytische Institute kümmerte.«

Kritisch betrachtet, mutet Bettelheims Vorgehen dagegen als »Unentschlossenheit seiner theoretischen Position« oder als »theoretisches Schwanken« an (Reich 1994, 173). Die Tatsache, daß er keiner bestimmten Theorietradition eindeutig zugeordnet werden kann, läßt sein Denken uneindeutig und unentschieden erscheinen. Diese Eigenart könnte zumindest teilweise zu seiner Marginalität in der offiziellen Psychoanalyse beigetragen haben.

Zwischen der Bewertung Bettelheims als Freidenker und der eines unentschlossenen Pendlers zwischen unterschiedlichen Schulen muß die oben getroffene Bestimmung als pragmatisch verfahrender Praktiker und Denker angesiedelt werden. In einem solchen Umgang mit Theorie gründet die charakteristische Widersprüchlichkeit seines Denkens, das für jede systematische Beschäftigung mit ihm eine Herausforderung darstellt und dem im folgenden Abschnitt nachgegangen wird.

1.1.2 Zwischen Häresie und Orthodoxie. Zur charakteristischen Widersprüchlichkeit von Bettelheims analytischem Denken

Um das Verhältnis von klassischer Analyse und Selbstpsychologie zu illustrieren, hat Heinz Kohut in *Die Heilung des Selbst* (1979) die Begriffe des »Schuldigen« und des »Tragischen Menschen« eingeführt (Kohut 1979, 120; Frattaroli 1992, 126). Die Kategorie des »Schuldigen Menschen« steht für die *orthodoxe* psychoanalytische Sichtweise, die von einer *intrapsychischen* Verursachung menschlichen Leids ausgeht und den Menschen aufgrund seiner antagonistischen Triebstruktur als genuin »sündig« ansieht. Ihre deutlichste Illustration erfährt diese Betrachtungsweise in der Person des Ödipus. Innerer Frieden ist dem Menschen nur beschieden, wenn er seine widersprüchliche Grundstruktur akzeptiert und Verantwortung dafür übernimmt. Im Gegensatz zur klassischen Analyse geht die Selbstpsychologie von einer *interpersonalen* Verursachung menschlichen Leids aus. Aus dieser *häretischen* Perspektive erscheint der Mensch nicht als schuldiger, sondern als tragischer. Der »Tragische Mensch« wird »unschuldig« geboren und erleidet in einem Prozeß äußerer Traumatisierung – ohne sein Zutun – eine innere Fragmentierung, die Kohut als Pathologie des Selbst beschrieben hat (Kohut 1979, 166 ff.). Ist der »Schuldige Mensch« der orthodoxen Sichtweise aufgrund seiner Triebausstattung genuin konfliktbeladen, so könnte der »Tragische Mensch« der häretischen Betrachtungsweise im Grunde harmonisch mit sich selbst und anderen leben, wäre da nicht der traumatische Einfluß einer feindseligen Umwelt; inneren Frieden kann er daher erst durch eine Veränderung seiner Umwelt erlangen.

Wie Frattaroli (1992), heute Psychoanalytiker, in den sechziger Jahren Betreuer an der Orthogenic School, gezeigt hat, lassen sich mit den Kohutschen Kategorien »Schuldiger Mensch« – intrapsychische Konfliktgenese – Orthodoxie – einerseits und »Tragischer Mensch« – interpersonelle Konfliktgenese – Häresie – andererseits die Pole zutreffend bezeichnen, zwischen denen sich Bettelheims Argumentationen bewegen. Während Kohut mit diesen Begriffen aber Standpunkte verdeutlicht, die sich gegenseitig ausschließen, stehen sie in Bettelheims Werk einträchtig nebeneinander. Ob er die orthodoxe Position und damit eine intrapsychische Konfliktgenese vertrat, oder aber eine interpersonale (häretische) Sichtweise einnahm, hing von der besonderen Situation und den jeweiligen Bedürfnissen der zu beratenden Mitarbeiter ab. Gegenüber den psychologisch unerfahrenen und emotional wenig gefestigten Betreuern der Orthogenic School favorisierte er den orthodoxen Standpunkt. Ihnen sollte dadurch ein Anreiz geboten werden, ihr Verantwortungsgefühl weiterzuentwickeln. Aus dieser Perspektive resultierte ein zwischen einem jungen Mitarbeiter und einem Kind entstandenes Problem grundsätzlich aus einem ungelösten Persönlichkeitskonflikt des jeweiligen Betreuers. Frattaroli (1992, 123) resümiert rückblickend:

> »Wir lernten, daß selbst die stürmischsten Begegnungen nur dann zu Problemen führten, wenn uns unsere eigene Angst davon abhielt, klar darüber nachzudenken, welches Bedürfnis das Kind ausdrückte, sei es auch noch so verzerrt, oder uns frei zu fühlen, ihm in einer Art und Weise zu antworten, die dem Kind und dem jeweiligen Stand der therapeutischen Beziehung angemessen war.«

In der Beratung von erfahrenen Mitarbeitern oder Kollegen war indessen eine völlig andere Situation gegeben. Was sie benötigten, waren neue, auch unorthodoxe Perspektiven, um mit den als nicht behandelbar geltenden Kindern und Jugendlichen arbeiten zu können. Erfahrenen Professionellen gegenüber favorisierte Bettelheim daher den häretischen Standpunkt (Frattaroli 1992, 125). Warum hatte das Kind in dem jeweiligen Mitarbeiter gerade diese ganz besonderen Gefühle auslösen müssen? Warum hatte es genau diese Art von Problem zwischen ihnen geschaffen? Wie kann das Hervorbringen einer solchen Krise als Versuch des Kindes verstanden werden, sich sein Leben erträglicher zu machen? Diese Fragen standen am Anfang der Beratung erfahrener Mitarbeiter (123). Auch in diesem Fall war die Botschaft eindeutig. Wenn Probleme in der Beziehung zu den Kindern auftauchten, war dies nicht die »Schuld« der Betreuer, sondern lediglich ein Ausdruck der durchschnittlich zu erwartenden Hindernisse, mit denen man sich in der pädagogisch-therapeutischen Arbeit mit psychisch kranken Kindern konfrontiert sieht.

Bettelheims Eigenart, bald die orthodoxe, bald die häretische Position zu vertreten, beschränkt sich aber – wie Frattaroli ebenfalls gezeigt hat – nicht auf Beratungssituationen und damit auf mündliche Äußerungen. In seinen Publikationen läßt sich dieser Widerspruch gleichermaßen nachweisen. So vertritt er beispielsweise in *Kinder brauchen Märchen* ([1976] 1990b, 13) die orthodoxe, von einer intrapsychischen Verursachung ausgehende Position, wenn er schreibt:

»Sehr viele Eltern sind nicht bereit, ihren Kindern zu sagen, daß vieles, was im Leben nicht richtig ist, seine Ursache in unserer Natur hat, in der Neigung aller Menschen, aus Zorn und Angst aggressiv, unsozial, egoistisch zu handeln. Unsere Kinder sollen vielmehr glauben, alle Menschen seien von Natur aus gut.«

»Nicht erst seit Freud ist der Mythos von Ödipus der Spiegel, in dem wir die stets neuen und doch uralten Probleme unserer vielschichtigen, ambivalenten Gefühle für unsere Eltern erkennen. Freud verwies auf diesen Mythos, um uns die zwangsläufig auftretenden, brodelnden Emotionen bewußt zu machen, mit denen sich jedes Kind auf seine Weise in einem bestimmten Alter auseinandersetzen muß« ([1976] 1990b, 28).

In *Die Kinder der Zukunft* (Bettelheim [1969] 1990a, 73) bezieht er dagegen die häretische Position:

»Und da die Abhängigkeit des Kleinkindes nicht nur körperlicher, sondern auch seelischer und sozialer Natur ist, ist es einer anderen Person auf Gedeih und Verderb ausgeliefert. Die normale Mutter weiß das, sie hat Angst, diese Macht zu mißbrauchen. Eben durch diese Macht der Eltern über das Leben des Kindes wurde die Tragödie des Ödipus ausgelöst. Hätte sein Vater keine Macht über ihn besessen (und ausgeübt) – sein Sohn hätte ihn nicht erschlagen«.

In Übereinstimmung mit dieser Argumentation formuliert er in dem Essay *Schizophrenie als Reaktion auf Extremsituationen* (1980a, 131) seine Vorstellung der Verursachung psychischer Störungen wie folgt: »Um eine Kindheitsschizophrenie zu entwickeln, braucht das kleine Kind nur überzeugt zu sein, daß sein Leben von gefühllosen, irrationalen und überwältigenden Mächten bestimmt wird, die seine Existenz total kontrollieren und ihr nicht den geringsten Wert beimessen«.

Und schließlich präzisiert er in *Die Geburt des Selbst* ([1967] 1989a, 82):

»[...] alle psychotischen Kinder [leiden] an der Erfahrung [...], daß sie extremen Lebensbedingungen ausgesetzt gewesen sind, [...] die Schwere ihrer Störungen [hängt] direkt damit zusammen [...], wie früh diese Bedingungen aufgetreten sind, wie lange sie gedauert und wie stark sie sich auf das Kind ausgewirkt haben.«

Soweit der Nachweis, daß Bettelheim auch in seinen Schriften hier den orthodoxen, dort den häretischen Standpunkt vertritt. Den Widerspruch, der sich daraus ergibt, habe ich oben als notwendige Folge seines pragmatischen Eklektizismus' interpretiert. Mit seiner vorne genannten Sichtweise Bettelheims als eines respektlosen Bilderstürmers hat Fisher diese Annahme gewissermaßen personalisiert. Im Spiegel der einzigen mir bekannten Stellungnahme Bettelheims, in der er selbst, zumindest zu den seinen mündlichen Äußerungen innewohnenden Widersprüchen Stellung nimmt, wird nun deutlich, daß sich beide Erklärungsversuche im methodischen Prinzip »Situationsbezug« aufheben lassen.

»Es vergeht kaum ein Tag, an dem mich nicht ein Mitarbeiter, meistens mehrere, mit Widersprüchen in meinem Verhalten oder Stellungnahmen konfrontieren. Zuerst gibt ihnen das eine willkommene und sehr notwendige Gelegenheit, es dem heimzuzahlen, den sie stillschweigend beschuldigen, ohnehin 'alles zu wissen'. Aber langsam weicht dies der Erkenntnis, daß es keine äußere Widerspruchsfreiheit von Handlungen geben kann, weil sie durch die Bedürfnisse eines bestimmten Kindes zu einem bestimmten Zeitpunkt bestimmt werden; und diese wiederholen sich niemals in der gleichen Form. Diese wichtige Einsicht hilft ihnen, ihre eigenen Rigiditäten aufzugeben« (Bettelheim 1966, 697).

Dieser Selbsterläuterung folgend darf die Widersprüchlichkeit Bettelheims nicht länger als Ausdruck einer theoretischen Unentschiedenheit gedeutet werden. Vielmehr kommt darin das *methodische Prinzip* eines situationsbezogenen Denkens und Handelns zum Ausdruck. Das Problem dieser Erklärung besteht nun darin, daß sich Bettelheim und sein diese Argumentation übernehmender Schüler Frattaroli ausschließlich auf Beratungssituationen und damit auf mündliche Äußerungen beziehen. Beide argumentieren mit den unterschiedlichen Bedürfnissen der Adressaten in einer Beratungssituation im Rahmen der praktischen Arbeit an der Orthogenic School. Aufgrund dieser Beschränkung erscheint ihre Begründung nicht ohne weiteres auf Bettelheims Publikationen übertragbar, richten sich diese doch nicht ausdrücklich einmal an unerfahrene und das anderemal an erfahrene Professionelle. Andere situative Faktoren oder Konstellationen, die zu jeweils unterschiedlichen Stellungnahmen Anlaß gegeben haben könnten, sind vorstellbar, bleiben aber ungenannt und lassen sich auch nicht ohne weiteres erschließen. Sollen hier die unvermeidlichen Widersprüche eines primär intuitiven und pragmatischen Vorgehens methodisch als Situationsbezug geadelt werden? Diese Frage kann hier nicht abschließend beantwortet werden; es bleiben aber Zweifel an einer durchgängigen Gültigkeit von Bettelheims und Frattarolis Argumentation. Unabhängig davon, ob man sich der Erklärung eines situationsbezogenen oder eines pragmatischen Vorgehens anschließt, fordern beide Sichtweisen, Widersprüche auszuhalten bzw. mit ihnen umgehenzulernen. Bettelheim selbst sah jedenfalls in der Widersprüchlichkeit seines Denkens und Handelns durchaus eine Qualität. »Mit scheinbaren oder echten Doppeldeutigkeiten leben, denken und arbeiten zu können«, mache das Wesen der Psychoanalyse aus, schrieb er in *Themen meines Lebens* (1990, 54). Wenn er an einer anderen Stelle den folgenden Satz des amerikanischen Schriftstellers Scott Fitzgerald zustimmend zitiert, unterstreicht er diese Überzeugung noch einmal. »Der Test eines erstklassigen Intellekts«, schrieb dieser, »ist die Fähigkeit, an zwei einander entgegengesetzten Gedanken gleichzeitig festzuhalten und dennoch die Funktionsfähigkeit zu bewahren« (Fitzgerald zit. nach Bettelheim 1990, 100).

1.1.2.1 Komplementarität?

Was mir primär als Reflex eines pragmatischen Wissenschaftsverständnisses erscheint, Fisher (1994) als Ausdruck einer unkonventionellen Persönlichkeit und professioneller Unabhängigkeit deutet und Bettelheim selbst als durch die Bedürfnisse seiner jeweiligen Adressaten bedingt ansieht, avanciert bei seinem Schüler Frattaroli zu einem theoretischen und praktischen Grundsatz, der weit über den des Situationsbezuges hinausweist. Nach seiner Meinung kommt in der erörterten Eigenart seines ehemaligen Mentors die »innerhalb der psychoanalytischen Bewegung erstaunlich seltene Fähigkeit« (Frattaroli 1992, 124) zum Ausdruck, sich des sich gegenseitig ausschließenden intrapsychischen und interpersonellen Blickwinkels bewußt zu sein, sie beide auf eine gegebene Situation anwenden und überdies integrieren zu können. Kurz, Bettelheims Denken folgt nach Frattaroli jenem Prinzip, das der Physiker Niels Bohr *Komplementarität* nannte. Danach können sich gegenseitig ausschließende Sichtweisen gleichermaßen gültig sein, wie dies etwa bei der Wellen- und der Teilchentheorie des Lichts der Fall ist. Der später zur Psychoanalyse übergewechselte Physiker Robert Waelder zitiert Bohr mit den Sätzen: »Es gibt triviale und große Wahrheiten. Das Gegenteil einer trivialen Wahrheit ist eindeutig falsch. Das Gegenteil einer großen Wahrheit ist gleichermaßen wahr« (Bohr zit. nach Waelder in Frattaroli 1992, 127).

Während die psychoanalytische Bewegung durch eine Entweder-Oder-Dichotomie charakterisiert sei, die zu zahlreichen Abspaltungen führen mußte, zeichne sich Bettelheims Ansatz durch ein integratives Sowohl-Als-Auch-Denken aus. Er erkennt an, daß Konstellationen existieren, in denen sich die intrapsychische der interpersonellen Sichtweise als überlegen erweist und umgekehrt. Komplementärem Denken gerät dabei allerdings nicht aus dem Blick, daß ein tiefreichendes Verständnis menschlicher Erfahrungen beide Sichtweisen erfordert.

Nun räumt Frattaroli zwar ein, daß sich Bettelheim nicht auf Bohr bezieht, Zugang zum Phänomen der Komplementarität habe er allerdings durch die philosophische Theorie der *Conjunctio oppositorum* (Vereinigung der Gegensätze) gehabt, die er in *Aufstand gegen die Masse* ([1960] 1989, 14) erwähnt. Ohne Frage liefert Frattaroli mit seiner These von der Komplementarität von Bettelheims Denken eine interessante Erklärung für dessen Widersprüche. Allerdings muß auch sie differenziert werden. Zutreffend daran erscheint mir, daß die Stellungnahmen Bettelheims in der Tat bald die interpersonelle, bald die intrapsychische Sichtweise favorisieren und er offenbar in der Lage war, sich zugunsten der jeweils angemesseneren Perspektive über dogmatische Einseitigkeiten hinwegzusetzen. Zutreffend erscheint ferner, daß er mit den sich daraus ergebenden theoretischen Widersprüchen sehr wohl leben konnte. Nicht zutreffend erscheint mir allerdings die Behauptung, Bettelheim *selbst* habe die theoretischen Widersprüche seines Denkens im Prinzip der Komplementarität aufgehoben. Während er andere zentrale Merkmale seines Ansatzes – etwa den Situationsbezug – seinen Lesern mit Variationen und zuweilen durchaus redundant präsentiert, erwähnt er das Prinzip der Komplementarität mit keinem Wort. Mehr noch: Der von Frattaroli als Beleg für seine These angeführte Bezug Bettelheims auf das Prinzip der Vereinigung von Gegensätzen widerspricht bei genauem Lesen sogar seiner Argumentation. Bettelheim weist an dieser Stelle nämlich ausdrücklich darauf hin, daß dieses Prinzip »keine gute Grundlage für die Schaffung theoretischer Modelle« darstelle ([1936] 1989, 41). Mit dem Prinzip der Komplementarität im Sinn wäre dieser Satz vermutlich nie geschrieben worden, setzt es doch das Vorhandensein von Widersprüchen als 'gute' – d. h. notwendige – Basis dieses theoretischen Modells voraus. Auch wenn Bettelheim als Mann, der in Widersprüchen dachte und lebte, die Notwendigkeit der Integration von Gegensätzen vielfach benannte, sehe ich kaum Anzeichen dafür, daß er tatsächlich gegensätzliches in komplementäres Denken transzendiert hat. Daher trifft meines Erachtens auf den Bettelheim-Schüler Frattaroli zu, was dieser bei Robert Waelder beobachtet hat. Er attestiert dem Freud-Schüler durch sein Prinzip der »mehrfachen Betrachtungsweise« mit einem Schlag die den Freudschen Angsttheorien innewohnenden Ambivalenzen aufgelöst und – weithin unbemerkt – das Prinzip der Komplementarität in die Psychoanalyse eingeführt zu haben (Frattaroli 1992, 144; Waelder [1936] 1980, 57 f.). Waelder dagegen schreibt diese Integrationsleistung ausdrücklich – und wie spätere Publikationen Freuds belegen, fälschlich – dem Begründer der Psychoanalyse selbst zu. Was auf Waelder und Freud zutrifft, gilt nun meines Erachtens ebenso für Frattaroli und Bettelheim: Wenngleich das Denken des Wiener Kinderpsychologen eine Integration von Gegensätzen programmatisch intendiert, vollzieht sie doch erst sein Schüler und löst die Widersprüche im theoretischen Bezugsrahmen der Komplementarität auf. Daß Frattaroli Bettelheims Praxis mehr entnimmt als dieser selbst, zeugt einerseits von einer Tendenz zur Idealisierung andererseits aber auch davon, daß Bettelheims 'intuitive' Praxis mehr enthält, als er selbst theoretisch 'einholen' konnte.

1.1.3 Zusammenfassung

Vor dem Hintergrund der in diesem Abschnitt entwickelten Argumentation läßt sich mit Bezug auf psychoanalytische Theorietraditionen eine erste Einordnung Bettelheims vornehmen. Seine vielfach anzutreffende eindeutige Zuordnung zur Ich-Psychologie muß allerdings in Frage gestellt werden. Bettelheims Haltung zur Ich-Psychologie stellt sich vielmehr als ausgesprochen ambivalent dar. Während er sich in seinen ersten beiden Monographien zu ihr bekennt und die klassische Analyse aus ich-psychologischer Perspektive kritisiert, distanziert er sich mit zunehmendem Alter immer stärker von ihr. Den Vorteilen, die sie als theoretische Orientierung bietet, steht ein konformistisches Potential gegenüber, das in der amerikanischen Psychoanalyse voll ausgeschöpft wurde und mit dem sich der Nonkonformist Bettelheim nicht einverstanden erklären konnte. Der späte Bettelheim kritisiert die Verdrängung des Unbewußten, die einseitige Parteinahme der Ich-Psychologie für das Ich des Menschen auf Kosten des Es. Vor diesem Hintergrund werden die in seinen Schriften immer wieder anzutreffenden Rekurse auf die klassische Psychoanalyse verständlich. Sie erscheint bei ihm als ergänzungs- und revisionsbedürftig, nicht aber als prinzipiell obsolet. In seiner Autismusstudie arbeitet er mit dem Konzept eines »Selbst«, das im Vergleich zu dem Kohuts wesentlich dynamischer ausfällt. Bettelheims »Selbst« nimmt die Gestalt eines von äußeren Faktoren abhängigen, aktiven, nach Entwicklung und höherer Integration strebenden, inneren Aktivitätspotentials an. Darüber hinaus argumentiert er in *Die Geburt des Selbst* ([1967] 1989a) im theoretischen Bezugsrahmen einer Objektbeziehungstheorie, deren Vorzüge Robert Rogers herausgestellt hat. In diesem Zusammenhang muß darauf hingewiesen werden, daß Bettelheim diesen Begriff über die Mutter-Kind-Beziehung hinaus auf die gegenständlich-räumlichen Bezüge des Kindes ausweitete. Aber auch der Selbst- und Objektbeziehungstheorie läßt er sich nicht eindeutig und ausschließlich zuordnen. In seinen der Autismusstudie folgenden Monographien bedient er sich wieder der Ich-Psychologie und der Psychologie des Unbewußten, die beispielsweise in *Kinder brauchen Märchen* ([1976] 1990b) eine interessante Verbindung eingehen. Das eigentlich Charakteristische seines analytischen Denkens stellen damit seine wechselnden Bezüge im theoretischen Bezugssystems der »vier Psychologien der Psychoanalyse« dar. Bezeichnend für Bettelheim erscheint sein 'Vagabundieren' zwischen unterschiedlichen Schulrichtungen. Ob er die orthodoxe Position und damit die Überzeugung einer intrapsychischen Konfliktgenese oder aber die häretische Position mit der Implikation einer interpersonalen Konfliktgenese vertrat, hing offenbar von der jeweiligen Situation und den beteiligten Personen ab. Kann das sich darin ausdrückende Prinzip des Situationsbezuges für alltägliche Beratungssituationen durchgängige Gültigkeit beanspruchen, so stößt diese Erklärung für Bettelheims Schriften allerdings an ihre Grenzen. Für sie ist nicht nachvollziehbar, warum er das eine Mal diese und das andere Mal jene Position favorisiert. Hier drängt sich der Eindruck auf, daß ein intuitives und pragmatisches Vorgehen nachträglich durch das methodische Prinzip des Situationsbezuges erklärt werden soll. Dies trifft in noch stärkerem Maße für Frattarolis Versuch zu, Bettelheims

Denken als komplementäres im Sinne Bohrs zu charakterisieren. Der Bettelheim-Schüler irrt mit der Behauptung, sein Mentor sei dem Prinzip der Komplementarität – wenn auch nicht dem Namen so doch seinem Wesen nach – *bewußt* gefolgt. Gleichzeitig bietet Bettelheims Praxis jedoch in der Tat das 'Rohmaterial' für eine solche Interpretation. Was dieser intuitiv praktizierte und mit dem Prinzip des Situationsbezuges begründete, wurde durch seinen Schüler im Begriff der Komplementarität theoretisch eingeholt. An diesem Punkt wird exemplarisch deutlich, worin ein potentieller Ertrag der Auseinandersetzung mit Bettelheim liegt; nicht in elaborierten theoretischen Konstruktionen, sondern in der Auseinandersetzung mit dem seiner Praxis innewohnenden Bedeutungsüberschuß, den es theoretisch aufzuarbeiten gilt.

Zusammenfassend muß Bettelheim als ein keiner psychoanalytischen Schulrichtung eindeutig zurechenbarer nonkonformistischer Autodidakt angesehen werden. Der Wiener Emigrant erscheint als Außenseiter der Psychoanalyse (Frattaroli 1992, 126), der lebenslang um seine Anerkennung kämpfte und sich mit zunehmendem Alter immer stärker mit dem *enfant terrible* Wilhelm Reich identifizierte (Fisher 1994, 97). Gleichzeitig genoß er selbst bei führenden Theoretikern wie D. W. Winnicott einiges Ansehen, wie eine beiläufige Bemerkung des Engländers belegt:

»Ich finde [Bettelheim] schwierig zu lesen, einfach weil er alles sagt und nichts gesagt werden kann, von dem man sicher sein kann, daß es nicht schon von ihm gesagt wurde. Aber man muß ihn lesen, weil er genau richtig oder richtiger als andere Autoren liegen kann. Dies trifft besonders auf die ersten Kapitel von *Die Geburt des Selbst* zu« (Winnicott 1969, 246).

1.2 Bruno Bettelheims humanistische Freud-Interpretation

»Humanist: A person having a strong [...] concern for human welfare, values and dignity.«
Random House Dictionary 1987

»Die Psychoanalyse ist ihrem tiefsten und wichtigsten Sinne nach ein Ruf nach größerer Menschlichkeit und ein Weg, dahin zu gelangen.«
Bruno Bettelheim ([1982] 1986, 45)

Im Rahmen der vorangegangenen Diskussion wurde eine erste, an psychoanalytischen Theorietraditionen orientierte Einordnung von Bettelheims Psychoanalyse-Auffassung möglich. Ihr soll hier eine spezifisch inhaltliche Charakterisierung an die Seite gestellt werden. Da der nachhaltigste Einfluß auf Bettelheims Denken ohne Zweifel von Freud ausging, muß im folgenden nach seiner spezifischen Freud-Lesart gefragt werden.

Die wichtigste Quelle zur Bearbeitung dieser Fragestellung stellt Bettelheims Essay *Freud und die Seele des Menschen* ([1982] 1986) dar. Fast achtzigjährig, und nachdem er mehr als die Hälfte seines Lebens in der amerikanischen Emigration verbracht hatte, setzt er darin James Strachey's Übersetzungen für *The Standard Edition of the Complete Psychological Works of Sigmund Freud* – und mit ihnen die gesamte amerikanische Rezeption der Psychoanalyse – einem Fegefeuer der Kritik aus. Inhaltlich konnte er allerdings der Diskussion über Strachey's Übersetzungen keine neuen Fakten hinzufügen; sämtliche Argumente, die er ins Feld führte, waren bereits bekannt (Brandt 1961, 1972, 1977; Brull 1975; Ornston 1982). Mit wenigen Ausnahmen genügte diese Erkenntnis bislang, um eine intensive Auseinandersetzung mit *Freud und die Seele des Menschen* zu verhindern. Und es ist in der Tat nicht seine Qualität als Streitschrift gegen Strachey, die diesen Essay auszeichnet. Seine Bedeutung liegt vielmehr darin, daß Bettelheims schroffe Anfeindungen der amerikanischen Psychoanalyse ihn zwingen, eine ebenso deutliche Gegenposition zu beziehen. Im Spiegel seiner Kritik tritt daher seine subjektive Psychoanalyse-Interpretation deutlicher als in all seinen anderen Schriften hervor. Dies eröffnet einen direkten Zugang zu seiner besonderen Lesart und Anwendung der Psychoanalyse in ihrer idealtypischen Form; idealtypisch, weil auch hier die vorne angesprochene Differenz zwischen seiner Selbstdarstellung und der tatsächlichen Praxis an der Orthogenic School zu berücksichtigen ist.

Wie die anderen Schriften des emigrierten Wieners bietet auch *Freud und die Seele des Menschen* ([1982] 1986) eine bezeichnende

Mischung aus irritierenden und inspirierenden Anschauungen. Je nach dem gewählten Bezugspunkt provozierte diese Schrift dann auch entweder bewundernde Zustimmung oder aber entschiedene Zurückweisung (Fink 1991; Fisher 1991a; Kermode 1983; Kurzweil 1985; Ornston 1985). Die Bewertungen reichen von »ein Juwel von einem Essay« (Fisher 1991a, 147). bis »die strengste (und meiner Ansicht nach verschrobene)« Kritik (Gay 1989, 823). Welches sind nun die irritierenden, welches die inspirierenden Momente dieses Essays, den der britische Historiker Ignatieff (1990, 98) als »[…] eine großartige Verteidigung der humanistischen Intentionen des Meisters gegen die Technokraten seiner eigenen Lehre […]« bewertete? Zunächst verwundert der an viele von Bettelheims öffentlichen Auftritten erinnernde, besonders intolerant-provozierende Ton (Carey 1977). Er gipfelt in der Behauptung, Strachey's Übersetzungen stellten »eher Perversionen« als Versionen des Originals dar (Bettelheim [1982] 1986, 118). In einem eigentümlichen Kontrast zu der verletzenden Diktion steht der tiefe Humanismus auch dieser Schrift; Bettelheim war ein Mann intensiver menschlicher Gegensätze (Sanders 1993).

Vor allem aber irritiert an *Freud und die Seele des Menschen,* daß sein Autor als Gralshüter der reinen psychoanalytischen Lehre auftritt. Mit unerschütterlicher Gewißheit legt er dar, »was Freud im Sinn hatte« (Bettelheim [1982] 1986, 20, 75 und passim), »beabsichtigte« (108), oder gar »hoffte« (82). Nur einmal heißt es auf den gut hundert Seiten: »Ich vermute […]« (92). Seine absolute Gewißheit darüber, wie Freud die Psychoanalyse verstanden wissen wollte, begründet Bettelheim mit seiner ähnlichen Sozialisation im Wien der Jahrhundertwende. Ausdrücklich die Gemeinsamkeiten mit seinem Idol hervorhebend – wie etwa seine Herkunft aus einer Familie des jüdischen Mittelstandes – übergeht er die heute ebenso offensichtlichen Differenzen. Neben der Tatsache, daß er im Unterschied zu Freud über keine medizinische Ausbildung verfügte, bleibt beispielsweise unerwähnt, daß er nach dem Tod seines Vaters im Jahre 1927 dessen Holzhandelsfirma weiterführte und mit dieser kaufmännischen Beschäftigung eine große Distanz zu den intellektuellen Kreisen der Stadt einherging. Seine Mitteilung, er habe die Psychoanalyse in dem gleichen Klima studiert, in dem sie entstanden war, suggeriert hingegen seine Zugehörigkeit zum Kreis der jungen Analytiker. Tatsächlich hatte er aber nur mittelbar – über seine spätere Frau Regina Altstadt und seine Cousine Edith Buxbaum – Zugang zu dieser Personengruppe.

Unabhängig davon wie tragfähig seine eigene Legitimation heute erscheinen mag, Bettelheims Interpretationen dokumentieren seine sprach- und kulturanalytischen Kompetenzen. Mit einem sensiblen

Gespür für sprachliche Nuancen erörtert er die Bedeutungen und Verwendungen, die Assoziationen und Konnotationen der von Freud verwendeten Begriffe. Aber: So sehr diese feinsinnigen und kenntnisreichen Interpretationen auch imponieren, und auch wenn wir es bei seiner Auslegung der Psychoanalyse mit einer recht orthodoxen zu tun haben, sie ist mit der ihres Begründers nicht vollkommen deckungsgleich. Im Widerspruch zu seinem erkenntnistheoretisch naiven Selbstverständnis geht Bettelheims Rezeption über bloßes Nachvollziehen, unverändertes Übernehmen und getreues Wiedergeben Freudscher Positionen hinaus. Wie an seinen Überlegungen leicht nachzuvollziehen ist, handelt es sich dabei nicht nur um verdeutlichende Paraphrasen und somit um einen Akt der Sinn*entnahme,* sondern um Interpretationen im buchstäblichen Sinne und somit um einen Prozeß der Sinn*gebung* (Baumgärtner 1987, 46). Bettelheims Selbstverständnis als orthodoxer Freudianer erweist sich damit als Selbst*miß*verständnis. Seine Mitteilungen über Freud illustrieren vielmehr unfreiwillig die von ihm in *Kinder brauchen Märchen* ([1976] 1990b) beifällig zitierte Überzeugung Michael Polanyis, wonach Wissen immer auch Wertung umfaßt, »einen persönlichen Koeffizienten, der alles faktische Wissen formt« (Polanyi zit. nach Bettelheim [1976] 1990b, 55). Aus diesem Grund – so meine These – sagen seine Ausführungen in dem Freud-Essay mindestens genausoviel über seine eigene wie über Freuds Auffassung der Psychoanalyse aus. Was er in seiner Rezension über Ernest Jones' Freud-Biographie feststellte, trifft gleichermaßen auf seine eigenen Mitteilungen über Freud zu:

> »Jones hat uns Freud so gezeichnet, wie *er* ihn sah, und die Psychoanalyse so, wie *er* sie interpretierte, aber jeder, der sich mit Psychoanalyse beschäftigt, weiß, daß das Bild, das der Jünger von seinem Meister entwirft, mehr über den Jünger aussagt, als über den Meister« (Bettelheim 1990, 53; Hervorh. im O.).

Meine Annahme, daß es sich bei Bettelheims Ausführungen über Freud um vielsagende Mitteilungen über seine höchsteigenen Anschauungen handelt, wird von mindestens zwei Widersprüchen in seiner Argumentation gestützt. Zum einen ist seine Charakterisierung von Freud als »Humanisten im besten Sinne des Wortes« (Bettelheim [1982] 1986, 11) nicht ohne Problematik. Wie Helmut Junker, der Freud ausdrücklich nicht als Humanisten, sondern als »großen Kränker« interpretierte, aufgezeigt hat, finden sich in Freuds Briefwechseln viele Belege dafür, daß er sich auch selbst keineswegs als Menschenfreund verstand. So schrieb beispielsweise der 21jährige an Eduard Silberstein: »Ich möchte wünschen, daß alles Gesindel, was es auf Erden gibt, vom heiligen Donner erschlagen wird und die Erde so leer wird, daß man erst alle drei Meilen einen Menschen treffen kann« (Freud zit. nach Junker 1991, 130). Gegenüber Arnold Zweig äußert der späte Freud – auf den Bettelheim sich beruft – am 2. Dezember 1927: »[...] fühle ich mich in der ganzen unwissenschaftlichen Einstellung bestärkt, daß die Menschen so durchschnittlich und im großen Ganzen doch ein elendes Gesindel sind« (Freud zit. nach Junker 1991, 17). In einem Brief an Lou Andreas-Salomé schließlich bekennt Freud zwei Jahre später: »Im tiefsten Inneren bin ich ja doch überzeugt, daß meine lieben Mitmenschen – mit einzelnen Ausnahmen – Gesindel sind« (17).

Der zweite Widerspruch klafft zwischen Bettelheims theoretischen Erörterungen der Absichten und Sprache Freuds und dessen tatsächlichem Sprachgebrauch. Beispielsweise bewertet er unter ausdrücklichem Verweis auf die Absichten seines Idols auch solche Übersetzungen Strachey's als »unrichtig« und sinnentstellend, die der fließend englisch sprechende und schreibende Freud selbst in von ihm englisch verfassten Texten benutzte. Dies ist etwa bei der Übersetzung von »Verdrängung« durch »repression« und von »Einfall« durch »free association« der Fall (Ornston 1985, 198; Bettelheim [1982] 1986, 108). Vermutlich sagt Bettelheims Anspruch, die Psychoanalyse exakt so zu vertreten, wie ihr Begründer es wollte, mehr über seine tiefreichende Identifikation mit Freud aus, als daß er inhaltlich haltbar wäre. In seinem Essay legt er nicht die einzig »richtige«, d. h. Freuds, Auffassung von Psychoanalyse dar, sondern seine eigene humanistische Interpretation davon. Inwieweit sich beide voneinander unterscheiden und wie Bettelheim in seiner lebenslangen Auseinandersetzung mit Freud – vielfach ohne es zu realisieren – dessen Bestimmungen einen charakteristischen Eigenbeitrag hinzufügte, soll nachstehend im einzelnen erarbeitet werden. Die in diesem Prozeß exemplarisch aufweisbare Differenz wird es erlauben, Bettelheims subjektive Psychoanalyse-Lesart zum Vorschein zu bringen und sie – aufgrund ihrer charakteristischen inhaltlichen 'Tönung' – als humanistische zu charakterisieren.

Da die intendierte Ableitung und Charakterisierung von Bettelheims humanistischer Psychoanalyse-Lesart eine differenzierte Argumentation erfordert, müssen ihre einzelnen Arbeitsschritte zur besseren Orientierung des Lesers hier vorgestellt werden: Zunächst gilt das Erkenntnisinteresse den Unterschieden zwischen der klassischen Analyse und der Milieutherapie. Diese *Arbeit an der Differenz* Freud/Bettelheim wird sich auf sechs ausgewählte Fragestellungen beziehen:

– die Definition des Therapieziels (1.2.1)
– den Stellenwert von Bedürfnisbefriedigung bzw. Versagung im therapeutischen Prozeß (1.2.2)

– die jeweilige Definition und Bedeutung der Todestriebhypothese (1.2.3)
– die jeweilige Bedeutung des Begriffes »Eros« (1.2.4)
– das Verhältnis von Eros und Thanatos zueinander (1.2.5) sowie schließlich
– die Bedeutung und Verwendung des Begriffs »Seele« (1.2.6).

Bei der Bearbeitung der ersten fünf Punkte entferne ich mich zunächst wieder von meiner Hauptquelle, Bettelheims *Freud und die Seele des Menschen,* und der auf James Strachey zielenden Übersetzungskritik. Die Argumentation entfernt sich damit auch von der zuvor abgeleiteten Überzeugung, derzufolge Bettelheim, wenn er über Freud schreibt, charakteristische Positionen seiner eigenen Anschauung mitteilt. Bei der Auseinandersetzung mit dem sechsten Punkt – Freuds/Bettelheims Begriff der Seele (1.2.6) – nehme ich diesen Argumentationsstrang wieder auf und schließe zugleich meine *Arbeit an der Differenz* ab. Ungeachtet der Frage, inwieweit Bettelheims Auffassungen der Psychoanalyse mit Freuds übereinstimmen oder von ihr abweichen, wende ich mich anschließend ganz den humanistischen Positionen des Milieutherapeuten zu. Im Zentrum wird seine Metapher der Seele als Signatur seiner humanistischen Psychoanalyse-Lesart stehen. Aus ihr lassen sich sämtliche für seinen Ansatz charakteristischen Positionen erschließen. Drei von ihnen, die Vorstellung von der Erlösung der Seele (1.2.6.1), die für die Milieutherapie bezeichnende empathische Grundhaltung (1.2.6.2) sowie die spezifische Auffassung vom Wesen des therapeutischen Prozesses (1.2.6.3), leite ich exemplarisch aus der Metapher der Seele ab. Der Schwerpunkt dieses Arbeitsschrittes liegt eindeutig auf dem Abschnitt über das empathische Verstehen; aufgrund seiner zentralen Bedeutung wird es detailliert abgeleitet, illustriert und erörtert. Nachdem mit der Ableitung dieser drei Implikationen die unterste systematische Ebene der Argumentation erreicht wurde, ist der letzte Arbeitsschritt wieder auf einer Ebene darüber angesiedelt. Das Erkenntnisinteresse gilt den drei Funktionen der Seelenmetapher bei Bettelheim (1.2.7). Den Abschluß des Kapitels bildet eine Zusammenfassung, die den erreichten Kenntnisstand festhält (1.2.8).

1.2.1 Selbstachtung als Therapieziel

Im Rahmen der Erörterung einer therapeutisch wünschenswerten Einstellung zu dem sogenannten »sekundären Krankheitsgewinn« geht Bettelheim auf die Kennzeichen geistig-seelischer Gesundheit und damit implizit auf das Ziel von Milieutherapie ein (Bettelheim 1975, 39 ff.). Im Hinblick auf die hier besonders interessierenden Differenzen zwischen den klassisch psychoanalytischen und den milieutherapeutischen Positionen gewinnt diese Passage eine besondere Bedeutung. An ihr kann anschaulich nachvollzogen werden, wie Bettelheims Auseinandersetzung mit seinem Vorbild in einer von *seinen* lebensgeschichtlichen Erfahrungen geprägten und somit primär *seine* Weltanschauung widerspiegelnde Neuschöpfung theoretischer Positionen mündet.

Die Grundlage von Bettelheims Bestimmung des Therapieziels bildet die Freudsche Definition von Gesundheit als Liebes- und Arbeitsfähigkeit. In der Diskussion ihrer Implikationen entfernt er sich aber weit von seinem Ausgangspunkt und gelangt schließlich zu einer ganz eigenen Bestimmung. Nach Bettelheim (1975, 43) muß eine Definition geistig-seelischer Gesundheit drei Elemente umfassen

- eine »gesunde Selbstachtung«
- eine in ihrer Grundstruktur optimistische Lebenseinstellung sowie
- die Wertschätzung des eigenen Körpers und seiner Funktionen.

Eine gesunde Einstellung zum eigenen Körper siedelt Bettelheim auf einem Kontinuum an, dessen Pole durch zwanghafte Sorge einerseits bzw. Abscheu und Vernachlässigung andererseits gekennzeichnet sind. Eine optimistische Lebenseinstellung bestimmt er als ebensoweit vom Zustand der Depression wie von unrealistischen Größenvorstellungen entfernt; sie schließt ausdrücklich Zweifel an einer grundsätzlich offenen Zukunft ein. Diese erfüllen so lange eine konstruktive Funktion, wie sie sporadisch und realitätsbezogen auftreten und nicht zu einem permanenten und alles beherrschenden Grundgefühl avancieren; eine in ihrer Grundstruktur optimistische Lebenseinstelllung schließt also ausdrücklich Phasen des Unbehagens ein. Auch in dieser Hinsicht besteht zwischen Gesundheit und Krankheit kein qualitativer, sondern allein ein quantitativer Unterschied.

Im Zentrum von Bettelheims Definition – und aus dem eingangs genannten Grund auch im Zentrum des Erkenntnisinteresses dieses Abschnitts – steht das an erster Stelle genannte Kriterium: die Fähigkeit des Individuums zur Selbstachtung (1975, 26; Bettelheim/Karlin [1975] 1984, 58). Präziser muß man von einer »gesunden« oder »gerechtfertigten« Selbstachtung, im Unterschied zu einer megalomanisch verzerrten sprechen. Eine gesunde« Wahrnehmung des eigenen Wertes schließt die Fähigkeit ein, sie immer wieder realistischen und klugen Prüfungen zu unterwerfen; auch muß sie ihre Energie nicht aus der Abwertung anderer beziehen. Eine gesunde Selbstachtung ermöglicht es vielmehr, die faktische Überlegenheit anderer anzuerkennen, ohne ein grundsätzliches Gefühl eigener Unzulänglichkeit hervorzurufen.

Der außergewöhnliche Stellenwert von Würde, Achtung und Selbstachtung in Bettelheims Ansatz und die damit einhergehenden hohen ethischen Verpflichtungen seiner Mitarbeiter resultieren aus der Überzeugung, daß ein diesbezüglicher Mangel einen entscheidenden Faktor in der Entstehung von funktionellen psychischen Erkrankungen darstellt (Bettelheim 1975, 25, 43). Daß Bettelheim gerade diesen Aspekt hervorhebt, scheint mir wiederum aufs engste mit seinen eigenen lebensgeschichtlichen Erfahrungen zusammenzuhängen. Kaum ein Pädagoge oder Therapeut hat wie er am eigenen Leibe erfahren müssen, was die willkürliche Mißachtung der Würde eines Menschen bedeutet, und kaum ein Pädagoge hat in seinen Schriften auf die Erlangung oder Wiedererlangung von Würde und Selbstachtung so insistiert wie dieser Überlebende der Konzentrationslager Dachau und Buchenwald. In der Erfahrung der Extremsituation des Konzentrationslagers gründet demnach ein pädagogischer Stil, der das diametrale Gegenteil des dort Erlittenen zu realisieren sucht: die absolute Respektierung der Würde, Autonomie und Unverfügbarkeit von gestörten Kindern und Jugendlichen (1975, 25). Sie sollen in die Lage versetzt werden, »Herrn und Eigner eigenen Gesichts« zu werden (Bettelheim 1980, 124). Um dieses Ziel zu erreichen, müssen die Kinder wiederholt zwei Erfahrungen machen können. Da Selbstachtung in dem Respekt und der Achtung gründet, mit der andere Menschen ihnen begegnen, muß – erstens – die Erfahrung, von anderen als einzigartige Individuen und wertvolle Menschen geschätzt zu werden, tagtäglich gemacht werden. Zum zweiten basiert Selbstachtung auf der wiederholten Erfahrung, sich selbst und die Realität beherrschen zu können, womit auf das methodische Prinzip der Reduktion von Anforderungen im therapeutischen Milieu verwiesen ist.

Am Ende seiner Erörterung geistig-seelischer Gesundheit kehrt Bettelheim zur Freudschen Gesundheitsdefinition zurück. Den Bogen zu seiner eigenen Bestimmung schlägt er, indem er *sein* Hauptkriterium einer gerechtfertigten Selbstachtung zusammen mit den beiden anderen von ihm benannten zu Voraussetzungen von Liebes- und Arbeitsfähigkeit erklärt. Aber auch dieses bemüht und künstlich anmutende Wiederanknüpfen kann nicht darüber hinwegtäuschen, daß bei ihm (u. a.) das Kriterium der gesunden Selbstachtung an die Stelle der Freudschen Liebes- und Arbeitsfähigkeit getreten ist.

1.2.2 Bedürfnisbefriedigung als Mittel der Therapie

Der Begriff der »Versagung« nimmt im psychoanalytischen Denken Freuds einen hohen Stellenwert ein; mit Bezug auf seine Topologien bezeichnet ihn Regula Schindler (1991, 109) gar als »ein Schlüsselwort Freuds«. Umso mehr muß verwundern, daß sich bei dem 'Freudianer' Bettelheim kein inhaltliches Äquivalent findet. Dieser Widerspruch führt auf die Spur einer weiteren bezeichnenden Differenz beider Ansätze. Dem Freudschen »Versagen« korrespondiert nämlich der Bettelheimsche Begriff der »Bedürfnisbefriedigung«; in diesem Punkt könnte die Diskrepanz beider Ansätze kaum größer ausfallen. Der Grund dafür muß nicht zuletzt in den unterschiedlichen Adressaten der klassischen Analyse und der Milieutherapie gesucht werden: hier 'normale Neurotiker' dort 'hoffnungslose psychotische Kinder'.

Die Position der klassischen Psychoanalyse zur Funktion des Gewährens bzw. Versagens im therapeutischen Prozeß charakterisiert Freud in seiner Schrift *Wege der psychoanalytischen Therapie* (1919, 244 ff.):

»Die analytische Kur soll, soweit es möglich ist, in der Entbehrung/Abstinenz durchgeführt werden. [...] Sie erinnern sich daran, daß es eine Versagung war, die den Patienten krank gemacht hat, daß seine Symptome ihm den Dienst von Ersatzbefriedigungen leisten. [...] Wir müssen, so grausam es klingt, dafür sorgen, daß das Leiden des Kranken in irgendeinem wirksamen Maße kein vorzeitiges Ende findet. Wenn es durch Zersetzung und Entwertung der Symptome ermäßigt worden ist, müssen wir es irgendwo anders als eine empfindliche Entbehrung wieder aufrichten. [...] Die Aktivität des Arztes muß sich in all solchen Situationen als energisches Einschreiten gegen die voreiligen Ersatzbefriedigungen äußern. [...] Einiges muß man ihm ja wohl gewähren, mehr oder weniger, je nach der Natur des Falles und der Eigenart des Kranken. Aber es ist nicht gut, wenn es zuviel wird. Wer als Analytiker etwa aus der Fülle seines hilfsbereiten Herzens, dem Kranken alles spendet, was ein Mensch vom anderen erhoffen kann, der begeht denselben ökonomischen Fehler, dessen sich unsere nicht analytischen Nervenheilanstalten schuldig machen. Diese streben nichts anderes an, als es dem Kranken möglichst angenehm zu machen, damit er sich dort wohlfühle und gerne wieder aus den Schwierigkeiten seines Lebens seine Zuflucht dorthin nehme. Dabei verzichten sie darauf, ihn für das Leben stärker, für seine eigentlichen Aufgaben leistungsfähiger zu machen. In der analytischen Kur muß solche Verwöhnung vermieden werden. Der Kranke soll, was sein Verhältnis zum Arzt betrifft, unerfüllte Wünsche reichlich übrigbehalten. Es ist zweckmäßig, ihm gerade die Befriedigungen zu versagen, die er am intensivsten wünscht und am dringendsten äußert.«*

---

* Die Freudsche Position fand auf der Basis von Jacques Lacans strukturalistischer Psychoanalyse auch in der pädagogisch-therapeutischen Arbeit Maud Mannonis mit exakt jenen Kindern und Jugendlichen Anwendung, denen auch Bettelheims therapeutische Bemühungen galten. Nach Mannoni geht es im therapeutischen Prozeß zentral darum, daß sich das Kind als »Ort des Mangels« erfährt. Von diesem »Ort« aus kann es dann zu seinem »Wunsch«, zu seiner Subjektivität, vorstoßen (Mannoni 1973, 216). Aus der Perspektive Mannonis muß der von Bettelheim propagierte Versuch einer umfassenden Bedürfnisbefriedigung als Ausdruck eines Vorgehens erscheinen, das es dem Kind ver-

Vor diesem Hintergrund müßte die Orthogenic School als eine nicht analytische Heilanstalt angesehen werden. Bettelheim vertritt nämlich eine der zitierten diametral entgegengesetzte Position. Nach seiner Überzeugung sollte eine psychiatrische Institution alle Bedürfnisse ihrer Patienten nicht nur grundsätzlich als legitim anerkennen, sondern sie auch, soweit überhaupt möglich, befriedigen (Bettelheim 1975, 40, 56 und passim). Die vornehmste Aufgabe einer stationären Einrichtung bestünde dann darin, gerade das zu gewährleisten, was Freud ausdrücklich kritisierte: den Patienten »möglichst vorteilhafte Lebensbedingungen zu bieten« (1919, 44). Den hohen Stellenwert von Bedürfnisbefriedigung in Bettelheims Theorie und Praxis illustriert auch die Tatsache, daß er dieses Prinzip gleich in zwei Kapitelüberschriften seines Hauptwerkes über Milieutherapie verkündet. Mit »'Privilegien' als Therapie« und »Seelisch-geistige Gesundheit, Autonomie und Bedürfnisbefriedigung« sind das zweite bzw. dritte Kapitel von *Der Weg aus dem Labyrinth* (1975) überschrieben.

Die positive Haltung zur Bedürfnisbefriedigung begründet er mit zwei Argumenten: Zum einen steht der Energiebetrag, den ein Kind auf das Streben nach der Erfüllung seiner unbefriedigten Bedürfnisse verwendet, ihm nicht für konstruktive Aufgaben der Persönlichkeitsentwicklung zur Verfügung. Zum anderen können die Befürchtungen eines Kindes, daß seine Bedürfnisse nicht befriedigt würden, eine grundsätzlich negative Sicht von der Welt und von sich selbst zur Folge haben (Bettelheim 1975, 56). Die positive Funktion einer überreichlichen Bedürfnisbefriedigung besteht demgegenüber darin, in den behandelten Kindern die Hoffnung zu wecken oder wiederzubeleben, daß auch für sie ein befriedigendes Leben möglich sei:

> »Erst nachdem unsere Patienten einige Zeit lang ein Leben geführt hatten, das so angenehm und befriedigend war, wie wir es ihnen ermöglichen konnten, und als sie sich nicht mehr so entsetzlich ausgeschlossen, bedürftig und unglücklich fühlten, fingen sie an, 'steigende Erwartungen' zu empfinden – und mit uns zusammenzuarbeiten in dem Kampf, etwas Besseres für sie zu erreichen. Diesem Kampf waren sie vorher ausgewichen, wahrscheinlich, weil sie nicht genügend Kraft dafür hatten und überdies nicht daran glaubten, daß er irgendwelche Resultate haben könnte« (Bettelheim 1975, 44).

---

weigert, different sein zu dürfen. Indem im Wortsinn kein Wunsch offen gelassen wird, fehlt dem kindlichen »Wunsch« der Raum, den er benötigt, um sich als eigener konstituieren zu können. Enthaltung und »Mangel« im Sinn einer Nicht-Antwort auf Bedürfnisse und Symptome stellen aus der Perspektive Mannonis zwei Maßnahmen dar, um dem Kind eine Möglichkeit zu eröffnen, zu dem eigenen Wunsch vorzudringen und damit ein Subjekt zu werden (Buhmann 1990, 18 f.). Zur Bedeutung des Mangels bei Lacan und Mannoni vgl. auch Feuling (1991).

An einer anderen Stelle radikalisiert er seine Position, indem er behauptet, im Prozeß der Therapie sei es gar geboten, benachteiligte Kinder zu *verwöhnen*. Nur dadurch sei es möglich, in ihnen die Hoffnung auf ein besseres Leben zu wecken (Bettelheim/Rosenfeld 1993, 108). Erst wenn diese Voraussetzung erfüllt sei, verfügten sie über ein hinreichendes Motiv, um die Anstrengungen der Therapie erfolgreich auf sich zu nehmen. Der genaue Wortlaut und der Zusammenhang, in dem Bettelheim die hoffnungstiftende Funktion der Bedürfnisbefriedigung herausstellt, läßt nun allerdings auch die Auslegung zu, daß das von ihm favorisierte Vorgehen in der Initialphase der Betreuung geboten sei, aber auch darauf beschränkt bleiben müsse. Daß eine solche Interpretation seine Intentionen verfehlt, belegt seine folgende, auf den *gesamten* Behandlungsverlauf bezogene Stellungnahme: Nachdem er das Verwöhnen benachteiligter Kinder einmal mehr als unzweifelhaftes Mittel ihrer Betreuung angesprochen hat, räumt er ein: »Die Schwierigkeit liegt darin, daß man niemals sicher sein kann, wieviel von dieser Medikation notwendig sein wird. In manchen Fällen muß dieses Verwöhnen jahrelang betrieben werden« (Bettelheim/Rosenfeld 1993, 103).

Eine über die bisher genannten Argumente hinausweisende Begründung erfährt die bedürfnisbefriedigende Haltung im Zusammenhang mit der milieutherapeutischen Beziehungsgestaltung. Nachdem das erste Ziel erreicht werden konnte, dient die Bedürfnisbefriedigung dazu, eine positive Identifikation der Kinder mit dem Betreuer zu fördern. Die beste Weise, eine positive Bindung anzubahnen, liegt nach Bettelheim eben in der Befriedigung der grundlegenden Bedürfnisse der Kinder »[...] *ohne jede Einschränkung*« (Bettelheim 1948, 154; Hervorh. im O.).

Gegen die vollkommene Bedürfnisbefriedigung im Rahmen von Milieutherapie könnte schließlich eingewendet werden, sie dürfe allein für die Behandlung *benachteiligter* Kinder Gültigkeit beanspruchen. Was vor dem Hintergrund ihrer lebensgeschichtlichen Entbehrungen angezeigt sei, müsse noch lange nicht auch für Kinder gelten, die an anderen Störungen leiden. Und in der Tat vertritt Bettelheim die Meinung, daß die Arbeit mit benachteiligten Kindern wesentlich einfacher sei, weil sie die ihnen gewährte umfassende Versorgung stärker zu schätzen wüßten, als Kinder, für die sie eine Selbstverständlichkeit darstellt. Gegen eine Einschränkung des Grundsatzes sprechen allerdings die von ihm durchgängig gewählten *allgemeingültigen* Formulierungen. Von »dem psychiatrischen Patienten« (Bettelheim 1975, 40) und von »unseren Patienten« (44) im allgemeinen ist die Rede. An keiner Stelle wird die prinzipielle Gültigkeit des Prinzips »Bedürfnisbefriedigung« eingeschränkt.

Folgt man Bettelheims später Selbstdarstellung in *Der Weg aus dem Labyrinth* (1975), so kam es an der Orthogenic School dennoch nicht zu den negativen Erscheinungen, wie sie in der eingangs zitierten Stellungnahme Freuds angesprochen wurden. In aller Deutlichkeit tritt er den vermeintlich kontraproduktiven Effekten eines die Bedürfnisbefriedigung favorisierenden Vorgehens entgegen:

> »Die Lehre aus unserer Erfahrung ist die, daß, im Gegensatz zu der weitverbreiteten Meinung, Bequemlichkeit und angenehmes Leben die Therapie unterstützen und niemals den Patienten zu dem Wunsch veranlassen, ständig weiterhin als Patient zu existieren.
>
> Jeder, der das Minimum an Fähigkeiten besitzt, das man braucht, um mit der Welt fertigzuwerden, zieht es vor, soweit als möglich, Herr seines eigenen Schicksals zu sein; er ist gewillt, das Risiko dafür auf sich zu nehmen, auch die Konsequenzen eigener Fehler zu ertragen, wie all die übrigen Unberechenheiten einer unabhängigen Existenz. Wenn er die Härten, die ihm das Leben bescheren mag, auch nicht schätzt, so zieht er sie doch einem Leben in ständiger Abhängigkeit vor, auch wenn es das bequemste aller Leben sein sollte« (Bettelheim 1975, 45).

Wie eine Passage aus seinem Buch *Aufstand gegen die Masse* ([1960] 1989) hingegen nahelegt, haben wir es hier mit einer von Bettelheims nachträglichen Idealisierungen seiner eigenen Praxis zu tun.* In dieser früheren Veröffentlichung reflektiert er nämlich exakt das von Freud angesprochene Problem der Bedürfnisbefriedigung während der therapeutischen Behandlung und räumt ein, daß die angenehmen Lebensumstände im therapeutischen Milieu insofern kontraproduktiv gewesen seien, als sie sich lähmend auf die Motivation der Kinder auswirken, sich zu verändern. Manche hätten gar jegliche diesbezügliche Anstrengung aufgegeben. Sie wähnten, bereits alles erreicht zu haben, was ihnen erstrebenswert erschien: ein Leben in einer 'idealen' Umwelt (Bettelheim [1960] 1989, 37). Somit verfielen auch die Schüler der Orthogenic School zeitweise jenem 'Rentnerdasein', auf das schon Bernfeld hingewiesen hat und das Bettelheim an traditionellen Institutionen der Heimerziehung kritisierte (Bettelheim [1955] 1985, 38 f.; Bernfeld zit. nach Winkler 1988b, 281).

---

* An dieser Stelle wird exemplarisch Bettelheims »strategischer« Umgang mit Wahrheit deutlich. Nach seiner Überzeugung ist die Gefahr von Mißverständnissen und kontraproduktiven Auswirkungen von in guter Absicht mitgeteilten 'Wahrheiten' so groß, daß es durchaus zulässig, ja geboten, erscheint, bestimmte Tatsachen unausgesprochen zu lassen. Auf den im Text angesprochenen Zusammenhang bezogen, bedeutet dies: Die Lebensumstände von Patienten psychiatrischer Anstalten sind in aller Regel so problematisch und verbesserungsbedürftig, daß eine Problematisierung angenehmer Lebensumstände, die bestehenden Verhältnisse eher stabilisieren, als ändern würde. Zu seiner Kritik traditioneller psychiatrischer Anstalten vgl. exemplarisch Bettelheim 1975, 9 f.

Neben Komfort und Bequemlichkeit mußte daher das Leben im therapeutischen Milieu durchaus sorgfältig dosierte Herausforderungen und 'Zumutungen' enthalten – aus teleologischer Perspektive spricht Bettelheim von »erstrebenswerten Zielen« ([1955] 1985, 18). Um die an sie gestellten Anforderungen erfolgreich bewältigen zu können, wurde allerdings auch ein sicherer Hintergrund benötigt, den die 'verwöhnenden' Aspekte des Milieus bildeten. Eine realistische Annäherung an das tatsächliche Verhältnis von Bedürfnisbefriedigung und »Bemangelung« (Feuling) im therapeutischen Milieu der Orthogenic School setzt eine Zusammenschau mehrerer Textstellen voraus. Wie bei der Frage nach dem Verhältnis von normativen und nicht-normativen Elementen in der Milieutherapie, auf die ich im Kapitel 9. *Milieutherapie und Progressive Education* eingehe, neigt Bettelheim dazu, einseitig einen Aspekt auf Kosten seines 'unpopulären' Gegenspielers hervorzuheben bzw. letzteren ganz zu unterschlagen. Das Verhältnis von Bedürfnisbefriedigung und Versagung zurechtzurücken, meint daher zunächst einmal, den Gegenpol wieder einzuführen und damit deutlich zu machen, daß es sich um eine *Verhältnisfrage* handelt. Allerdings muß dann auch festgehalten werden, daß das Prinzip der Bedürfnisbefriedigung eindeutig das dominante Element in diesem Verhältnis darstellt. Präzise formuliert müßte es also heißen: Im Rahmen von Milieutherapie geht es darum, für ein Maximum an Bedürfnisbefriedigung zu sorgen und nur ein Minimum an Versagung zu fordern. Dadurch soll es selbst einem extrem schwachen Ich ermöglicht werden, sich zu entwickeln (Bettelheim 1980a, 137).

1.2.3 Todestrieb

Hinsichtlich des im therapeutischen Prozeß gebotenen Ausmaßes von Bedürfnisbefriedigung bzw. Versagung trennen die Freudsche und die Bettelheimsche Position Welten. So weit sich Bettelheim dabei von den Überzeugungen seines großen Vorbildes entfernte, so unbemerkt modifiziert und radikalisiert er auch dessen Überlegungen bezüglich des Todestriebes. Gleichwohl liegen in dieser Frage die Positionen deutlich näher beieinander als bei der zuvor behandelten.

Wenn Bettelheim zu den nicht gerade zahlreichen Analytikern gehört, die der Freudschen Todestriebhypothese folgten, so wohl nicht zuletzt aufgrund seiner persönlichen und klinischen Erfahrungen. Federn (1989) hat darauf hingewiesen, daß die auch unter Analytikern durchaus umstrittene Todestriebhypothese gerade unter jenen Analytikern Anklang fand, die mit schweren Pathologien arbeiteten. Bei dieser Aufgabe sei man unvermeidlich mit jenem ungeheuren Ausmaß an

Selbstzerstörung konfrontiert, für das Gaetano Benedetti die Metapher der »Todeslandschaften der Seele« geprägt habe (Federn 1989, 18 f.). Auf den ersten Blick vertritt Bettelheim hinsichtlich des Todestriebes eine Position, die sich kaum von der Freuds abgrenzen läßt (1980, 112; [1982] 1986, 122; Bettelheim/Fremon [1991] 1994, 108). Bei genauerem Hinsehen lassen sich jedoch auch in diesem Punkt Differenzen nachweisen. Bleiben sie in *Freud und die Seele des Menschen* ([1982] 1986) verborgen, so treten sie in Bettelheims Essay *Die äußerste Grenze* ([1968] 1980) in aller Deutlichkeit zutage. Hier weist er darauf hin, daß es der erste Weltkrieg gewesen sei, der Freud eine auf den Tod zielende Kraft im menschlichen Seelenleben annehmen ließ (Bettelheim schreibt bezeichnenderweise: »erkennen ließ«); eine Kraft, die ebenso mächtig ist wie die lebensbejahende und menschliche Handlung in einem ähnlichen Maße prägt. Er fügt dann hinzu:

> »Leider faßte Freud diese wertvolle Erkenntnis in einer Hypothese zusammen, die seinem früheren Konzept von der Libido (also dem Sexualtrieb oder den Lebenstrieben) parallel lief: er entwickelte die Theorie vom Todestrieb. *Doch ist es in Wirklichkeit nicht der Kampf zwischen den Lebens- und den Todestrieben, der das Leben des Menschen beherrscht, sondern der Kampf der Lebenstriebe, die sich von der Angst vor dem Tod nicht überwältigen lassen wollen.* Kurzum: es existiert eine allgegenwärtige Angst vor der Vernichtung der eigenen Person, die auf eine zerstörerische Weise stets dann überhandnimmt, wenn sie durch unseren festen Glauben an den positiven Wert des Lebens nicht erfolgreich unter Kontrolle gehalten wird« (Bettelheim [1968] 1980, 17; Hervorh.: F.-J. K.).

Bettelheim modifiziert also auch die Freudsche Definition des Todestriebes. Allerdings verzichtet er darauf, seine Abwandlung und die sich daraus ergebenden Konsequenzen zu erläutern (Reich 1994a, 171). Worin liegt der Unterschied zwischen der Annahme eines Kampfes zwischen Lebens- und Todestrieb (Freud) und der eines Kampfes der Lebenstriebe miteinander, die sich von der Angst vor dem Tod nicht überwältigen lassen wollen (Bettelheim)? Der Grund, warum er seine Modifikation nicht erörtert, liegt meines Erachtens einmal mehr darin, daß er sich ihr überhaupt nicht bewußt war. Dies belegt eine Passage aus einem Interview mit F. C. Delius und G. Klann-Delius (1987). Mit Bezug auf die eben zitierte Passage konstatierten die Interviewer Bettelheims von Freud abweichende Definition des Todestriebes; er selbst konnte jedoch keinen Unterschied erkennen. Als seine Gesprächspartner daraufhin die obige Sequenz zitieren, weist er darauf hin, daß er in dieser Passage lediglich das Ende von Freuds *Das Unbehagen in der Kultur* habe paraphrasieren wollen (Bettelheim/Klann-Delius/Delius 1987, 9). Vergleicht man aber die als Paraphrase intendierte Passage mit dem Originaltext, so wird nur umso deutlicher, daß es sich hier keineswegs bloß um eine Umschreibung handelt; vielmehr muß von einer recht weitgehenden Interpretation gesprochen werden.*

Was meint aber meine zweite Behauptung, Bettelheim habe Freuds Position hinsichtlich des Todestriebes nicht nur modifiziert, sondern auch radikalisiert? Um diese Frage beantworten zu können, muß der unterschiedliche Status, den beide dem Todestrieb zuweisen, herausgearbeitet werden. Nach allem was wir wissen, müssen wir davon ausgehen, daß Freud die *Annahme* eines Todestriebes anfänglich ausdrücklich auch als solche verstanden wissen wollte. Trotz aller Anfeindungen erschien ihm diese Hypothese im Laufe der Zeit allerdings immer zwingender. »Ich hatte die hier vertretenen Auffassungen anfangs nur versuchsweise vertreten«, schrieb er in *Das Unbehagen in der Kultur* (1930), »aber im Laufe der Zeit haben sie eine solche Macht über mich gewonnen, daß ich nicht mehr anders denken kann« (Freud zit. nach Gay 1989, 452, 786). Gleichwohl lag ihm in dieser Frage jeder Dogmatismus fern. So bezeichnet er noch in einem aus dem Jahre 1935 datierten Brief an Ernest Jones die Annahme eines Todestriebes als »[...] tastende Spekulation, bis man etwas Besseres hat« (Freud an Jones zit. nach Gay 1989, 452, 786). Obwohl Freud also von der Existenz einer dem Tod zustrebenden Kraft im menschlichen Seelenleben zunehmend überzeugt war und dieser Standpunkt seine späten Schriften wie *Das Unbehagen in der Kultur (1930)* und die *Neue Folge der Vorlesungen zur Einführung in die Psychoanalyse* (1933) inspirierten, blieb er sich offenbar des hypothetischen Charakters dieser Annahme durchaus bewußt.

In Bettelheims Denken kommt jedoch der metaphysischen Freudschen Metapher ein ungleich höherer Status zu. Sie avanciert von einer *Annahme* zu einer *Tatsache* des menschlichen Innenlebens. Besonders deutlich trat dies in einem späten Interview mit Celeste Fremon zutage ([1991] 1994). Wenn Bettelheim die Begriffe Thanatos, Eros oder auch Libido benutzte, schreibt die Interviewerin, so tat er dies, als spräche er von »genuinen, inneren Kräften«, die er als solche erfahren hatte

---

* Der berühmte letzte Abschnitt von *Das Unbehagen der Kultur* (1930) lautet: »Die Schicksalsfrage der Menschheit scheint mir zu sein, ob und in welchem Maße es ihrer Kulturentwicklung gelingen wird, der Störung des Zusammenlebens durch den Aggressions- und Selbstvernichtungstrieb Herr zu werden. [...] Die Menschen haben es jetzt in der Beherrschung der Naturkräfte so weit gebracht, daß sie es mit ihrer Hilfe leicht haben, einander bis auf den letzten Mann auszurotten. [...] Und nun ist zu erwarten, daß die andere der 'beiden himmlischen Mächte', der ewige Eros, eine Anstrengung machen wird, um sich im Kampf mit seinem ebenso unsterblichen Gegner zu behaupten. [...]« (Zit. nach der Freud Studienausgabe, Bd. 9, 270).

(Bettelheim/Fremon [1991] 1994, 108). In Übereinstimmung mit dieser Wahrnehmung steht die Tatsache, daß Bettelheim an einer anderen Stelle den Begriff »inneren Armeen« als Synonym für Todestrieb bzw. Eros verwendet (Bettelheim/Ekstein [1990] 1994, 60). Wie der Zusammenhang dieser Äußerung belegt, bezieht er sich auch an dieser Stelle auf Freuds *Unbehagen in der Kultur.* Was Bettelheim aber »innere Armeen« nennt, hört bei Freud auf die Namen »himmlische Mächte« oder »Hader zwischen Liebe und Todesstreben« (Freud 1930, 270, 259). Es ist die derart in Bettelheims Werk nachweisbare 'Karriere' des Freudschen Todestriebes von einer *Hypothese* zu einem *Faktum,* der Aufstieg von einer *metaphysischen Annahme* zu einer *unumstößlichen Tatsache* des menschlichen Seelenlebens, die mich veranlaßt, von einer Radikalisierung der Freudschen Position durch den Milieutherapeuten zu sprechen.

Die vorangegangenen Ausführungen unterstreichen die zentrale Stellung des Todestriebes in Bettelheims Denken. Ohne das dem menschlichen Seelenleben innewohnende Todesstreben, das permanent in Schach gehalten werden muß, damit es nicht die Oberhand über die Lebenstriebe gewinnt, sind für ihn weder historische Phänomene wie der Nazismus noch ein individueller Selbstmord zu erklären (Bettelheim [1982] 1986, 122). Mehr noch: Im Gegensatz etwa zu der Überzeugung Federns, derzufolge erst die Liebe im menschlichen Leben Sinn stifte, verleiht nach Bettelheim ausdrücklich der Tod »auf eine seltsame dialektische Weise« dem Leben »seinen tiefsten, seinen einzigartigsten Sinn […]« ([1968] 1980, 13). Zusammen mit den zuvor herausgearbeiteten 'Prinzipien' »Selbstachtung« und »Bedürfnisbefriedigung« sowie den nachstehend behandelten Punkten »entsexualisierter Eros« und »akzentuierter Triebdualismus« muß die über Freud hinausgehende Bedeutung des Todestriebes als charakteristisches Element seiner humanistischen Psychoanalyselesart festgehalten werden.

1.2.4 Entsexualisierter Eros

Mit der Frage nach der spezifischen Gestalt des Todestriebes in Bettelheims Denken ist zugleich die nach seinem Begriff des »Eros« aufgeworfen. Er leitet ihn maßgeblich aus seiner Interpretation der Sage von Amor (Eros) und Psyche ab (Bettelheim [1982] 1986, 22; [1976] 1990b, 278 ff.). Seine Auslegung läuft auf eine Unterscheidung zwischen Sexualtrieb und Eros hinaus: Unter dem Diktat des Lustprinzips und ohne Rücksicht auf die Zukunft zielt der Sexualtrieb auf unmittelbare Befriedigung, während »Eros« in Übereinstimmung mit dem Realitätsprinzip und im Gegensatz zum Sexualtrieb sich auch der Auswirkungen seiner Handlungen bewußt ist und sich, wie Bettelheim schreibt, »um die Zukunft sorgt« ([1982] 1986, 124). In die gleiche Richtung weist seine Unterscheidung zwischen Eros und Cupido. Während in verschiedenen Nachschlagewerken Cupido schlicht als lateinische Übersetzung des griechischen Eros behandelt wird, macht Bettelheim einen Unterschied: Cupido sei ein verantwortungsloser, schelmischer kleiner Junge; Eros hingegen erwachsen und auf der Höhe seiner Schönheit und Manneskraft (Bettelheim [1982] 1986, 22). Sowohl der Unterscheidung Eros/Sexualtrieb als auch der zwischen Eros und Cupido wohnt eine Tendenz zur Entsexualisierung inne, die mir für Bettelheims Begriff des Eros bezeichnend erscheint. Diese Einschätzung wird durch die randständige Bedeutung des Themas Sexualität sowohl in seinen theoretischen Erwägungen als auch in der praktischen Arbeit mit emotional gestörten Kindern bestätigt (Otto 1993; Bettelheim/Karlin [1975] 1984, 142). Besonders aufschlußreich ist in diesem Zusammenhang Bettelheims Aufsatz *About the Sexual Revolution* ([1971] 1979). Hier vertritt er die Überzeugung, die sexuelle Revolution habe zu vorzeitigen sexuellen Erfahrungen geführt, die sich letztlich auf die innere Sicherheit der betreffenden Person schädlicher auswirke, als die Sexualunterdrückung des vergangenen Zeitalters. Einen Hinweis auf den Grund, warum Sexualität in seinem Werk nur von untergeordneter Bedeutung ist, liefert Bettelheims Stellungnahme zur Behauptung des Literaturkritikers Georg Steiner, derzufolge Freud die Bedeutung der Sexualität stark überbewertet habe. In einer Diskussion über die Aktualität Freuds, in der Bettelheim die Pro- und Steiner die Contra-Freud Position vertraten, plädierte Bettelheim dafür, zwischen Freuds zeitgebundenen und seinen auch heute noch gültigen Beiträgen zu unterscheiden. Der hohe Stellenwert, den die Sexualität in Freuds Denken einnehme, gehöre zu den zeitgebundenen und resultiere aus Freuds Kampf gegen das viktorianische Zeitalter und dessen Verleugnung der Sexualität. »Und wenn man gegen eine Verleugnung kämpft«, fährt Bettelheim fort, »kann es durchaus sein, daß man sein Anliegen überbetont« (Bettelheim/Steiner 1987, 12 f.).

Meine Annahme eines entsexualisierten Eros bei Bettelheim stellt nur eine erste und negative Annäherung dar. Die Frage nach einer positiven Bestimmung des Begriffs bleibt damit unbeantwortet. Als orientierender Hinweis muß hier genügen, daß Eros in Bettelheims Denken weniger als sexuelles Streben erscheint als vielmehr die Gestalt eines aktiven Strebens nach Integration annimmt; ein Streben, dessen primäres Ziel darin besteht, höhere Stufen der Persönlichkeitsintegration zu erlangen (Frattaroli 1994, 399, 405).

1.2.5 Akzentuierter Triebdualismus

Neben den aufgezeigten Eigenheiten in der Bestimmung der Begriffe Eros und Thanatos läßt sich auch hinsichtlich ihres Verhältnisses zueinander eine charakteristische Differenz zwischen Freud und Bettelheim nachweisen. Die drastische Wortwahl und die extremen Bilder, die der Milieutherapeut im Zusammenhang mit der dynamischen Grundstruktur der menschlichen Psyche benutzt, legen jedenfalls den Schluß nahe, daß er sie noch konflikthafter als Freud selbst denkt. So werden bei ihm aus Freuds attributslosem »Kampf« zwischen dem »ewige[n] Eros« und seinem »ebenso unsterblichen Gegner« [Thanatos] (Freud 1930, 270) ein »leidenschaftlicher, […] tobender Kampf«, an einer anderen Stelle wird aus Freuds »Wirbel der eigenen Gefühle« (1930, 259) ein »Hexenkessel widersprüchlicher Gefühle«, in dem wir stecken (Bettelheim [1976] 1990b, 73). An einer weiteren Stelle spricht er von der »unglaublich schweren Aufgabe, […] sein Chaos zu bändigen« (Bettelheim [1982] 1986, 28). Den psychischen Ort dieses Kampfes, das Ich, bezeichnet Bettelheim als »eine Sphäre [des] tragischen Konflikts« ([1982] 1986, 123). Darüber hinaus kann auch der hohe Stellenwert, den der Begriff »Integration« in seinem Werk einnimmt, als Hinweis auf eine akzentuierte Dynamik des Triebdualismus gelten. Ein Ende des intrapsychischen und interpersonellen Konflikts erscheint Bettelheim illusionär, weshalb er sich von jedem optimistisch-seichten Glauben an das sogenannte Gute unmißverständlich distanziert; am nachhaltigsten in seiner Auseinandersetzung mit dem seinerzeit in Europa und den USA gerühmten Film über das Schicksal Anne Franks. Seine Kritik richtet sich speziell gegen das pathetische Ende des Films mit dem aus dem 'Off' gesprochenen Satz Anne Franks »Ich glaube fest daran, daß die Menschen in ihrem tiefsten Inneren gut sind«. Auch wenn sich diese optimistische Äußerung tatsächlich in dem Tagebuch findet, stellt der genannte filmische Umgang damit – nach Bettelheim – eine subtile Form dar, dem Zuschauer die Auseinandersetzung »mit den Problemen, die Auschwitz heißen« (Bettelheim 1980, 257), zu ersparen. Wer harmonisierend suggeriere, letzten Endes triumphiere das Gute, habe eine entscheidende historische Lektion verpaßt.

Bettelheim dagegen akzeptiert Konflikt, Gewaltbereitschaft und Unbehagen als existentielles Erbe der conditio humana (1980, 207 ff.). Nicht umsonst stellt der Kampf um Persönlichkeitsintegration eine in seinem gesamten Werk wiederkehrende Denkfigur dar. Der Humanismus seiner Schriften beruht auf der intimen Kenntnis und eigenen Erfahrung der extrem konflikthaften Grundstruktur des menschlichen Seelenlebens und den daraus resultierenden narzißtisch verletzenden

Wahrheiten. Bettelheims humanistische Psychoanalyse schließt die Konfrontation mit der Unausweichlichkeit von Gewalt, menschlichem Leid und dem Tod ausdrücklich ein. Gleichzeitig geht er aber beispielsweise nicht so weit, seine eigene zeitweilige Gewalttätigkeit im Erziehungsalltag offenzulegen.

Vermutlich ist Bettelheims extrem konflikthafte Psychoanalyse-Lesart der Widerschein einer Biographie, die, wie die holländische Schriftstellerin und Psychologin Tonja Kivits bemerkte, durch das Hin- und Hergerissensein zwischen Leben und Tod gekennzeichnet war (Kivits 1991, zit. nach Teuns 1991, 86). Diese Annahme läßt zuerst unweigerlich an seine Internierung in den Konzentrationslagern Dachau und Buchenwald denken. Zwei weitere einschneidende lebensgeschichtliche Ereignisse, die in den inzwischen recht zahlreichen biographischen Versuchen (Coser 1984; Janowitz 1979; Sutton 1996) meines Erachtens unterbewertet blieben, bestätigen die Interpretation Kivits. In einem ausführlichen Interview mit Ingo Hermann berichtet Bettelheim über eine lebensbedrohliche Diphterieerkrankung, die er nur mit Glück und durch eine ungewöhnlich intensive, private medizinische Betreuung überlebte. Der Hausarzt der Familie nahm den gerade Vierjährigen bei sich zuhause auf und betreute ihn ganz im Sinne des Konzepts, das Bettelheim später entwickeln sollte Rund-Um-Die-Uhr (Bettelheim/Hermann 1993, 20 f.). Eine ähnliche Grenzerfahrung wie diese lebensbedrohliche Erkrankung machte er noch einmal als junger Mann. In einer Anmerkung seines Buches *Erziehung zum Überleben* (1980, 95) teilt er beiläufig mit, daß er bei einem Autounfall so schwere Verletzungen erlitt, daß sein Überleben ernsthaft in Frage stand. Das Überleben dieser beiden Extremsituationen, zu denen später noch die lebenslang traumatisierende Erfahrung in den deutschen Konzentrationslagern hinzukommen sollte, sprechen für Kivits Interpretation des Hin- und Hergerissenseins zwischen Leben und Tod. Die genannten Ereignisse bilden einen plausiblen lebensgeschichtlichen Hintergrund für Bettelheims über Freud hinausgehende Betonung der genuinen Konflikthaftigkeit menschlicher Existenz.

1.2.6 »Das Innerste und Wertvollste des Menschen« – Bettelheims/Freuds Metapher der Seele

In *Jenseits von Eden* erzählt John Steinbeck eine moderne Version der biblischen Geschichte von Kain und Abel. Im Gespräch mit einem Freund der Familie läßt er einen seiner Protagonisten – einen chinesischer Immigranten – über das Ergebnis eines eigensinnigen, zehnjährigen Forschungsprozesses berichten:

»«Erinnern sie sich daran, wie sie uns die sechzehn Verse [...] der Genesis vorlasen und wir darüber diskutierten?«
»Allerdings. Aber das ist schon lange her.«
»Nahezu zehn Jahre«, sagte Lee.
»Nun, die Erzählung grub sich tief in mich ein, und ich ging sie Wort für Wort durch. [...] Ich verglich darauf die Übersetzungen, die wir davon besitzen; [...] In der King-James-Ausgabe heißt es [...] dort [...], wo Jehovah Kain fragt, warum er 'ergrimme' –, daß Jehovah also weiterspricht: 'If you doest well, shalt thou not be accepted? and if thou doest not well, sin lieth at the door. And unto thee shall be his desire and thou shalt rule over him.' Dieses 'thou shalt' fiel mir auf, weil es eine Verheißung ist, daß Kain über die Sünde siegen werde.« [...]
»Ich nahm dann ein Exemplar der American-Standard-Ausgabe der Bibel vor. [...] Hier heißt es: 'Do thou rule over him', 'Beherrsche'. Das ist etwas ganz anderes. Denn das ist keine Verheißung, sondern ein Befehl.« [...]
»Ich begab mich nach San Franzisko ins Hauptquartier unseres Familienverbands. [...], weil unserer Familie eine Reihe hochbetagter, ehrwürdiger Herren angehören, die große Gelehrte sind. [...] Können Sie sich vier alte Herren vorstellen, von denen der jüngste bereits über neunzig ist, die sich daran machen, Hebräisch zu lernen. [...] Sie gingen bis an die Wurzel der Sache hinunter.«
[...] »Meine alten Herren waren auch der Ansicht, daß diese Worte höchst bedeutsam seien: 'Thou shalt' und 'Do thou'. Das Gold, das sie erschürften war: 'Thou mayest', Du kannst. 'Du kannst über die Sünde herrschen.'« [...]
»Warum ist denn das Wort so bedeutsam?« [...]
»Ja, merken Sie das nicht? Der amerikanische Standard Text befiehlt dem Menschen, über die Sünde den Sieg davon zu tragen [...] Die King James Übersetzung macht eine Versprechung in ihrem 'Du wirst', [...] Das hebräische Wort des Urtextes jedoch, das Wort 'timschal' – Du kannst, du magst –, das läßt eine Wahl. Vielleicht ist es das bedeutsamste Wort auf der Welt«« (Steinbeck 1975, 336 ff.).

Das gleiche strukturelle Problem, das hier die amerikanische Standard Ausgabe der Bibel aufwirft, stellt sich dem Immigranten Bettelheim in der Auseinandersetzung mit der *Standard Edition of the Complete Psychological Works of Sigmund Freud.* Zwar ist es nicht »das bedeutsamste Wort der Welt«, das im Zentrum seiner Kritik an der offiziellen amerikanischen Übersetzung von Freuds *Gesammelten Werken* steht, wohl aber das (für ihn) bedeutsamste Wort der Freudschen Psychoanalyse. Die Rede ist vom Begriff der »Seele«. Um seine Bedeutung erschließen zu können, muß hier wieder an die zu Beginn dieses Kapitels entwickelte Argumentation und Übersetzungskritik Bettelheims angeknüpft werden. Die überragende Bedeutung dieses Begriffs leitet der Laienanalytiker aus der Programmatik ab, die Freud in einem Brief an den Schweizer Pfarrer Oskar Pfister entworfen hatte. Der Atheist

Freud schrieb darin, er wolle die Psychoanalyse »einem Stand von *welt-lichen* Seelsorgern« übergeben, »die Ärzte nicht sein brauchen und Priester nicht sein dürfen« (Freud [1963] 1987, 136; Hervorh. im O.). Dieses Diktum von den weltlichen Seelsorgern macht Bettelheim zu seiner Programmatik. Folgerichtig steht ein radikal weltlicher Begriff der Seele im Mittelpunkt seines humanistischen Psychoanalyse-Verständnisses.

Wie aber die »Seele« verstehen, wenn sie durch die Übersetzung eliminiert wird? Mit dieser provokanten Frage widmet sich Bettelheim Strachey's Übersetzung von »Seele« mit »mind«. Nach Bettelheim handelt es sich dabei um diejenige Fehlübersetzung, die das Verständnis von Freuds humanistischer Auffassung der Analyse am stärksten behindert. Unweigerlich gingen durch diese Übertragung der emotionale Gehalt und die emotionalen Beiklänge des deutschen Originals verloren (Bettelheim [1982] 1986, 84). Fatalerweise verschiebe sich dadurch die Bedeutung des Wortes deutlich in Richtung Rationalität. Durch die Übersetzung von »Seele« mit »mind« ist in der amerikanischen Psychoanalyse die Psyche oder Seele vertrieben. Während die »Seele« – »[...] ein höchst bedeutungsvoller Ausdruck, reich an Gefühl, auf eine umfassende Weise menschlich und unwissenschaftlich« – nicht vorkommt, verschiebt sich der Akzent auf den zweiten Wortteil »Analyse«, den Vorgang des wissenschaftlichen Zerlegens und Untersuchens ([1982] 1986, 23). Bettelheim läßt keinen Zweifel daran, daß Psycho-Analyse ohne »Seele« zur bloßen Deutungstechnik und Seelensezierung verkümmert (Bettelheim 1990, 59) und die Verdünnung der humanistischen Intentionen Freuds in der amerikanischen Analyse einen Grad erreicht hat, der nur noch von Homöopathen geschätzt werden kann.

Aber auch bei dem von Bettelheim verwendeten Begriff der Seele scheint mir fraglich, ob es sich tatsächlich – wie er vorgibt – um Freuds Begriff oder nicht vielmehr um seine Interpretation davon handelt. Denn auch hier irritiert die Differenz zwischen seinen Erörterungen der offenen und verdeckten Bedeutungen von Freuds Wortwahl und dessen tatsächlichem Sprachgebrauch. Während es sich nach Bettelheim bei Strachey's Übersetzung von »Seele« mit »mind« um den vielleicht folgenreichsten Irrtum handelt, verwendete der die englische Sprache nahezu perfekt beherrschende Freud selbst, in dem von ihm in englischer Sprache verfaßten Aufsatz *A Note on the Unconscious in psycho-analysis* »mind« und nicht »soul« (Freud, Standard Edition, Bd. 12, 264 f.; Ornston 1985, 192). Der Schüler ist hier offenbar orthodoxer als sein Meister. Diese Differenz verweist darauf, daß Bettelheims Auseinandersetzung mit Freud auch hinsichtlich des Begriffs der Seele in einer Neuschöpfung von Theoremen und deren praktischen Anwendungen mündet (Junker 1991, 207). Wie der Gang der Argumentation gezeigt hat, muß diese Schlußfolgerung auch für die behandelten Aspekte »Selbstachtung als Therapieziel«, »Bedürfnisbefriedigung versus Versagung«, »Eros«, »Todestrieb« sowie für das Verhältnis, in dem diese beiden Begriffe zueinanderstehen, gelten. So sehr die herausgearbeiteten 'Abweichungen' seinem Selbstverständnis widersprechen, buchstabengetreu Freuds Intention zu folgen, so sehr entspricht Bettelheims Umgang mit dem Werk seines Idols der von ihm selbst aufgestellten Maxime für den Umgang mit Theorie. In einer Auseinandersetzung mit Bettelheims Wissenschaftsverständnis habe ich gezeigt, daß er nachdrücklich die Modifikation und persönliche Verarbeitung von Theorien im Prozeß ihrer Anwendung fordert (Krumenacker 1997, 667). Da im Spiegel der herausgearbeiteten 'Abweichungen' sich die Konturen seiner humanistischen Psychoanalyse abzeichnen, kann ich hier ihre Ableitung in Form der *Arbeit an der Differenz* Freud/Bettelheim zunächst abschließen. Ungeachtet der Frage, inwieweit sie mit Freuds Positionen konform gehen oder davon abweichen, wende ich mich im folgenden ganz den Positionen des Milieutherapeuten zu. Dabei gilt das Erkenntnisinteresse zunächst weiterhin seiner Metapher der Seele und ihren Implikationen.

Als Konsequenz seiner Kritik an der amerikanischen Psychoanalyse rückt Bettelheim die schillernde Metapher der Seele ins Zentrum seiner Freud-Rezeption. Sie steht gleichermaßen für Form und Inhalt seines analytischen Denkens. Wenn die Amerikanisierung der Psychoanalyse für Verflachung, Intellektualisierung, Veräußerlichung und »konfliktfreie Anpassung ans amerikanische 'juste milieu'« (Lohmann 1990, 13) steht, so repräsentiert die Metapher Tiefe, Gefühl, Menschlichkeit, Einzigartigkeit, Anmut, Schönheit und positive Innerlichkeit. Da aus der englischen Übersetzung von »Seele« mit »Geist« eine Mißachtung der »irrationalen Welt des Unbewußten und der Gefühle« (Bettelheim [1982] 1986, 89) resultiere, unterscheidet Bettelheim ausdrücklich zwischen »Seele«, die sowohl die bewußten, vor allem aber die unbewußten Anteile des Menschen umfaßt einerseits und »Geist« andererseits. Zudem nimmt er eine genau gegenteilige Bewertung vor. Für ihn macht nicht der Reichtum der intellektuellen Fähigkeiten, der Geist, die Humanität des Menschen aus, sondern – im ausdrücklichen Gegensatz dazu – der »Reichtum der menschlichen Empfindungen« (Bettelheim/Karlin [1975] 1984, 103). Dieser Bewertung entspricht seine Wertschätzung der »Seele« als »das Innerste und Wertvollste am Menschen« (Bettelheim [1982] 1986, 89). Die Bedeutung des Unbewußten betont Bettelheim mit der Feststellung, daß sich die »Seele«

dem rationalen, aber gefühlsmäßig distanzierten Denken verschließe, allenfalls sei sie durch das spontane Mitfühlen unseres Unbewußten mit dem anderer zu erfassen ([1982] 1986, 15).

Trotz ihrer herausragenden Stellung – und für Bettelheims Denken vielleicht ebenso bezeichnend wie ihre Wahl – verzichtet er bewußt auf eine trennscharfe Definition von »Seele«. Entscheidender als begriffliche Präzision ist für ihn, daß das Wort »Seele« »reich an Gefühl, auf eine umfassende Weise menschlich und unwissenschaftlich« ist ([1982] 1986, 23, 90). Zwei weitere Gründe sprechen seiner Überzeugung zufolge für diese metaphorische anstelle einer präzisen, klinischen Definition: Zum einen erlaubt sie gleichermaßen eine bewußte, intellektuelle und eine unbewußte, gefühlsmäßige Reaktion; erst die Integration beider Erkenntnisformen ermöglicht ein wahrhaft tiefreichendes Verständnis. Zum anderen verweist eine mehrdeutige und begrifflich unscharfe Definition auf das Wesen der »Seele« selbst. Sie umfaßt in Bettelheims Interpretation »gleichzeitig viele verschiedene Bewußtseinsebenen«, ist überdies »[...] tief verborgen und auch sorgfältiger Forschung kaum zugänglich«, übt aber gleichwohl »einen mächtigen Einfluß auf unser Leben aus« ([1982] 1986, 90 f.).

Die Metapher der Seele stellt eine Signatur für Bettelheims humanistische Auffassung der Psychoanalyse dar; alle charakteristischen inhaltlichen Positionen seines Ansatzes wohnen ihr inne und lassen sich über die zugehörigen Erörterungen erschließen. Im folgenden sollen exemplarisch die der Metapher implizite Vorstellung von der Erlösung der Seele (1.2.6.1), die in Bettelheims Schriften propagierte empathische Grundhaltung (1.2.6.2) sowie die Auffassung vom Wesen der analytischen Therapie (1.2.6.3) entwickelt und erörtert werden. Da diese drei Implikationen ins Zentrum von Bettelheims Ansatz weisen, tragen sie zu seiner umfasssenden Charakterisierung bei. Die bei diesem Arbeitsschritt eingenommene Perspektive ist identisch mit Bettelheims eigener; erfaßt werden somit eher seine Ideale als die konkrete Praxis. Die notwendige kritische Distanz gewinnt die Darstellung am Ende dieses Kapitels wieder, wenn nach der Funktion der Metapher gefragt, und die mit ihr im Zusammenhang stehenden Inhalte kritisch reflektiert werden.

1.2.6.1 Erlösung der Seele

Bettelheims 'Konzept' der Seele impliziert den Gedanken ihrer *Erlösung*. Mit Hinweis auf Freuds *Neue Folge der Vorlesungen zur Einführung in die Psychoanalyse* (1933) und Goethes *Faust* behauptet er, daß weder der Pantheist Goethe noch der Atheist Freud ohne das Bild von der Erlösung der Seele ihre tiefsten Gedanken über das Geschick der Menschen vermitteln konnten (Bettelheim [1982] 1986, 77). Auch sein gelegentlicher Bezug auf Dantes *Göttliche Komödie* (1472) verweist auf das Thema 'Erlösung der Seele' (Bettelheim 1966, 694, 705; ([1976] 1990b, 91; 1975, 354). In der Form eines epischen Gedichts illustriert Dante die gleichermaßen antike wie christliche Vorstellung der beschwerlichen Reise einer verirrten Seele zu ihrer himmlischen Erlösung. Bei aller Nähe zu religiösen Vorstellungen von der Seele dürfen allerdings die Differenzen zwischen Bettelheims und religiösen Bestimmungen nicht aus dem Blick geraten. Während die menschliche Seele in ersteren durch Buße im Jenseits erlöst wird, kann der Mensch in Bettelheims Denken Erlösung bereits im Diesseits erlangen. Dies läßt sich jedenfalls aus seiner Interpretation des Grimmschen Märchens *Brüderchen und Schwesterchen* ableiten. »Was uns als Menschen erlöst [...]«, heißt es dort, »ist Fürsorge für die, die wir lieben« (Bettelheim [1976] 1990b, 81). Als Atheist hebt Bettelheim ausdrücklich die weltliche und psychologische Natur seines 'Konzepts' der Seele hervor und tritt dadurch jeder religiösen oder mystischen Interpretation von vornherein entgegen ([1982] 1986, 90). Daß in der Praxis der Orthogenic School allerdings auch der latente religiöse Gehalt eine Wirkung entfaltete, läßt sich der folgenden Stellungnahme von Frattaroli (1992, 123) entnehmen:

> »Wenn wir die Kinder lieben und sie nicht schlecht behandeln wollten, mußten wir mit unserer eigenen Sündhaftigkeit ringen und mit Hilfe der Psychoanalyse für unsere Erlösung arbeiten. Obwohl Bettelheim, wenn er lehrte, solche religiösen Konzepte nicht benutzte, erfassen sie doch einen wichtigen Aspekt dessen, was seine Lehre für uns bedeutete«.

1.2.6.2 Sympathie und Empathie – Durch eigene Erfahrungen Gemeinsamkeiten erschließen

Bei der hier herzuleitenden und zu erörternden Implikation von Bettelheims Begriff der Seele, handelt es sich um eine empathische Grundhaltung. Bei ihr von einer Implikation der Seelenmetapher zu sprechen, erscheint insofern zutreffend, als Bettelheim davon spricht, daß die Seele des Menschen nicht durch rationales Denken, sondern allein durch empathisches Verstehen, durch das »gefühlsmäßige Eingehen unserer Seele auf die der anderen« (Bettelheim [1982] 1986, 15) zugänglich ist.

Auf die enorme Bedeutung dieser Haltung hat zuletzt der prominente niederländische Psychiater P. C. Kuiper in seinem Buch *Seelenfinsternis* (1991) hingewiesen. Darin reflektiert er rückblickend sein eigenes Leiden an einer psychotischen Depression. Aus der Innenperspektive schildert er, wie er erkrankte, wie er die Aufnahme in verschiedene Kliniken erlebte und wie er schließlich wieder in die Realität zurückfand. Hier ist dieses beklemmende Selbstzeugnis relevant, weil Kuiper aus der Perspektive des psychotisch erkrankten Menschen und damit komplementär nicht nur zu den Mitteilungen Bettelheims, die enorme Bedeutung der Haltung von Menschen, die mit schwer gestörten Personen umgehen, hervorhebt:

> »Ich erfuhr am eigenen Leibe«, schreibt er, »von welch eminenter Bedeutung die Haltung des Pflegepersonals ist. [...] Selbst im dunkelsten Stadium meiner Psychose registrierte ich es doch genau, wenn Frau, Tochter, Freunde und Pflegepersonal wirklich Anteilnahme zeigten, und für Augenblicke dämmerte dann die Erkenntnis: Echte Anteilnahme kann es in der Hölle gar nicht geben« (Kuiper 1991, 150, 219).

Diesem Erleben eines Betroffenen korrespondiert die im Rahmen von Milieutherapie gewonnene Erfahrung, daß es weniger auf die »harten Tatsachen« als vielmehr auf die mit ihnen verbundenen Gefühle und Einstellungen ankommt (Bettelheim [1950] 1988, 17). Folgerichtig bildet nach Bettelheims Selbsteinschätzung die spezifische professionelle Haltung und nicht ein besonderes Verfahren oder Wissen den paradigmatischen Kern seines Ansatzes:

> »Den Kern unserer Arbeit bildet also nicht ein besonderes Wissen oder ein bestimmtes Verfahren, sondern eine innere Einstellung zum Leben und zu den Menschen, die in den Lebenskampf ebenso verwickelt sind wie wir« ([1967] 1989a, 13).

Auch in einer von Bettelheims weiteren charakteristischen Maximen – »Das Ende liegt [...] stets im Anfang« (Bettelheim 1975, 401, 97) – kommt die überragende Bedeutung, die er einer empathischen Haltung beimißt, zum Ausdruck. Die Einstellung, mit der man in eine Begegnung eintritt, bestimmt in gewissen Grenzen vor, wie sich die Interaktion entwickeln wird. In aller Regel bezog er diese Maxime auf die Begegnung zwischen Betreuern und Patienten, in denen eine unauffällige, oftmals unbewußt-negative Haltung der Professionellen bei ihrem Gegenüber umso auffälligere Reaktionen provozierte. Vorschnell können sie als Symptome angesehen werden, während eine eingehende Analyse der Haltung des Betreuers eine solche Etikettierung als ungerechtfertigt erscheinen läßt.

Bevor ich auf die normativen und situationsunabhängigen Merkmale der milieutherapeutischen Grundhaltung eingehe, soll hier zum besseren Verständnis zunächst auf die drei Quellen verwiesen werden, aus denen sich Bettelheims diesbezügliche Mitteilungen speisen.

- Zum einen tragen sie den theoretischen Erkenntnissen der Psychoanalyse über die Bedeutung der Gegenübertragung im therapeutischen Prozeß Rechnung. In einem stationären, pädagogisch-therapeutischen Setting wie dem der Orthogenic School verschärft sich die Gegenübertragungsproblematik im Vergleich zur klassischen »analytischen Situation« allerdings in zweifacher Hinsicht. Während in der »analytischen Situation« die Interaktion zwischen Therapeut und Klient bewußt begrenzt ist, begegnen in der Praxis der 'Heimerziehung' Pädagoge und Kind allen Situationen des Alltags gemeinsam. Hinzu kommt – zweitens – der 'strukturelle pädagogische Zwang' nicht nur *zuhören*, sondern auch *handeln* zu müssen.
- Folgt man Bettelheims Selbstdarstellung, so resultiert die von ihm favorisierte Haltung ferner aus einer frühen persönlichen Erfahrung mit einem psychotischen Kind. In *Themen meines Lebens* (1990) berichtet er von einem Erlebnis mit einem psychotischen Jungen, der von der Frau seines Analytikers behandelt wurde und dem er zuweilen im gemeinsamen Wartezimmer begegnete. Der Junge hatte die Angewohnheit, sich von den Kakteen im Raum ein Blatt abzubrechen und darauf zu kauen, wodurch er sich Lippen und Mund verletzte. Bei einer dieser Begegnungen sprach ihn Bettelheim darauf an und erhielt zum erstenmal eine Antwort. Auf der Couch seines Analytikers entdeckte er, daß sein Eingreifen nicht so uneigennützig gewesen war, wie er zunächst angenommen hatte. Seine Frage, ob der Junge es denn nach einer schon länger dauernden Behandlung immer noch nötig habe, sich so selbstdestruktiv zu verhalten, war letztlich durch die Zweifel am Nutzen seiner eigenen Analyse begründet. Hinsichtlich einer konstruktiven professionellen Grundhaltung zieht Bettelheim (1990, 46) aus dieser Episode die folgende Schlußfolgerung:

»Meine Annahme, [...] [der Junge] könne mir etwas über den Nutzen der Psychoanalyse sagen, hatte uns beide auf eine Ebene gestellt und dieses völlig abweisende Kind dazu gebracht, sich mir mitzuteilen, zu mir in Beziehung zu treten, wenn auch nur für die Dauer eines einzigen Satzes. Daß etwas Entscheidendes in seiner Erfahrung ebenso wie in der meinen war, schuf ein Band gemeinsamen Menschseins. Während ich bei all unseren anderen Begegnungen [...] [den Jungen] nie als meinesgleichen akzeptiert hatte, tat ich es bei jenem einen Mal doch, indem ich anerkannte, daß wir als Analysepatienten parallel verlaufende Erfahrungen machten. Und eben das hatte eine bedeutsame Kommunikation möglich gemacht«.

Auch wenn Suttons (1996) Erkenntnisse heute den Verdacht nahelegen, es könne sich womöglich auch bei dieser Episode um eine *belle histoire* handeln, so ist sie dennoch geeignet, die von Bettelheim propagierte

Haltung zu illustrieren und womöglich auch als solche intendiert gewesen.

– Die dritte Quelle, aus der er hinsichtlich der Frage einer angemessenen Haltung der Professionellen schöpft, bildet einmal mehr seine Erfahrung des Konzentrationslagers. Die dort beobachtete und selbst erlittene Haltung absoluter Gefühlskälte, die in letzter Konsequenz auch die barbarischen medizinischen Menschenversuche ermöglichte, bildet den negativen Fluchtpunkt für die in der Milieutherapie normative Haltung. Der von den nationalsozialistischen Ärzten eingenommenen, von menschlichen Gemeinsamkeiten vollkommenen abstrahierenden Haltung, setzt Bettelheim seine auf dem »*gemeinsamen* Menschsein« aufbauende, empathische Grundhaltung entgegen.

Sich des gemeinsamen Menschseins bewußt zu sein oder zu werden, bildet die entscheidende Voraussetzung für die von ihm gelehrte Grundhaltung und zugleich ihr erstes, normatives und situationsunabhängiges Kennzeichen. Das zweite, im ersten bereits enthaltene, Merkmal besteht in der Einstellung, daß zwischen den Mitarbeitern und den Patienten kein essentieller sondern lediglich ein gradueller Unterschied bestehe (Bettelheim 1975, 279). Jedes Gefühl der Überlegenheit auf Seiten des Betreuers stört die Begegnung und Kommunikation, weil es vom Kind als Kränkung erlebt wird. Zum dritten resultiert die Haltung aus der Überzeugung, daß die Kinder für alles, was sie tun, ihre guten Gründe haben. Auch den befremdlichsten Verhaltensweisen liegt ein rekonstruierbarer Sinn zugrunde. Erst die gefühlsmäßige Verinnerlichung dieser drei Überzeugungen ermöglicht eine konstruktive Grundhaltung, die ihrerseits eine notwendige Bedingung für die nach Bettelheim wichtigste Kompetenz eines Mitarbeiters darstellt: die Fähigkeit zu einfühlendem Verstehen (Bettelheim/Karlin [1975] 1984, 168).

Jahre bevor Heinz Kohut seine Selbstpsychologie aus dem Konzept der Empathie entwickelte, war sie für Bettelheim die selbstverständliche Basis psychoanalytischer Praxis (Frattaroli 1994, 404). Sie bezeichnet die höchste Form zwischenmenschlicher Erkenntnis. Allein mit Hilfe des einfühlenden Verstehens läßt sich das »Innerste und Wertvollste« eines Menschen, seine »Seele«, erfassen.

Um die präzise Bedeutung dieses zentralen Begriffs herausarbeiten zu können, müssen hier drei Formen zwischenmenschlicher Erkenntnis unterschieden werden, die sich in Bettelheims diesbezüglichen Ausführungen identifizieren lassen. Sie erinnern an die von Max Scheler in seinem Buch *Wesen und Formen der Sympathie* ([1912] 1974) entwickelte Systematik des Mitgefühls, auf die sich Bettelheim beiläufig bezieht (1975, 316, 463). In einer aufsteigenden Reihe unterscheidet er:

- die verstandesmäßige Erkenntnis;
- die Erkenntnis mit Hilfe von »Mitleid« und »Mitgefühl«; in der amerikanischen Originalausgabe von *Der Weg aus dem Labyrinth* (1975) wird dafür der Begriff »sympathy« verwendet. Um potentiellen Mißverständen aus dem Weg zu gehen, wie sie aus unterschiedlichen Übersetzungen der Begriffe Mitgefühl und Mitleid resultieren können, übernehme ich im folgenden diesen Begriff. Als höchste Form zwischenmenschlicher Erkenntnis sieht Bettelheim die
- Erkenntnis durch Einfühlung bzw. empathisches Verstehen an.

Klammert man das verstandesmäßige Erkennen hier zugunsten der Erörterung der beiden anderen Formen aus, so lassen sich mit Hilfe der Schelerschen Begrifflichkeiten die folgenden Unterscheidungen treffen. Beim »sympathischen Erkennen« handelt es sich um einen Modus, der die Qualität des fremden Zustandes, nicht aber seine *Realität* wiedergibt. Es ist schon ein Fühlen des fremden Gefühls und damit mehr als bloßes Wissen, gleichwohl handelt es sich noch nicht um das Erleben des wirklichen Gefühls als eines eigenen Zustands bzw. einer eigenen Realität. Die »sympathische Erkenntnis« erfaßt fühlend die Qualität des fremden Zustandes, ohne daß es in den Erkennenden 'hinüberwandert' oder ein gleiches reales Gefühl in ihm hervorruft. »Wir fühlen die *Qualität* des fremden Leids ohne daran mitzuleiden; die Qualität der fremden Freude, ohne uns ihrer mitzufreuen« (Scheler [1912] 1974, 20). Mit dieser Definition ist implizit auch schon die »Erkenntnis durch Einfühlung« bestimmt. Damit von ihr gesprochen werden kann, muß zum »sympathischen Verstehen« noch ein Element hinzutreten, das Bettelheim »Selbsterforschung« (1975, 315) und Scheler »Selbstwahrnehmung« (Scheler [1912] 1974, 244 f.) nennt. Zur Illustration zitiert Scheler in diesem Zusammenhang Schillers Vers: »Willst du dich selber erkennen, so sieh, wie es die anderen treiben, willst du die anderen verstehen, blick in dein eigenes Herz« ([1912] 1974, 244).

Im einfühlenden Verstehen geht es darum, in Kontakt mit einer eigenen Erfahrung zu kommen, die der, die wir im anderen verstehen möchten, möglichst eng verwandt ist. Einfühlendes Verstehen ist somit seinem Wesen nach eine Begegnung mit dem Fremden in der eigenen Person. Es unterscheidet sich damit nicht nur vom »sympathischen Verstehen«, sondern maßgeblich auch von einem alltäglichen Begriff von Einfühlung. Im alltäglichen Sprachgebrauch wird darunter ein Sich-In-Den-Anderen-Hineinversetzen, also eine Form der projektiven Erkenntnis verstanden. Begreift man dies als eine fiktive horizontale Bewegung von sich selbst weg auf den anderen zu, so meint dagegen Einfühlung im Bettelheimschen Sinn, bei sich selbst zu bleiben, dem 'fremden Zustand' in sich selbst zu begegnen, indem man gleichsam eine fiktive vertikale Bewegung in die eigene 'Tiefe' vollzieht. Der Schlüssel zum Verständnis anderer liegt daher nach Bettelheim ausdrücklich in diesem Akt der »Introspektion«.

»Meine Erfahrungen mit der Psychoanalyse […] haben mich überzeugt, daß es nicht die theoretische Beherrschung eines Problems ist, was uns dieses am gründlichsten verstehen läßt. Erst unsere eigenen inneren Erfahrungen geben uns die Möglichkeit zum vollen Verständnis dessen, was in der Erfahrung anderer enthalten ist […]« (Bettelheim 1990, 49).

Empathisches Verstehen bezeichnet mithin einen *bewußten* Akt, um mit Hilfe eigener Erfahrungen und Gefühle einen anderen Menschen zu verstehen. Bettelheim geht sogar so weit, zwei Regeln für diesen Prozeß aufzustellen. Die erste besagt, daß es gelte, sich eigene »existentielle Erfahrungen« zu vergegenwärtigen, die denen, die wir verstehen möchten, entsprechen. Sollte dies nicht möglich sein, kann man – so die zweite Regel – eine andere Person empathisch verstehen, indem man sich fragt, was einen selbst dazu veranlassen könnte, sich so zu verhalten, wie diese (1966, 705).

Über diese bewußte Dimension empathischen Verstehens hinaus bezeichnet Bettelheim paradoxerweise auch die Erkenntnis von empathisch nicht zugänglichen unbewußten Inhalten mit dem Begriff »Empathie«. Synonym mit empathischem Verstehen spricht er von einem spontanen »Mitfühlen unseres Unbewußten mit dem anderer«, von einem gefühlsmäßigen Eingehen unserer Seele auf die der anderen ([1982] 1986, 15). An einer anderen Stelle bestimmt er mit Freud die »Sympathie eines Unbewußten mit einem anderen« als Voraussetzung empathischer Erkenntnis (1975, 316). Bettelheims Empathiebegriff umfaßt daher gleichermaßen das Erkenntnisvermögen des Bewußtseins als auch das des Unbewußten. Darin liegt die erste Irritation seines diesbezüglichen Diskurses.

Zweitens irritiert an ihm, daß empathisches Verstehen einmal ausdrücklich von projektiver Erkenntnis abgegrenzt, an einer anderen Stelle dagegen mit projektiver Erkenntnis gleichgesetzt wird. So führt er in *Der Weg aus dem Labyrinth* (1975) zur Veranschaulichung empathischen Verstehens nicht nur ein Beispiel von Kohut an, das die oben vorgenommene Ableitung von Empathie als 'Begegnung mit dem anderen in einem selbst' bestätigt. Ausdrücklich betont er auch den Gegensatz zwischen Empathie und Projektion: »Beim Projizieren sieht man sich selbst im anderen, bei der Einfühlung fühlt man den anderen in sich selbst […]« (1975, 316). Seinem Kapitel über Empathie in *A Good Enough Parent* (1988) stellt er dagegen die folgende Definiton aus dem Oxford English Dictionary voran: »Die Fähigkeit, seine Persönlichkeit in das Objekt der Kontemplation zu projizieren und es auf diese Weise ganz zu verstehen« (zit. nach Bettelheim 1988, 99). Auch bei dem Hauptbegriff »Empathie« begegnen wir damit der für Bettelheim so charakteristischen begrifflichen Unschärfe und Widersprüchlichkeit.

Um den sachlichen Gehalt der vorangegangenen, abstrakten Erörterungen des Begriffs Empathie anschaulich werden zu lassen, sollen sie im folgenden mit zwei Beispielen illustriert werden; es handelt sich um Veranschaulichungen, die gegen ihre Klassifizierung als *projektive* und für ihre Klassifizierung als *introspektive* Form von Erkenntnis sprechen. Beim ersten handelt es sich um einen Auszug aus Toni Morrisons Roman *Solomons Lied* (1986). Anschaulicher als es jede theoretische Darstellung könnte, illustriert sie den hier abgeleiteten Gehalt des Begriffs Empathie. Das zweite Beispiel ist einem hierzulande weitgehend unbekannt gebliebenen Aufsatz Bettelheims über die Ausbildung von Betreuern entnommen (1966). Neben der Illustration des Prinzips empathischer Erkenntnis bietet dieser Text ein lebendiges Beispiel dafür, wie kreativ er psychoanalytische Erkenntnisse – hier: Freuds Überlegungen zu Trauer und Melancholie – auf die Praxis mit gestörten Kindern anwendete.

Hier zunächst die Passage aus dem Roman der Literaturnobelpreisträgerin von 1993:

»Warn paar ängstliche Kinder, wir. Macon hat mir ständig erzählt, die Sachen, vor denen wir Angst hatten, wärn nich wirklich. Was für'n Unterschied macht's, ob das, wo du vor Angst hast, wirklich is oder nich? Weiß noch, wie ich mal gewaschen hab für 'n Mann un seine Frau, drunten in Virginia. Mal nachmittags kommt der Mann zitternd in die Küche [...] Ich frag ihn, was is es, was sich ihn gegrapscht hat, er säh so schlimm aus. Sagt, kriegts nich zusammen, fühlt sich aber, als würd er gleich von 'ner Klippe stürzen. Dabei steht er doch da auf dem gelben un weißen un roten Linoleum, so flach wie 'n Bügeleisen. Hält sich erst an der Tür fest, dann am Stuhl, un versucht, so gut er kann, nich runterzustürzen. Ich hab den Mund aufgemacht un wollt ihm sagen, da gibts keine Klippen in der Küche da. Dann is mir eingefallen, wies war, in dem Wald zu stecken. Habs richtig wieder gespürt, von vorn bis hinten. Also sag ich zu dem Mann, will er, daß ich ihn festhalt, damit er nicht stürzen kann. Schaut mich an mit dem dankbarsten Blick von der Welt. »Das würdst du tun?« sagt er. Ich geh um ihn rum und verschränk meine Finger ihm vor der Brust un halt ihn fest. Sein Herz hat ihm unter der Weste ausgeschlagen wie 'n läufiges Maultier. Aber nach un nach hat er sich beruhigt.«

»Sie ham ihm das Leben gerettet«, sagte Gitarre.

»Von wegen. Seine Frau is reingekommen, bevors Zeit war zum Loszulassen. Hat mich gefragt, was ich da mach, und ich habs ihr erzählt.« [...]

»Hat sies geglaubt?« [...]

»Hat sie nich, erst nich. Aber kaum laß ich los, fällt er wie'n Klotz zu Boden. Zerschlägt sich die Brille un alles. Fällt glatt aufs Gesicht.« [...]

»War er tot?« fragte Gitarre.
»Mausetot«« (Morrison 1986, 49 f.).

Alle oben genannten Phasen eines empathischen Erkenntnisprozesses und eines daraus resultierenden einfühlsamen Handelns lassen sich in dieser Passage nachweisen. Am Anfang steht das Unverständnis einer Person gegenüber der 'verrückten' Wahrnehmung von Realität einer zweiten (»[...] da gibts keine Klippen in der Küche«). Der eigentliche Verständigungsprozeß beginnt, als sich die Erzählerin einer eigenen, der ihres Gegenübers strukturell ähnlichen, Erfahrung auch gefühlsmäßig erinnert (»Dann is mir eingefallen wies war [...]. Habs richtig wieder gespürt [...]«) Auf dieser Basis 'gemeinsamer' Erfahrung wird ein empathisches Handeln möglich, das bei dem Betroffenen Resonanz hervorruft, weil es seine ungewöhnliche Gefühlslage ernstnimmt (»Also sag ich zu dem Mann, will er, daß ich ihn festhalt, damit er nicht stürzen kann. Schaut mich an mit dem dankbarsten Blick der Welt«). Allerdings muß hier auch darauf hingewiesen werden, daß sich dieses Beispiel in einer wesentlichen Hinsicht von dem empathischen Verstehen unterscheidet, wie es in den Protokollen der Mitarbeiterbesprechungen an der Orthogenic School aufscheint. Im literarischen Beispiel behindern keinerlei Widerstände den Prozeß des empathischen Verstehens. In der Realität stellt er sich hingegen als weitaus schwieriger dar. Es handelt sich um eine mühsame und durchaus schmerzhafte Arbeit an der zwischenmenschlichen Verständigung, die erst in der Überwindung zahlreicher Widerstände zum Erfolg führt – oder aber auch an ihnen scheitert.

In dieser Hinsicht präsentiert auch das zweite Beispiel das Problem in idealtypischer Gestalt. In ihm diskutiert Bettelheim die alltägliche Situation, wie ein Betreuer mit einem Kind umgehen sollte, dessen Turm aus Bauklötzen von einem anderen Kind zerstört wurde. Ein Anfänger würde dem Kind wahrscheinlich 'mitfühlend' vorschlagen, einen neuen, *besseren* Turm zu bauen. Dieser gut gemeinte Vorschlag ist problematisch, weil ihn das Kind so interpretieren könnte, daß der zerstörte Turm nicht besonders gut gewesen sei. Entgegen seiner Absicht, das »Ich« des Kindes zu unterstützen, 'kritisiert' damit ein Anfänger ungewollt die »Ich«-Leistung des Kindes. Ein Kind mit normaler »Ich«-Stärke kann mit dieser Kränkung umgehen, denn die normale Erwartung ist: Das nächste Mal mache ich es besser. Angesichts der »Ich«-Schwäche stark gestörter Kinder ist die in dem Vorschlag enthaltene Kritik jedoch zerstörerisch. Ein erfahrener Betreuer wird deshalb vielleicht sagen: »Ich helfe dir einen *anderen* Turm zu bauen.« Die Unzulänglichkeit dieses Vorschlags stellt Bettelheim heraus, indem er den Betreuer auffordert, sich vorzustellen, er habe mit großer Hingabe ein Bild gemalt, das er als persönliches Meisterwerk empfinde. Dieses Bild werde zerstört. Mit Hilfe dieser Vorstellung wird dem Betreuer erfahrbar, welchen unersetzlichen Verlust er erleiden würde. Aufgrund seiner eigenen inneren Erfahrung konnte er begreifen, was das Kind gefühlt haben mag, dessen Turm zerstört wurde. Was der Mitarbeiter in der geschilderten Situation ganz und gar nicht gebraucht hätte, wäre jemand, der ihn auffordert, ein neues Bild zu beginnen; hilfreich und verständnisvoll wäre dagegen in dieser, wie auch in anderen Trauersituationen gewesen, die Internalisierung des Verlustes zu unterstützen, indem man eine angemessene Idealisierung anregt. Im Idealfall hätte der Betreuer also mit dem Kind den Verlust betrauert und gleichzeitig die Erinnerung an die Schönheit des zerstörten Turms wachgerufen. Nach dem realen Verlust eines Objektes vermag allein die Erinnerung daran, Trost zu spenden (Bettelheim 1966, 703 f.).

»Wenn wir uns auf solche Erfahrungen einlassen«, schließt Bettelheim die Erörterung des Beispiels, »werden wir erfahren, daß die Kluft zwischen den Kindern und uns nicht so tief und unüberbrückbar ist, wie sie scheint. [...] Wir müssen ein für allemal begreifen, daß diese Kinder nicht ängstlich, aufgeregt und verwirrt auf irgendetwas reagieren, das nicht auch uns ängstigen würde und genau im gleichen Ausmaß. Wenn wir wirklich begriffen haben, daß sie sich nicht über irgend etwas beunruhigen, das nicht auch uns beunruhigen würde, haben wir unser gemeinsames Menschsein errichtet«.

Abschließend möchte ich hier noch die paradoxe Struktur eines auf Empathie gründenden pädagogischen Handelns herausstellen und damit auf ein Ungleichgewicht in Bettelheims Darstellung hinweisen. Die Paradoxie liegt darin, daß ein gelingender Akt des Zuwendens und Einfühlens zugleich Distanz erfordert. Um einem Kind helfen zu können, muß sich ein Betreuer einerseits in seine Situation empathisch einfühlen, sich aber zugleich soweit davon distanzieren, daß seine Handlungsfähigkeit nicht beeinträchtigt wird. Er muß also – in Bettelheims Terminologie – in die Welt des gestörten Kindes eintreten und gleichzeitig in der Welt des Gesunden fest verankert bleiben. Nur so kann er – bildlich und modellhaft gedacht – das Kind über eine Brücke der Empathie aus der Welt der Psychose in die 'Welt des Gesunden' zurückführen.

Auf dieses für empathisches Handeln konstitutive Element von Abgrenzung und Distanz geht Bettelheim nur an einer Stelle und dort auch nur höchst beiläufig ein (1975, 284, 286). Der Grund dafür dürfte darin liegen, daß es schwer genug fällt, überhaupt Empathie mit Kindern – zumal mit gestörten und 'verrückten' – zu entwickeln. Die teilweise zugänglichen Protokolle der Mitarbeiterberatungen an der Orthogenic School illustrieren die vielfältigen in diesem Prozeß auftretenden Schwierigkeiten. Das grundlegende Problem liegt darin, daß – wie

Siegfried Bernfeld ([1925] 1973, 140) bis heute unübertroffen formuliert hat – der Betreuer in der Begegnung mit dem Kind zweimal enthalten ist: als Kind und als Erwachsener. Der Erzieher steht damit vor zwei Kindern: »dem zu erziehenden vor ihm und dem verdrängten in ihm.« In der Arbeit mit psychotischen Kindern spitzt sich diese Problematik noch zu, rufen sie im Betreuer doch ganz besonders intensive Gegenübertragungen wach (Bettelheim [1967] 1989a, 312). Ein gelingender Prozeß der Einfühlung setzt also über ein beträchtliches Maß an Sensibilität und Intuition eine möglichst weitgehende Versöhnung mit der eigenen Vergangenheit voraus. Nicht zuletzt erfordert er die Bereitschaft, die Untiefen des eigenen Unbewußten auszuloten. Bedenkt man zusätzlich, wie sehr sich psychotische oder gar autistische Kinder von ihrer Umwelt abschotten, so wird nachvollziehbar, warum Bettelheim die Voraussetzungen empathischen Verstehens sowie die unweigerlich auftretenden Widerstände ausführlich erörtert, die ebenfalls erforderliche Gegenbewegung dazu hingegen nur streift. So entsteht der Eindruck, die Fähigkeit zur *Abgrenzung* und *Distanz* würde mit mangelndem Engagement oder Unbeteiligtsein konnotiert und erscheine als Faktor, der den Prozeß der Einfühlung von vornherein behindert. Die potentielle Gefahr einer solch ungleichgewichtigen Darstellung kann unter Rekurs auf ein noch extremeres Arbeitsfeld, als es die pädagogisch-therapeutische Arbeit mit psychotischen und autistischen Kindern darstellt, verdeutlicht werden. Vor dem Hintergrund ihrer Arbeit mit unheilbar kranken und sterbenden Kindern hat Annemarie Bauer (1993) darauf hingewiesen, daß dabei nicht nur Empathie, sondern auch Abgrenzung gelernt werden müsse. Sie betont die Bedeutung einer Balance zwischen Empathie und Abgrenzung. Eine mangelnde Distanz kann nach ihrer Erfahrung bei Professionellen wie Angehörigen zwei extreme Reaktionsweisen hervorrufen: Entweder sie wehren die überwältigend erscheinenden Gefühle von Trauer und Verlust ab und 'panzern' sich bis zur Erstarrung, oder diese Gefühle 'überschwemmen' sie, bis dahin, daß sich bei ihnen ein Gefühl des Mitsterbens einstellt. Mehr noch: Bauer zitiert in diesem Zusammenhang eine Mutter, die ihr einziges Kind verloren hat und im Interview darüber berichtet, daß sie in gewisser Weise sogar noch ein psychologisches Äquivalent zu dessen Totenstarre am eigenen Leibe erlebt: »Die Lebendigkeit ist mir verlorengegangen, es ist doch eine gewisse Totenstarre [...] Dieser Lebendigkeit, der trauere ich schon nach!« (Bauer 1993, 139). Eindrücklicher kann man die Gefahr, die einer mangelnden Fähigkeit, sich zu distanzieren innewohnt, wohl nicht illustrieren.

1.2.6.3 Das Wesen des therapeutischen Prozesses

Im vorangegangenen Abschnitt wurde die nach Bettelheim wünschenswerte professionelle Grundhaltung, sowie das darauf aufbauende empathische Verstehen aus den Implikationen seines Begriffs der »Seele« hergeleitet und erörtert. Das Erkenntnisinteresse dieses Abschnitts gilt nun der diesem Begriff innewohnenden Auffassung vom Wesen der analytischen Therapie.

Mit Bezug auf den Mythos von Amor und Psyche bringt Bettelheim Eigenschaften wie Schönheit, Zerbrechlichkeit und Nicht-Stofflichkeit in Zusammenhang mit Psyche und »Seele«. Diese Konnotationen weisen »[...] auf die große Achtung, Behutsamkeit und Rücksicht hin, mit der man sich Psyche nähern mußte, weil jede andere Annäherung sie verletzt oder gar vernichtet hätte« (Bettelheim [1982] 1986, 26). Der Nachsatz »Achtung, Behutsamkeit und Rücksicht sind Haltungen, die auch die Psychoanalyse fordert«, verweist auf seine Auffassung von der analytischen Behandlung. Als »Sorge um die Seele« ([1982] 1986, 52) findet sie ihre vielleicht bündigste Formulierung in einem Satz Freuds aus einem Brief an C. G. Jung: »Psychoanalyse ist eigentlich eine Heilung durch Liebe« (Freud zit. nach Jones 1984, 509). Diesen Satz stellte Bettelheim seinem Essay *Freud und die Seele des Menschen* als Motto voran. Weshalb er ihn so bedeutsam fand, teilt er nicht dort, wohl aber in seiner fast dreißig Jahre zuvor geschriebenen Kritik an der Freud-Biographie E. Jones' mit. In ihr hatte er erstmals nachdrücklich auf die große Relevanz dieses Satzes für ein angemessenes Verständnis des therapeutischen Prozesses hingewiesen: In ihm komme die »totale Ablehnung bloßer Deutungstechniker und Seelensezierer« zum Ausdruck (Bettelheim 1957, 420).

»Deutungstechniker« und »Seelensezierer« – diese beiden Begriffe markieren den negativen Fluchtpunkt von Bettelheims eigener Auffassung des Therapieprozesses. Er will ihn als nicht-technische und nicht-hierarchische Kommunikation verstanden wissen, die unerläßlich das Engagement des Therapeuten als *Mensch* einschließt. Nur der über die professionelle Rolle hinausgehende Einsatz der eigenen Person bringt nach Bettelheim positive Entwicklungen hervor (Bettelheim 1975, 230). Eine nicht weniger bedeutsame Funktion weist er der Respektierung der Würde und Autonomie des Patienten sowie der Herstellung bzw. Wiederherstellung seiner Selbstachtung zu. Beim therapeutischen Prozeß handele es sich um eine von den Prinzipien der *Gegenseitigkeit* und *Gleichwertigkeit* beider Partner bestimmte Kommunikation. Seinen entscheidenden Bezugspunkt bildet das »gemeinsame Menschsein«. Im Gegensatz zu der medizinisch inspirierten Vorstellung des Therapeuten als Seelenseziener und seines mechanistischen Bildes eines Seelentechnikers könne der Therapeut zu Beginn des Prozesses keineswegs wissen oder gar entscheiden, was zum Nutzen des Patienten zu tun ist. Daher erscheint jedes Gefühl der Überlegenheit nicht nur sachlich unangebracht, sondern wird vom Patienten auch als Kränkung erlebt. Allerdings leugnet Bettelheim nicht die real gegebenen Unterschiede zwischen Patient und Therapeut, er betont aber ausdrücklich das Gemeinsame. Während professionelle Kenntnisse und Erfahrung sie voneinander trennen, vereint sie das gemeinsame Bestreben, die seelischen Probleme des Patienten zu verstehen und die Tatsache, daß beide – Patient und Therapeut – vom therapeutischen Prozeß profitieren. Auf diese Feststellung hat er immer besonderen Wert gelegt.

1.2.7 Zur Funktion und Bedeutung der Seelen-Metapher

Nachdem mit der Vorstellung von der Erlösung der Seele, der empathischen Grundhaltung und Bettelheims Anschauung des Wesens des therapeutischen Prozesses drei wesentliche Implikationen seiner Seelenmetapher entwickelt wurden, gilt das Erkenntnisinteresse im folgenden wieder der Metapher selbst, genauer: der Funktion, die sie in Bettelheims Schriften erfüllt. In diesem Kontext sollen auch die im Zusammenhang mit ihr abgeleiteten Inhalte problematisiert und damit zum Abschluß dieses Kapitels eine angemessene kritische Distanz zurückgewonnen werden.

Vor dem Hintergrund der vorangegangenen Argumentation lassen sich hinsichtlich der Metapher der Seele mindestens drei, auf unterschiedlichen systematischen Ebenen gelegene, Funktionen unterscheiden. Berücksichtigt man, daß Bettelheim sie in einem Essay ausführlich erörtert, der sich in weiten Teilen wie ein Pamphlet gegen die amerikanische Rezeption der Analyse liest, so wird eine erste Funktion offenbar: Sie dient dem fast Achtzigjährigen dazu, seinen Gegenentwurf zu einer medikalisierten und rationalistischen Psychoanalyse sinnbildlich zu veranschaulichen. Da es – wie Bettelheim selbst mitteilt – zur Dynamik leidenschaftlich vorgetragener Kritik und Gegenkritik gehört, daß einzelne Aspekte zu stark akzentuiert werden, sagt der Kontext der Argumentation auch schon etwas über die Inhalte aus: sie sind mitunter bewußt einseitig und übertrieben, ja, seinen sonstigen Stellungnahmen zuweilen gar entgegengesetzt. Dies kann an dem im vorigen Abschnitt angesprochenen Motto seines Freud-Essays, demzufolge Psychoanalyse eigentlich eine Heilung durch Liebe sei, gezeigt werden. Im Spiegel dieses exponierten Satzes kann Bettelheim als Anhänger einer 'Liebespädagogik' erscheinen, was allerdings dem Credo von *Liebe allein genügt nicht* ([1950] 1988) widerspricht. Dieser programmatische Titel bringt formelhaft zum Ausdruck, daß das notwendige gefühlsmäßige Engagement immer in einen Prozeß sorgfältiger rationaler Planung und rationalen Handelns eingebettet sein muß (Bettelheim ([1950] 1988, 13; 1975, 17). Seine ablehnende Haltung gegenüber einer 'Liebespädagogik' hat Bettelheim noch entschiedener in einem frühen Aufsatz formuliert. Ihren potentiell selbstsüchtigen und anspruchlichen Charakter im Blick, schrieb er dort:

»Mit Ausnahme von Liebe auf den ersten Blick kann die sofortige Liebe eines Erwachsenen für ein Kind nur aus emotionalem Ausgehungertsein resultieren; sie hält das Kind von einer der wichtigsten ('maturing') Erfahrungen ab – die einer sich langsam entwickelnden, gegenseitig befriedigenden Beziehung« (Bettelheim 1949a, 88).

Heute wissen wir, daß sich in Bettelheims Problematisierung und Ablehnung der 'pädagogischen Liebe' seine eigene Praxis an der Orthogenic School ungebrochen widerspiegelt: »[...] Bettelheim liebte die Kinder nicht – er verstand sie« (Sutton 1996, 305).

Die »Seele« als Sinnbild für das Innenleben des Menschen erscheint bei Bettelheim als wertvoll, fragil und durch den von ihm akzentuierten dynamischen Triebdualismus des Menschen als schwer konfliktbeladen. Aber gerade deshalb repräsentiert das menschliche *Innen*leben für Bettelheim das Wesen des Menschen insgesamt. Damit ist die zweite Funktion angesprochen. Die Metapher symbolisiert den Wert und Vorrang des menschlichen Innenlebens gegenüber der Außenwelt. Bestätigt wird diese Behauptung durch eine von Bettelheims Märcheninterpretationen. In seiner Auslegung des Grimmschen Märchens *Aschenputtel* notiert er:

»Die Geschichten, in denen die Stiefmutter das hilfreiche Tier tötet, aber es nicht fertig bringt, Aschenputtel dessen zu berauben, was ihm innere Kraft verleiht, weisen darauf hin, *daß das, was in Wirklichkeit existiert, weniger wichtig ist als das, was in uns selbst vorgeht,* wenn es gilt, das Leben zu meistern oder es mit ihm aufzunehmen« (Bettelheim [1976] 1990b, 246; Hervorh.: F.-J. K.).

Das Bemerkenswerte dieser Einschätzung wird deutlich, wenn man bedenkt, daß sie im Gegensatz zu seiner eigenen Kritik der Psychoanalyse sowie seinem dadurch erworbenen Ruf steht, gesellschaftlichen Aspekten in einem für seine Profession außergewöhnlichen Maß Rechnung zu tragen. Wie ich im nächsten Kapitel ausführlicher darlegen werde, kritisiert Bettelheim die Psychoanalyse als eine die Umwelteinflüsse massiv vernachlässigende Disziplin.

Wechselt man die systematische Ebene und betrachtet sein 'Konzept' der Seele im Zusammenhang mit der nicht selten bedrückenden alltäglichen Realität der Arbeit mit sogenannten 'hoffnungslosen Fällen', so wird eine dritte Funktion erkennbar. Im Gegensatz zu dem »nahezu unerklärlichen Verhalten« dieser Kinder, die sich oft »unmenschlich« und »tierhaft« gebärden (Bettelheim 1990, 185, 189), steht die Seele für Menschlichkeit, Schönheit und Anmut. Sie repräsentiert damit eine ideale Welt als notwendige Ergänzung der Realität. Die tiefe, dem Bild innewohnende Überzeugung, daß alle Menschen – unabhängig davon wie sie sich im Augenblick auch gebärden – tief verborgen schön, wertvoll und liebenswert sind, erscheint als notwendige humanistische Utopie einer erfolgreichen Arbeit mit extrem gestörten Kindern. Derart steht die Metapher bei Bettelheim im Dienst dessen, was Stefan Becker u. a. als »konstruktive therapeutische Illusionierung« bezeichnet haben (Becker/Roller/Jünger 1979, 104). Sie meinen damit »[...] das sehr bestimmte und leidenschaftliche Glaubenkönnen an die weitere Entwicklung des Patienten, auch wenn wir Rückschläge ohne Kränkung ertragen müssen, oder aber wenn sichere Entwicklungsmöglichkeiten des Kindes vorübergehend unendlich ungewiß erscheinen.« Das 'Konzept' der Seele und die ihr innewohnenden Anschauungen und Werte erscheinen hilfreich, um gestörte Kinder lieben zu können, bevor sie sich selbst als liebenswert und liebesfähig empfinden (Becker 1984, 132). Daß Bettelheim in der Tat – und stärker als andere Autoren – der Idee der konstruktiven Illusionierung anhing, zeigt seine folgende Stellungnahme zur Produktivität von Phantasie. Phantasiegebilde seien zwar »*unreal*« »aber die Zuversicht, die sie uns im Blick auf uns selbst und unsere Zukunft einflößen, ist *real,* und diese reale Zuversicht brauchen wir, um nicht zu verzweifeln« (Bettelheim [1976] 1990b, 120; Hervorh. im O.). Mit Bezug auf Th. Lessing, F. A. Lange und H. Vaihinger spricht er an einer anderen Stelle von der Nützlichkeit von »Projektionen des Wunschdenkens« und der Notwendigkeit einer idealen Welt als Ergänzung der Realität. Noch radikaler nimmt sich seine, ebenfalls auf Vaihinger zurückgehende Überzeugung aus, daß es notwendig und nützlich sei, Handlungen auf Fiktionen aufzubauen, die bekanntermaßen falsch seien (Bettelheim 1990, 119).

Der zuletzt genannte Aspekt weist die Richtung, in der die Metapher der Seele und die im Zusammenhang mit ihr abgeleiteten Inhalte problematisiert werden müssen. Wenn Bettelheims Selbstdarstellungen (im Gegensatz zu dem tatsächlichen Alltag an der Orthogenic School) ein Ideal beschwören, das niemals erreicht werden konnte, so repräsentiert die Metapher der Seele dieses Ideal im Hinblick auf das Wesen des Menschen. Sie steht als Sinnbild einer idealen Welt als fiktive und hoffnungstiftende Ergänzung einer ganz und gar nicht idealen Realität. Auf den ausgesprochen idealtypischen Charakter der im Zusammenhang mit der Seele entwickelten Inhalte weist auch hin, daß Bettelheim in *Freud und die Seele des Menschen* Begriffe und Argumentationsfiguren verwendet, die er an anderen Stellen selbst problematisiert hat. So benutzt er beispielsweise den Begriff »Heilung«, während er an anderer Stelle darauf hingewiesen hat, daß es angemessener sei, von Rehabilitation zu sprechen, da eine vollständige Heilung nicht erreicht werden könne. Ein zweites Beispiel stellt die untypische Betonung der Funktion von Liebe im therapeutischen Prozeß dar; sie wurde eingangs schon relativiert. Wenn es sich bei der Metapher aber um eine ideale Ergänzung der Realität oder gar um eine konstruktive Illusion handelt, so ist damit zugleich auch immer schon impliziert, daß eine dem Ideal korrespondierende und gegensätzlich beschaffene Realität existiert. Ebenso einseitig wie die ausschließlich positiv ausfallenden Selbstdarstellungen Bettelheims kommt die dem Ideal entsprechende 'negative' Realität in der posthumen Kritik an seiner Person zum Ausdruck.

Ein realistisches Bild seiner pädagogisch-therapeutischen Praxis ergibt sich daher erst als Produkt der im Zusammenhang mit der Metapher der Seele dargelegten »weichen«, idealtypischen und den »harten«, »realistischen« Faktoren. Zu letzteren zähle ich beispielsweise die von Bettelheim vertretene Auffassung, im Erziehungsprozeß sei ein gewisses Quantum Angst unentbehrlich oder seine Überzeugung, derzufolge in der Erziehung Autorität genauso wichtig sei wie Liebe (Bettelheim/Ekstein [1990] 1994, 168).

1.2.8 Zusammenfassung

Bettelheims Selbstverständnis ist das eines orthodoxen Freudianers. Aufgrund seiner tiefreichenden Identifikation mit seinem Idol entgeht ihm allerdings, daß er dessen Bestimmungen vielfach einen charakteristischen Eigenbetrag hinzufügt. Aus diesem Grund mußte die vorangegangene Ableitung und Charakterisierung seines humanistischen Psychoanalyse-Verständnisses als eine *Arbeit an der Differenz* Freud/Bettelheim konzipiert werden. Anhand von sechs ausgewählten Fragestellungen konnten die auf das genuin Bettelheimsche verweisenden 'Abweichungen' exemplarisch herausgearbeitet werden. So tritt bei ihm – erstens – an die Stelle des Freudschen Kriteriums der Liebes- und Arbeitsfähigkeit eine gerechtfertigte Selbstachtung, die als das genuine Ziel der Milieutherapie darstellt. Während in der klassischen Analyse die Bedeutung der »Versagung« im therapeutischen Prozeß hervorgehoben wird, akzentuiert Bettelheim – zweitens – das Prinzip

»Bedürfnisbefriedigung«. Es gelte, das Leben für die Kinder so angenehm wie möglich zu gestalten. In den gestörten Kindern und Jugendlichen die Hoffnung auf ein besseres Leben zu wecken und ihre Identifikation mit den versorgenden Erwachsenen zu fördern, stellen die beiden Funktionen der umfassenden Bedürfnisbefriedigung dar. Erst wenn sie durch die intensive 'Besorgung' konkret erfahren haben, daß auch für sie ein befriedigenderes Leben möglich ist, verfügen sie über ein tragfähiges Motiv, um in dem anstrengenden und schmerzhaften pädagogisch-therapeutischen Prozeß konstruktiv mitzuarbeiten. Die dritte Differenz betrifft die Bedeutung der Todestriebhypothese in Bettelheims humanistischer Psychoanalyse. In Freuds Denken lediglich eine »tastende Spekulation«, erhebt sie Bettelheim in den Rang einer unumstößlichen Tatsache. Daß dem menschlichen Seelenleben ein Todesstreben innewohnt, stellt für ihn einen Sachverhalt dar, der nicht geglaubt werden muß, sondern introspektiv erfahren werden kann. Die dem Todestrieb entgegengesetzte, produktive Kraft des Eros – viertens – nimmt in seinem Denken entsexualisierte Züge an. Sie erscheint primär als aktives Streben nach höheren Stufen der Persönlichkeitsintegration und nicht als sexuelles Begehren. Das Verhältnis der beiden elementaren Kräfte des menschlichen Seelenlebens – Eros und Thanatos – zueinander bestimmt Bettelheim konfliktreicher als Freud selbst. Aus diesem Grund muß ein akzentuierter Triebdualismus als fünftes zentrales Kennzeichen seiner humanistischen Psychoanalyse angesprochen werden. Schließlich weist – sechstens – auch die Verwendung des Begriffs »Seele« durch Bettelheim und Freud signifikante Differenzen auf. Während ersterer sie in *Freud und die Seele des Menschen* zum zentralen Begriff der Psychoanalyse erklärt und Strachey's Übersetzung von »Seele« mit »mind« als den folgenreichsten, d. h. die humanistischen Intentionen Freuds am stärksten verzerrenden Irrtum geißelt, verwendete Freud selbst, wenn er englische Texte verfaßte, »mind« und nicht »soul«, wie Bettelheim fordert. Auch die Auseinandersetzung mit diesem Begriff mündet also in der Neuschöpfung eines Theorems: Bettelheims 'Konzept' der Seele.

Die vieldeutige Metapher der Seele stellt eine Signatur für Bettelheims humanistische Lesart der Psychoanalyse dar, d.h. alle charakteristischen Positionen seiner Theorie und Praxis wohnen ihr inne und lassen sich aus den zugehörigen Erörterungen ableiten. Exemplarisch wurde dies an drei Implikationen gezeigt. Zum einen an der säkular gewendeten Vorstellung von der »Erlösung der Seele«. Während sie in religiösen Kontexten durch Buße im Jenseits erlangt werden kann, vermag in Bettelheims humanistischer Philosophie die Fürsorge für andere Menschen die menschliche Seele schon im Diesseits zu erlösen. Zum anderen wurde die für seinen Ansatz charakteristische empathische Grundhaltung aus dem Bild der Seele abgeleitet. Ihre überragende Bedeutung hervorhebend, behauptet Bettelheim, daß es nicht besondere Erkenntnisse oder Verfahren sind, die den paradigmatischen Kern seines Ansatzes ausmachen, sondern eben diese empathische Grundhaltung. Sie basiert auf einem »gemeinsamen Menschsein«, demzufolge für jeden Gedanken und jede Empfindung eines anderen Menschen in einem selbst ein Äquivalent existiert. Der Schlüssel zum Verständnis anderer Menschen liegt daher in den introspektiv zu erschließenden, eigenen inneren Erfahrungen. Seinem Wesen nach handelt es sich beim empathischen Verstehen um eine 'Begegnung mit dem Fremden in einem selbst'; um eine Form der introspektiven Erkenntnis, die von der projektiven unterschieden werden kann. Drittens galt das Erkenntnisinteresse den Implikationen der Seelenmetapher hinsichtlich des Wesens des therapeutischen Prozesses. Nach Bettelheim bildet dabei die Respektierung der Würde und Autonomie des Patienten den unhintergehbaren Maßstab. Die psychoanalytische Therapie will er als von den Prinzipien Gleichwertigkeit und Gegenseitigkeit geprägten Kommunikationsprozeß verstanden wissen, der einen über die professionelle Rolle hinausgehenden Einsatz des Therapeuten als Mensch erfordert. Unmißverständlich distanziert er sich von den Auffassungen des Analytikers als »Seelenseziercr« und »Deutungstechniker«.

Abschließend wurde nach der Funktion der Seelenmetapher in Bettelheims humanistischer Philosophie gefragt. Diesbezüglich konnten drei Funktionen herausgearbeitet werden: Das mehrdeutige Bild »Seele« dient – erstens – als Veranschaulichung von Bettelheims Gegenentwurf zur akademisch-rationalen amerikanischen Psychoanalyse, in dem das Unbewußte und die Bedeutung der Gefühle betont werden. Zweitens symbolisiert es das Primat des konfliktbeladenen und faszinierenden menschlichen Innenlebens gegenüber äußeren Aspekten; ferner konnte gezeigt werden, daß die Seele – drittens – im Dienst der »konstruktiven therapeutischen Illusionierung« steht. Das heißt, sie repräsentiert eine ideale, hoffnungsstiftende Ergänzung der oftmals bedrückenden Realität.

Von seiner dualistisch-konflikthaften Grundstruktur her schließt Bettelheims humanistische Position die 'andere Seite' und damit auch die Möglichkeit eigenen Scheiterns prinzipiell ein; er deutet es allerdings nur an. Im Unterschied zur humanistischen Psychologie besteht der humanistische Freudianer auf der Konfrontation mit den unliebsamen Wahrheiten der menschlichen Natur; ein Ende des intrapsychischen und interpersonellen Konflikts erscheint ihm ebenso illusionär wie ein naiv-optimistischer Glaube an das sogenannte Gute im Menschen. Die potentielle Gewaltbereitschaft der Spezies Mensch ebenso anerkennend wie die Unausweichlichkeit menschlichen Leids, begehrt er gleichzeitig gegen das Unerfüllte auf, indem er die konstruktive Funktion utopischer Vorstellungen behauptet. Wenngleich illusorisch, so erfüllen sie doch eine konstruktive Funktion: sie wecken Hoffnung und Zuversicht und verleihen so die Kraft, immer wieder das Dennoch zu mobilisieren. Angesichts einer vielfach deprimierenden Realität spricht Bettelheim mit Vaihinger von der Notwendigkeit und Nützlichkeit eines Handelns, das auf Fiktionen beruht, die erwiesenermaßen falsch sind. Seine Position fällt damit nicht nur skeptisch, widerständig, aufgeklärt und konflikthaft, sondern auch paradox aus.

So erhellend sich der vorangegangene Zugang zu Bettelheims Psychoanalyse-Verständnis unter dem Fokus 'Humanismus' / 'humanistisch' erwiesen hat, ihm blieb mindestens eines seiner zentralen Merkmale verschlossen: die Bedeutung der Umwelt für den Prozeß der Persönlichkeitsentwicklung und Persönlichkeitsintegration. In den nachfolgend thematisierten Reflexionen Bettelheims über die Grenzen der Psychoanalyse kommt dieser zentrale Aspekt zunächst *ex negativo* zur Sprache. Ausdrücklich und in der gebotenen Ausführlichkeit thematisiere ich ihn in Teil D.

2. Vernachlässigung der Umwelteinflüsse und Fixierung auf das Pathologische – Bettelheims Psychoanalyse-Kritik

»Psychoanalyse ist nicht der Punkt des Archimedes außerhalb der Welt sozialer Phänomene.«
Bruno Bettelheim ([1960] 1989, 28)

»Ohne meine Inhaftierung in den deutschen Konzentrationslagern Dachau und Buchenwald, hätte ich keinen meiner Beiträge zur Psychoanalyse leisten können« (Bettelheim 1988, 216). Mit diesen, aus einem Abstand von fünfzig Jahren gesprochenen Worten bringt Bettelheim den Einfluß des Konzentrationslagers auf sein Denken als Pädagoge und Therapeut auf den Punkt. Sie verweisen nachdrücklich auf die Bedeutung von zehn Monaten Leben in der Extremsituation des Lagers. Nimmt man noch die folgenreichen Auswirkungen auf seine *Persönlichkeit* hinzu, so wird die Dialektik dieses Schlüsselerlebnisses offenbar: was sich – positiv gewendet – für Bettelheim als fruchtbarer Ausgangspunkt eines eigenständigen pädagogisch-therapeutischen Ansatzes erweisen sollte, forderte andererseits lebenslange Anstrengungen zur Reintegration der eigenen Persönlichkeit und blieb in seinem ganzen Ausmaß dennoch nicht zu bewältigen.

Bettelheims Ansatz basiert maßgeblich auf Überzeugungen, die er aus der Überprüfung klassischer psychoanalytischer Positionen unter den Bedingungen im Konzentrationslager gewann. Psychoanalyse wird bei ihm maßgeblich daran gemessen, inwieweit sie sich für das Überleben dieser Ausnahmesituation als tauglich bzw. untauglich erwies.

Retrospektiv betrachtet, lag seine aus dieser ungewöhnlichen Perspektive geübte Kritik und die daraus abgeleiteten Revisionen schon zu Beginn seiner milieutherapeutischen Praxis an der Orthogenic School vor. Die Erkenntnis der theoretischen Implikationen dieses Traumas stellte sich tatsächlich jedoch erst nach und nach ein. Darauf deutet hin, daß in Bettelheims allein und gemeinsam mit Emmy Sylvester verfaßten Texten über Milieutherapie die für die späteren Arbeiten so bezeichnende theoretische Verknüpfung von Konzentrationslager und Milieutherapie noch nicht benannt wird. Von seiner Entlassung im Jahre 1939 an gerechnet, dauerte es mehr als fünfzehn Jahre, bis diese Analogie erstmals in dem Text *Schizophrenie als Reaktion auf Extremsituationen* ([1956] 1980a) auftauchte. Bis zu einer konsistenten Ableitung und Darstellung seiner ebenfalls aus der Lagererfahrung gewonnenen Psychoanalyse-Kritik vergingen weitere vierzehn Jahre. Sie erschien erstmals im Jahre 1960 in Bettelheims Monographie *The Informed Heart* (dt. *Aufstand gegen die Masse,* 1989). Und selbst in dieser 'späten' Veröffentlichung räumt er noch ein, daß sein Versuch, aus dieser Schlüsselerfahrung Konsequenzen für die Theorie und Praxis der Psychoanalyse zu ziehen, im Bewußtsein »mangelnder Gewißheit« vorgenommen wurde (Bettelheim [1960] 1989, 41).

2.1 Vernachlässigung von Umwelteinflüssen

»Die aus der Psychoanalyse kommenden Vorstellungen […] versagten in dem Augenblick, in dem ich sie am dringendsten brauchte« ([1960] 1989, 21). Aus dieser Feststellung spricht die ganze Dramatik, mit der das maßgeblich von der Freudschen Tiefenpsychologie geprägte Welt- und Menschenbild des jungen Bettelheim im Konzentrationslager erschüttert wurde. Seine Sichtweise der Grenzen der Psychoanalyse resultiert maßgeblich aus seinen Beobachtungen und Erfahrungen im Lager. Er stellte fest, wie schnell und weitgehend diese besondere Umwelt Menschen verändern konnte. Das Konzentrationslager ergriff die Persönlichkeiten der ihm ausgelieferten Menschen mit einer solch elementaren Kraft, daß die eintretenden Veränderungen nicht auf ihr Verhalten und damit auf eher äußere Aspekte ihrer Persönlichkeiten beschränkt blieben, sondern sie in ihrer Gesamtheit erfaßten. Dieses besondere Milieu führte in aller Regel zum Abbau von Hemmungen und negativ zu bewertenden Veränderungen. In anderen, selteneren Fällen fanden aber auch positive Entwicklungen statt. Dieselbe Umwelt war demnach in der Lage, sowohl positive wie negative – immer aber tiefgreifende – Wandlungen hervorzubringen. Ihre Macht war allerdings nicht so total, daß völlig von der Subjektivität der Betroffenen hätte abstrahiert werden können und die intendierte Entmenschlichung in jedem Fall erreicht wurde (21). Eine spezifisch strukturierte Umwelt besaß demnach die Macht, mit einer hohen Wahrscheinlichkeit die Persönlichkeit eines reifen, erwachsenen Menschen in kurzer Zeit geradezu »umzukrempeln« (22). Diesen radikalen Veränderungen stellt Bettelheim die selbst durch jahrelange psychoanalytische Behandlung erreichbaren bloß graduellen Veränderungsprozesse gegenüber und konstatiert die Überlegenheit einer spezifisch gestalteten Umwelt als Mittel der Persönlichkeitsveränderung.

Auch eine zweite Beobachtung/Interpretation Bettelheims verweist auf die Grenzen der klassischen Analyse. Mithäftlinge, die nach psychoanalytischen Erkenntnissen über eine relativ stabile und gut integrierte Persönlichkeit verfügten, erwiesen sich dem Lagerleben als nicht gewachsen. Andere wiederum, die – psychoanalytisch betrachtet – als schwer neurotisch oder gar als an Wahnvorstellungen leidend angesehen werden mußten, ließen dagegen jedes Anzeichen des zu erwartenden Persönlichkeitszerfalls vermissen. So zeigte sich beispielsweise die Gruppe der Zeugen Jehovas den Umständen erstaunlich gut gewachsen. Mehr noch: Sie imponierten »als Beispiele menschlicher Würde und Größe« (27). Zusätzlich zu diesen religiösen Mithäftlingen spielt Bettelheim hier auf die von ihm in seiner Typologie der Häftlinge des Konzentrationslagers als »Gesalbte« bezeichneten Menschen an. Nach damaligen psychoanalytischen Kriterien galten die Fähigkeit zu engen menschlichen Beziehungen ('Liebesfähigkeit') und das Vermögen, Triebkräfte sublimieren zu können ('Arbeitsfähigkeit') zusammen mit einem ungehinderten Zugang zum Unbewußten als Kriterien einer integrierten und damit intakten Persönlichkeit. Der genannte Typus Häftling zeichnete sich hingegen durch Distanz zu anderen Menschen und seiner Umwelt im allgemeinen aus. Aus psychoanalytischer Perspektive mußte dies als Hinweis auf eine nur mangelhaft integrierte Persönlichkeit gelten. Obwohl diese »Gesalbten« nach Bettelheims Erkenntnissen zudem über keinerlei Kontakt zu ihrem Unbewußten mehr verfügten, hielten sie selbst unter größtem äußeren Druck an ihren persönlichen Wertordnungen fest. In einem bemerkenswerten Ausmaß blieben ihre Persönlichkeitsstrukturen von den zerstörerischen Auswirkungen des Lagerlebens unberührt (26).

Die gemeinsame Reflexion der machtvollen Wirkungen der Umwelt des Konzentrationslagers und des Versagens der psychoanalytischen Theorie als diagnostisches Instrument, führt Bettelheim zu der Erkenntnis der »erschreckend beschränkten Anwendbarkeit« psychoanalytischer Erkenntnisse in diesem Rahmen (23). Den Grund dafür sieht er in der zu starken Betonung des Innenlebens des Menschen und der ihr korrespondierenden Vernachlässigung von Umwelteinflüssen. Seine eigenen Beobachtungen legten indessen die diametral entgegengesetzte Annahme nahe. Im Konzentrationslager erschien menschliches Verhalten weitgehend durch die besondere Umwelt geformt. Wenn diese Extremsituation geeignet war, Grundstrukturen der Mensch-Umwelt-Beziehung deutlich sichtbar werden zu lassen, so mußte sozialen Faktoren eine weitaus größere Bedeutung beigemessen werden, als es durch die Psychoanalyse geschah (20).

»Bei dem Versuch festzustellen, welcher Art der Zusammenhang zwischen den drastischen Änderungen in der gesellschaftlichen Umwelt und den Wandlungen in meiner Persönlichkeit war, kam ich zu der Überzeugung, daß weder die Gesellschaft für das Verständnis der Persönlichkeitsdynamik so unwichtig war, wie die Psychoanalyse unterstellte, noch die Persönlichkeitsentwicklung so sehr in biologischen Gegebenheiten und Kindheitserlebnissen verwurzelt und so unabhängig von der jeweiligen Umwelt, wie angenommen wurde« ([1960] 1989, 43).

Dies ist der eine 'Pfeiler' von Bettelheims Psychoanalyse-Kritik. Die von ihm bemängelte einseitige Ausrichtung auf innere Prozesse führt er auf die historischen Entstehungsbedingungen der Psychoanalyse zurück. Die Freudsche Tiefenpsychologie sei zu einer Zeit entwickelt worden, als sich 'Umwelt' und 'Gesellschaft' nur bedächtig, zusammenhängend und zudem den allgemeinen Erwartungen entsprechend entwickelten. Zumal für den bürgerlichen Mittelstand stellten die äußeren Lebensbedingungen einen unproblematischen und daher im Grunde zu vernachlässigenden Faktor dar. Aus dieser Konstellation resultierte die irrige Annahme, die äußeren Umstände könnten als konstant und vergleichsweise unbedeutend angesehen werden.

In Analogie zu der lebensgeschichtlichen Prägung seiner eigenen wissenschaftlichen Anschauungen, stellt Bettelheim überdies einen Zusammenhang her zwischen der von ihm kritisierten Ausrichtung der Psychoanalyse und der Tatsache, daß Freud bis auf die kurze Zeit der Emigration an seinem Lebensende ununterbrochen in Wien lebte. Während Bettelheim im Konzentrationslager und in der Emigration gleich zweimal am eigenen Leibe die Erfahrung machen mußte, welche nachhaltigen Veränderungen andersartige äußere Lebensumstände in einem Menschen bewirken können, blieb Freud diese Erfahrung beinahe gänzlich erspart; eine Erfahrung, die nach Bettelheims Ansicht Freuds Bewertung der Umwelteinflüsse als konstant und relativ unbedeutend möglicherweise nachhaltig verändert hätte ([1960] 1989, 43).

Bettelheim faßt seine Psychoanalyse-Kritik aber noch genauer, als bislang entwickelt. Wo hier pauschal von der Vernachlässigung äußerer Faktoren die Rede war, spricht er präziser von ihrer Vernachlässigung *zugunsten des Unbewußten*. Zugespitzt formuliert er: In der Psychoanalyse gilt »die Wirklichkeit nichts und das Unbewußte alles« (45). Damit verweist er auf die von der Psychoanalyse nahegelegte Ansicht, das Unbewußte sei das verborgene, 'wahre' Ich des Menschen. Die Erfahrung des Lagerlebens stellte indessen auch diese Annahme in Frage. Wenn diese außergewöhnliche Konstellation geeignet war, vom Extrem her das Normale zu erhellen, wenn in ihr ferner das Leben oder der Tod eines Menschen vorrangig von seinen konkreten Handlungen abhingen und wenn diese »nur zu oft dem widersprachen, was sich aus dem Unbewußten ableiten ließ« (24), so mußte angenommen werden, daß sich im konkreten Tun eines Menschen und nicht in seiner unbewußten Motivation sein 'wahres' Wesen ausdrückte. Die Extremsituation des Konzentrationslagers ließ also auch die Bedeutung menschlichen Handelns in einem neuen Licht erscheinen.

Die Tragweite dieser Psychoanalyse-Kritik wird deutlich, interpretiert man Bettelheims 'Selbstversuch', in der Extremsituation des Konzentrationslagers aus psychoanalytischen Erkenntnissen Orientierung und Hilfestellung für das Überleben zu gewinnen, als eine Anstrengung, psychoanalytische Erkenntnisse in eine ihrem Setting völlig fremde Situation zu übertragen. Allerdings müssen hier mit Bettelheim drei Aspekte psychoanalytischer Theorie unterschieden werden. Psychoanalyse verstanden als Beobachtungsmethode, als Persönlichkeitstheorie und als Diagnoseinstrument. Von diesen Aspekten konnte lediglich der erste auch in der Lagersituation konstruktiv angewendet werden. Die evident werdende mangelnde Gültigkeit der beiden anderen verweist offenbar darauf, daß die Gültigkeit psychoanalytischer Erkenntnisse von dem Setting abhängt, in dem sie ursprünglich gewonnen wurden.

Damit rückt Bettelheim ins Zentrum, was bei einer oberflächlichen Betrachtung lediglich als notwendige Rahmenbedingung erscheinen könnte. Die Bedeutung des analytischen Settings betonend, charakterisiert er das Wesen der »psychoanalytischen Situation« unter einem räumlichen (topologischen) und einem zwischenmenschlichen (intersubjektiven) Gesichtspunkt. Sie erscheint dann als eine potentiell einen starken Einfluß ausübende »besondere äußere und menschliche Situation« (Bettelheim 1975, 208 und ([1960] 1989, 28). Sicherheit, Abgeschiedenheit und Störungsfreiheit stellen ihre notwendigen äußeren Qualitäten dar; der Verzicht auf Forderungen nach altersgemäßem oder sozial angepaßtem Verhalten bildet zusammen mit einer empathischen Grundhaltung des Therapeuten die notwendigen menschlichen Qualitäten dieser Situation. Eine solche besondere 'Umwelt' muß als notwendige Bedingung für den konstruktiven Verlauf einer psychoanalytischen Behandlung angesehen werden. Die für Bettelheims Ansatz so bezeichnende Idee eines heilsamen Milieus erscheint vor diesem Hintergrund bereits in der klassischen Analyse angelegt: »[...] das therapeutische Milieu ist ein bedeutender Faktor in der psychoanalytischen Behandlung« (Bettelheim/Sanders 1979, 218). Sich analytischer Behandlung zu unterziehen, bedeutet in dieser stark topologischen Sichtweise zunächst einmal, die jeweilige alltägliche Umgebung zeitlich befristet zu verlassen und sich in eine spezifisch therapeutische Umwelt zu begeben. In Analogie zur »analytischen Situation« und als Gegenbegriff zu dem von ihm geprägten Begriff der »Extremsituation«, erwog Bettelheim daher für sein Konzept zunächst die Bezeichnung »extrem akzeptierende Situation«, zog aber schließlich die den topologischen Gesichtspunkt stärker akzentuierenden Begriffe »therapeutisches Milieu« und »psychoanalytische Milieutherapie« vor (Bettelheim 1987a, 228).

In dem für die psychotherapeutische Behandlung erforderlichen Setting wurde gemäß dem Junktim von Heilen und Forschen der Bestand des psychoanalytischen Wissens erarbeitet. Diese besondere Situation definiert daher gleichermaßen ihre Möglichkeiten wie ihre Grenzen. Einem 'Punktstrahler' vergleichbar ist sie geeignet, bestimmte Seiten der menschlichen Psyche zu erhellen, sie muß andere aber notwendig im Dunkeln belassen. Aus dieser Untrennbarkeit von Inhalt und der Situation, in der er erarbeitet wurde, leitet Bettelheim ab, daß sich der Geltungsbereich analytischer Erkenntnisse ausschließlich auf die »analytische Situation« beschränkt. Sie umstandslos aus diesen besonderen Umständen herauszulösen und etwa in Situationen des Alltagslebens zu übertragen, erscheint fragwürdig, weil damit notwendig erhebliche Verzerrungen einhergehen müssen.

In seinem Vermächtnis *Die Untergegangenen und die Geretteten* (1986) hat der durch die Erfahrung des Konzentrationslagers zum Literaten gewordene italienische Chemiker Primo Levi die Problematik der Setting-Gebundenheit psychoanalytischer Erkenntnisse eindrucksvoll formuliert. Da die im folgenden zitierte Passage zugleich eine Vorstellung davon wachruft, wie überwältigend sich die Umwelt des Konzentrationslagers auswirkte, kann sie hier als Zusammenfassung des Punktes *Vernachlässigung von Umwelteinflüssen* stehen. Wie

Bettelheim Überlebender der Konzentrationslager und wie dieser durch Selbstmord aus dem Leben geschieden, schrieb Levi kurz vor seinem Freitod:

> »Ihre Weisheit [die der Psychoanalytiker] ist 'draußen' geformt und erprobt worden, in einer Welt, die wir der Einfachheit halber 'zivilisiert' nennen: sie bilden deren Phänomenologie ab und versuchen, sie zu erklären; [...] Ihre Interpretationen, auch die jener, die wie Bruno Bettelheim, selbst die Erfahrung des Konzentrationslagers durchgemacht haben, scheinen mir approximativ und vereinfacht, wie wenn jemand die Theoreme der ebenen Geometrie bei der Lösung sphärischer Dreiecke anwenden will. Die geistigen Mechanismen der Häftlinge waren anders als die unseren; sonderbarerweise und parallel dazu waren auch ihre Physiologie und Pathologie anders. Im Konzentrationslager waren Erkältungen und Grippeerkrankungen unbekannt; dagegen starb man, manchmal schlagartig, aufgrund von Leiden, die zu erforschen die Ärzte keine Gelegenheit hatten. Magengeschwüre und Geisteskrankheiten heilten [...], dagegen litten alle permanent an einem Unbehagen, das noch den Schlaf vergiftete und keinen Namen hat. Es als 'Neurose' zu bezeichnen wäre vereinfachend und lächerlich. Wahrscheinlich wäre es richtiger, darin eine atavistische Angst zu erkennen, deren Nachhall man im zweiten Vers der Genesis wahrnimmt: die in jedem eingeschriebene Angst vor dem 'tóhu wawóhu', vor dem wüsten und leeren Universum, das unter dem Geist Gottes zerdrückt wurde und in dem der Geist des Menschen abwesend ist: weil er noch nicht geboren oder bereits erloschen ist« (Levi 1986, 85).

2.2 Im Bann des Pathologischen

Die Auswirkungen der Extremsituation des Konzentrationslagers auf die Persönlichkeiten der Häftlinge konnten mit Hilfe der psychoanalytischen Theorie nicht zutreffend eingeschätzt werden. Aus Bettelheims Ausführungen lassen sich drei weitere Punkte herausarbeiten, an denen sich die klassische Psychoanalyse darüber hinaus als unzulänglich erwies. Zum einen vermochte sie keine Hinweise zu geben, wie die Häftlinge sich in dieser systematisch auf Desintegration angelegten Umwelt vor dem Zerfall ihrer Persönlichkeiten schützen konnten. Damit eng verbunden bot sie – zweitens – auch keinen Aufschluß darüber, welche Maßnahmen man ergreifen konnte, die geeignet waren, die Integration bzw. Re-Integration der eigenen und der Persönlichkeiten der Mithäftlinge zu fördern. Schließlich versagte die psychoanalytische Theorie bei der Aufgabe zu erhellen, was manche Häftlinge in die Lage versetzte, die Lagersituation relativ unbeschadet zu überstehen (Bettelheim [1960] 1989, 31).

Im Spiegel dieser Defizite tritt eine Eigenart der Freudschen Tiefenpsychologie hervor, die man als Fixierung auf das Pathologische bezeichnen kann. Allein auf den problematischen Gehalt der Biographie eines Menschen konzentriert, mit seinen potentiell traumatischen Auswirkungen und ihrer therapeutischen Beseitigung befaßt, kommt ihr die Dimension des Konstruktiven und Gelingenden abhanden. Mit der Pathologie als alleinigem Bezugssystem kann die Psychoanalyse diese zwar bis zu einem gewissen Grad erhellen, muß aber zugleich vor der Anforderung kapitulieren, eine positive Orientierung zu bieten. Wie erreicht werden kann, was Bettelheim als Chiffre für eine positive Orientierung dient, und was er »das gute Leben« (31) nennt, bleibt in ihrem Bezugsrahmen völlig im Ungewissen. Dieser aus pädagogischer Perspektive besonders relevant erscheinende Punkt bildet den zweiten 'Pfeiler', auf dem Bettelheims Psychoanalyse-Kritik ruht.

Als Illustration und Begründung seiner Argumentation dienen Bettelheim psychoanalytische Studien über Persönlichkeiten wie Jonathan Swift, Ludwig van Beethoven und Johann Wolfgang von Goethe. Mit Freuds Leonardo da Vinci-Studie (1910) beginnend, bildet allein die Psychopathologie dieser Kultur-Heroen das Bezugssystem ihrer psychoanalytischen Reflexion. Dessen zentrales Anliegen besteht dann in aller Regel darin, die Auswirkungen der Pathologie auf das kulturelle Schaffen des jeweiligen Menschen zu ergründen. Eine befriedigende positive Erklärung der schöpferischen Kraft dieser Personen gelingt mit diesem Ansatz indessen nicht. So mußte selbst Freud in seiner Untersuchung zugestehen, daß seine Analyse der Kindheitserlebnisse Leonardo da Vincis nicht ergründen konnte, warum sich dieser zu einem großen Künstler und Erfinder entwickelte.

In der Fixierung auf das Pathologische macht Bettelheim eine theoretische Gefahr aus, die er zwar ausdrücklich benennt, deren Implikationen er im einzelnen aber nicht entwickelt. Die von ihm bei der Psychoanalyse konstatierte Konzentration auf das Destruktive und seine Beseitigung läuft Gefahr, eine Theorie hervorzubringen, der die Überwindung des Pathologischen und nicht seine Abwesenheit als Kriterum der gesunden Persönlichkeit gilt; der geheilte Mensch tritt an die Stelle des gesunden. Dadurch könnte der Eindruck hervorgerufen werden, bedeutende kulturelle Leistungen kämen allein durch die Kompensation pathologischer Erscheinungen zustande.

Die vorangehend entwickelte Psychoanalyse-Kritik Bettelheims, besonders aber der zuletzt behandelte Punkt, wirft zwei Fragen auf. Die Kritik an der einseitig pathologischen Ausrichtung der Analyse erscheint deutlich von Positionen Heinz Hartmanns inspiriert, wie sie dieser in seinen Essays zur Ich-Psychologie vertreten hat. Ist Bettelheims Kritik an der Faszination und Überbetonung des Pathologischen mit der Entwicklung der Ich-Psychologie im Grunde obsolet geworden? Bettelheim selbst nimmt dazu nicht Stellung. Erschwert wird eine Antwort auf diese Frage auch dadurch, daß seine Monographie *Aufstand gegen die Masse,* in der er seine Sichtweise bezüglich der Grenzen der Psychoanalyse aufzeigt, als 'wissenschaftliche Autobiographie' verfaßt ist. Darin haben nicht nur aktuelle Erkenntnisse Platz, sondern auch solche, die die Entwicklung des Denkens eines Autors illustrieren. Damit hätte diese Publikation die Möglichkeit geboten, überholte Positionen zu revidieren. Daß dies nicht geschah, scheint darauf hinzudeuten, daß die vorgebrachten Inhalte immer noch mit einer gewissen Aktualität aufwarten können. Die vorne aufgezeigte zunehmende Distanz des 'späten' Bettelheim zur Hartmannschen Ich-Psychologie scheint überdies ein Indiz dafür zu sein, daß seine Intentionen denen des prominenten Ich-Psychologen ähnelten, aber keineswegs darin aufgingen. Der Grund für seine Distanzierung von Hartmann liegt vermutlich darin, daß dessen Schriften einer konformistischen Psychologie den Weg bereiteten, die Freuds Lehre ihre Spitze abbrach (Jacoby 1978 und 1985). Mit seinem Begriff der »konfliktfreien Ich-Sphäre« löste Hartmann das Ich bzw. einen Teil davon, aus dem Zusammenhang der unbewußten und libidinösen Triebkräfte heraus und redet damit der Anpassung das Wort. Der Mensch soll zu einer »besser funktionierenden Außenweltbeziehung« befähigt werden. Bettelheim hingegen hält daran fest, daß der Mechanismus der Anpassung mit Freuds ursprünglichen Intentionen unvereinbar sei, seine Betonung in der amerikanischen Analyse gehe vielmehr auf die Mittelschichtszugehörigkeit und -orientierung der amerikanischen Analytiker zurück (Bettelheim [1982] 1986, 52). Und auch die Kritik an den Auswirkungen der Herkunft der Analyse aus der Pathologie, die sich ja durchaus auch bei Bettelheim findet, nahm mit der Zeit eine Form an, die auf eine Revision zentraler Freudscher Grundpositionen hinausläuft. Durch die alleinige Konzentration auf das Gesunde, Normale und 'Erfreuliche' wird etwa im Rahmen der humanistischen Psychologie das Leiden, die Beschädigung und die potentielle Tragik des menschlichen Lebens vertrieben und die Spaltung zwischen gesund und krank, normal und verrückt wieder eingeführt. Zu den wichtigsten Beiträgen Freuds gehörte es hingegen, den lediglich quantitativen Unterschied und das Kontinuum zwischen normal und verrückt herausgearbeitet zu haben.

Die zweite, sich logisch an die vorangegangene Psychoanalyse-Kritik anschließende Frage betrifft die Umsetzung ihres sachlichen Gehalts in Bettelheims eigener Theorie und Praxis. Ein anschauliches Beispiel für die exemplarische Überwindung einer einseitig pathologisch ausgerichteten Sichtweise bietet seine Studie *Die symbolischen Wunden* ([1954] 1990c). Da es sich bei dieser Schrift aber um eine Sekundäranalyse anthropologischer, ethnologischer und psychoanalytischer Literatur handelt, weist sie einen entscheidenden Nachteil auf: sie zeichnet sich durch eine große Distanz zu Bettelheims Praxis von Milieutherapie aus. Aus diesem Grund bleibt darin auch die Frage nach der Umsetzung seiner Psychoanalyse-Kritik in seinem eigentlichen Arbeitsgebiet unbeantwortet. Hinsichtlich des zuerst entwickelten Kritikpunktes 'Vernachlässigung von Umwelteinflüssen' erscheint eine Antwort trivial und schon im Begriff und Konzept eines therapeutischen Milieus gegeben. Was versteht Bettelheim aber unter den »positiven Kräfte[n] des Lebens«, die in der Psychoanalyse zugunsten der »lähmenden Einflüsse der Neurosen« vernachlässigt wurden ([1960] 1989, 40)? Was ist »das Gesunde, das Normale, das Positive«, das im Konzept eines therapeutischen Milieus ebenso sorgfältige Beachtung erfahren sollte wie das Pathologische (32)? Nur beiläufig erwähnt und daher leicht zu überlesen, handelt es sich dabei – wie Bettelheim formuliert – um »das Wesen und die Bedeutung dauernder menschlicher Bindungen und der Arbeit« (33). Der hohe Stellenwert ersterer kommt in der großen Bedeutung von 'Beziehungsarbeit' im Rahmen der Milieutherapie zum Ausdruck. Das zugrundeliegende Konzept werde ich im Kapitel 5.4.2 rekonstruieren. Die der menschlichen Arbeit beigemessene große Bedeutung schlägt sich in der nachdrücklichen Bildungsorientierung der Orthogenic School nieder. Daß sie in der vorliegenden Studie nicht die gleiche Beachtung erfährt wie der erste Punkt, liegt an ihrer thematischen Beschränkung auf den außerschulischen Bereich von Milieutherapie. Der interessierte Leser sei auf Jacquelyn Seevak Sanders' *A Greenhouse for the Mind* (1989) verwiesen, das diesen auch von Bettelheim nicht eingehend erörterten Aspekt ausführlich thematisiert.

Eine grundsätzliche, aus seiner Psychoanalyse-Kritik resultierende positive Orientierung soll hier abschließend akzentuiert werden. Von der Psychoanalyse, verstanden als Beobachtungsmethode, Therapieform und als System von Theorien über das Verhalten und die Persönlichkeitsstruktur des Menschen, hatte allein der erste Aspekt auch in der Umwelt des Konzentrationslagers standgehalten (Bettelheim [1960] 1989, 25). Auf diesen Gesichtspunkt 'baut' nun Bettelheim seine Milieutherapie. Im Bewußtsein der komplexen Probleme, die eine Übertragung psychoanalytischer Erkenntnisse aus der »analytischen Situation« in Situationen des (Heim)Alltags aufwerfen und eingedenk der damit einhergehenden Verzerrungen, geht es im Rahmen von Milieutherapie darum, mit Hilfe der Psychoanalyse als Methode der

Beobachtung, Selbstprüfung und Erforschung von inneren Beweggründen Erkenntnisse über den Menschen in alltäglichen Situationen zu erarbeiten ([1960] 1989, 47).

3. Anmerkungen zum Verhältnis von Individuum und Gesellschaft bei Bettelheim

> »Doch nicht die Gesellschaft? Wer ist diese Gesellschaft? Das ist wieder so ein Popanz, mit dem wir uns selber Angst machen. Es ist nicht die Gesellschaft, die einen beeinflußt; ich habe es nie mit Herrn oder Frau Gesellschaft zu tun gehabt. Mit wem haben sie es tatsächlich zu tun?«
>
> Bruno Bettelheim ([1962] 1989c, 94)

Bettelheims Kritik an der Psychoanalyse als eine die Bedeutung der Umwelteinflüsse verkennende Disziplin hat ihm den Ruf eingetragen, sich über das für Psychoanalytiker übliche Maß hinaus Fragen des Verhältnisses von Individuum und Gesellschaft zu widmen (Horn 1965, 820). Es heißt, er trage in seiner Theorie und Praxis gleichermaßen individuellen wie gesellschaftlichen Aspekten Rechnung (Finzen 1983). Betrachtet man Bettelheims Ruf und seine im vorangegangenen Kapitel entwickelte Psychoanalyse-Kritik, so wird augenfällig, daß sie in einem auffälligen Widerspruch zu seinem Psychoanalyse-Verständnis stehen, wie es in der Erörterung seiner Metapher der Seele im ersten Kapitel dargestellt wurde. Daraus ergab sich jene Ausrichtung auf das Individuum und sein Innenleben, die er in seiner Psychoanalyse-Kritik problematisiert hatte, weil sie äußere Faktoren übergehe. Damit erscheint Psychoanalyse auch bei Bettelheim als »eine Verinnerlichung, eine Konzentration auf den inneren Menschen« (Bettelheim/Klann-Delius/Delius 1987, 9).

Die Annahme, der Gegensatz zwischen dieser Betonung des 'Innen' und Bettelheims Akzentuierung des 'Außen' im Rahmen seiner Psychoanalyse-Kritik sei einer zwischen unterschiedlichen Phasen eines analytischen Denkens, das beinahe das gesamte 20. Jahrhundert umspannt, erscheint wenig überzeugend. Gleichwohl ist diese Annahme nicht ohne Erklärungswert. So vertritt beispielsweise Bettelheim zu Beginn der sechziger Jahre – ausdrücklich »an der Schaffung einer besseren Gesellschaft« interessiert – noch den Anspruch, die Prinzipien, die das therapeutische Milieu seiner Institution strukturieren, über den »Mikrokosmos der Schule« hinaus auch auf ihre Anwendbarkeit in der Gesellschaft zu befragen (Bettelheim [1960] 1989, 40). Als zu Beginn der achtziger Jahre der 'späte' Bettelheim in einem Interview danach gefragt wird, ob sich mit den von ihm in der Arbeit mit gestörten Kindern entwickelten Prinzipien auch eine Gesellschaft gestalten ließe, antwortet er bescheidener: »Die Gesellschaft, das weiß ich nicht, da bin ich überfragt. Geben sie mir Kinder, geben sie mir eine kleine Gruppe, geben sie mir eine kleine Institution, da weiß ich, was ich mache« (Bettelheim 1980b, 122).

Als zweiter Erklärungsansatz für die widersprüchlichen Aussagen Bettelheims kann auch hier auf das von ihm an anderer Stelle in Anspruch genommene Prinzip des Situationbezugs zurückgegriffen werden. Der langjährige Leiter der Orthogenic School erscheint dann als 'Situationsdenker', der in unterschiedlichen Zusammenhängen verschiedene – auch miteinander nicht vereinbare – Positionen vertritt. Als erhellend erweist sich drittens eine von Bettelheims Freud-Interpretationen. Seiner Schrift *Die Traumdeutung* (1900) hatte Freud den Satz Vergils »Kann ich die Götter mir nicht erweichen, so lock ich die Hölle« vorangestellt. Diesen Satz deutet Bettelheim nun dahingehend, daß Freuds entschiedene Konzentration auf das Innenleben des Menschen in dieser Schrift auf seine Verzweiflung darüber zurückzuführen sei, die Außenwelt im Wien des Fin de siécle nicht verändern, ihren Verfall nicht aufhalten zu können. Die beste Umgangsweise mit dieser Situation objektiver Machtlosigkeit bestehe darin, die Außenwelt nicht so wichtig zu nehmen und sich auf die dunklen Aspekte der Seele zu konzentrieren. Diese Auslegung wirft allerdings einmal mehr die Frage auf, inwieweit sie tatsächlich auf Freud und/oder auf den Interpreten selbst zutrifft. Die dargestellte Sichtweise scheint mir jedenfalls zutreffend die Überzeugung des 'späten' Bettelheim wiederzugeben.

Im Gegensatz zu den eingangs genannten Einschätzungen sind Individuum und Gesellschaft in Bettelheims Denken nicht wirklich miteinander vermittelt. Sie gehören vielmehr unterschiedlichen und getrennten Sphären an. Schon dieser Dualismus zwischen 'Innen' und 'Außen' ist nicht wertfrei und seine Position alles andere als neutral. Seine Sympathie und sein Interesse gelten vornehmlich dem Innenleben des Individuums. Darauf verweist auch seine wiederholte Würdigung von Freuds *Traumdeutung* (1900) als dessen größtes Werk (Bettelheim [1982] 1986, 78 und 1990, 26). Bettelheim interpretiert sie als »eine Innenschau«, in der »das Interesse [...] allein dem Allerinnersten des Menschen unter Vernachlässigung der Außenwelt [gilt]. Gegenüber der Faszination des Inneren verblasse die äußere Welt (1990, 26). Entsprechend kritisch steht er Anstrengungen – wie etwa denen Wilhelm Reichs – gegenüber, Psychoanalyse und Gesellschaftstheorie zu verbinden (1990, 28; 1980, 194). Für Bettelheim handelt es sich dabei um Versuche, innere Widersprüche des Menschen zu veräußerlichen. Konflikte resultierten nicht, wie Reich in seiner

Charakteranalyse paradigmatisch formuliert hatte, aus dem »Urkonflikt Bedürfnis-Außenwelt« (Reich [1933] 1973, 285), sondern gründen allein in der widersprüchlichen Natur der menschlichen Seele, resultieren also aus dem Kampf zwischen Lebens- und Todestrieb. Vor diesem Hintergund kann Bettelheim so erstaunliche Sätze wie den folgenden formulieren: »Persönliche Integration zu erlangen [...] ist ein völlig individueller, lebenslanger Kampf« (Bettelheim 1980, 45).

Ohne sein Bekenntnis zum Individuum und seinem Innenleben wäre der für Bettelheims Denken so kennzeichnende Individualismus ohne Basis. Praktisch resultiert aus seinem »Glauben an den Einzelnen« (Jurgensen [1976] 1987, 39) beispielsweise die nahezu ausschließliche Konzentration auf die therapeutische Arbeit mit dem Kind und die für seinen Ansatz charakteristische Randständigkeit von Elternarbeit.*

Wie aus seiner Psychoanalyse-Kritik hervorgeht, ist er sich auf der anderen Seite des machtvollen Einflusses äußerer Faktoren durchaus bewußt. Es ist daher auch kein Zufall, daß gleichzeitig zu seinem emphatischen Bekenntnis zum Individuum und dessen Innenleben Fragen, wie die beiden folgenden, leitmotivisch sein ganzes Werk durchziehen: In welchem Ausmaß kann 'Umwelt' die Persönlichkeit eines Menschen beeinflussen und formen? Welche Möglichkeiten bietet eine gezielt gestaltete Umwelt als Medium von Therapie (Bettelheim ([1960] 1989a, 47)?

Bettelheims scheinbare oder tatsächliche Widersprüchlichkeit hinsichtlich des Verhältnisses von Individuum und Gesellschaft läßt sich bei genauerer Prüfung seiner Begriffe von »Gesellschaft« und »Umwelt« auflösen. Wenn er sie benutzt, so gebraucht er sie oftmals in einer vorwiegend topologischen, nicht sozialwissenschaftlichen Bedeutung. In anderen Zusammenhängen unterliegt sein Begriff von »Gesellschaft« einer anderen Beschränkung. Von W. Caudills Studie (1958) über das psychiatrische Krankenhaus als »kleine Gesellschaft« beeinflußt, tritt bei Bettelheim die »kleine Gesellschaft« des therapeutischen Milieus an die Stelle von Gesellschaft im umfassenden Sinne. Diese

---

* Während Bettelheims frühe Arbeiten eine starke Identifikation mit dem Kind aufweisen und mitunter gar seinen Schutz vor den eigenen Eltern fordern (1980a, 137) formuliert er in einem Interview aus dem Jahre 1987: »Aus meiner Arbeit mit gestörten Kindern und Jugendlichen weiß ich, daß die Heilung meist dann eintritt, wenn eine Versöhnung mit den Eltern möglich war, wenn sich die Einsicht durchsetzte, daß sie es trotz vieler Fehler und Mängel im Grunde gut gemeint haben« (Bettelheim (1987, 31). Wüßte man nicht, daß es sich hierbei um eine Aussage Bettelheims handelt, hätte man sie wahrscheinlich eher M. S. Mahler, R. Ekstein, D. W. Winnicott oder S. Becker zugeschrieben. Interessant ist in diesem Zusammenhang die Interpretation der Entwicklung von Bettelheims Einstellung zu den Eltern, und besonders den Müttern der Kinder, mit denen er arbeitete, durch Teuns (1991, 91 f.).

besondere Verwendung des Begriffs »Gesellschaft« durch Caudill und Bettelheim geht auf die philosophische Tradition des amerikanischen Pragmatismus oder Instrumentalismus zurück. Ihr pädagogischer Protagonist – John Dewey – prägte den Begriff der »embryonic society« (Dewey [1916] 1993), an den Caudills und Bettelheims Betrachtungsweise bruchlos anschließen. Für einen ausgeprägten Lebens- und Gesellschaftsbezug von Unterrichtsinhalten eintretend, sollte schulisches Lernen nach Dewey ausdrücklich an die außerschulische Erfahrung der Kinder anknüpfen, so die Kontinuität ihrer Erfahrungen gewährleisten und ihnen die Grundbedingungen der außerschulischen Gesellschaft und Kultur in vereinfachter Form nahebringen. Auf diese Weise sollte Schule selbst zu einer 'Miniaturgesellschaft' avancieren. Vor diesem Hintergrund kann Bettelheim beispielsweise in dem Vortrag *Persönliche Autonomie in der Massengesellschaft* aus dem Jahr 1986 vom therapeutischen Milieu als »einer guten, heilenden Gesellschaftsordnung« sprechen« (Bettelheim 1986a, 9). Eine solche Verwendung des Begriffs »Gesellschaft« blendet allerdings die Tatsache aus, daß Gesellschaft im sozialwissenschaftlichen oder politisch-ökonomischen Sinn von Gesetzen bestimmt wird, die in der »kleinen Gesellschaft« des therapeutischen Milieus bewußt außer Kraft gesetzt werden. Im strengen Sinn handelt es sich deshalb dabei nicht um eine 'Miniaturgesellschaft' sondern um eine 'Gegengesellschaft'. Darauf weist beispielsweise Karlin hin. An der Orthogenic School könne der Eindruck entstehen, für die Kinder gäbe es die Vorstellung von der Begrenztheit von Zeit und Geld nicht, schreibt er. In einer Gesellschaft, für die Zeit Geld bedeutet, veranschauliche dies, wie weit sich das Leben im therapeutischen Milieu der Schule von den Produktionsverhältnissen entfernt habe. Vor diesem Hintergrund klassifiziert Karlin die Orthogenic School ausdrücklich als »eine amerikanische Gegengesellschaft« (Bettelheim/Karlin [1975] 1984, 26).

Durch die nachgezeichnete besondere Verwendung des Begriffs »Gesellschaft« entsteht das Paradox, daß Bettelheim gesellschaftliche Einflüsse zugleich berücksichtigt und ausschließt. Damit läßt sich der eingangs angesprochene Widerspruch aufhellen. Festzuhalten bleibt, daß Gesellschaft in einem sozialwissenschaftlich aufgeklärten Sinn in seiner Theorie und Praxis marginal wenn nicht gar ausgesperrt bleibt; Individuum und Gesellschaft werden nur scheinbar miteinander vermittelt. Bettelheims Betrachtungsweise bleibt dualistisch, gleichgültig ob er von dem Gegensatz 'Innen'–'Außen', Individuum–Gesellschaft oder 'kleine Gesellschaft'–'große Gesellschaft' redet.

Angesichts einer nicht veränderbar erscheinenden Gesellschaft im umfassenden Sinne sieht Bettelheim seinen therapeutischen Auftrag darin, das Individuum mit Hilfe einer heilsam gestalteten – und gestaltbaren – »kleinen Umwelt« so zu stärken, daß es später unterschiedlichsten »großen Umwelten« gewachsen ist (Bettelheim [1960] 1989, 47). Ein wichtiges Kriterium für seine Begriffe von »Gesellschaft« oder »Umwelt« scheint mir dabei ihre Gestaltbarkeit und Veränderbarkeit zu bilden. Womöglich als Erbe seiner Haft im Konzentrationslager sieht Bettelheim nur solange einen Sinn darin, sich intensiv mit »Gesellschaft« und »Umwelt« zu beschäftigen, wie sie veränderbar und gestaltbar sind. Seine Bereitschaft endet offenbar dort, wo Umwelt und Gesellschaft – wie im Konzentrationslager – übermächtig und nicht mehr beeinflußbar erscheinen. So wie sich Freud – nach Bettelheims oben wiedergegebener Interpretation – aus Verzweiflung darüber, den Verfall der Außenwelt nicht aufhalten zu können, konsequent von der Umwelt ab- und dem Innenleben des Individums zuwandte, so zieht sich Bettelheim angesichts der globalen Probleme am Ende des 20. Jahrhunderts auf die Arbeit mit dem Individuum zurück. Die nachstehende Interview-Äußerung, belegt diese Interpretation:

> »Ja, also die weitere Zukunft der Menschheit ist ja eine ungelöste Frage. Im allgemeinen ist meine Tendenz als Psychoanalytiker, mit einigen wenigen Individuen zu arbeiten; da weiß ich was ich mach', da weiß ich, warum ich's mach', da seh' ich die Erfolge und Mißerfolge. Aber wenn sie mich über die Menschheit fragen, dann bin ich vollkommen überfragt. [...] Deshalb sage ich – ich wiederhole mich – geben sie mir ein Individuum, und ich weiß genau, was ich mit dem anfangen soll. Geben sie mir die Menschheit, bin ich überfragt« (Bettelheim/Klann-Delius/Delius 1987, 9).

D. Zur Bedeutung einer gestalteten Umwelt. Das Konzept »Milieutherapie« in systematischer Perspektive

> »Der Mensch ist kein Erzieher, sondern er bestimmt die Bedingungen, die Umgebung, die Atmosphäre, die einen großen Einfluß auf die Kinder haben. Seine Hauptaufgabe ist es, diese Atmosphäre durch die richtige Auswahl der verschiedenen Elemente zu bestimmen. Aber das ist eine Sache, die man kaum lernen, sondern die man sich selbst durch viel Erfahrung und viele Mißerfolge aneignen kann. Die Atmosphäre und das feste Gefüge, der Rahmen, die sich herauskristallisierende Tradition sind das Wichtigste.«
> Stefa Wilczynska zit. nach Sachs (1989, 119 f.)

Im Resümee seiner Studie *Affektlogik* (1982) stellt der Schweizer Psychiater Luc Ciompi die überaus enge Verflechtung von Psyche und psychischer Erkrankung mit der gesamten Umwelt als das theoretisch wie praktisch wichtigste allgemeine Ergebnis der Untersuchung heraus.

> »Die 'Psyche'«, schreibt er, »entsteht von allem Anfang an in engstem Austausch mit dem Milieu, sie strukturiert oder verwirrt sich entsprechend und hängt, wie namentlich die Entdeckung der Feedbackmechanismen bezeugt, in jedem Moment viel stärker von der Außenwelt ab, als wir bisher vermuteten [...] Es liegt auf der Hand, daß all diese Verhältnisse nicht nur ein pathogenes, sondern ein ebenso großes therapeutisches Potential beinhalten« (Ciompi 1982, 336).

Was man bei Ciompi indessen vermißt, ist ein Hinweis darauf, daß das angesprochene therapeutische Potential von »Umwelt« schon früher nicht nur erkannt, sondern auch bereits in Form von Milieu*therapie* konzeptionell umgesetzt, erprobt und entwickelt wurde. Das Resümee des Schweizers liest sich daher wie die *Neu*entdeckung dieser Therapieform und unterstreicht so einmal mehr die Gültigkeit und Aktualität ihres Grundgedankens.

Was heute »The Orthogenic School Model of Milieu Therapy« genannt wird, entstand in der Zusammenarbeit Bettelheims mit einer kleinen Gruppe psychoanalytisch orientierter Kliniker, unter ihnen die Psychoanalytikerin und Ärztin Emmy Sylvester* und der ebenfalls aus

---

* Die promovierte Medizinerin, promovierte Psychologin und ausgebildete Kinderanalytikerin Emmy Sylvester hatte vor ihrer Emigration zugleich als Assistentin von Charlotte Bühler am psychologischen Institut und in der pädiatrischen Klinik der Universität Wien gearbeitet. Als Bettelheim sie als »psychiatric consultant« engagierte, genoß sie bereits den Ruf einer brillanten Kinderanalytikerin. Nach Sutton (1996) lag der Schlüssel der fruchtbaren Zusammenarbeit allerdings nicht so sehr in dem gemeinsamen kulturellen

Wien emigrierte Fritz Redl. Den Begriff »Milieutherapie« bzw. »therapeutisches Milieu« führten Bettelheim und Sylvester bei der Jahrestagung der American Association of Orthopsychiatry im Jahre 1947 ein (Bettelheim/Sylvester 1948). Als Bezeichnung für seine pädagogisch-therapeutische Behandlungsform behielt ihn Bettelheim bis zuletzt unverändert bei. Seine letzten Veröffentlichungen dazu datieren aus den Jahren 1979 und 1987 (Bettelheim/Sanders 1979 und Bettelheim 1987a).

Charakteristisch für das Konzept ist der enge Theorie-Praxis-Bezug, in dem es entwickelt wurde. Im Gleichtakt mit dem Aufbau und der Reform der Orthogenic School ausgearbeitet, lag der Schwerpunkt von Bettelheims Engagement eindeutig auf »Praxis« – auf dem Aufbau und der Etablierung einer Modellinstitution. Seine in der Regel nachts verfaßten 'theoretischen' Schriften beschränken sich mit wenigen Ausnahmen auf Beschreibungen und gedankenreiche Reflexionen der tagsüber ins Werk gesetzten Praxis. Aus diesem engen Theorie-Praxis Verhältnis resultiert einerseits die große Praxisnähe des Konzeptes; andererseits führten die spezifischen Entwicklungbedingungen aber auch dazu, daß zwar ausführliche Beschreibungen des Ansatzes entstanden, bisher aber keine systematische Darstellung existiert. Im Spiegel von Bettelheims Darstellungen erscheint Milieutherapie als ein systematisch schwer faßbares, buntschillerndes Ganzes. Dies umso mehr als seine narrative Darstellungsweise seinen Ansatz zwar einerseits förmlich zum Leben zu erwecken vermag, sie andererseits aber kein scharf konturiertes Bild hinterläßt.

Dies blieb nicht ohne Auswirkungen auf die Rezeption: Die Sekundärliteratur ist oftmals ebenso beschreibend wie Bettelheims eigene Veröffentlichungen und daher nur von eingeschränktem Nutzen. Charakteristische Details und Strukturen des Ansatzes gehen verloren, bzw. werden erst gar nicht erfaßt. Die Komplexität des Ansatzes insgesamt gerät erst gar nicht in den Blick. Besonders deutlich tritt dies bei-

---

Hintergrund der beiden als vielmehr in ähnlichen Begabungen und Eigenheiten. Offenbar besaß Sylvester die gleiche intuitive Intelligenz wie Bettelheim, die gleiche Direktheit, den gleichen Wiener Charme, aber auch die gleiche Arroganz wie er. Sylvesters Vorwurf, Bettelheim verstehe es, die Meriten ihrer Zusammenarbeit ganz allein zu ernten, führte schließlich zum Bruch zwischen den beiden. Eine Rolle spielten dabei offenbar auch Meinungsverschiedenheiten darüber, wie wissenschaftlich oder populär über die Arbeit der Orthogenic School zu berichten sei. Im Gegensatz zu Bettelheim bestand Sylvester darauf, allein in Fachzeitschriften zu publizieren. Das Erscheinen von Bettelheims *Liebe allein genügt nicht* im Jahre 1950, seiner ersten Monographie über die Orthogenic School, entzweite beide endgültig und unversöhnlich; zu E. Sylvester vgl. Sutton, N. (1996, 316 ff.)

spielsweise hinsichtlich der institutionellen Verfaßtheit der Orthogenic School zutage. Wenn das Konzept »therapeutisches Milieu« bisher nur sehr reduziert wahrgenommen und rezipiert wurde, dann auch aufgrund der unzureichenden Basis, auf der diese Versuche vorgenommen wurden. Daher erscheint es notwendig, den beschreibenden Darstellungen von Bettelheim und anderen eine Rekonstruktion von Milieutherapie in systematischer Perspektive an die Seite zu stellen.

Hier knüpft dieses Kapitel an. Es entwickelt das Konzept aus seinen biographischen und sachlich-inhaltlichen Hintergründen heraus, nimmt eine Einteilung in frühe und späte Milieutherapie vor und zeichnet die Entwicklungslinie des Ansatzes nach. Vor allem aber schlage ich in diesem Kapitel eine Systematik vor, die geeignet erscheint, den sachlichen Gehalt von Bettelheims umfangreichen Beschreibungen aufzunehmen. Notwendige Differenzierungen dieser Systematik werden vorgenommen und ausgewählte inhaltliche Aspekte im einzelnen ausgearbeitet. Dadurch sollen detaillierte Informationen in einer Form erarbeitet werden, die ihre Rezeption erleichtert: In einer solcherart eingehenden und systematischen Rekonstruktion wird eine notwendige Bedingung für die Rezeption des Konzeptes in Theorie und Praxis gesehen.

4. Hintergründe, Entwicklung und eine Systematik der Bettelheimschen Milieutherapie

Ein umfassendes Verständnis von Milieutherapie erfordert es, eine biographische und eine sachlich-inhaltliche Ebene zu unterscheiden und zusammenzuführen. Bettelheims Selbstverständnis folgend, lassen sich auf beiden Ebenen wiederum jeweils zwei relevante Aspekte unterscheiden. Auf der *biographischen Ebene:* seine Inhaftierung in den deutschen Konzentrationslagern einerseits und die von ihm und seiner Frau in den Jahren 1930–1937 im Zusammenleben mit einem autistischen Kind gesammelten Erfahrungen andererseits. Auf der *sachlich-inhaltlichen Ebene:* sein Versuch, der eigenen Psychoanalyse-Kritik positiv Rechnung zu tragen und die wissenschaftlich ambitionierte Anstrengung, zur Weiterentwicklung der klassischen Kinderanalyse beizutragen.

4.1 Biographische Aspekte

Vermittelt durch Anna Freud, bei der sich Regina Altstadt, Bettelheims erste Frau, in der Ausbildung zur Kinderanalytikerin befand, nahmen die Bettelheims im Jahr 1930 ein autistisches Mädchen in ihren Haushalt auf. Nach Bettelheims Darstellung sollte das Mädchen aufgrund seiner massiven Störung zusätzlich zu täglicher kinderanalytischer

Behandlung in einer Umgebung leben, die auf der Basis psychoanalytischer Erkenntnisse all seinen Bedürfnissen zu entsprechen versuchte. Was als ein pädagogisch-therapeutischer Versuch mit offenem Ende begonnen hatte, währte sieben Jahre und wurde durch den Einmarsch der Nazis in Österreich abrupt beendet. Auf Wunsch der Mutter kehrte das Mädchen zu seiner Familie nach New York zurück, wo es seither – nach Bettelheims Darstellung – mit ein wenig Unterstützung ein ziemlich befriedigendes Leben führt (Bettelheim 1987a, 225). Bettelheims Selbstdarstellung zufolge erscheint Milieutherapie als Versuch, diese frühen Erfahrungen auf ein potentiell geeigneteres Setting, als es eine 'Erzieherfamilie' darstellte, zu übertragen. In der Konfrontation mit den Erkenntnissen Suttons (1996), die auf Interviews mit G. Weinmann (geb. Altstadt), dem ehemals autistischen Mädchen selbst, sowie auf Interviews mit Personen beruhen, die seinerzeit mit den Bettelheims befreundet waren, erscheint diese Darstellung allerdings als *'belle histoire'*. Nach Sutton muß davon ausgegangen werden, daß ausschließlich Frau Weinmann sich für das Kind verantwortlich fühlte, es betreute und mit ihm arbeitete. Ganz von seinen Verpflichtungen in Anspruch genommen, verfügte Bettelheim über wenig freie Zeit, zeigte daneben aber auch wenig Interesse für das Kind (Sutton 1996, 117 ff.). Wenngleich seine Selbstdarstellung auch nicht vollkommen zurückgewiesen werden kann – durch das Zusammenleben mit dem Kind war er zumindest mittelbar betroffen – muß die Bedeutung dieses biographischen Aspekts dennoch deutlich geringer veranschlagt werden als in seiner Selbsteinschätzung.

Von ungleich größerer Bedeutung erscheint dagegen der zweite biographische Gesichtspunkt: Bettelheims Inhaftierung in den deutschen Konzentrationslagern Dachau und Buchenwald. Wie eng das Erleiden des Konzentrationslagers mit dem Konzept eines therapeutischen Milieus verknüpft ist, wird daran deutlich, daß der Begriff »Milieutherapie« den Kontrapunkt zu dem in Bettelheims Auseinandersetzung mit individuellen und kollektiven Verhaltensweisen im Konzentrationslager geprägten Begriff der »Extremsituation« setzen soll. Das therapeutische Milieu ist als 'umgekehrtes Konzentrationslager' gedacht. Wenn eine totale Umwelt in der Lage ist, menschliche Persönlichkeit bis zur Unkenntlichkeit negativ zu verändern, lautet Bettelheims elementare methodologische Konsequenz, so muß es auch möglich sein, eine Umwelt zu schaffen, die diese Wirkung in positiver Hinsicht ausübt (Bettelheim/Karlin 1984, 112). Zu diesem Gedanken ermutigten ihn offenbar die Beobachtungen Karl Kautskys, die dieser in *Teufel und Verdammte* (1948) mitgeteilt hatte. Bettelheims Besprechung des Buches endet mit den folgenden Sätzen:

»[...] Wenn man gesehen hat, wie die Häftlinge – mit den Bedingungen [des Konzentrationslagers] konfrontiert – vollkommen abbauten und wie schnell sie nach der Befreiung, als sie sich relativ sicher fühlen konnten und über angemessenes Essen verfügten, ihre menschlichen Qualitäten wiedererlangten, ahnt man, wie eine Welt beschaffen sein könnte, in der jedes menschliche Wesen sicher sein kann, daß sein Leben und seine Bedürfnisse von den sozialen Strukturen garantiert anstatt von ihnen bedroht werden« (Bettelheim 1947, 637).

Aus der biographischen Perspektive stellt sich Milieutherapie somit – wie Bettelheim selbst schrieb (1980, 44) – vornehmlich als die höchst »idiosynkratischen Bemühungen eines Menschen um Reintegration« dar. Der lebenslang traumatisierenden KZ-Erfahrung sollte durch ihre pädagogisch-therapeutisch motivierte Umkehrung in ihr Gegenteil eine konstruktive Seite abgerungen werden, um die 'Schuld' des eigenen Überlebens zu tilgen.

4.2 Sachlich-inhaltliche Aspekte

Über die beiden genannten biographischen Beweggründe hinaus, stellt das Konzept »therapeutisches Milieu« Bettelheims Versuch dar, seiner eigenen Psychoanalyse-Kritik positiv Rechnung zu tragen. Wie ich in Kapitel 2 dargelegt habe, resultierte aber auch sie wiederum aus den Beobachtungen und Erfahrungen in der Extremsituation des Konzentrationslagers; biographische und sachlich-inhaltliche Gesichtspunkte gehen hier eine enge Verbindung miteinander ein. Milieutherapie als konstruktive konzeptionelle Umsetzung seiner Psychoanalyse-Kritik zu begreifen, bedeutet zunächst, der in der klassischen Analyse zugunsten unbewußter Prozesse vernachlässigten Umwelt einen ihrer tatsächlichen Bedeutung entsprechenden Stellenwert einzuräumen. Wie in den Begriffen Milieutherapie/therapeutisches Milieu zum Ausdruck kommt, wird in ihr 'Umwelt' als pädagogisches und therapeutisches Medium genutzt. Milieutherapie bedient sich der bewußten Manipulation und Modifikation von Umwelt, so daß sie auch von Ich-schwachen Kindern bewältigt werden kann (Bettelheim 1948c, 146). Die große, der Umwelt beigemessene Bedeutung spiegelt sich auch in der Überzeugung wider, positive therapeutische Ergebnisse seien nicht auf einzelne spezifische Faktoren zurückführbar, sondern im Charakter des Milieus als Ganzem begründet (Bettelheim/Sylvester 1949c, 59).

Über das bisher Gesagte hinaus muß Milieutherapie auf der sachlich-inhaltlichen Ebene – zweitens – auch als Anstrengung interpretiert werden, zur Weiterentwicklung der klassischen Kinderanalyse beizutragen. In welche Richtung die Innovationen von Milieutherapie weisen, illustriert die Aussage eines in analytischer Behandlung befindlichen Mädchens, das Anna Freud in *Der wachsende Indikationsbereich der Psychoanalyse* (Freud [1954] 1980, 1356) zitiert und auf die Bettelheim mehrfach zurückgreift, um die Bedeutung seines Verfahrens zu veranschaulichen (Bettelheim 1975, 216; [1967] 1989a, 537). Eines Tages erteilte dieses Mädchen seiner Therapeutin den Rat, das therapeutische Verfahren abzuwandeln:

> »Sie analysieren mich ganz falsch. Ich weiß, was sie machen sollten: Sie sollten den ganzen Tag mit mir zusammen sein, ich bin nämlich bei Ihnen jemand ganz anderes als in der Schule und dort jemand anderes als daheim in meiner Pflegefamilie. Wie wollen Sie mich kennen, wenn Sie mich nicht an all diesen Orten sehen? Ich bin nicht eine, ich bin drei Personen« (A. Freud [1954] 1980, 1358).

In diesem Ratschlag scheint der Behandlungsrahmen auf, den Milieutherapie herzustellen bemüht ist. Den in vielen Fällen »totalen Störungen« soll ein totales therapeutisches Milieu entgegengesetzt werden, das – wie Bettelheim/Sylvester (1949c, 56) schreiben – »in seiner Totalität geeignet ist, die korrespondierende Totalität der ganzen kindlichen Existenz zu verändern«. Milieutherapie erscheint so als das letzte Glied in einer an Intensität zunehmenden Kette therapeutischer Maßnahmen: ambulante kinderanalytische Behandlung, stationäre Behandlung, die stundenweise analytische Behandlung einschließt, Milieutherapie als den gesamten Alltag durchdringende Behandlungsform. Ihren besonderen pädagogisch-therapeutischen Wert erlangt sie ihrem Anspruch nach dadurch, daß sie die Spaltung zwischen der einen Behandlungsstunde und den 23 anderen Stunden des Tages überwindet. Die Bedeutung von Alltag und einer psychoanalytisch informierten Pädagogik erfährt dadurch eine beträchtliche Aufwertung. Schien sich die Aufgabe von Pädagogik bis dahin darin zu erschöpfen, die zwischen den therapeutischen Sitzungen liegenden Zeiten zu überbrücken – Alltag als »cold storage« (Redl zit. nach Bettelheim 1987a, 226) – so wird nun eine genau gegenteilige Bewertung vorgenommen. Die kühne Behauptung lautet:

> »Die Art und Weise, in der ein Kind gefüttert, gebadet zur Toilette begleitet wird, wie mit ihm beim Aufstehen und Schlafengehen umgegangen wird, ist nicht nur ebenso, sondern wichtiger als das, was in der individuellen Behandlungsstunde für es erreicht werden kann, vorausgesetzt die genannten alltäglichen Tätigkeiten werden mit Verstand und Geschick gestaltet« (Bettelheim/Sanders 1979, 219).

Ihren besonderen Wert erhalten diese Tätigkeiten jedoch erst dadurch, daß sie im Rahmen bedeutungsvoller menschlicher Beziehungen stattfinden (Bettelheim/Sylvester 1949b, 193). Wohlgemerkt schließt Milieutherapie individuelle Behandlungssitzungen ausdrücklich nicht aus (Bettelheim [1950] 1988, 241 ff.; 1975, 242). Die tatsächliche Bedeutung der Einzel- im Verhältnis zur Milieutherapie bleibt allerdings im Dunkeln. Zuweilen – etwa in *Der Weg aus dem Labyrinth* (1975) kann der Eindruck entstehen, daß Bettelheim – ähnlich wie weiter unten für die Bedeutung von Festtagen festgestellt wird – auch das über den Alltag hinausweisende Element »Einzeltherapie« zugunsten alltäglicher Handlungen abwertet.* Der mit seinen konzeptionellen Überlegungen einhergehenden Akzentuierung von Pädagogik scheint sich Bettelheim zugleich bewußt und nicht bewußt gewesen zu sein. Einerseits wählt er den Begriff Milieu*therapie,* andererseits betont er in seinen frühen Veröffentlichungen ausdrücklich den erzieherischen Charakter des Ansatzes (Bettelheim 1949, 95). Jede an Freud orientierte Behandlung beinhalte ein gewisses Maß an Nacherziehung, in einer psychiatrischen Schule aber stehe sie im Zentrum aller Bemühungen (91).

Milieutherapie als Anstrengung zur Weiterentwicklung der Kinderanalyse zu betrachten, lenkt den Blick gleichzeitig auf die zahlreichen Übertragungsleistungen, die dabei vorgenommen werden mußten. Nur zwei sollen hier angesprochen werden. Zum einen galt es, psychoanalytische Erkenntnisse aus einem ambulanten in ein stationäres Setting zu übertragen. Es ging, wie Bettelheim/Sylvester (1949b, 206) schreiben, um die Übertragung psychotherapeutischer »Einsichten in sich über alle 24 Stunden erstreckende ununterbrochene Handlung«. An anderer Stelle sprechen sie von Milieutherapie als »psychoanalytic concepts in action« (Bettelheim/Sylvester 1949c, 54). Zum anderen mußte das in der Arbeit mit Neurotikern erworbene psychoanalytische Wissen in der Arbeit mit psychotischen Kindern überprüft, modifiziert und reformuliert werden. Während Bettelheim in dem zuerst genannten Punkt – auch seinem Selbstverständnis nach – August Aichhorn und Siegfried Bernfeld folgte, muß er in der stationären Arbeit mit psychotischen Kindern als Pionier angesehen werden.

---

* Zimmermann (1997) hat in diesem Zusammenhang auf einen interessanten Widerspruch zwischen Bettelheims Behandlungsberichten und seinen konzeptionellen Ausführungen über Milieutherapie hingewiesen. Während er in den Behandlungsgeschichten sehr stark auf zurückliegende Erfahrungen und Traumata der Kinder eingeht und somit die Bedeutung der Vergangenheit akzentuiert, hebt er in den konzeptionellen Schriften sehr stark die Bedeutung und Wirksamkeit von im Rahmen des Milieus gemachten neuen Erfahrungen hervor (Zimmerman 1997, 287).

4.3 Frühe Milieutherapie

Der Begriff Milieutherapie umfaßt einen Zeitraum von fast vierzig Jahren; vier Jahrzehnte, in denen das Konzept entwickelt, modifiziert und womöglich einzelne Aspekte auch revidiert wurden. Welche Modifikationen oder Revisionen wurden aber vorgenommen und welche Entwicklungslinie des Konzeptes läßt sich aufzeigen? Eine erste Annäherung an diese Fragen soll auf den folgenden Seiten versucht werden.

Kennzeichnend für die frühen Veröffentlichungen Bettelheims (1948c, 1949a) und Bettelheims/Sylvesters (1949, 1949a) ist zunächst einmal der pragmatische Umgang mit den Begriffen Milieutherapie/ therapeutisches Milieu. Die Autoren verwenden sie, ohne sie auch nur annähernd zu definieren. Stärker als eine systematische Darstellung erscheinen schon die frühen Texte als reflexionsreiche Beschreibung der Behandlung von Kindern im institutionellen Setting der Orthogenic School. Einer Definition noch am nächsten kommt die folgende Passage:

»Ein therapeutisches Milieu ist durch seinen inneren Zusammenhalt charakterisiert, der allein es dem Kind ermöglicht, einen Bezugsrahmen zu entwickeln. Dieser Zusammenhalt wird von dem Kind erfahren, wenn es Teil einer genau definierten Hierarchie von bedeutungsvollen zwischenmenschlichen Beziehungen wird. Die Betonung von Spontaneität und Flexibilität – nicht zu verwechseln mit Grenzenlosigkeit und Chaos – läßt Fragen der Dienstplangestaltung oder Routine im Vergleich mit der Relevanz von hoch individualisierten und spontanen zwischenmenschlichen Beziehungen nachrangig erscheinen. Solche Bedingungen erlauben das Erscheinen und die Entwicklung von psychologischen Instanzen, die Verinnerlichung von Kontrolle und schließlich die Integration der kindlichen Persönlichkeit. Es darf vermutet werden, daß diese Milieufaktoren, die die Rehabilitation der Kinder im therapeutischen Milieu ermöglichen, für die stationäre Betreuung von Kindern insgesamt Gültigkeit besitzen« (Bettelheim/Sylvester 1949, 192).

Den besonderen Bezugspunkt von *A Therapeutic Milieu* (1949) – der ersten Veröffentlichung über Milieutherapie, aus der auch das vorangegangene Zitat stammt, bildet ein Syndrom, das der Autor und die Autorin »psychological institutionalism« nennen und auch recht genau definieren. Sie verstehen darunter ein durch die Abwesenheit kontinuierlicher interpersoneller Beziehungen bedingtes, emotionales Mangelsyndrom, das zu einer Verarmung der Persönlichkeit führt und bei Kindern zu beobachten ist, die entweder über längere Zeit in institutionellen Settings, nacheinander in mehreren Pflegefamilien oder in disorganisierten Familien gelebt haben (Bettelheim/Sylvester 1949, 191) Institutionen, die »psychological institutionalism« hervorbringen, markieren den negativen Fluchtpunkt der Orthogenic School. Dem von den Kindern erlittenen Mangel an kontinuierlichen interpersonellen Beziehungen soll dort mit verläßlichen, bedeutsamen und emotional befriedigenden Beziehungserfahrungen begegnet werden. Einer institutionellen Organisation, die ihre eigenen Erfordernisse den pädagogisch-therapeutischen Belangen unterordnet, soll eine flexible, von ihrem Grundimpuls her antiinstitutionelle Organisation entgegengesetzt werden. Den Bedürfnissen der Kinder und den Erfordernissen der Beziehungsgestaltung soll der Vorrang gegenüber institutioneller Routine eingeräumt werden. Der Versuch, ein therapeutisches Milieu an der Orthogenic School zu entwickeln und zu etablieren, weist damit von seiner Intention her eine enge Verwandschaft mit Maud Mannonis Begriff der »gesprengten Institution« auf. Die Umsetzung dieses gemeinsamen Anliegens betreiben Bettelheim und Mannoni allerdings in diametral entgegengesetzten Richtungen. Eine flexible institutionelle Organisation wird schon in den frühen Veröffentlichungen als Bedingung für das zentrale pädagogisch-therapeutische Anliegen von Milieutherapie angesehen: Den Kindern die Entwicklung oder Wiedererlangung einer gesunden Selbstachtung zu ermöglichen. Dies kann nur erreicht werden, wenn ihre Würde und Autonomie unangetastet bleibt und die institutionelle Organisation des Zusammenlebens diesen Zielen nicht zuwiderläuft, sondern sie fördert.

Als das auffälligste Kennzeichen von *A Therapeutic Milieu* (1949) muß schließlich die überragende Bedeutung festgehalten werden, die darin der überreichlichen Befriedigung der kindlichen Grundbedürfnisse beigemessen wird. Auf nahezu jeder Seite dieses fünfzehnseitigen Aufsatzes wird sie zur Sprache gebracht. Abschließend verweisen die Autoren darauf, daß eine kontinuierliche Beziehung innerhalb eines therapeutischen Milieus nur einer von vielen Aspekten von »milieupsychotherapy« darstelle (1949, 206). Über die weiteren Aspekte und ihr Verhältnis zu den vorgestellten werden die Leser allerdings im Unklaren gelassen. So hinterläßt dieser erste Aufsatz den Eindruck, als bestehe Milieutherapie vor allem aus zwei Elementen: einer intensiven Beziehungsgestaltung im Verhältnis eins zu eins und der überreichlichen Befriedigung der kindlichen Grundbedürfnisse.

Etwas mehr Aufschluß über den Umgang mit Umwelt als therapeutischem Medium, wie ihn die synonymen Begriffe therapeutisches Milieu/Milieutherapie suggerieren, erteilt ein anderer früher Aufsatz Bettelheims (1948c). Hier wird die Modifikation und Manipulation von Umwelt zu Zwecken der Therapie und Erziehung – über die menschlichen Beziehungen hinaus – ausdrücklich angesprochen. Die Verhaltensstörungen der behandelten Kinder werden hier als Unfähigkeit interpretiert, zwischen den inneren Bedürfnissen und den Forderungen der Umwelt ein Gleichgewicht herzustellen. Als zentrales Anliegen von Milieutherapie erscheint daher, eine besondere Umwelt zu schaffen, die – ohne alle realistischen Forderungen hinter sich zu lassen – von den Kindern bewältigt werden kann und positive Erfahrungen ermöglicht (1948c, 146).

Die meines Erachtens aufschlußreichste, weil umfassendste Beschreibung eines frühen therapeutischen Milieus findet sich in dem Aufsatz *A Psychiatric School* (1949a). Er weist gegenüber den bisher besprochenen den Vorzug auf, daß darin die beiden zentralen Aspekte – Beziehungsgestaltung und Milieugestaltung – gemeinsam recht ausführlich thematisiert werden und sich so eine Integration der Elemente schon ankündigt. Erstmals wird in dieser Veröffentlichung auch die Bedeutung der Gruppe, in der die Kinder leben, als »von größter Bedeutung« angesprochen.* In die gleiche Richtung wie diese Ergänzung weist auch die Anmerkung, daß nicht nur die Fachkräfte und die anderen Kinder der Gruppe, sondern alle Personen im therapeutischen Milieu einen potentiell therapeutischen oder antitherapeutischen Einfluß ausüben (Bettelheim 1949a, 87). Bemerkenswert an diesem frühen Aufsatz erscheint schließlich die starke Betonung der erzieherischen gegenüber den therapeutischen Komponenten von Milieu*therapie.*

4.4 Späte Milieutherapie und die Entwicklungslinie des Konzepts

Zur späten Milieutherapie wie sie Bettelheim in *Der Weg aus dem Labyrinth* (1975) und Bettelheim/Sanders (1979) präsentieren, sollen hier einige orientierende Hinweise genügen. Im Spiegel der nachfolgenden Rekonstruktion wird sie umfassend charakterisiert. Grundsätzlich erscheint das therapeutische Milieu in seiner späten Entwicklungsphase als eine *Ausdifferenzierung* und *Integration* des frühen Konzeptes. Dies gilt insbesondere für die räumliche und institutionelle Gestaltung. Wurde in den frühen Veröffentlichungen der Anspruch einer flexiblen institutionellen Gestaltung formuliert, so werden im Spätwerk Organisationswerte und -strukturen vorgestellt, mit denen versucht wurde, diesen Anspruch an der Orthogenic School einzulösen (Autonomie, Einheitlichkeit, Solidarität und Gemeinschaft). Analog zu dieser Dimension von Milieutherapie präsentieren die späten Schriften die Ausdifferenzierung des Milieubegriffs hinsichtlich der räumlichen

---

* Dem Einfluß, den die Gruppe im Rahmen von Milieutherapie auf das Individuum ausübt, behandeln Bettelheim/Sylvester eingehend in Therapeutic Influence of the Group on the Individual (1948, 684–692).

Gestaltung. In *Der Weg aus dem Labyrinth* (1975) liegt ein in beiderlei Hinsicht voll entfalteter Milieubegriff vor. Der 'Eifer' mit dem Bettelheim beispielsweise die räumliche Gestaltung des Milieus zu perfektionieren versuchte, rief allerdings auch bei Sympathisanten Kritik hervor. Nach Meinung seines Schülers Bertram Cohler (zit. nach Sutton 1996, 373), schoß der späte Bettelheim über das Ziel hinaus, wenn er beispielsweise die mit Blumenmustern versehenen, konventionellen Sofas der Orthogenic School durch samtgepolsterte ersetzen ließ, oder rote Kristalltrinkgläser einführte. Der Einschätzung Cohlers korrespondiert die von der französischen Biographin konstatierte zeitweilige Neigung des späten Bettelheim, entschlossen alle Grenzen zu ignorieren (Sutton 1996, 496). Im Vergleich mit der in den späten Veröffentlichungen vorgestellten Gestaltung und Ausstattung der einzelnen Räume der Orthogenic School und auch hinsichtlich des theoretischen Hintergrundes erscheinen die frühen Mitteilungen über das räumliche Milieu ausgesprochen farblos.

Unter einem funktionalen Gesichtspunkt betrachtet, läßt sich eine zusätzliche Funktion der späten gegenüber der frühen Raumgestaltung im therapeutischen Milieu der Orthogenic School benennen. Den großen Einfluß Deweys auf Bettelheim widerspiegelnd, wurde das Milieu in der frühen Phase lediglich als vereinfachte, gereinigte und integrierte Umgebung im Sinne des amerikanischen Pragmatisten gedacht und die von Bettelheim außerordentlich stark betonte bedürfnisbefriedigende Funktion integriert. In der späten Phase übernimmt das Milieu noch eine weitere Funktion. Von ihm sollen jetzt auch noch die richtigen »stummen Botschaften« ausgehen. Bei dieser Zuschreibung handelt es sich nicht nur um eine beiläufige Ergänzung, vielmehr zeichnet sich darin eine zentrale Entwicklungslinie des Konzeptes ab. Bedingt durch die von Bettelheim in den 50er Jahren vollzogene Hinwendung zur Behandlung schizophrener und später auch autistischer Kinder und aufgrund der dadurch gegebenen besonderen Erfordernisse galt sein besonderes Augenmerk zunehmend der Bedeutung der »stummen Botschaften« der gegenständlichen und personalen Umwelt für den Prozeß der Sozialisation und Persönlichkeitsintegration (Bettelheim 1975, 110 ff. und Schäfer 1991, 198). Dadurch rückte die *Symbolik* von Räumen, Ausstattungen und Situationen ebenso in das Blickfeld, wie die Bedeutung pädagogischer Handlungen gegenüber einem verbalen Vorgehen zunahm (Bettelheim 1987a, 229). Diese Wendung kündigt sich bereits in *Liebe allein genügt nicht* ([1950] 1988) an. Aus heutiger Perspektive liest sich die folgende Sentenz wie eine verborgene Programmatik:

»Obwohl wir uns über die große Bedeutung nicht-verbaler Kommunikation vollkommen klar sind, gehen wir wegen der historischen Entwicklung der Psychoanalyse in unserem Denken und Planen immer noch viel zu sehr auf der verbalen Stufe vor und verlassen uns zu stark auf das Mittel der Verbalisierung. Es steht uns nicht einmal eine adäquate Terminologie zur Verfügung, um nicht-verbale Interaktionen zu beschreiben. [...] Auch unsere Fähigkeit, nicht verbale Einflüsse, Bedeutungen von Kontakten usw. zu beobachten, ist nicht so entwickelt wie unser Verständnis verbaler Äußerungen. Wir hoffen, daß die weitere Arbeit mit Kindern – besonders an Orten wie unserer Schule, wo den ganzen Tag lang und bei allen Tätigkeiten Beobachtungen gemacht werden können – es uns gestatten wird, die Bedeutung und Wichtigkeit nichtverbaler Kontakte besser zu erkennen, und daß sie uns schließlich helfen wird, zu verstehen, wie sie tatsächlich vor sich gehen« (Bettelheim [1950] 1988, 101 f.).

Zusammenfassend kann festgehalten werden, daß die zentralen Elemente von Milieutherapie wie das Prinzip der Milieugestaltung im räumlichen Sinne, das der Beziehungsgestaltung sowie das Primat von Pädagogik und Therapie gegenüber institutionellen Erfordernissen in den frühen Veröffentlichungen bereits vorliegen. Die unzusammenhängende Art und Weise in der sie vorgestellt werden, ruft jedoch gleichzeitig den Eindruck einer mangelhaften gegenseitigen Integration hervor. Gleichzeitig wird die Bedeutung der Integration des Milieus gesehen, wie die Betonung der »cohesiveness« des Milieus belegt. Analog zur Entwicklung der Orthogenic School werden die Elemente von Milieutherapie ausdifferenziert *und* an ihrer Integration gearbeitet. In *Der Weg aus dem Labyrinth* (1975) und *Milieu Therapy: The Orthogenic School Model* (1979) liegt ein voll entwickelter *und* integrierter Milieu-Begriff vor. Die Entwicklung des Ansatzes erscheint daher als analog zur Entwicklung der Orthogenic School vorgenommene, fortschreitende Ausgestaltung und Integration der Elemente des therapeutischen Milieus mit einer zunehmenden Bedeutung seiner nonverbalen, symbolischen Gehalte.

Durch die Arbeit an der Integration der einzelnen Milieuelemente trat ihr Verhältnis zueinander stärker in den Vordergrund. Der vielleicht bedeutsamste Aspekt von Bettelheims Konzept taucht daher auch erst in den späten Veröffentlichungen auf. Gemeint ist die sich gegenseitig verstärkende Dynamik, die daraus resultiert, daß der Prozeß der Persönlichkeitsintegration der Patienten analog zu dem der Entwicklung der einzelnen Mitarbeiter und analog zu dem permanenten Ringen der gesamten Institution um Integration und Weiterentwicklung verläuft (Bettelheim/Sanders 1979, 222, 224). Hier treten eine innere und eine äußere Entwicklungsdynamik in Kontakt miteinander, zwei analog zueinander verlaufende Entwicklungsprozesse rufen gegenseitige

Resonanzen hervor, verstärken sich gegenseitig und erzeugen so ein wahrhaft entwicklungsförderndes Milieu. Damit wird ein Prinzip mit weitreichenden Implikationen für die Theorie und Praxis »pädagogischer Orte« erkennbar, das man *positive pädagogische Induktion* nennen könnte. Positiv deshalb, weil aus der psychoanalytisch orientierten Gruppenarbeit ähnliche Phänomene – allerdings mit umgekehrten Vorzeichen – bekannt sind. So spricht beispielsweise Carl Klüwer (1971, 110) von »induzierten Spontanphänomenen« oder »psychosozialer Induktion« und meint damit die dynamische Übertragung einer Klientenproblematik auf ein Mitarbeiterteam. Vor dem Hintergrund der radikalen Ausrichtung der Orthogenic School auf die 'Heilung' der dort betreuten Kinder erscheint es nur folgerichtig, wenn bei Bettelheim das Phänomen der Induktion positiv auftrat.

4.5 Eine Systematik des Bettelheimschen therapeutischen Milieus

Vor dem Hintergrund der vorgenommenen Einteilung in frühe und späte Milieutherapie und der Skizzierung der Entwicklungslinie des Konzeptes soll nun eine Systematik vorgeschlagen werden, die sich auf die voll entwickelte Milieutherapie bezieht (vgl. die Abbildung auf Seite 124). Sie geht davon aus, daß sich ein therapeutisches Milieu aus drei wesentlichen Bestandteilen zusammensetzt, die wiederum im einzelnen ausdifferenziert werden müssen. Die drei zentralen Bestandteile sind:

1. Eine gezielte, psychoanalytisch informierte Milieugestaltung entlang der von mir unterschiedenen vier Milieudimensionen. Es sind dies:
   – die Umgebung
   – die institutionelle Dimension (organisatorische Struktur der Einrichtung)
   – die physikalische Dimension (Gebäude, Räume, Ausstattungen) sowie
   – die menschliche Dimension (Haltung der Mitarbeiter, pädagogische Beziehungsgestaltung).

2. Eine psychoanalytische Interpretation und Gestaltung *täglich wiederkehrender* Handlungen und Ereignisse (tiefenpsychologisch reflektierter und gestalteter Alltag).

3. Eine gezielte Gestaltung und Nutzung *nicht-alltäglicher* Ereignisse im therapeutischen Milieu. Gemeint ist hier an erster Stelle der aus Bettelheims Diskurs über magische Tage resultierende Umgang mit Festtagen im therapeutischen Milieu.

124 Das Konzept »Milieutherapie« in systematischer Perspektive

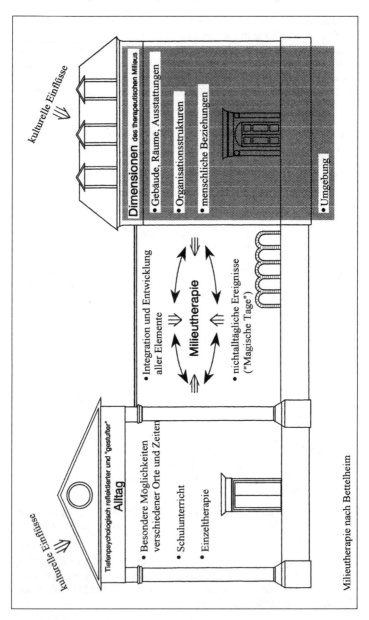

Ein therapeutisches Milieu wird durch die systematische Integration der drei genannten Elemente und ihrer zahlreichen Implikationen geschaffen. Eine allgemeine Definition, die es im Verlauf dieses Kapitels inhaltlich auszufüllen gilt, kann daher lauten: Die synonymen Begriffe Milieutherapie/therapeutisches Milieu bezeichnen eine umfassende, aufeinander bezogene *räumliche* und *zeitliche* Gestaltungsleistung in einem *institutionellen* Kontext.

Wie alle Systematisierungsversuche so ist auch die vorgeschlagene Systematik hinsichtlich einzelner Aspekte künstlich, weil sie zu Zwecken der Analyse Zusammengehöriges trennt. Dies trifft insbesondere auf die von mir vorgenommene Unterscheidung zwischen Milieudimensionen einerseits und »Alltag« andererseits zu. Genau genommen beziehen sich die Dimensionen des Milieus natürlich auch auf »Alltag«; sie bezeichnen die organisatorischen, räumlichen und menschlichen Bedingungen der Alltagsgestaltung, weshalb beide Bereiche als sich überschneidende Bereiche gedacht werden müssen. Wenn ich sie dennoch getrennt habe, dann um die einzelnen Aspekte von Bettelheims Diskurs über Alltag in größtmöglicher Transparenz herausarbeiten zu können. Um Wiederholungen zu vermeiden, konzentriere ich mich in diesem Kapitel auf die Erarbeitung der unter Punkt eins genannten vier Dimensionen eines therapeutischen Milieus. Die beiden anderen zentralen Elemente *Tiefenpsychologisch reflektierter und 'abgestufter' Alltag* einerseits und *nicht-alltägliche Ereignisse im therapeutischen Milieu (»Magische Tage«)* andererseits sollen hier zuvor überblicksartig behandelt werden.

4.5.1 Tiefenpsychologisch reflektierter und 'abgestufter' Alltag

Über die Milieugestaltung im Sinne der Gestaltung der genannten Dimensionen eines therapeutischen Milieus hinaus umfaßt Bettelheims Konzept einen differenzierten und praxisnahen, psychoanalytisch inspirierten Diskurs über die Anforderungen und Möglichkeiten eines von Kind und Erzieher gemeinsam durchlebten Heimalltags. Er wurde von Bettelheim vor allem in *Liebe allein genügt nicht* ([1950] 1988) entwickelt. Anhand eines Tagesablaufs und der ihn jeweils beherrschenden »Tagesthemen« wie »Wecken und Aufstehen«, »Mahlzeiten«, »Zwischenzeiten« usw. zeigt er die pädagogischen und therapeutischen Chancen auf, die normalen Alltagstätigkeiten innewohnen. Durch Bettelheims psychoanalytischen Blickwinkel und die daraus resultierenden Gestaltungsmöglichkeiten avancieren vergleichsweise banale Alltagstätigkeiten zu bedeutsamen Gelegenheiten, den Kindern im Alltag korrigierende Erfahrungen zu vermitteln. Als Beispiel sei hier die Essenssituation genannt, auf deren angemessene Gestaltung an der Orthogenic School besondere Sorgfalt verwandt wurde. Davon ausgehend, daß die Erfahrungen, die das Kleinkind beim Gefüttertwerden und Essen macht, maßgeblich sein Weltbild und sein Bild von der eigenen Bedeutung in der Welt beeinflussen, kommt der Essenssituation in psychoanalytischer Perspektive eine außerordentliche Bedeutung zu. Die Entstehung des Gefühls von Sicherheit, Vertrauen und Geborgenheit ist danach beim Kind ursprünglich aufs Engste mit der Erfahrung verbunden, wie es ernährt wurde. Entsprechend empfinden besonders Kinder mit Mangelerfahrungen sorgfältig zubereitete und reichhaltige Mahlzeiten »[...] als Fülle guter Dinge [...] und reichlich vorhandene Sicherheit.« Nach Bettelheim wird Nahrung als Symbol aller Arten von Lust erlebt, wie auch umgekehrt die Befürchtung, beim Essen zu kurz zu kommen, Ergebnis jeden Mangels sein kann. Zudem signalisiert eine den Bedürfnissen der Kinder entsprechend gestaltete Essenssituation ihnen, daß befriedigende Erfahrungen überhaupt möglich sind. So gesehen bietet die Essenssituation die Chance, grundlegende korrigierende Erfahrungen zu vermitteln; Nahrung erscheint als ein ausgezeichnetes Mittel zur Sozialisation. Den großen Nachdruck, den man an der Orthogenic School auf eine üppige Versorgung der Kinder mit gutem Essen legte, spiegelt die Bemerkung einer ehemaligen Betreuerin wider. Mit einem Neologismus bezeichnete sie die Orthogenic School als »[...] den essensten Ort, den ich kenne (Candace Hilldrup zit. nach Sutton 1996, 499).*

Da hier zugunsten der detaillierten Ausarbeitung der Milieudimensionen darauf verzichtet werden muß, Bettelheims Sichtweise von Alltag im einzelnen zu entwickeln, fasse ich ihren wesentlichen Gehalt in fünf Thesen zusammen:

– Die Wirksamkeit pädagogisch-therapeutischen Handelns hängt maßgeblich vom Zeitpunkt und vom Ort ab, an dem es stattfindet. Jeder Ort und jede Zeit haben ihre besonderen Möglichkeiten (Bettelheim [1950] 1988, 76). So weist Bettelheim beispielsweise darauf hin, daß Kinder die sie am heftigsten bedrängenden Ängste am ehesten abends und auf ihrem Bett sitzend, artikulieren konnten. Aufgrund ihrer allgemeinen Ermüdung ließ abends die Fähigkeit ihres »Ichs« zur Abwehr nach, gleichzeitig wurden sie durch den stärker als alle anderen Geborgenheit und damit Sicherheit symbolisierenden »Ort« des Bettes dazu ermutigt (Bettelheim 1975, 158 und [1955] 1985, 247).

---

* Zur psychologischen Bedeutung des Essens (in der Milieutherapie) vgl. Nahrung: das hervorragende Mittel zur Sozialisierung in Bettelheim [1950] 1988, 171–201; 1975, 68–71 und 164–170; (1975b) Food to Nurture the Mind. School Review, 83: (3) 433–448

Hintergründe, Entwicklung und eine Systematik 127

- Korrigierende Erfahrungen als Mittel einer pädagogisch-therapeutischen Alltagsgestaltung sind besonders wirkungsvoll, wenn sie in der gleichen Situation vermittelt werden können, in der negative Erfahrungen gemacht wurden. Bettelheim verweist in diesem Zusammenhang darauf, daß es beispielsweise einen großen Unterschied darstelle, ob ein Kind über die Vorstellung einer es aus der Toilette angreifenden Schlange nur spreche, oder ob es die diese Vorstellung begleitenden Gefühle 'hautnah' wiedererlebe, während es auf der Toilette sitze, und ein Betreuer ihm die Hand halte (Bettelheim 1975, 172).
- Die persönlichen Kontakte, die im Zusammenhang mit bedeutsamen Alltagstätigkeiten gemacht werden, beeinflussen die Persönlichkeitsentwicklung positiv wie negativ weitaus stärker als in anderen Situationen (Bettelheim [1950] 1988, 15).
- Kinder können ihre größten Ängste und schmerzhaftesten Erinnerungen oft erstmals mitteilen, wenn sie in dem Augenblick und an dem Ort, an dem sie auftauchen, mit ihren Betreuern zusammen sind ([1950] 1988, 328).
- Der Erfolg einer pädagogisch-therapeutischen Alltagsgestaltung basiert wesentlich auf der kumulativen Wirkung, wie sie sich aus der reflektierten Handhabung der unterschiedlichen Alltagstätigkeiten ergibt ([1950] 1988, 76).

Neben dem Prinzip der psychoanalytischen Reflexion und Gestaltung alltäglicher Ereignisse und den daraus resultierenden Grundsätzen wird der Alltag an der Orthogenic School durch die aus der Erziehungslehre John Deweys (1859–1952) stammenden Prinzipien der *Abstufung* und *Auswahl* strukturiert. Durch die sorgfältige Auswahl und behutsame Abstufung von Lebenserfahrungen in einem durch »Vorhersagbarkeit« und »Dauerhaftigkeit« (Bettelheim 1975, 47) geprägten Milieu sollen die Komplexität von alltäglichen Erfahrungen und Anforderungen auf ein Maß reduziert werden, dem die Kinder gewachsen sind. Bewußte Auswahl und sorgfältige Abstufung bedeutet, den Kindern nur ausgewählte Erfahrungsmöglichkeiten anzubieten, sie so zu arrangieren, daß sie jeweils nur mit einer herausfordernden Erfahrung auf einmal konfrontiert sind und bedeutet schließlich auch, immer für den persönlichen Beistand zu sorgen, den das Kind benötigt, um der Herausforderung erfolgreich begegnen zu können. Den Entwicklungsschritten des Kindes folgend, können Anforderungen und Erwartungen sukzessive erhöht werden.

4.5.2 Nicht-alltägliche Ereignisse im therapeutischen Milieu: »Magische Tage«

Im Zentrum von Milieutherapie steht das Bemühen, die pädagogisch-therapeutischen Qualitäten *täglich wiederkehrender* Handlungen, Ereignisse und Milieugegebenheiten zu erkennen, zu entwickeln und zu nutzen. Sätze wie der folgende unterstreichen diese Ausrichtung paradigmatisch: »Von den kleinen Dingen wird nicht viel gsprochen, aber sie summieren sich, und kein großes Ereignis ist bedeutungsvoller als die Art und Weise, in der einem Patienten jeden Morgen geholfen wird, den Tag zu beginnen« (Bettelheim 1975, 348). Durch diese Akzentuierung von Alltag geriet die Bedeutung *nicht-alltäglicher Ereignisse,* die hier am Beispiel der reflektierten pädagogischen Gestaltung von Festtagen gezeigt werden soll, zwangsläufig in den Hintergrund. Daß man in Bettelheims milieutherapeutischen Schriften vergeblich nach seinem Diskurs über »Magische Tage« und die Bedeutung kollektiver festlicher Rituale Ausschau halten wird, verweist einmal mehr auf seinen selektiv-strategischen Umgang mit 'Wahrheit', wie ich ihn in Teil A herausgearbeitet habe. Ein angemessenes Verhältnis von alltäglichen und nicht-alltäglichen Ereignissen im therapeutischen Milieu, in dem der oben genannte Akzent zwar auch gesetzt wird, die Bedeutung nicht-alltäglicher Ereignisse aber nicht vollkommen geleugnet wird, hat Bettelheim in *Der Weg aus dem Labyrinth* (1975, 348) formuliert:

> »Wir können uns natürlich alle anläßlich eines ungewöhnlichen Ereignisses große Mühe geben, aber nicht die Geburtstagsfeier oder der Zirkusbesuch (Ereignisse, an die man sich erinnert) bewirken die positive Einstellung eines Kindes zum Leben. Diese hat sich entwickelt aus der Art, in der es von seiner Mutter gehalten und gefüttert wurde, und durch die Gefühle, die es dabei hatte.
>
> In der Orthogenic School setzten die Anfänger auf solche besonderen Ereignisse, Geburtstage oder Ausflüge und verwandten auch viel Kräfte darauf. Diese Ereignisse sind nicht unwichtig und spielen in der Therapie auch eine Rolle, aber nur, wenn sie angenehme Zugaben zu dem sind, was sonst geschieht, zu den kleinen Tagesereignissen«.

Von der großen Bedeutung bewußt gestalteter Feiertage sowie von der Tatsache, daß es sich dabei um ein ausdrücklich als solches zu benennendes wichtiges Element von Milieutherapie handelt, kann man sich in Bettelheims Behandlungsgeschichten und auch in der Überlieferung seines Ansatzes durch seine Nachfolgerin J. Sanders überzeugen. Auch wenn er die Bedeutung »magischer Tage« nicht im Kontext von Milieutherapie, sondern allein in ihrer Bedeutung für normale Kinder erörterte (Bettelheim 1987, 366 ff.), illustrieren die Beschreibungen von Sanders, daß die von ihm an der Orthogenic School etablierten festlichen

Traditionen einen integralen und bedeutenden Bestandteil seines Konzeptes eines »therapeutischen Milieus« bildeten (Seevak Sanders 1989, 131 f. und Sanders 1993, 31). Auch Sutton weist den reflektiert gestalteten Feiertagen an der Orthogenic School eine »Schlüsselrolle« im therapeutischen Milieu zu (Sutton 1996, 328).

Alle großen Feiertage zelebrieren nach Bettelheim symbolisch Geburten oder Wiedergeburten. Nicht zuletzt darin liegt ihre besondere Wirkung auf Kinder begründet. Werden sie freudig, und den kindlichen Bedürfnissen angemessen begangen, ist dies eine bedeutsame Zusicherung für das Kind, daß es willkommen war und geliebt wird. Die regelmäßige Wiederkehr von Festtagen bietet ihm nicht nur eine Orientierung in der Zeit, sie vermittelt ihm vor allem das Gefühl, daß es auch in Zukunft geliebt werden wird. Je unbedeutender und unsicherer sich ein Kind in der Welt fühlt, desto nötiger hat es eine solche Bestätigung. Festtage wie Weihnachten oder Ostern den kindlichen Bedürfnissen angemessen zu gestalten, bedeutet nach Bettelheim vor allem, sie nicht vorzeitig ihrer Magie zu berauben. Sie büßen dadurch viel von ihrer unbewußten Bedeutung und beruhigenden Funktion ein. Magische Gestalten wie der Weihnachtsmann oder der Osterhase sind für die kindliche Seele so bedeutend, weil sie das »Wohlwollen der ganzen Welt« und das »Bestreben, Kinder glücklich zu machen«, symbolisieren (Bettelheim 1987, 387). Daß Kinder ihre Geschenke – materielle Beweise, daß sie geliebt werden – von diesen magischen Figuren und nicht von ihren Eltern oder Betreuerinnen erhalten, vermittelt ihnen mehr Sicherheit, als es noch so viele Geschenke von jenen jemals könnten. Zudem sind sie frei von den ambivalenten Gefühlen, mit denen Kinder elterliche Geschenke oftmals entgegennehmen und verpflichten sie nicht zu Dankbarkeit etwa in Form zukünftigen Gehorsams. Im Extremfall können Kinder an der Orthogenic School Geschenke auch ganz zurückzuweisen, ohne dabei auf die Gefühle der Eltern oder Betreuerinnen Rücksicht nehmen zu müssen. Dies käme dem Verleugnen eigener Gefühle gleich, das man in jedem Fall zu vermeiden trachtet. Aus diesen Gründen überreichen an der Orthogenic School nicht die Betreuerinnen den Kindern ihre Geschenke. Vielmehr finden sie beispielsweise zu Ostern papierene Hasenspuren auf dem Fußboden ihres Schlafraums, die sie zu ihrem Osterkorb mit zwei kleinen Geschenken führen.

Eine angemessene Gestaltung von »Kinderfesten« vermag einer der kindlichen Hauptängste entgegenzuwirken: der Angst nicht geliebt und deshalb früher oder später verlassen zu werden. Aber auch der damit eng zusammenhängenden zweiten Hauptangst von Kindern, der Angst vor körperlichen Entbehrungen, die – Bettelheim zufolge – in ihrem

Unbewußten zur Angst vor dem Verhungern vergrößert wird, wird Rechnung getragen: Noch stärker als im Alltag ohnehin schon wird in der »Schule« an Festtagen Wert auf überreichliches und qualitativ hochwertiges Essen gelegt. Ein gemeinsam eingenommenes, üppiges Festmahl, das ganz real, aber auch symbolisch, Sicherheit vor der Angst zu verhungern gewährt, bildet dort den Höhepunkt eines jeden Feiertages. So begangen, können Festtage zugleich real und symbolisch die schlimmsten Ängste der Kinder beschwichtigen. Sie avancieren überdies zu den emotionalen Höhepunkten im Jahreszyklus und gehören daher zu den konstruktiven Erfahrungen, die Kindern grundlegende Sicherheit und Zuversicht vermitteln können. Ihre pädagogisch-therapeutische Bedeutung für vernachlässigte Kinder liegt auf der Hand.

Es sind aber nicht allein die symbolische Interpretation und die sich daraus ergebenden Gestaltungsmöglichkeiten, welche die Bedeutung von Festtagen für die Kinder an der Orthogenic School ausmachen. Entscheidend an Bettelheims Interpretationen ist, daß sie im Hinblick auf die Lebenssituation der Kinder vorgenommen werden. So interpretiert er etwa das christliche Oster- und das jüdische Passahfest als Sinnbilder der Wiedergeburt und Auferstehung – in der christlichen Tradition der Person des Heilands, in der jüdischen Tradition die der jüdischen Nation. Übereinstimmend stellen beide Feste ein »neues Leben« in Aussicht, einen Neuanfang, wie ihn auch die an der Schule betreuten Kinder versuchen (Bettelheim 1987, 367). Durch den Bezug auf die Lebenssituation der Kinder werden aus vormals sinnleeren, nur äußeren Konventionen bedeutsame und sinnstiftende Höhepunkte des Jahres. Daß sie ihre Wirkung auf die Kinder nicht verfehlen, belegt die folgende Erinnerung von J. Sanders (1993, 31):

> »Es war für mich eine wunderbare Erfahrung, als Bettelheim mit der versammelten Schule beispielsweise über die Bedeutung von Ostern sprach, von seiner Ähnlichkeit mit dem jüdischen Passah-Fest. Es steht für die Chance zu einem Neuanfang und dafür, daß immer Mühen erforderlich sind, um diesen Neuanfang zu schaffen. Die große Bedeutung dieses Themas für gestörte Kinder, die verzweifelt die Gelegenheit für einen Neuanfang brauchen, ist natürlich offensichtlich. Aber es ist auch eine wunderbare Botschaft, daß dieser Mann, der mit dieser Rede mit Leichtigkeit die Aufmerksamkeit vieler wichtiger Personen hätte fesseln und ein saftiges Honorar kassieren können, so ernsthaft, anspruchsvoll und fundiert zu dieser Gruppe von Kindern sprach. Diese Außenseiter der Gesellschaft, die als nicht aufnahmefähig gelten, saßen still, hörten zu, fragten und lernten«.

5. Dimensionen von Milieutherapie. Systematische Rekonstruktion

5.1. Dimensionen von Milieutherapie: I Die Umgebung

Mit dem Begriff »therapeutisches Milieu« assoziiert man als erstes den nach besonderen Kriterien gestalteten *Binnen*raum einer Institution. Um seine Aufgabe als abgegrenzter Raum der Persönlichkeitsintegration erfüllen zu können, muß dieser nicht nur nach eigenen Gesetzen gestaltet, sondern auch deutlich von seiner Umgebung geschieden werden. Da dies aber bewußt nicht 'hermetisch getrennt' meint, beeinflußt die Umgebung einer Institution – wenn auch in begrenztem Ausmaß – das jeweilige in ihr anzutreffende Milieu. Aus diesem Grund umfaßt Bettelheims Begriff von Milieutherapie mehr als den Binnenraum einer Einrichtung; er schließt vielmehr Hinweise zur Bedeutung der näheren Umgebung ein. Abgesehen davon, daß er nicht von einer Milieudimension Umgebung spricht, hat er diesen Aspekt seines Konzeptes auch bei weitem nicht so ausführlich thematisiert wie die anderen. Da er den Standort der Orthogenic School bei der Übernahme ihrer Leitung nicht selbst wählen konnte, lesen sich seine diesem Punkt zuzuordnenden Überlegungen mitunter überdies wie eine *nachträgliche* Rechtfertigung des Standortes. Diese Einschränkungen lassen auf eine eher untergeordnete Bedeutung dieser Dimension von Milieutherapie schließen, ohne allerdings an ihrer grundsätzlichen Berechtigung etwas zu ändern.

5.1.1 Standortvoraussetzungen: Zur Lage der Orthogenic School

Die Sonia Shankman Orthogenic School liegt ca. zehn Kilometer südwestlich des Stadtzentrums am südlichen Rand des Campus der Universität von Chicago. Durch die nordwärts ausgerichtete Fassade und den Baustil läßt sich auch optisch ihre Zugehörigkeit zur Universität erkennen. Von den übrigen Universitätsgebäuden wird die Schule durch den parkartigen »Midway Pleasance« getrennt. Ihn durchziehen insgesamt acht wenig befahrene Fahrspuren, die wiederum durch breite Grünflächen voneinander getrennt sind. Im Westen begrenzt eine schwarze Wohngegend den Midway; im Osten bildet ein Bahndamm der Illinois Central Railroad Company (IC) seinen Abschluß. Insgesamt vermittelt das Areal den Eindruck eines locker gegliederten Universitätsgeländes. Orthogenic School, Midway, Universität, wenn Bettelheim von der Umgebung seiner Schule spricht, so meint er dieses Ensemble. Im Osten des Midway, jenseits der Bahnlinie, schließt sich der Uferpark des Lake Michigan an. Ebenso wie das Seeufer selbst dient er als Ziel für Spaziergänge mit den Kindern. Die Entfernung zwischen Seeufer und Orthogenic School beträgt nur ca. 2 Kilometer. Von dem größten Schwarzen-Ghetto der USA – südlich der Schule – trennt sie ein Industrie- und Bürogebiet. Im Norden geht das Universitätsgelände in ein typisches weißes Mittelschicht-Wohnquartier über. Hier befinden sich Einkaufsgelegenheiten, Bahnhof etc.

5.1.2 Zur Funktion und Bedeutung der Milieudimension Umgebung

In einer allgemeinen Form wird die Bedeutung der Milieudimension Umgebung in Bettelheims Diskurs über die Vor- und Nachteile eines städtischen bzw. ländlichen Standortes für eine psychiatrische Institution erkennbar (Bettelheim 1975, 92–97). Konkret, weil ausdrücklich auf die Orthogenic School bezogen, wird sie in jenen Sequenzen greifbar, in denen er die positiven Auswirkungen des sie umgebenden Universitätsmilieus beschreibt (Bettelheim [1950] 1988, 280).

Von den Argumenten, die nach Bettelheim für einen städtischen und gegen einen ländlichen Standort sprechen, ist unter der hier interessierenden Fragestellung, eines hervorzuheben. Unter der Voraussetzung, daß der Patient aus einer Stadt stammt, wird eine Unterbringung in ländlicher Umgebung bei ihm die Entwicklung des Gefühls, ausgegrenzt und abgeschoben worden zu sein, unterstützen. Ein Wechsel aus einer städtischen in eine ländliche Region würde damit die durch die Krankheit hervorgerufene allgemeine Desorientierung und das Gefühl der Isolation noch zusätzlich verstärken. Eine städtische Umgebung hingegen vermittelt dem Patienten neben zahlreichen handfesten Vorteilen auch die »stumme Botschaft«, daß er trotz seiner Krankheit und des Klinikaufenthalts doch grundsätzlich ein Mitglied des ihm vertrauten Gemeinwesens geblieben ist. Der Rückweg in seine gewohnte Lebensumwelt erscheint grundsätzlich und auch ohne größeren Aufwand möglich. Es ist unmittelbar einsichtig, daß die Botschaft, ausgegrenzt worden zu sein, den pädagogisch-therapeutischen Bemühungen ebenso zuwiderläuft, wie die der Zugehörigkeit ihnen entgegenkommt.

Konkret hat Bettelheim die Wechselwirkung zwischen dem therapeutischen Milieu und seiner unmittelbaren Umgebung am Beispiel seiner Institution aufgezeigt. Der räumlichen Nähe zur Universität, und der Tatsache, daß sie organisatorisch dem *Department of Education* angegliedert ist, mißt er große Bedeutung bei ([1950] 1988, 274 ff.). Aus seinen Mitteilungen zu diesem Thema lassen sich zwei Argumente herausarbeiten, mit denen er die positiven Auswirkungen des Universitätsmilieus begründet: Erstens unterstützt die Umgebung Universität die Entwicklung von Selbstachtung als dem zentralen milieutherapeutischen Anliegen. Nach Bettelheim entwickelten alle Kinder früher oder später ein Gefühl des Stolzes aufgrund der Zugehörigkeit der Orthogenic School zur Universität. Teil einer Institution zu sein, die ein gesellschaftlich hohes Ansehen genießt – und sei es auch nur als Patient – erfüllt die Kinder mit einem Gefühl der Wertschätzung und vermittelt ihnen Sicherheit (278). Wenn Bettelheim darüber hinaus den »Geist dieser Stätte« – gemeint ist nach wie vor die Universität – gar als »eine wertvolle Hilfe bei der weiteren Sozialisation des Kindes« bezeichnet (280), so scheint darin das zweite hier relevante Argument auf. Daß die Kinder in einer größeren Umgebung leben, die sich dem Lernen widmet, wirkt sich positiv auf ihre eigenen diesbezüglichen Bemühungen aus. In einem Milieu zu leben, in dem nicht von ihnen allein erwartet wird, zu lernen und sich zu entwickeln, vermindert darüber hinaus den Abstand zwischen ihnen und ihren Betreuern (278). Auch dies fördert die Entwicklung von Selbstachtung. An der Formulierung »Geist dieser Stätte« wird deutlich, daß diese Formulierung einer frühen Veröffentlichung entnommen ist. In späteren Jahren sprach er von »stummen Botschaften«.

Ein drittes Argument muß hier angeführt werden. Das die Schule umgebende Universitätsgelände dient ihr außerdem als Puffer. Es vermittelt zwischen den Polen Außenwelt im umfassenden Sinne – der Weltstadt Chicago – einerseits und der »kleinen Welt der Schule« andererseits (280). Die Pufferfunktion wird anschaulich, vergegenwärtigt man sich das große Gefälle zwischen diesen beiden Polen. Auf der einen Seite beispielsweise die kalte, himmelsstürmende Glas- und Stahl-Architektur eines Ludwig Mies van der Rohe, die keinen Unterschied zwischen Fabrik, Wohnhaus oder Verwaltungsgebäude macht. Auf der anderen Seite das aus dunkelrotem Backstein erbaute Hauptgebäude der Orthogenic School mit seinem griechischen Türportikus. Schon von der Architektur her erscheint es als zur im englischen Stil errichteten Universität von Chicago gehörig. Die räumliche Lage der Orthogenic School unterstützt damit das für Milieutherapie charakteristische *gradatim procedere,* das schrittweise Vorgehen und methodische Prinzip, Reize zunächst bewußt auf ein Maß zu reduzieren, das von dem jeweiligen Kind problemlos bewältigt werden kann. Entsprechend der zunehmenden Kompetenz/Belastbarkeit des Kindes werden die Anforderungen allmählich gesteigert. Wenn man so will, ist die Lage der Schule schon Teil ihres Konzeptes.

Nun muß die Zugehörigkeit einer stationären Einrichtung der Kinder- und Jugendhilfe – als solche wird die Schule hier gesehen – zu einer Universität, wie viele andere Aspekte der Orthogenic School auch, sicher als Ausnahme bewertet werden. Wichtiger erscheint aber auch hier der systematische Gehalt von Bettelheims Ausführungen, den ich mit der Formulierung »Milieudimension Umgebung« einzufangen versuche. Auch in dieser Hinsicht muß die Orthogenic School als ein Extrembeispiel angesehen werden, das Strukturen deutlich werden läßt, die unter gewöhnlicheren Umständen leicht übersehen werden, weil sie unter diesen Umständen aus dem 'Grau' des Erziehungs- und Institutionsalltags einfach nicht kontrastreich genug hervortreten. Vor diesem Hintergrund erscheinen zwei Aussagen Bettelheims von allgemeinem Interesse. Erstens: Zwischen Institutionen und ihren Umgebungen muß eine begrenzte Wechselwirkung angenommen werden. Auch diese wirkt sich entweder positiv oder negativ auf die pädagogisch-therapeutischen Bemühungen aus. Die Schaffung eines »ganzheitlichen therapeutischen Milieus« (Bettelheim 1975, 133 f.) muß daher Bemühungen einschließen, bei der räumlichen Umgebung ein angemessenes Verständnis für die Aufgaben der Einrichtung zu schaffen. Aus diesem Verständnis resultiert im Normalfall eine gewisse Toleranz, im günstigen Fall auch die Bereitschaft zu einer begrenzten Kooperation (133). Zweitens: Die denkbar beste »stumme Botschaft«, die von der Beziehung Institution-Umgebung ausgehen kann, ist die von Integration bei Wahrung der besonderen Identität. Daher erscheint es erstrebenswert, daß sich die Institution in die Umgebung möglichst harmonisch einfügt, ohne allerdings ihre Besonderheiten zu verleugnen (133).

5.2 Dimensionen von Milieutherapie: II Gebäude, Räume und Ausstattungen

> »Wird dieser Ort größere Sicherheit bieten, oder wird er mich weiter auflösen? Wird er helfen, in meine Verwirrung Ordnung zu bringen, oder wird er mich noch mehr durcheinanderbringen? Wird er mich fest zusammenhalten, wenn ich drauf und dran bin auseinanderzubrechen, oder wird er mich in eine bestimmte Form pressen? Ist dieses Gebäude einladend und beruhigend genug, um mich wie eine Muschelschale zu schützen, wenn ich die Grenzen meines Selbst entdecke, und wird diese Hülle mich schützen, ohne mich zu erdrücken?« Bruno Bettelheim (1975, 109)

5.2.1 Architektonische Voraussetzungen der Milieugestaltung

Wenn hier von der Orthogenic School die Rede ist, so ist damit ein U-förmig angeordnetes Ensemble von sechs miteinander verbundenen Gebäuden gemeint. Von der East 60th Street gesehen, läßt die Fassade drei verschiedene Gebäude erkennen. Im Nordwesten das schon genannte 'Stammhaus', das ursprünglich als Pfarrhaus diente. Das dreigeschossige Backsteingebäude ist mit einem griechischen Türportikus versehen, der die berühmte »gelbe Tür« mit der Nummer 1365 einfaßt. Im Nordosten sieht man eine (ehemalige) Kirche im neugriechischen Stil zu deren großer Eingangstür eine über die gesamte Breite des Gebäudes verlaufende Treppe hinführt. Links und rechts der Eingangstür ragen jeweils zwei große griechische Säulen empor. Ein in Material und Stil angeglichener Zwischenbau verbindet das Stammhaus mit der ehemaligen Kirche. In den sechziger Jahren erbaut, fallen an ihm besonders die romanischen Bögen ins Auge. Von der 60th Street aus nicht zu sehen, erstreckt sich hinter dem Stammhaus ein in den fünfziger Jahren angebautes Schlafsaalgebäude, das den Ostflügel des Komplexes bildet. An das Kirchengebäude im Nordosten, in dem sich die Unterrichtsräume für eine ehemalige Sonntagsschule und eine heute als Turnhalle genutzte Halle befinden, schließt sich in südlicher Richtung noch ein kleineres Gebäude an, in dem ursprünglich die Seminarbibliothek untergebracht war. Zusammen mit der Turnhalle und den ehemaligen Räumen der Sonntagsschule bildet es den Westflügel der Anlage. Durch einen Innenhof von dem romanischen Zwischengebäude getrennt wurde in den 60er Jahren ein den West- und Ostflügel verbindender Neubau für Jugendliche errichtet. In dem Innenhof befindet sich der Springbrunnen und die Skulptur *Die Schwestern,* von der weiter unten noch die Rede sein wird. Den verbleibenden Innenraum des Us füllen ein Garten und Spielgelände aus. Hier befinden sich der Sandkasten, das Planschbecken und die von Bettelheim ausführlich beschriebene überlebensgroße liegende Frauenfigur aus Stein (1975, 116 f.).

5.2.2 »Stumme Botschaften«. Bettelheims dominanter Blickwinkel

Milieugestaltung bei Bettelheim meint mindestens viererlei: Gebäude, Räume und Ausstattungen sollen – erstens – und vor allem den konkreten Bedürfnissen der Bewohner gerecht werden. Möbel sollen in erster Linie bequem sein, Räume den Wunsch nach Individualität, Privatsphäre und Rückzug gewährleisten, ohne auszugrenzen. Zweitens sollen Gebäude, Räume und Ausstattungen sich aber auch den ihnen zugedachten pädagogischen Aufgaben funktional erweisen und mithin den Anforderungen, die Mitarbeiter an sie stellen, entsprechen. Wie soll ein Mitarbeiter, der sich bei einem Kind im Bad oder der Toilette aufhält, diesem eine entspannte Einstellung zum eigenen Körper vermitteln, wenn er dort selbst keinen bequemen Platz findet, oder sich nicht ausstrecken kann? fragt Bettelheim (1975, 173). Gebäude,

Räume, Ausstattungen sollen – drittens – ansprechende ästhetische Qualitäten und eine solide Beschaffenheit aufweisen. Viertens sollen von ihnen überdies auch positive symbolische Botschaften ausgehen (158 und 160). Alles in allem wird ein Milieu behaglicher Wohnlichkeit angestrebt, das die Kinder als ihr Zuhause empfinden können (300).

Legt man eine andere Systematik zugrunde, so kann von quantitativen und qualitativen Aspekten des therapeutischen Milieus gesprochen werden, die erfüllt sein müssen, wenn der formulierte Anspruch eingelöst werden soll. Dem quantitativen Blickwinkel wäre dann Bettelheims Diskurs über die optimale Größe einer Institution und die von ihm in Anlehnung an Erkenntnisse aus der Etologie diskutierte Frage nach einem optimal bemessenen Privat- und Gruppenbereich zuzuschlagen. Seine Erörterungen der Qualitäten, die Gebäude, Räume und Einrichtungen den menschlichen Nahsinnen vermitteln, wären dem qualitativen Blickwinkel zuzuordnen. Sinneswahrnehmungen wie Riechen, Tasten und kinästhetische Erfahrungen sind es nämlich, denen psychiatrische Patienten, Bettelheim zufolge, stärker vertrauen als den durch die Fernsinne Hören und Sehen vermittelten Eindrücken. In den Fokus seiner Analyse von Milieuqualitäten und der daraus resultierenden Milieugestaltung rückt er aber ihre *symbolischen Gehalte*. Ihre Begründung erfährt diese Sichtweise durch die besondere Wahrnehmungsform psychotisch erkrankter Menschen. Nach Bettelheim zeichnet sie sich durch zwei Merkmale aus: Zum einen dadurch, daß psychotisch erkrankte Menschen jedem Detail ihrer Umwelt eine persönliche Bedeutung unterlegen. Alles, was sich um sie herum ereignet, beziehen sie auf die eigene Person. Zum anderen stellt er mit Searles ([1960] 1974) und Sechehaye ([1951] 1955) den symbolischen Umweltbezug dieser Menschen heraus. Nicht der rationale Gehalt einer Erfahrung, sondern allein ihre symbolische Botschaft, das, was sich hinter den 'trügerischen' Erscheinungen der Realität 'wirklich' verbirgt, bestimmt das Leben dieser Menschen. Bei psychotischen Kindern ist dies nach Bettelheim noch stärker zu beobachten, als bei Erwachsenen (Bettelheim 1975, 105). Wenn aber im Verhalten von psychotischen Erwachsenen eine menschliche Qualität von Wahrnehmung offen zutage tritt, die bei 'normalen' Erwachsenen nicht weniger gültig, aber verborgen bleibt, und wenn ferner 'normale' Kinder ein Verhalten zeigen, das bei 'normalen' Erwachsenen verdeckt bleibt, dann tritt im Verhalten psychotischer Kinder die symbolische Dimension menschlicher Wahrnehmung gleich in doppelter Verstärkung hervor. Auf diese Feststellung wird im Zusammenhang mit der Frage nach der Übertragbarkeit und Aktualität von Bettelheims Ansatz zurückzukommen sein. Da die symbolische Wahrnehmung von Bettelheim als Ausdruck unbewußter Prozesse angesehen wird, bietet eine symbolische Milieugestaltung die Möglichkeit, unmittelbar und ohne Umwege mit dem Unbewußten der Kinder zu kommunizieren (1975, 120).

Vor dem Hintergrund ihrer primär symbolischen Wahrnehmung werden auch zunächst idiosynkratisch anmutende Deutungen Bettelheims, die scheinbar unbedeutende Nebensächlichkeiten betreffen, verständlich. Einen in der Wand belassenen Haken in einem für einen neu aufzunehmenden Patienten hergerichteten Zimmer (bzw. Schlafbereich) interpretiert er beispielsweise folgendermaßen: Der neue Patient könne diese Unachtsamkeit so auslegen, daß die Institution ihm zumute, sich mit den 'Resten' zu begnügen, die eine andere Person zurückgelassen habe. Der Neuankömmling könne den Haken aber auch so interpretieren, daß die Institution insgeheim wünsche, er möge sich an ihm aufhängen (1975, 196).

Mit der symbolischen Ebene ist die genuin Bettelheimsche Sichtweise benannt. Aufgrund ihrer überragenden Bedeutung wird im folgenden Abschnitt dieser Blickwinkel auf die zuvor dargestellten architektonischen Voraussetzungen angewendet. Der nur randständigen Bedeutung der weiteren von ihm genannten qualitativen und quantitativen Kriterien entsprechend thematisiere ich sie erst im Anschluß und nur in kursorischer Form.

5.2.3 Zur Symbolik der Architektur der Orthogenic School

Welche »stummen Botschaften« gehen von einem Gebäudekomplex aus, der eine ehemalige Kirche, ein ehemaliges Pfarrhaus und ein Verbindungsgebäude umfaßt, dessen auffälligstes Kennzeichen seine romanischen Bögen darstellen? Das auch heute noch kirchenähnliche Aussehen der Orthogenic School weckt eindeutige Assoziationen. Sie werden von dem die Vorstellung eines Klosters wachrufenden romanischen Zwischengebäude noch verstärkt. Nach Bettelheim soll das bezeichnende Äußere Assoziationen von Sammlung und Einkehr, Kontemplation und Weltabgewandtheit, Assoziationen von innerem Wachstum und Selbstfindung wecken (1975, 111). Durch die Anklänge an ein Gotteshaus läßt sich auch die vieldeutige Metapher der Seele, der Bettelheim in seiner Psychoanalyse-Interpretation so große Bedeutung beimißt, bereits mit dem Äußeren der Orthogenic School in Verbindung bringen: Kirchen und Klöster, das sind Orte, an denen Menschen ihr Seelenheil erlangen oder wiedererlangen können. Säkular gewendet, stehen die religiösen Anklänge und »stummen Botschaften« der Architektur demnach durchaus in Einklang mit den Aufgaben und der Philosophie dieses Ortes.

An dieser Stelle werden die günstigen Ausgangsbedigungen erkennbar, die Bettelheim in Chicago vorfand. Im Unterschied zu den meisten anderen psychiatrischen Institutionen war er beim Auf- und Umbau der Orthogenic School nicht mit traditioneller Anstaltsarchitektur konfrontiert. Mit Recht verweist er auf die nachteiligen Botschaften, die von der gefängnisartigen Architektur traditioneller psychiatrischer Einrichtungen ausgehen (Bettelheim 1975, 102, 124). Auf der symbolischen Ebene artikuliert er damit, was Michel Foucault auf der Ebene der historisch-gesellschaftlichen Funktion medizinischer Institutionen herausgearbeitet hat: weit davon entfernt, Orte der Heilung und Therapie darzustellen, dienten sie vornehmlich dem Schutz der Gesunden durch die Ausgrenzung, Disziplinierung und Verwahrung der Kranken. In einer Architektur, die sich strukturell nicht von der von Gefängnissen unterscheidet, kommt diese Funktion zum Ausdruck (Foucault 1977, 185).

Aufgrund der willkommenen »stummen Botschaften« des kirchenähnlichen Komplexes und wohl auch, weil eine an eine Kirche erinnernde psychiatrische Institution bei dem emigrierten Wiener Bettelheim eindeutig positive Assoziationen und Erinnerungen an seine Heimatstadt geweckt haben dürfte, ging man bei erforderlichen Umbauarbeiten mit dem architektonischen Erbe sehr behutsam um. Bei in den fünfziger Jahren notwendigen Renovierungsarbeiten wurde davon Abstand genommen, die Kirche abzureißen, vielmehr sollte sie harmonisch in den Gesamtkomplex eingebunden werden. Der in den sechziger Jahren errichtete Zwischenbau mit seinen romanischen Bögen nimmt dann auch bewußt den symbolischen Gehalt der Kirche auf und unterstreicht ihn zusätzlich. Schon dieser 'aufbauende' Umgang mit der Architektur, der auch bei weiteren Umbauarbeiten beibehalten wurde, beinhaltet nach Bettelheim eine der pädagogisch-therapeutischen Arbeit zuträgliche »stumme Botschaft«. Man könnte sie ungefähr so formulieren: Ein absoluter Neuanfang ist unmöglich, Vergangenes kann nicht einfach abgeschüttelt werden, es gilt vielmehr, zu erneuern und umzugestalten. Auf den konstruktiven Anteilen muß aufgebaut, eine Integration mit Neuem angestrebt werden (Bettelheim 1975, 110). Nimmt man zu den von der Straße aus sichtbaren Gebäuden noch den sorgfältig angegliederten moderneren Ostflügel hinzu, so verstärkt sich der Eindruck eines sorgsam aufeinander abgestimmten Komplexes, der sich aus erkennbar unterschiedlichen Bauwerken zusammensetzt. Das Ensemble wirkt dadurch aufeinander abgestimmt – oder gar »einheitlich«, wie Bettelheim schreibt –, daß alle Gebäude miteinander verbunden und vom Material her aufeinander abgestimmt sind. Die unterschiedliche Architektur hingegen hebt die Eigenständigkeit der einzelnen Gebäude hervor. Bettelheim folgend, stellt damit schon die Architektur der Orthogenic School ein gelungenes Beispiel für Integration eines Ganzen unter Beibehaltung der Individualität seiner Elemente dar. Sie präsentiert sich als architektonisches »Abbild einer integrierten Existenz« (1975, 127).

Eine genauere Betrachtung des Eingangsbereichs der Orthogenic School soll die Erörterung der Außenansicht abschließen und zum symbolischen Gehalt ihrer Innenräume überleiten. Als erstes fällt auf, daß der Haupteingang der Schule schon auf den ersten Blick auch als solcher zu erkennen ist. Hier wird offenkundig, daß Milieugestaltung auch einer sicheren Orientierung dient. Zur Prägnanz des Eingangs tragen maßgeblich die leuchtend gelbe Tür und die nur wenige Stufen umfassende Treppe, die zu ihr hinführt, bei. Daß diese Treppe auf eine gelbe Tür zuführt, unterscheidet sie von den beiden anderen, die die Straßenfront der Orthogenic School ebenfalls aufweist. Neben der ungewöhnlichen Tür unterstreicht der in den sechziger Jahren hinzugefügte griechische Türportikus, daß es sich um den Haupteingang handelt. Seine Säulen nehmen ein architektonisches Merkmal der Kirche auf, das aufgrund seines symbolischen Gehaltes für den Eingangsbereich besonders geeignet erschien. Nach Bettelheim vermitteln antike griechische Säulen in besonders gelungener Form das »Gefühl wohlausgewogener Sicherheit« und Solidität (1975, 124). Die Kombination Treppe, Portikus und gelbe Tür bietet nicht nur eine eindeutige Orientierung, sie läßt den Eingangsbereich auch sehr einladend erscheinen und ruft den Eindruck hervor, er führe in ein angenehmes Haus.

5.2.4 Zur Symbolik der Innenräume und Ausstattungen

Die Aufgabe der Architektur und der äußeren Erscheinung eines Gebäudes liegt darin, einen positiven, ersten Gesamteindruck zu vermitteln. Die Innenarchitektur und die Ausstattung der Räume müssen ihn aufnehmen, bestätigen und differenzieren. Da es nicht möglich ist, den bemerkenswerten symbolischen Reichtum der gesamten Orthogenic School hier einzufangen (Bettelheim 1975, 126 ff.), sollen zunächst einzelne ausgewählte Elemente der Innenräume und Ausstattungen, die geeignet sind zu illustrieren, was symbolische Milieugestaltung bei Bettelheim konkret meint, benannt werden. Anschließend zeige ich das Prinzip differenzierter, aber immer noch exemplarisch an jenem Zimmer auf, das ein neuaufzunehmendes Kind, ein Besucher oder ein künftiger Mitarbeiter als erstes betritt: dem sogenannten 'Wohnzimmer'.

Den architektonischen Mittelpunkt der Orthogenic School bildet bewußt ein kleiner Innenhof, der zu Besinnung und Meditation einladen soll. Ähnlich wie in vielen Klöstern spielt in ihm das natürliche Element

Wasser eine beherrschende Rolle. Das Sprudeln und Plätschern eines Springbrunnens soll sinnbildlich den »ruhigen Fluß des menschlichen Lebens« zum Ausdruck bringen und darüber hinaus symbolisch auf den Ursprung allen Lebens und den Beginn der Evolution im nassen Element verweisen. In der Mitte des Wasserbeckens befindet sich die Skulptur *Die Schwestern* von Joachim Karsch (1897–1945). Ein sitzendes kleineres Mädchen, wird von einem stehenden größeren getröstet. Diese Skulptur soll symbolisch die Art von Beziehungen zum Ausdruck bringen, die in der Orthogenic School gepflegt und angestrebt werden. Die Kinder sollen lernen, in anderen Menschen nicht nur den Fremden, sondern den Mitmenschen zu erkennen, der sich in anteilnehmender Art und Weise bemüht, ihnen aus »verzweifelter Isolation« herauszuhelfen (Bettelheim 1975, 118). Das Ensemble Springbrunnen, Wasser und Skulptur suggeriert darüber hinaus ein harmonisches Verhältnis zwischen Natur (dem Element Wasser) und Kultur (der Plastik), wenngleich in der Orthogenic School den künstlerischen Symbolen der Vorrang eingeräumt wird (114). So werden die Kinder beispielsweise auch ermutigt, eigenen künstlerischen Neigungen nachzugehen und ihren Privatbereich mit Reproduktionen großer Meister zu bereichern. In dem Bestreben, den pädagogisch-therapeutischen Zielen von Milieutherapie synchrone »stumme Botschaften« mit Hilfe von Kunstwerken zu vermitteln, scheint unverkennbar der Kunsthistoriker Bettelheim auf, als der er in Wien seine akademische Laufbahn begonnen hatte.

Als weiteres symbolisches Element ist die Kombination von Antiquitäten und modernen Möbeln in der Orthogenic School zu nennen. In Analogie zum angestrebten psychischen Prozeß der Kinder soll sie die Integration von Altem, Bewährtem mit anregendem Neuen symbolisieren. Daneben soll die individuelle Einrichtung und Ausstattung jedes Raumes den Kindern signalisieren, daß Uniformität abgelehnt und Individualität gefördert wird. Wie differenziert Bettelheim auf der symbolischen Ebene mit Raum und Architektur umgeht, illustriert schließlich die Ausstattung des 'Wohnzimmers' der Orthogenic School:

> »In diesem [...] Raum [...] stehen ein paar ungewöhnliche Möbelstücke. Da gibt es einen alten [...] hölzernen Thron. Neben ihm eine alte Wiege – alt, weil die modernen weder so stabil gebaut noch so bequem sind. Diese Wiege [...], ist so groß, daß sie ohne weiteres ein sechsjähriges Kind tragen und wiegen kann, sogar Teenagern ist es gelungen, sich in ihr zusammenzurollen. Sie verrät stillschweigend, für wie wichtig wir die ersten Erfahrungen des Kleinkindes auch für das weitere Leben halten. Als nächstes steht da ein [...] viktorianisches Puppenhaus in schöner Ausführung und voll eingerichtet: kein modernes Puppenhaus ist so gut gebaut [...]. Dann gibt es noch ein Seepferd,

das von einem alten Karussell stammt und auf dem jedes Kind reiten kann, ein paar antike Spielsachen auf dem Kaminsims und einen Wandbehang, der ein Märchen erzählt. Da der Raum für alle da ist, für Erwachsene wie für Kinder, gibt es in ihm auch Gegenstände, die ganz eindeutig für jeden gedacht sind; beispielsweise auf kleinen Tischen ein oder zwei offene Schalen mit Süßigkeiten, aus denen man sich bedienen kann. Die Einrichtung des Raumes macht deutlich, daß die Bedürfnisse und Freuden des Kindes ebenso wichtig sind wie die der Erwachsenen« (1975, 136 f.).

Die »stummen Botschaften« dieses Raumes gehen einmal von den einzelnen Gegenständen selbst, zum anderen aber auch von ihrer Kombination aus. Aus Bettelheims Beschreibungen lassen sich mindestens sieben Botschaften herausarbeiten: Danach steht die genannte Wiege für die Bedeutung, die an diesem Ort den frühkindlichen Erfahrungen und ihren Auswirkungen für das weitere Leben beigemessen werden. Der Thron soll den Kindern – zweitens – signalisieren, daß die aus ihren Minderwertigkeitsgefühlen erwachsenden Größenvorstellungen hier ernstgenommen, ja, als ihre höchsten Leistungen respektiert werden. Das Puppenhaus symbolisiert – drittens – die Berechtigung infantiler Bedürfnisse und das Anliegen der Institution, sie wertzuschätzen. Daß es sich um ein viktorianisches Puppenhaus handelt, verweist auf der symbolischen Ebene noch einmal auf die Bedeutung der (Lebens) Geschichte, denn viele Generationen von Kindern haben schon damit gespielt. Das Seepferd, ein Phantasiewesen, halb Pferd, halb Seeschlange, soll – viertens – veranschaulichen, wie wahnhafte Vorstellungen und reale Gegebenheiten sich verquicken und phantastische Gestalten hervorbringen können. Die fünfte Botschaft dieses ungewöhnlichen Raumes: innere Wirklichkeiten und Wunschvorstellungen können dazu dienen, die äußere Realität zu bereichern. Die harmonische Kombination von kleinen und großen Möbeln soll – sechstens – symbolisieren, daß dieser Raum für Erwachsene und Kinder gleichermaßen eingerichtet wurde, und beide Realitäten sich nicht widersprechen müssen, sondern gegenseitig bereichern können. Was Bernfeld ([1921] 1996, 64) pädagogische »Kompromißgesinnung« nannte, erfährt hier seine räumlich-gegenständliche Umsetzung (Bernfeld [1921] 1996, 64.).* Die Kombination von die Phantasie stimulierenden Gegen-

---

* Heime, die die berechtigten Bedürfnisse der dort arbeitenden Erwachsenen leugnen, gleichen nach Bettelheim einem »Wunderland, in dem sich Elternfiguren wie 'verrückte Hutmacher' aufführen und [...] Alice erlauben, das Leben ihrer Eltern zu regeln. Daraus entsteht eine große Unsicherheit, da es an den Beschützern fehlt, die ein Kind braucht, und das Kind wird in bezug auf die Ordnung dieser Welt und seine eigene Macht und Bedeutung gehörig verwirrt« (Bettelheim [1950] 1988, 26).

ständen wie etwa das Seepferd oder der Thron einerseits mit funktionalen Gebrauchsgegenständen andererseits soll schließlich – siebtens – darauf verweisen, daß Phantasie und Realität eine glückliche Verbindung eingehen können. Darüber hinaus verweist diese Kombination symbolisch darauf, daß die Schule einerseits fest in der Realität verankert ist, andererseits aber die psychologische Notwendigkeit und persönliche Berechtigung von phantastischen und Wahnvorstellungen ernstnimmt. Hinter all diesen beabsichtigten symbolischen Botschaften wird ein zentrales Prinzip von Milieutherapie erkennbar: Das psychotische Kind wird, so wie es ist, angenommen. Man versucht, in seine Welt einzutreten, anstatt von ihm zu verlangen, seine Symptome abzulegen und sich der Welt der Erwachsenen einzufügen (Bettelheim 1976, 15). An der Orthogenic School wird von den Kindern erst einmal überhaupt nichts gefordert, ihnen wird vielmehr etwas geboten: die unbedingte Achtung vor ihrer personalen Würde und verrückten Wahrnehmung. Dahinter stehen zwei Überlegungen. Erstens: Da das Kind einen beträchtlichen Teil seiner Energie dafür aufwendet, seine Wahnwelt vor der Wirklichkeit abzuschirmen, erfährt es eine gewisse Entlastung, sobald man seine Sicht der Welt mit ihm teilt. Dies darf allerdings nicht dahingehend mißverstanden werden, daß es in seinen wahnhaften Vorstellungen bestärkt werden soll. Es geht allein darum, die subjektive Notwendigkeit seiner besonderen Wahrnehmung anzuerkennen und sie auch (symbolisch) zu kommunizieren. Zweitens: Da das psychotische Kind es aufgegeben hat, zwischen Realität und Phantasie eine angemessene Beziehung herzustellen, bleibt es in seiner wahnhaften Wahrnehmung verfangen und verweigert sich der Realität. Umgekehrt zeigt sein Umfeld in aller Regel wenig Bereitschaft, sich auf seine verrückten Wahrnehmung einzulassen. Dadurch entstehen nicht zu überbrückende Gegensätze. Der erste Schritt, diesen Teufelskreis zu durchbrechen, besteht nun darin, die Wahrnehmung des psychotischen Kindes zu respektieren. Indem man seine Sicht der Welt mit ihm teilt, entlastet man es nicht nur, im günstigsten Fall weckt man bei ihm eine gewisse Bereitschaft, sich auch auf die Sichtweisen der es betreuenden Erwachsenen einzulassen. Dieses Prinzip der Gegenseitigkeit gilt Bettelheim zufolge ebenso für Erziehungsprozesse normaler Kinder (Bettelheim/Zelan 1982, 82).

Aufgrund der besonderen Empfänglichkeit psychotischer Menschen für symbolische Gehalte liegen in einer symbolischen Milieugestaltung besondere Möglichkeiten. Zugleich resultiert daraus aber auch eine besondere Verpflichtung. Stärker als andere sind psychotisch erkrankte Menschen durch Symbole betrogen worden. Nichts ist verhängnisvoller für sie, als »Symbole, die lügen« (Bettelheim 1975, 134);

Symbole, denen die Wirklichkeit, die sie repräsentieren sollen, nicht entspricht. Das Nachdenken über symbolische Umweltgestaltung radikalisiert damit die Frage nach der Aufrichtigkeit der pädagogisch-therapeutischen Bemühungen und fordert Zurückhaltung hinsichtlich großartiger menschenverändernder Ideen, denen die Pädagogen selbst vielfach nicht gerecht werden können. Nur zu oft sprechen konkrete Handlungen eine andere Sprache als wohlfeile verbale Bekenntnisse; ein Widerspruch, der Verwirrung und Mißtrauen erzeugt, wo eindeutige Orientierung gefordert ist.

5.2.5 Fünf interpretierend-kommentierende Bemerkungen

Zunächst: An den bisherigen Ausführungen ist deutlich geworden, daß Bettelheims Praxis der symbolischen Milieugestaltung keine spezifischen symboltheoretischen Überlegungen zugrunde liegen. Seinen charakteristischen Bezugspunkt bildet auch in dieser Hinsicht ein sensibler und geschulter gesunder Menschenverstand.

Zweitens: Bei der Benennung der von den Gebäuden ausgehenden »stummen Botschaften« wie »Geborgenheit«, »Versenkung«, »Bildung«, oder »Schutz vor den Belastungen des Lebens« bin ich Bettelheims eigenen Vorgaben und Interpretation gefolgt. Sie erscheinen mir gut nachvollziehbar und weitgehend schlüssig. Hier sollen aber auch die Eindrücke nicht verschwiegen werden, die sich beim Nachvollziehen und Überprüfen seiner Deutungen anhand von Photographien der Orthogenic School bei mir einstellten.* Aus heutiger Perspektive mutet der Gebäudekomplex auch merkwürdig 'altmodisch' und unzeitgemäß, beinahe anachronistisch an. So nachvollziehbar insbesondere Bettelheims Intentionen und Interpretationen bezüglich des klosterähnlichen Zwischengebäudes erscheinen, es weckt auch negative Assoziationen. Durch seine Fensterlosigkeit wirkt es unlebendig und sehr massiv, beinahe festungsartig. Als »stumme Botschaft« vermittelt sich mir eher die eines 'Eingemauert- und Eingesperrtseins' als die des 'Behütetwerdens'. Jedenfalls kann ich auch architektonische Anhaltspunkte für die Aussagen einiger Kinder erkennen, die die Orthogenic School als ein Gefängnis empfanden (Bettelheim [1955] 1985, 318, 464). Meine Eindrücke und Empfindungen mögen zum Teil davon beeinflußt sein, daß die mir vorliegenden Photos bei fahlem Winterlicht aufgenommen wurden. Daß aber in der Tat auch kontraproduktive Effekte der (Innen)Architektur an der Orthogenic School auftraten, belegt das Bei-

---

* Vgl. dazu die Abbildungen in: Internationale Gesellschaft für Heimerziehung (Hrsg.) 1974, 106–109.

spiel des sogenannten »Adolescent Unit« (der durch den Innenhof von der Vorderfront des Zwischengebäudes getrennte Bau, der den Ost- und Westflügel miteinander verbindet). In fünfjähriger Bauzeit entstanden, wurde er 1966 mit einem großen Fest eingeweiht. Bald stellte sich jedoch heraus, daß dieses Gebäude auf der Ebene der »stummen Botschaften« alles andere als erwünschte Wirkungen entfaltete. Die Einzelzimmer wirkten wie Klosterzellen und das gesamte Gebäude strahlte eine Atmosphäre kalter Eleganz aus. Da es bei seinen Bewohnern Ängste auslöste, wurde sein Innenleben schon bald umgestaltet.

Drittens: Die symbolischen Bedeutungen, die Bettelheim einzelnen Elementen und auch der Anlage als ganzer unterlegt, erscheinen plausibel und gut nachvollziehbar. Gleichwohl bleiben sie mehrdeutig und vor allem: es bleiben *seine* Interpretationen und *seine* Intentionen. Wie eine Passage aus seinem Essay *Freud und die Seele des Menschen* ([1982] 1986) belegt, ist er sich gleichzeitig bewußt, daß eine Symboldeutung ohne Rücksicht auf die Assoziationen der Betreffenden nicht mehr sein kann als »ein Virtuosenstück von sehr zweifelhaftem Wert« (Freud zit. nach Bettelheim [1982] 1986, 59). Wie psychotische Menschen die Symbolik der Orthogenic School oder eines anderen therapeutischen Milieus deuten, kann daher im Grunde nicht zuverlässig vorausgesagt werden.

Viertens: Die konkrete Gestaltung und Ausstattung der Orthogenic School ist stark vom persönlichen Geschmack Bettelheims bestimmt. Wie die Anmerkung eines Besuchers zeigt, derzufolge die Schule als Kulisse für ein Stück von Arthur Schnitzler dienen könnte, spiegelt sie auch die kulturelle Herkunft ihres Leiters wider (Dempsey 1970, 107). Oberflächlichen Rezeptionsbemühungen kann dies vorschnell als Beleg für die absolute Abhängigkeit des Konzepts von der Persönlichkeit ihres Begründers dienen. Aber nicht das Prinzip, symbolische Botschaften in die Reflexion und Gestaltung pädagogischen Alltags einzubeziehen, ist einzigartig und damit nicht übertragbar, sondern lediglich die konkrete Ausführung. Bettelheim betont, daß andere Entwürfe und Einfälle ihren Zweck ebenso gut erfüllen können. Entscheidend sei, daß Räume und Gegenstände mit menschlichem Sinn ausgestattet würden (Bettelheim [1955] 1985, 35). Zu ergänzen wäre, was er mit Bezug auf die Bedeutung schöner Gegenstände jenseits ihrer Symbolik mitgeteilt hat: Es geht auch darum, daß Gegenstände, Räume und Ausstattungen von so hoher Qualität sind, daß auch die Betreuer in sie positive Emotionen investieren können, denn nur dann wird dies auch den ihnen anvertrauten Kindern gelingen. Wiederholt hat Bettelheim seine Überzeugung zum Ausdruck gebracht, daß Gefühle und Bemühungen, die Erwachsene beispielsweise auf die sorgfältige und liebevolle Auswahl eines Geschenkes verwenden, dem Beschenkten nicht entgehen werden, zumal dann, wenn es sich um ein in dieser Hinsicht besonders sensibles gestörtes Kind handelt. Hier taucht eine mit der symbolischen Milieugestaltung verbundene, gleichzeitig aber auch über sie hinausweisende Ebene auf. Möglicherweise beruhen die positiven Wirkungen eines therapeutischen Milieus nach Bettelheim darauf, daß die Sorgfalt, mit der das gesamte Milieu gestaltet und gepflegt wird, den Kindern eine ausgeprägte Achtung vor ihnen und ein außergewöhnliches Engagement für ihr Wohlergehen vermittelt.

Fünftens: Zuweilen kann der Eindruck entstehen, daß Bettelheim die »stummen Botschaften« des Milieus sehr stark aus der Erwachsenen-Perspektive deutet. Die seinen Interpretationen implizite Vorstellung des kindlichen Wesens erscheint mir mitunter allzu passiv und rational-kontemplativ. Dies belegt der Konflikt, um das Wasserbecken mit der besinnlichen Skulptur von Karsch. Als – zumindest im Sommer – für die Kinder wichtiger als ihr symbolischer Wert erwies sich, ob man darin baden und plantschen darf oder nicht. Welche »stumme Botschaft« geht von einer Situation aus, in der eine Betreuerin den Kindern dies erlaubt, sich dadurch aber den Unmut des in Ästhetik promovierten Direktors zuzieht? Hier geraten zwei oben angesprochene Ebenen der Milieugestaltung in Widerspruch zueinander.

5.2.6 Jenseits der Symbolik: Weitere qualitative und quantitative Aspekte der Milieugestaltung

Angesichts der bisherigen Ausführungen könnte der Eindruck entstehen, Milieugestaltung bei Bettelheim beschränke sich ausschließlich auf die symbolische Ebene. Dem ist nicht so. Jenseits der Symbolik benennt er noch eine Reihe weiterer quantitativer und qualitativer Gestaltungskriterien. Neben der Größe der Institution hebt er die Bedeutung von Geruch und Temperatur, sowie die Bedeutung von kinästhetischen und taktilen Qualitäten des Milieus hervor (Bettelheim [1967] 1989a, 23). So betont er etwa die Bedeutung einer taktil stimulierenden Umgebung für Personen, die unter einem Kontaktverlust mit der Realität leiden und ihn erst mühsam wieder herstellen müssen. Eine den Tastsinn ansprechende Milieugestaltung vermittle ihnen ein besonderes Gefühl von Sicherheit. An Bettelheims Diskurs über die Bedeutung der Innenräume und Ausstattungen der Orthogenic School fällt aber ein bezeichnendes Ungleichgewicht zwischen Symbolik einerseits und den anderen von ihm benannten Aspekten andererseits auf. Mit Ausnahme des quantitativen Aspektes Raumgröße, den er selbst ausführlich am Beispiel des Wohnzimmers und seiner Funktionen erörtert, lassen sich die anderen von ihm genannten Milieuqualitäten nur mit viel gutem Willen auch in seinen Ausführungen über das 'Wohnzimmer' oder in den zugehörigen Abbildungen wiederfinden. Dies trifft auch auf die anderen beschriebenen und abgebildeten Räumlichkeiten der Orthogenic School zu. So müßte beispielsweise der im Wohnraum über dem Kamin angebrachte Wandbehang mit Bezug auf seine Anmerkung über die stimulierende taktile Wirkung von Stoffen etwas künstlich als das Element dargestellt werden, das dem Aspekt taktile Qualitäten des Milieus Rechnung trägt (Bettelheim 1975, 124). Ebenso müßte mit dem Aspekt »kinästhetische Erfahrungen« verfahren werden, den Bettelheim hauptsächlich an der steinernen Frauenfigur (»The Lady«) im Garten der Schule festmacht. Das festgestellte Ungleichgewicht unterstreicht die Dominanz der symbolischen Betrachtungsweise und den Nachrang aller anderen Kriterien in seinem Konzept. Milieugestaltung bei Bettelheim meint daher ohne Zweifel in erster Linie symbolische Gestaltung. Die nur nachgeordnete Bedeutung der taktilen, kinästhetischen und sonstigen Qualitäten des Milieus wird durch den streckenweise betont programmatischen Charakter seiner diesbezüglichen Ausführungen unterstrichen. Ein Blick nicht nur auf die alten Photographien der Ausstattung der Orthogenic School in Bettelheim (1975) sondern auch auf die aktualisierten Abbildungen in The University of Chicago (o. J.) verdeutlicht überdies, daß vor dem Hintergrund einer gestiegenen Sensibilität für die Qualität von Materialien sich das Konzept in dieser Hinsicht noch als entwicklungsfähig darstellt (Mahlke/Schwarte 1985, 51 f. und Dahl 1974, 46).

5.3 Dimensionen von Milieutherapie: III Die »institutionelle Umwelt«

> »Es scheint also in der Institution beides angelegt zu sein: die Chance der persönlichen Bereicherung ebenso wie das Schicksal schlimmster Verarmung.«
>
> Maud Mannoni (1973, 135)

5.3.1 Organisationsstrukturen der Orthogenic School

Ebenso wie von den Gebäuden, Räumen und Ausstattungen einer Institution gehen von ihren organisatorischen Rahmenbedingungen *sozialisierende Wirkungen* und bedeutsame »stumme Botschaften« aus. Auch sie können im günstigen Fall die jeweiligen pädagogisch-therapeutischen Ziele fördern, sie im ungünstigen Fall aber auch unterlaufen. Dieser Wechselwirkung trägt die bewußte Gestaltung der »institutionellen Umwelt« in Bettelheims Milieutherapie Rechnung.

Bevor ich ausführlich auf die Organisationsstrukturen der Orthogenic School eingehe, sei hier die stark hierarchische und arbeitsteilige Organisation traditioneller Institutionen als negativer Fluchtpunkt benannt. Die weiter unten folgenden Argumente gegen eine stark hierarchisch und arbeitsteilig gestaltete Arbeitsweise stammen zum wesentlichen Teil von dem Sozialanthropologen Jules Henry. Auf Einladung Bettelheims untersuchte Henry im Rahmen einer einjährigen Feldstudie die Organisationsstrukturen der Orthogenic School (Henry 1954, 1957, 1957a). Um sie zu charakterisieren, verwendete er die Bezeichnung »einfache, undifferenzierte Subordination« (Henry 1957, 47). Damit brachte er zum Ausdruck, daß Aufgaben und Zuständigkeiten nur soweit aufgeteilt werden, wie es unbedingt erforderlich ist und nur eine Hierarchieebene existiert; die zwischen den untereinander gleichgestellten Mitarbeitern und dem Direktor. Dieser Organisationsform stellte er die der »multiplen, differenzierten Subordination« gegenüber (1957, 48, 55 ff.). Sie zeichnet sich durch eine weitgehende Aufteilung von Aufgaben und Zuständigkeiten sowie durch die Existenz mehrerer Hierarchieebenen (Erzieher, Gruppenleiter, Erziehungsleiter, Heimleiter) aus.

Aus Bettelheims und Henrys Ausführungen lassen sich nun mindestens vier Argumente herausarbeiten, die in der Arbeit mit stark gestörten Kindern *gegen* die Organisationsform der »multiplen, differenzierten Subordination« sprechen:

Erstens: Indem eine hierarchisch und arbeitsteilig organisierte Institution ihre Mitarbeiterschaft sowohl hinsichtlich ihrer Zuständigkeiten (horizontal) als auch hinsichtlich der ihnen zugestandenen Kompetenzen (vertikal) unterteilt, umgibt sie ihre Patienten mit einem System, das unabsichtlich ihre inneren Spaltungen äußerlich reproduziert (Bettelheim 1975, 88; Henry 1954, 151). Erstrebenswert erscheint dagegen eine möglichst einheitliche Organisationsform, die sich als Vorbild für die von den Patienten zu leistende Persönlichkeitsintegration eignet.

Zweitens erschweren Hierarchie und Arbeitsteilung eine offene Kommunikation zwischen den unterschiedlichen Ebenen. Sie stehen zudem immer tendenziell in Gefahr, für die Patienten verwirrende Kompetenzüberschneidungen und widersprüchliche Anweisungen zu produzieren. Da die Verteilung der Aufgaben und Verantwortlichkeiten auf viele Personen dazu führt, daß der jeweilige Mitarbeiter immer nur für einzelne Aspekte des Lebens des Patienten zuständig ist, verhindert eine stark arbeitsteilige Organisation, daß ein tiefes, persönliches Engagement für die Kinder entsteht (Bettelheim 1975, 228, 246). Im Gegenteil: Stark aufgeteilte Verantwortung führt tendenziell dazu, daß sich niemand wirklich zuständig fühlt.

Schließlich verstärkt eine hierarchische Organisation – viertens – das Gefühl der Kinder, dem eigenen Schicksal hilflos ausgeliefert zu sein, weil sie keinen direkten Zugang zu der über die meisten Entscheidungsbefugnisse verfügenden Leitungsebene haben. Es braucht nicht eigens betont zu werden, daß sich Gefühle der Machtlosigkeit und der mangelnden Einflußnahme in persönlichen Belangen auf die Kinder schwächend und auf die Mitarbeiter demotivierend auswirken. Diese unbeabsichtigte, kontraproduktive Wirkung wird oft noch durch eine räumliche Trennung verstärkt. Die Personen, die letztlich über das Leben der Kinder bestimmen, sitzen in der Regel in separaten Verwaltungsgebäuden. Aus der Perspektive der Kinder betrachtet, erscheinen diese nur allzuoft als ein kafkaeskes Schloß.

Aber auch aus der Leitungsperspektive erweist sich eine hierarchisch strukturierte Institution als nachteilig. So wissen beispielsweise die sogenannten Entscheidungsträger nur in den seltensten Fällen etwas über alltägliche Vorgänge und Vorfälle im Leben der ihnen anvertrauten Kinder. Ihre Entscheidungen entbehren zwangsläufig dieser wichtigen Grundlage (Bettelheim, 1975, 86 f.).

Den für die Herstellung eines therapeutischen Milieus untauglichen Prinzipien »Hierarchie« und »Arbeitsteilung« setzt Bettelheim an der Orthogenic School »Organisationsprinzipien« – oder vielleicht besser – »Organisationswerte« entgegen, die in eine vollkommen andere Richtung weisen. Es sind dies: »Einheitlichkeit«, »Autonomie«, »Soziale Solidarität« und »Gemeinschaft«.

5.3.1.1 Einheitlichkeit

Eine »Atmosphäre der Einheitlichkeit« stellt das grundlegende Mittel von Milieutherapie dar, mit dem man den gespaltenen und fragmentierten Persönlichkeiten der Kinder heilsam zu begegnen versucht. Wie der Begriff des Milieus, so verweist auch die Bezeichnung »einheitliche Atmosphäre« in gleichem Maße auf ein räumliches, institutionelles und zwischenmenschliches »Klima«. Letztlich zielen beide Begriffe auf das utopische Ideal einer vollkommen und dauerhaft integrierten Institution.

Bettelheim favorisiert zwei organisatorische Maßnahmen, um Widersprüche in der Arbeitsorganisation zu vermeiden und ein größtmögliches Maß an Einheitlichkeit zu erlangen: Den Abbau der Statushierarchie unter allen Mitarbeitern und die Zusammenfassung aller für ein Kind wesentlichen Belange in der Hand eines einzigen Hauptbetreuers.

Solange die Mitarbeiterschaft in »Anweisende« und »Ausführende« gespalten ist, widerspricht die Form der Arbeitsorganisation den pädagogisch-therapeutischen Inhalten und bringt fast zwangsläufig berufliche Eifersucht mit all ihren negativen Folgen hervor (Bettelheim 1966, 696). Aus diesen Gründen waren an der Orthogenic School alle Mitarbeiter mit Ausnahme des Direktors formal gleichgestellt, was allerdings wechselnde und aufgabenbezogene Hierarchien ausdrücklich nicht ausschloß. Auf diese Weise bestimmte sich der Status von Mitarbeitern nicht länger durch die Zugehörigkeit zu einer gesellschaftlich mehr oder weniger angesehenen Berufsgruppe. Entscheidend war vielmehr ihr Engagement für die ihnen anvertrauten Kinder und nicht zuletzt ihre tatsächlichen Kompetenzen. Ferner ging mit dem Abbau der Statushierarchie eine deutlich geringere soziale Distanz zwischen allen Mitgliedern der »Schule« einher, als sie in hierarchisch organisierten Einrichtungen üblich ist. Und noch in einem weiteren Punkt unterschied sich die Arbeitsorganisation grundlegend von der traditioneller Institutionen: Während die Betreuer normalerweise als professionelles Fußvolk oder wie Bettelheim schreibt, als »lesser breed« (1966, 696) angesehen werden und ihnen so gut wie keine Entscheidungsmacht zugestanden wird, verfügen sie an der »Schule« über alle »ihre« Kinder betreffenden Befugnisse.

Die zweite angesprochene Maßnahme zur Gewährleistung der »inneren Einheit« des Milieus bestand darin, Aufgaben und Zuständigkeiten nur so weit aufzuteilen, wie es die begrenzte Arbeitskraft der einzelnen Mitarbeiter erforderte. Die Hauptzuständigkeit und -verantwortung für ein Kind liegt in der Orthogenic School in den Händen von nur einer einzigen Person, dem Hauptbetreuer:

> »Wenn eine einzige Person die Hauptverantwortung für die [...] Arbeit mit einem Patienten trägt, bringt das Einheit in die Welt des Patienten und fördert seine Integration. Wenn sich nur ganz wenige Personen mit all seinen sonstigen Bedürfnissen befassen, wird verhindert, daß sein Leben in zu viele (um nicht zu sagen gegensätzliche) Teile zersplittert wird. Das kann aber nur dann wirksam sein, wenn alle, die mit ihm arbeiten, von den gleichen therapeutischen Überzeugungen durchdrungen sind und eng zusammenarbeiten – nicht nur als Therapeuten und Betreuer, auch als Menschen« (Bettelheim 1975, 258).

Aufgrund der Vielzahl der Aufgaben, die die umfassende Versorgung eines Kindes mit sich bringt, wird der Hauptbetreuer durch eine zweite Person unterstützt, die ebenfalls eine zentrale Bezugsperson für das Kind darstellt. Hinzu kam noch eine Lehrerin, die die Kinder viele Jahre lang unterrichtete (Sanders 1993, 31). Diese drei Personen – mit in der Reihenfolge der Aufzählung abnehmender Verantwortlichkeit – waren in erster Linie für das Wohlergehen eines Kindes in der »Schule« verantwortlich. Weitere Personen, etwa ein Therapeut für die Einzeltherapie, wurden erst hinzugezogen, wenn das Kind in der Zusammenarbeit mit diesen drei Personen sein Innenleben so weit zu ordnen vermocht hatte, daß es eine neu angebotene Beziehung als Bereicherung erleben konnte. Solange dies nicht der Fall war, übernahm der Hauptbetreuer auch die Einzeltherapie.

Einheit in das Leben eines Patienten zu bringen, heißt es sinngemäß im obigen Zitat, ist nur möglich, wenn alle, die mit ihm arbeiten, von der gleichen Philosophie durchdrungen sind. So beiläufig dieser Satz auch daherkommt, er verweist auf eine entscheidende Bedingung eines therapeutischen Milieus: Eine einheitliche Milieugestaltung steht und fällt mit der Existenz oder Nicht-Existenz einer gemeinsamen Philosophie, die alle Mitarbeiter nicht nur teilen, sondern die sie sich auch zu eigen machen und gemäß der sie vor allem auch handeln müssen: »Die Seele einer Anstalt ist ihre Philosophie, wie sie von den Mitarbeitern praktiziert wird« (Bettelheim 1975). Letztlich war Bettelheims, im ersten Kapitel dieses Buches charakterisierte, humanistische Psychoanalyse-Lesart die »Seele« der Orthogenic School und damit das tragende und einheitsstiftende Band der ganzen Organisation.

Hinsichtlich eines einheitlichen Vorgehens trat Bettelheim zwei auch heute noch häufigen Mißverständnissen entgegen: Er widerspricht dem naiven Glauben, Einheitlichkeit in der pädagogischen Arbeit ließe sich dadurch erreichen, daß alle Mitarbeiter regelmäßig wiederkehrende Aufgaben in möglichst ähnlicher Art und Weise erledigen. Der daraus resultierende Effekt ist kontraproduktiv; aus einem solchen Vorgehen folgt nicht Einheitlichkeit, sondern *Einförmigkeit* mitsamt ihren nachteiligen »stummen Botschaften«: Der Patient fühlt sich nicht als Person und Individuum, sondern als »Fall« behandelt; er spürt, daß der Mitarbeiter weder seinen Bedürfnissen zu entsprechen versucht, noch gemäß seiner eigenen Persönlichkeit handelt. Indem er »seine Pflicht tut«, entzieht er sich dem Patienten als Mensch. Auf der Ebene der stummen Botschaften signalisiert ein solches nur pflichtgemäßes und daher gleichförmiges Verhalten dem Patienten, daß es offenbar unerwünscht ist, eine einzigartige Persönlichkeit zu sein. Zugleich sollen die gleichen Mitarbeiter ihn aber ermutigen, seine Individualität und einzigartige Persönlichkeit zu entwickeln. Ein mechanischer Versuch Einheitlichkeit zu stiften, führt derart genau zu seinem Gegenteil: Er schafft Widersprüche, anstatt sie zu beheben (1975, 239 f.).

Das zweite Mißverständnis besteht in der Annahme, »Einheitlichkeit« stelle eine notwendige *Voraussetzung* der pädagogisch therapeutischen Arbeit dar. So sehr jeder gelingende pädagogische Prozeß auch auf ein einheitliches Vorgehen aller daran Beteiligten angewiesen ist, so wenig konnte es selbst in einem kleinen, intensiv beeinflußten

Setting wie der Orthogenic School vorausgesetzt werden. Allein die Tatsache, daß verdiente Mitarbeiter die Einrichtung verließen und weniger erfahrene und mit dem Ethos der Institution weniger vertraute Kollegen an ihre Stelle traten, gefährdete punktuell immer wieder die Einheitlichkeit des pädagogischen und therapeutischen Vorgehens. Einheitlichkeit kann daher nur das *Ergebnis* engagierter und permanenter gemeinsamer Bemühungen sein.

5.3.1.2 Autonomie

Nach Bettelheims Überzeugung bringt allein der Einsatz der ganzen Persönlichkeit eines Mitarbeiters positive Veränderungen bei den ihm anvertrauten Kindern hervor. Ein nur berufsrollengemäßes, professionelles Handeln vermag das niemals zu leisten (1975, 230). Aus diesem Grund sind die Gefühle und Überzeugungen der Betreuer, ihre individuellen Begabungen und Eigenheiten und vor allem ihre Fähigkeit, von den eigenen Lebenserfahrungen therapeutisch Gebrauch zu machen, in der Beziehung zu den Kindern von größerer Bedeutung als eine bestimmte therapeutische Ausbildung oder theoretisches Wissen (1975, 15, Bettelheim/Rosenfeld 1993, 66 ff.). Die jeweilige einzigartige Persönlichkeit der Betreuer und Lehrer stellt demnach die eigentliche »Arbeitsgrundlage« der Milieutherapie dar.

Mit diesem Primat des Subjekts, muß es ein vordringliches Anliegen der Arbeitsorganisation sein, dafür zu sorgen, daß die unterschiedlichen Mitarbeiter ihre Persönlichkeiten in der pädagogischen Arbeit auch tatsächlich zur Geltung bringen und handelnd verwirklichen können. Der zweite Wert, an dem sich die Arbeitsorganisation der Orthogenic School daher ausdrücklich ausrichtet, ist »Autonomie«. Zu seiner praktischen Umsetzung gehört es, daß den Betreuern ein Höchstmaß an Selbstbestimmung und Entscheidungsbefugnissen zugestanden wird. Im Gegensatz zur Kompetenzverteilung in traditionellen Institutionen verfügen sie an der Orthogenic School über alle »ihre« Kinder betreffenden Entscheidungsbefugnisse.

Ein autonomer Arbeitsstil wird den Mitarbeitern aber nicht nur ermöglicht, er wird von ihnen auch *gefordert* und – falls erforderlich – wird zu seiner Entwicklung aktiv beigetragen (Bettelheim 1975, 251). Autonom zu arbeiten bedeutet dann beispielsweise auch, daß von neuen Mitarbeitern schon nach einer relativ kurzen Einarbeitungszeit erwartet wird, daß sie die volle Verantwortung für ihre Kinder auch tatsächlich übernehmen und derart den Verlauf der Behandlung nicht nur maßgeblich mitbestimmen, sondern ihm auch frühzeitig ihre persönliche Handschrift verleihen. Im Sinne der betreuten Kinder – und sicher auch im Sinne der Institution – entspricht allerdings dem hohen Grad an Selbstständigkeit und Entscheidungsfreiheit eine ebenso strenge Verpflichtung, über getroffene Entscheidungen Rechenschaft abzulegen. In den täglichen Mitarbeiterkonferenzen müssen wichtige Entscheidungen von den Betreuern begründet und mit der Leitung und mit (erfahreneren) Kollegen reflektiert werden.

Die Bedeutung des favorisierten autonomen Arbeitsstils tritt im Spiegel der Gefahren einer *nicht*-autonomen Beziehungsgestaltung deutlich hervor: Unabhängig vom Ergebnis geht Bettelheim zufolge selbst von einer freiwillig fremdbestimmten Arbeitsweise eine doppelte Gefahr aus: Übernimmt etwa ein Mitarbeiter ungeprüft Empfehlungen, die sich als ungeeignet erweisen, so fühlt sich das Kind zum einen unverstanden. Zum anderen signalisiert ihm die Tatsache, daß der Mitarbeiter wichtige Entscheidungen innerhalb ihrer Beziehung anderen überläßt, daß ihm die Beziehung so viel nicht wert sein kann. Nur in einer weniger wichtigen Beziehung wird man wichtige Entscheidungen anderen überlassen. Aber selbst wenn sich die Ratschläge als hilfreich erweisen, profitiert der Mitarbeiter nicht wirklich davon, denn das eigentliche Verdienst gebührt ja nicht ihm, sondern dem, der ihm den Rat gab. Bilden dagegen seine eigenen Gefühle und Überzeugungen die handlungsleitende Entscheidungsgrundlage – was Beratung durch erfahrenere Kollegen ja nicht ausschließt – profitiert im günstigen Fall sowohl das Kind, weil es sich wertgeschätzt und verstanden fühlt, gleichzeitig aber auch der Mitarbeiter, dessen Selbstbewußtsein und Selbstachtung wächst. Selbst im Falle eines Irrtums profitiert er noch insofern, als er gezwungen ist, diese Entscheidung sorgfältig zu hinterfragen und daraus zu lernen. Die Ernsthaftigkeit seiner Bemühungen wird dem Kind nicht entgehen und ist daher ihrer Beziehung auch in diesem Fall zumindest mittelbar zuträglich (Bettelheim 1975, 254 f.).

Bemerkenswert erscheint mir, daß auch andere Autoren der hier favorisierten autonomen Arbeitsweise den gleichen hohen Stellenwert einräumen. So unterstreichen beispielsweise Renate Blum-Maurice und Erhard Wedekind (1980, 106 f.) vor dem Hintergrund ihrer an Aichhorn und Redl orientierten Arbeit die Bedeutung autonomer Entscheidungsmöglichkeiten und übrigens auch die des Hierarchieabbaus. Sie sprechen von Grundbedingungen, die erforderlich sind, um in einem institutionellen Zusammenhang auf stark gestörte Kinder und Jugendliche überhaupt eingehen zu können. Und auch Rudolf Ekstein – wie Bettelheim ein Pionier der psychoanalytischen Arbeit mit schwer gestörten Kindern – vertritt diese Auffassung (Becker 1993, 111). Stefan Becker zufolge gelang es Ekstein sogar in höherem Maße als

Bettelheim, seinen Mitarbeitern autonome Arbeitsstile auch tatsächlich zuzugestehen und damit den theoretisch erhobenen Anspruch auch einzulösen. In einer kurzen vergleichenden Skizze der Ansätze der beiden Wiener Emigranten scheibt Becker:

> »Dabei ist es beiden in unterschiedlicher Weise gelungen, in der Behandlung schwerst gestörter Kinder und Jugendlicher die Prinzipien dessen aufzuzeigen, was gesunde Kinder an Erziehung und Förderung ihrer Entwicklung brauchen. Konzeptionell differieren beide sehr stark darin, daß Bettelheim alle Kolleginnen und Kollegen in der Orthogenic School nur als abhängige Größe seiner psychoanalytisch-pädagogischen Leitung zuließ, während Ekstein sich gegen die Entwicklung einer Schule stellte, in der ihm alle Kolleginnen und Kollegen gleichen sollten; im Gegenteil, er unterstützte gerade in Supervisionen die Entwicklung individueller psychoanalytisch-pädagogischer Profile seiner Mitarbeiter«.

Ein autonomer Arbeitsstil stellt also nicht nur an die direkt mit den Kindern arbeitenden Mitarbeiter hohe Anforderungen, er setzt auch bei der Leitung ganz besondere Kompetenzen voraus.

Die an den Werten Einheitlichkeit und Autonomie ausgerichtete Arbeitsorganisation und die daraus folgenden praktischen Konsequenzen haben Bettelheim den Vorwurf eingetragen, er kapitalisiere die Persönlichkeiten seiner Mitarbeiter (Colla 1982, 90). Was hier »kapitalisieren« genannt wird, hört im Klartext auf den Namen Ausbeutung. Und in der Tat verlangt der langjährige Leiter der Orthogenic School ja nichts geringeres von seinen Angestellten als ihr »totales Engagement« (Bettelheim 1975, 310). Dies schließt die Bereitschaft ein, eigene Denk- und Handlungsweisen und damit die eigene Persönlichkeit permanent zu hinterfragen und – wo erforderlich – zu verändern. Allerdings muß die im Vorwurf der Ausbeutung unterstellte, absolute Einseitigkeit des Nutzens ihres Engagements relativiert werden. Einmal, weil nicht nur die Institution, sondern auch die Betreuer von ihrer Arbeit sowohl beruflich als auch persönlich profitieren. Außerdem wird man den von ihnen geforderten extrem hohen Einsatz weniger kritisch beurteilen, wenn man sich in Erinnerung ruft, daß es sich bei ihrer Arbeitssituation in aller Regel um eine zeitlich begrenzte Ausbildungssituation handelt. Dennoch stellen die Maximalanforderungen, die an die Mitarbeiter der Orthogenic School gestellt werden, einen heiklen Punkt des Konzeptes dar. Es bleibt zweifelhaft, ob ihre Erfüllung nicht letzten Endes nur zum Preis der Selbstaufgabe der Betreuer möglich ist.

Vergegenwärtigen wir uns noch einmal die beiden bisher behandelten Werte Einheitlichkeit und Autonomie einschließlich ihrer Implikationen. Bei aufmerksamer Betrachtung wird einem nicht entgehen, daß sie sich widersprechen. Mit Wilhelm Reich könnte man ihre Beziehung zueinander als »funktionelle Identität bei gleichzeitiger Gegensätzlichkeit« beschreiben (Reich [1942] 1979, 200). Der Widerspruch liegt auf der Hand, worin besteht aber ihre »funktionelle Identität«? Welches ist die gemeinsame Matrix von Einheitlichkeit und Autonomie, derer sie bedürfen, um konstruktiv wirksam werden zu können? Die notwendige Klammer bildet ohne Frage das Ethos der Institution, das maßgeblich durch Bettelheims humanistische Psychoanalyse-Lesart bestimmt wird. Das humanistische Ethos der Institution ist das letztlich tragende und einheitsstiftende Band der ganzen Organisation Orthogenic School. Nicht nur in Bettelheims eigenen, sondern in nahezu allen Veröffentlichungen über die »Schule« ist es präsent. Man kann sich daher leicht vorstellen, welche normative Kraft auch in der täglichen Praxis von ihm ausging. Kein Mitarbeiter konnte längere Zeit in dieser Einrichtung arbeiten, ohne mit ihrem Ethos übereinzustimmen, es zu verinnerlichen und ihm gemäß zu handeln. Das Verhältnis von Autonomie und Einheitlichkeit vergleicht Bettelheim (1975, 242) mit einem musikalischen Thema und seinen Variationen:

> »Milieutherapie ist den Variationen eines Themas vergleichbar; wobei das Thema sich aus dem Geist der Institution und der sozialen Solidarität der Mitarbeiter zusammensetzt und die Variationen gestaltet sind durch die Unterschiede in den Beziehungen der Einzelnen zu einigen wenigen Patienten, je nach deren Persönlichkeit und Bedürfnissen.«

Praktisch gewährleistete vor allem die permanente Selbstreflexion in den zahlreichen formellen und informellen Besprechungen, daß die autonomen Entscheidungen und Arbeitsstile der Mitarbeiter auch in der Tat eine funktionelle Einheit bildeten.

5.3.1.3 Soziale Solidarität

Eine auf den Werten Einheitlichkeit und Autonomie basierende Arbeitsgestaltung führt aufgrund der damit einhergehenden geringen Aufteilung von Aufgaben und Zuständigkeiten notwendig zu einer erheblichen Belastung der Mitarbeiter. Noch deutlicher als in Bettelheims eigenen Beschreibungen tritt diese in den »Praxisberichten« über die Arbeit an der Orthogenic School hervor (Jurgensen [1976] 1987; Lyons 1983; Riley 1958). Es ist daher unmittelbar einsichtig, daß der anspruchsvolle autonome Arbeitsstil nur praktiziert und aufrechterhalten werden kann, wenn die Mitarbeiter in der Wahrnehmung ihrer Aufgaben laufend vielfältige Unterstützung erfahren und sie großen persönlichen Gewinn aus ihrer Arbeit ziehen.

Als Oberbegriff für die notwendigen verschiedenen Hilfestellungen und Unterstützungsleistungen benutzt der langjährige Leiter der Orthogenic School den Begriff der »Sozialen Solidarität«. In seiner Verwendung durch Bettelheim erscheint auch dieser Begriff schillernd und vielschichtig. Er bezieht sich auf die innerhalb der Mitarbeiterschaft gegenseitig gewährten Unterstützungen, etwa in Form der Bereitschaft, mögliche Fehlentscheidungen von Kollegen und deren Konsequenzen durch eigenen Einsatz auszugleichen. Er umfaßt aber auch die vielfältige Unterstützung der Mitarbeiter durch die Leitung, die den geforderten autonomen Arbeitsstil erst ermöglicht. Das Ziel der solidarischen Gestaltung der Arbeitsbeziehungen ist es, allen Mitarbeitern einen sicheren Hintergrund zu bieten, der es ihnen erlaubt, ihre Arbeit in dem beruhigenden Bewußtsein zu verrichten, daß im Notfall »[…] die gesamte Anstalt da [ist], um die Dinge wieder in Ordnung zu bringen, so daß nie etwas sehr Schlimmes passieren kann« (Bettelheim 1975, 289). Einen solchen Rückhalt institutionell zu organisieren, bezeichnet Bettelheim als eine der Hauptaufgaben eines therapeutischen Milieus (1975, 258).

Die Idee der »Sozialen Solidarität« klingt sehr harmonisch, um nicht zu schreiben harmonistisch; sie schließt aber Meinungsverschiedenheiten innerhalb der Mitarbeiterschaft ebensowenig aus wie Konflikte zwischen Mitarbeitern und Leitung. Da »Soziale Solidarität« auch auf der Loyalität gegenüber der Institution und ihrem Ethos beruht, fordert sie beispielsweise auch die Auseinandersetzung mit Kollegen, die gegen das Ethos der Institution verstoßen (1975, 250).

Einem Aspekt »Sozialer Solidarität« gilt Bettelheims besonderes Augenmerk: Der Unterstützung der Mitarbeiter bei der Re-Integration ihrer eigenen Persönlichkeit. Sie wird erforderlich, da sie über längere Zeiträume den Primärprozessen psychisch stark gestörter Kinder ausgesetzt sind, was zu einer Reaktivierung eigener unerledigter Konflikte führt. Im Interesse der Mitarbeiter aber auch im Interesse des pädagogischen Prozesses muß mit solchen desintegrierenden Erfahrungen sorgsam umgegangen werden. Die Aufgabe besteht darin, die Mitarbeiter anzuleiten und dabei zu unterstützen, belastende Gefühle vor dem Hintergrund der eigenen Lebensgeschichte aufzuarbeiten und bewußtseinsfähig zu machen. Nur so kann verhindert werden, daß der pädagogische Prozeß durch die Abwehr unbewältigter Gefühle und Erfahrungen der *Mitarbeiter* blockiert wird.

Hilfe zur Re-Integration im Rahmen von Milieutherapie heißt demnach: Einen Prozeß des Sich-Öffnens für die Probleme der Kinder und die dadurch stimulierten unverarbeiteten Konflikte der Mitarbeiter immer wieder zu initiieren, anzuleiten und kontinuierlich zu unterstützen. Ausgehend von Erfahrungen eigener Unzulänglichkeit in der pädagogischen Arbeit, etwa der Unfähigkeit mit bestimmten Situationen angemessen umzugehen, arbeiten die Mitarbeiter der Orthogenic School *bewußt* und mit *Unterstützung der Institution* an den zugrundeliegenden, eigenen, unbewältigten Konflikten. Anstatt sie gegen diese Auswirkungen ihrer Arbeit abzuschirmen, verhilft die Institution ihren Mitarbeitern zu einer produktiven Auseinandersetzung damit. Sie initiiert und begleitet immer wieder einen Prozeß der Auseinandersetzung mit beruflichen Aufgaben und ihren Auswirkungen, ein Prozeß, aus dem nicht nur professionelles sondern auch persönliches Wachstum resultiert. Die Aufarbeitung von die Arbeit beeinträchtigenden Konflikten findet vornehmlich in den zahlreichen Konferenzen und Mitarbeiterbesprechungen statt. Ihnen eignet zum Teil der Charakter intensiver Gruppen-Supervisionen.

Um dieses Vorgehen angemessen würdigen zu können, muß man sich zweierlei vergegenwärtigen: Einmal, daß von ihm kontinuierlich fruchtbare Impulse für den pädagogischen Prozeß ausgehen, der ohne sie längst nicht so erfolgreich verliefe; zum anderen ist das beschriebene Vorgehen geeignet, effektiv dem entgegenzuwirken, was Mentzos (1988) als »institutionelle Abwehr« bezeichnet hat. Er versteht darunter ein Vorgehen, daß mit Hilfe von institutionell verankerten Handlungs- und Beziehungsmustern regressive Triebbedürfnisse der Mitarbeiter befriedigt bzw. ein Abwehrverhalten der Mitarbeiter stützt, das weniger mit den jeweiligen Patienten als mit eigenen infantilen oder phantasierten Ängsten zu tun hat (Mentzos 1988, 91). Die Bedeutung der permanenten Reflexion pädagogischen Handelns an der Orthogenic School hat also eine *doppelte Funktion:* Sie fördert die positive Dynamik des pädagogischen Prozesses und beugt gleichzeitig den ihm innewohnenden destruktiven Möglichkeiten vor.

Vor dem Hintergrund der hier vorgenommenen Differenzierungen möchte ich noch auf einen von Frischenschlager/Mayr (1982, 250) und Colla (1982, 90) erhobenen Einwand zu sprechen kommen. Die an der Orthogenic School praktizierte pädagogische Haltung, geben sie zu bedenken, weise eine problematische Nähe zu dem von Schmidbauer (1977) so benannten »Helfersyndrom« auf. Mit Schmidbauer definieren sie dieses als »[…] eine Verbindung charakteristischer Persönlichkeitsmerkmale, durch die die soziale Hilfe […] zu einer starren Lebensform gemacht wird« (Schmidbauer zit. nach Frischenschlager/Mayr 1982, 250). Bemerkenswert an diesem Zitat ist die zweite Auslassung. Im Originaltext heißt es dort: »auf Kosten der eigenen Entwicklung«. Von einem »Helfersyndrom« zu sprechen, ist demnach nur zulässig, wenn beide in der Definition benannten Merkmale anzutreffen sind: das von Frischenschlager/Mayr benannte (Helfen als starre Lebensform) und das von ihnen ausgesparte (Helfen auf Kosten der Entwicklung des Professionellen). Vor dem Hintergrund einer vollständigen Definition kann dann aber der erhobene Einwand so nicht aufrechterhalten werden, widerspricht der an der Orthogenic School favorisierte Arbeitsstil doch in einem zentralen Punkt Schmidbauers Definition. Während er mit dem Begriff »Helfersyndrom« den »Typus des 'Helfens *als Abwehr*'«(Schmidbauer 1977, 7) charakterisiert, steht die helfende Tätigkeit an der Orthogenic School ausdrücklich im Zeichen der *Wahrnehmung* und nicht der *Verdrängung* eigener Konflikte. Positiv formuliert: Das Helferverhalten der Betreuer beruht im Unterschied zum »Helfersyndrom« gerade nicht auf Selbstlosigkeit und Opferbereitschaft, sondern erwächst aus ihrem Wunsch nach Weiterentwicklung der eigenen Persönlichkeit. Im Übrigen widerspricht auch eine von Frischenschlager und Mayr an einer anderen Stelle getroffene Feststellung dem von ihnen erhobenen Vorwurf. Die an der Orthogenic School geforderte permanente Auseinandersetzung mit der eigenen Person, erfordere »[...] die Selbstanalyse als Technik der Weiterbildung innerhalb der eigenen Institution« (Frischenschlager/Mayr 1982, 244). Ich teile allerdings die in dieser Kritik aufscheinende Auffassung, daß Bettelheim die Rolle freier Zeit für die Reintegration der Mitarbeiter und die Intensität, mit der sie sich anschließend den Kindern wieder zuwenden können, maßlos unterschätzt. Barbara Sichtermann (1992, 111, 122 und passim) hat die Begrenzung der Zeit, die Erwachsene mit Kindern verbringen und die Absehbarkeit autonomer Zeit, in der sie wieder ungestört ihrem Eigen-Sinn folgen können, als Voraussetzung freiwilliger und glaubwürdiger Zuwendung betont. Um wieviel mehr gilt dies für die Arbeit mit schwer gestörten Kindern, bei der man zudem immer auch eine tendenziell problematische Gruppendynamik im Auge haben muß. Offenbar drängte sich auch dem französischen Regisseur Karlin, der sich mit seinem Team unmittelbar vor Bettelheims Ausscheiden mehrere Wochen in der Orthogenic School aufhielt der Eindruck auf, daß der Freizeit der Betreuer zu wenig Bedeutung beigemessen wird:

»[...] Dr. B.[ettelheim], gestern haben wir an einem Abend teilgenommen, der bei ihnen fast etwas Gewohntes zu sein scheint: Um zwei Uhr nachts saßen sie noch mit den Erziehern zusammen und sprachen über die Kinder. Heute morgen um elf Uhr hatten sie diese Versammlung, bei der es um Bernhard ging. Als sie gegangen waren, blieb Leslie noch mit den anderen zusammen, um über das Vorgefallene zu sprechen. Ich möchte sie fragen, ob es gelegentlich auch einmal vorkommt, daß die Leute, die sich hier um die Kinder kümmern, einmal frei haben? (Bettelheim/Karlin 1984, 172).

5.3.1.4 Gemeinschaft

Eine den Werten Einheitlichkeit, Autonomie und Solidarität verpflichtete Arbeitsorganisation kann nur funktionieren, wenn die Mitarbeiter eine »Gemeinschaft von Gleichgestellten« bilden (Bettelheim 1975, 309). Mit dem israelischen Kibbuz vor Augen bestimmt Bettelheim eine funktionsfähige Gemeinschaft als eine Form des Zusammenlebens, die nicht auf einem Selbstzweck, sondern auf einer existentiellen Notwendigkeit oder zumindest – wie die Orthogenic School – auf tiefem Engagement für eine Aufgabe beruht (1975, 308).

Selbstverständlicher Bestandteil des Gemeinschaftslebens an der Orthogenic School ist, daß ein Teil der Mitarbeiter in der Institution wohnt und daß ihr Privatbereich zwar gewährleistet, nicht aber hermetisch von den Kindern und Jugendlichen abgeschottet ist. Wie kann es ein Patient jemals gefühlsmäßig akzeptieren, in einer Institution zu leben, fragt Bettelheim, wenn sich die Mitarbeiter nicht im Traum vorstellen können, dort ebenfalls zu leben (Bettelheim 1975, 298)? Von der Tatsache, daß nie alle Mitarbeiter in der Einrichtung wohnen, geht Bettelheim zufolge die dem Rehabilitationsprozeß zuträgliche stumme Botschaft aus, daß das Wohnen innerhalb einer Institution auf die Dauer keine wünschenswerte Lebensform darstellt (298).

Das Prinzip »Gemeinschaft« ist aufs Engste mit dem der »Sozialen Solidarität« verknüpft. So setzt Soziale Solidarität als jederzeit verfügbare praktische Unterstützung voraus, daß erfahrene Mitarbeiter oder auch der Direktor selbst, so gut wie jederzeit greifbar sind. Dies ist zuverlässig nur dann zu gewährleisten, wenn einige Mitarbeiter in der Institution wohnen. Im Falle Bettelheims war diese permanente »Rufbereitschaft« dadurch gegeben, daß er in einem Haus auf dem Campus der Universität wohnte (Bettelheim/Karlin [1975] 1984, 33). Daß im Alltag der »Schule« von der Möglichkeit, Hilfe zu rufen, tatsächlich häufig Gebrauch gemacht wurde, belegen die Berichte von Jurgensen (1976) und Lyons (1983).

Daß ein 'Heimleiter' in seiner Einrichtung oder in ihrer unmittelbaren Nähe wohnt, stellt auch hierzulande keine Seltenheit dar. In vielen Fällen sind diese Positionen sogar mit einer sogenannten Residenzpflicht verknüpft. Daß aber zusätzlich auch alle Betreuer in der Einrichtung wohnen, wie es Jurgensen für die Orthogenic School im Jahr 1972 beschreibt, mutet denn doch exotisch an. Diese Besonderheit nimmt sich weniger befremdlich aus, wenn man sich vergegenwärtigt, daß die Orthogenic School zur Universität von Chicago gehört und die Betreuer im Zusammenhang mit ihrer praktischen Arbeit dort gewissermaßen ein Aufbaustudium absolvieren. Im Unterschied zu deutschen Universitäten ist es an amerikanischen Campus-Universitäten die Regel, daß die Hochschulen zugleich auch den Lebensmittelpunkt der Lernenden und Lehrenden bilden. Dies schließt ein, daß die Mehrzahl der Studenten und auch ein Teil der Hochschullehrer auf dem Campus wohnt. Während die Frage Campus-Universität oder Universität nach kontinentalem Vorbild die Geschichte des amerikanischen Bildungswesens wie ein roter Faden durchzieht, gehört die (private) Universität von Chicago – neben Harvard und Yale – zu jenen Forschungs-Universitäten, die sich seit ihrer Gründung (1892) ausdrücklich zu dem Campus-Modell bekennen und zu seiner Vorrangstellung in den USA maßgeblich beitrugen. Bemerkenswert ist, daß das heutige integrierte »college house system« der Universität von Chicago implizit dem Grundgedanken von Milieutherapie Rechnung trägt. Susan E. Taber und Bertram J. Cohler haben darüber hinaus Bettelheims Konzept auch explizit auf die Erfordernisse eines »college house« übertragen (1993, 69 ff.). Vor diesem Hintergrund wird deutlich: Die Tatsache, daß die meisten Mitarbeiter in der Orthogenic School wohnen, muß als eine Spielart des amerikanischen Campuslebens angesehen werden; eine Variante, die überdies fest in der Tradition der Universität von Chicago verankert ist.

Dieser Erkenntnis kommt eine über die hier behandelte institutionelle Dimension hinausweisende Bedeutung zu, setzt sie doch die besondere kulturelle Prägung des Konzepts ins Licht. Auf typisch amerikanische Elemente an der Orthogenic School hat auch der aus Frankreich stammende Karlin hingewiesen (Bettelheim/Karlin [1975] 1984, 140 f., 183). Dem amerikanischen Besucher, David Dempsey, wiederum fielen spezifisch europäische Einflüsse auf. Aus seiner Anmerkung, die »Schule« könne als Kulisse für ein Stück von Arthur Schnitzler dienen, geht hervor, wie sehr diese Institution auch die *kulturelle* Herkunft ihres Leiters widerspiegelt (Bettelheim [1950] 1988, 107; Ekstein [1990] 1994, 90). Für die hier zu entwickelnde Systematik von Milieutherapie bedeutet dies, daß zusätzlich zu den unterschiedenen Dimensionen die kulturelle Prägung des Ansatzes – gewissermaßen als Hintergrundfolie – berücksichtigt werden muß. Diese Erkenntnis erscheint besonders im Hinblick auf eine reflektierte Rezeption des Konzepts bedeutsam, besagt sie doch, daß sich mit der jeweiligen kulturellen Umgebung auch gewisse Aspekte eines therapeutischen Milieus wandeln müssen. Eine Rezeption, die sklavisch dem Buchstaben folgt, läuft Gefahr, den »Geist« des Konzepts zu verfehlen. Nicht ein mechanisches Kopieren, sondern ein intelligentes Übertragen ist gefordert

Der Gedanke der kulturellen Prägung des jeweiligen »therapeutischen Milieus« und die daraus zu ziehenden Schlußfolgerungen treffen sich mit einer Idee Maria Montessoris. Von dem Beispiel des Kinderhauses in Palidano ausgehend, entwickelte sie die Vorstellung, jeweils regionalspezifische Einrichtungsstile für ihre Kinderhäuser zu entwickeln. Unter Rückgriff auf die jeweiligen regionalen künstlerischen Traditionen sollten Möbel entstehen, die das moderne Leben durch künstlerische Impulse aus der Vergangenheit bereichern (Montessori [1962] 1976, 137 ff.).

Doch zurück zum Ausgangspunkt dieser Überlegungen, dem Gemeinschaftsleben an der Orthogenic School. Wie Bettelheim selbst andeutet, erinnert die Funktion und Bedeutung des Gemeinschaftslebens im Konzept seiner »Schule« an einen Kibbuz. Anklänge an dessen Erziehungskonzept stellte auch David Dempsey fest (1970, 111). Er verweist auf die Ähnlichkeiten zwischen der Rolle der »Metapelets« im Kibbuz und jener der Betreuer an der Orthogenic School. Eine weitere Gemeinsamkeit sieht er darin, daß es sich dem Anspruch nach bei der »Schule« wie bei einem Kibbuz um ein Gemeinwesen mit einem hohen Konsens handelt, und zentrale Themen von allen Mitarbeitern ähnlich beurteilt werden. Auch Paul Roazen, intimer Kenner von Bettelheims Kibbuz-Studie (Bettelheim [1969] 1990a; Roazen 1990, 3, 23), bringt die starke Betonung des Gemeinschaftslebens und die marginale Bedeutung der Eltern im Konzept des Milieutherapeuten mit der Kibbuz-Erziehung in Verbindung (Roazen 1992, 234). Daneben drängen sich die vielen Parallelen zu den Konzepten therapeutischer Gemeinschaften auf (Clark 1964; Jones 1976).*

Die Wurzeln der Gemeinschaftsorientierung reichen meines Erachtens aber noch tiefer. Vor dem Hintergrund von Bettelheims Lebens- und Bildungsweg müssen sie in der deutschen Reformpädagogik gesucht werden. Aus der Essaysammlung *Themen meines Lebens* (1990, 117), die so etwas wie sein Vermächtnis darstellt, wissen wir, daß Bettelheim sich systematisch mit reformpädagogischen Ansätzen beschäftigt hat. Gustav Wynekens Arbeit über die freie Schulgemeinde Wickersdorf und andere reformpädagogische Schriften lieferten ihm die grundlegenden Überzeugungen, auf denen seine spätere pädagogische Arbeit an der Orthogenic School aufbaute (1990, 117). Auch

---

* Die in diesem Kapitel entwickelten Merkmale des Milieus der Orthogenic School stimmen weitgehend mit jenen überein, die Clark als gemeinsame Kriterien der unterschiedlichen Formen therapeutischer Gemeinschaften herausgearbeitet hat. Es sind dies: Freie Kommunikation; die gemeinsame Reflexion persönlicher oder zwischenmenschlicher Dynamik; Enthierarchisierung; soziales Lernen; regelmäßige (Voll)Versammlungen. Diese Kennzeichen lassen sich unter den Begriffen »Eigengesetzlichkeit des jeweiligen Milieus« oder »besondere Binnenstruktur« zusammenfassen. Hinzuzufügen wäre wohl noch die absichtliche Abgrenzung der Gemeinschaften nach außen.

wenn Bettelheim sich in der gleichen Schrift wieder von dem Thüringer Reformpädagogen distanziert und zu John Dewey bekennt (1990, 123), scheint mir am Beispiel der Gemeinschaftsorientierung der Einfluß Wynekens nachweisbar. Wyneken stand im Ruf, die Individualpädagogik zugunsten der Gemeinschaftserziehung überwunden zu haben. An die Stelle einer Erziehung, die »[...] die nackte Seele des Zöglings ganz in die Hand des sie beobachtenden, aufspürenden, zweckmäßig beeinflussenden Erziehers [legte]« (Wyneken 1919, 92), tritt die Gemeinschaftserziehung, in der die Zweierkonstellation Erzieher-Zögling als Inbegriff der pädagogischen Beziehung durch die zusammenlebende und -arbeitende, zugleich exklusive Gemeinschaft abgelöst ist. Konstitutiv für diese Gemeinschaft sind nicht ungefähre Gleichaltrigkeit und gleiches Wissen wie in der traditionellen Schule, sondern ein »einheitlicher Geist«. An einer anderen Stelle spricht Wyneken von »[...] einer durch gleiche Einstellung verbundene Gemeinschaft« (1922, 12 f.). Einschränkend muß hier angemerkt werden, daß in Bettelheims Erziehungskonzeption nicht von einer Ablösung der pädagogischen Beziehung durch die Gemeinschaft die Rede sein kann, vielmehr handelt es sich um eine Kombination beider Elemente.

Mittelbar fanden die Ansichten Wynekens auch durch die Schriften Siegfried Bernfelds Eingang in Bettelheims Denken. Der junge Bernfeld hatte Wyneken in Wickersdorf besucht und ihn zu seinem geistigen »Führer« erkoren (Herrmann 1994, 490). Durch die Monographie *Das jüdische Volk und seine Jugend* (1919) war Bernfeld in den frühen zwanziger Jahren zum führenden Theoretiker der Kibbuz-Erziehung avanciert (496). Damit schließt sich der Kreis von der Reformpädagogik über die Kibbuz-Erziehung zur Orthogenic School.

5.4 Dimensionen von Milieutherapie: IV Die »menschliche Umwelt«

> »Nur ein sehr positives persönliches Band [...] kann uns zum Verzicht auf unsere asozialen Wünsche bringen und zu höherem Menschsein führen.«
> Bruno Bettelheim ([1976] 1990b, 79)

Auch wenn Bettelheim/Sylvester schon in den frühen Veröffentlichungen über Milieutherapie betonen, daß die erzielten therapeutischen Erfolge nicht auf einzelne Elemente, sondern auf die Beschaffenheit des Milieus als ganzem zurückgeführt werden müssen, hoben sie doch die Bedeutung der menschlichen Beziehungen schon hervor. In Bettelheims späten Veröffentlichungen tritt dieser Akzent noch deutlicher zutage: Die gezielte institutionelle und räumliche Gestaltung bilden den Rahmen, im Zentrum von Milieutherapie stehen die menschlichen Beziehungen, heißt es sinngemäß in *Der Weg aus dem Labyrinth* (1975). Sie vermögen, was selbst die idealsten äußeren Bedingungen allein nicht können: dem negativen Bild des Patienten von sich und der Welt entgegenzuwirken (Bettelheim 1975, 226). Von der menschlichen Dimension von Milieutherapie zu sprechen bedeutet also, die Aufmerksamkeit auf die Beziehungen der Kinder zu richten. Es sind dies:

– die Beziehungen der Kinder zu ihren Lehrern; mit ihnen verbringen sie die Zeit von 9.00 bis 15.00 Uhr;
– die Beziehungen der Kinder zu ihren Betreuern (»counsellors«); mit ihnen verbringen sie die gesamte übrige 'Wachzeit';
– die Beziehungen der Kinder untereinander, besonders innerhalb ihrer 'Schlafraumgruppe';
– die Beziehungen der Kinder zum Direktor sowie
– die Beziehungen der Kinder zu den nicht-pädagogischen Mitarbeitern.

Im Kontext der Grundidee einer *nicht-dyadischen* Beziehungsgestaltung wird die Vielfalt der potentiellen Beziehungen ausdrücklich befürwortet und ihre unterschiedliche Bedeutung anerkannt. Eine solche, gerade nicht auf eine Zweierbeziehung abzielende Beziehungsarbeit schließt allerdings nicht aus, daß die Kinder nach einiger Zeit in aller Regel eine Vorliebe für einen bestimmten Mitarbeiter entwickeln, zu dem sie die intensivste Beziehung unterhalten. Im Vergleich damit kommt den Beziehungen zu den anderen Betreuern und sonstigen Mitarbeitern nur eine nachgeordnete Bedeutung zu; unbedeutend sind sie jedoch nie. Wie das Beispiel des schizoiden Mädchens 'Mary' besonders anschaulich illustriert, bearbeiten die Kinder in den jeweiligen Beziehungen unterschiedliche Probleme. Während das Mädchen in der Beziehung zu ihrer Lieblingsbetreuerin die Probleme, die im Zusammenleben mit ihrer Mutter aufgetreten waren, agierte und im Laufe der Zeit durcharbeiten konnte, stand ihre Beziehung zu einer anderen Betreuerin lange Zeit im Zeichen ihrer Geschwisterrivalität (Bettelheim [1955] 1985, 213).

Da es mir neben der Ausdifferenzierung relevanter Aspekte und ihrer Integration in eine systematische Perspektive hier besonders darum zu tun ist, Beziehungsgestaltung als einen voraussetzungsreichen Prozeß darzustellen, ergibt sich für dieses Kapitel die folgende Struktur: Zunächst gilt das Erkenntnisinteresse den personalen und institutionellen Voraussetzungen der Beziehungsgestaltung an der Orthogenic School (5.4.1). Anschließend nähere ich mich den unterschiedlichen Phasen der Beziehungsarbeit exemplarisch mit Hilfe der Behandlungsgeschichte des Jungen 'Harry' an (5.4.2). Unter Rekurs auf Bettelheims entwicklungspsychologische Anschauungen benenne ich sodann die der Beziehungsgestaltung zugrundeliegenden zentralen Prinzipien (5.4.5), um abschließend die spezifische Umgangsweise mit der Gegenübertragung im Rahmen der milieutherapeutischen Beziehungsgestaltung zu behandeln (5.4.7). Eine Zusammenfassung und eine umfassende Definition von Milieutherapie, die ihrer Komplexität und Vielschichtigkeit Rechnung trägt, beschließen das Kapitel.

5.4.1 Beziehungsgestaltung. Ein voraussetzungsreicher Prozeß

Bei der 'Beziehungsarbeit' mit stark gestörten Kindern bewegt man sich auf einem sensiblen Terrain. Wenn zudem – wie Bettelheim glaubt – am Anfang die Weichen für den weiteren Verlauf gestellt werden, so erscheint eine gründliche Reflexion der Grundlagen und Voraussetzungen von Beziehungen geboten. Beziehungsgestaltung im Rahmen von Milieutherapie setzt deshalb schon im Vorfeld der pädagogisch-therapeutischen Interaktionen mit der intensiven Reflexion ihrer personellen und institutionellen Voraussetzungen an.

5.4.1.1 Personelle Voraussetzungen der Beziehungsgestaltung an der Orthogenic School

Die in Bettelheims Ausführungen benannten personellen Voraussetzungen lassen sich wiederum in zwei Aspekte ausdifferenzieren: die beruflichen und menschlichen Qualifikationen der Mitarbeiter einerseits und die Haltung, mit der sie ihre beruflichen Aufgaben erfüllen andererseits. Die erste Entscheidung, die im Hinblick auf eine pädagogisch-therapeutische 'Beziehungsarbeit' gefällt werden muß, betrifft die menschliche und berufliche Qualifikation der Mitarbeiter, die mit den Kindern die intensivsten Beziehungen eingehen sollen. Bettelheims Reflexionen über die Standortvorausetzungen einer Institution nicht unähnlich, erwecken die Ausführungen über die 'Qualifikationen' seiner Mitarbeiter mitunter den Eindruck *nachträglicher* Begründungen, ohne daß dies allerdings an ihrer inhaltlichen Plausibilität etwas ändern würde. Günstig für die Aufgabe der Beziehungsanbahnung und -gestaltung mit schwer gestörten Kindern erscheinen nämlich schon die Qualitäten, die der typische Betreuer an der Orthogenic School mitbrachte (Bettelheim/Wright 1955, 706). Zum einen handelte es sich in der Regel um gebildete junge Leute im Alter zwischen zwanzig und dreißig Jahren. Sie verfügen über eine grundsätzlich optimistische Einstellung zu ihren eigenen Entwicklungsmöglichkeiten und beträchtliche idealistische Energien im allgemeinen. Ihr Enthusiasmus und Glaube an die menschlichen Potentiale stellte eine günstige Voraussetzung dafür dar, bei den Kindern die Hoffnung zu wecken, auch ihnen sei es möglich, ihre eigenen Möglichkeiten zu entdecken und zu entwickeln. Der pädagogisch-therapeutischen Arbeit besonders zuträglich erschien – zweitens – die bei diesen jungen Leuten vielfach anzutreffende innere Opposition gegenüber den Werten der Erwachsenen-Gesellschaft. Sie erlaubte es ihnen, das antisoziale Verhalten der Kinder nicht als Bedrohung zu erleben. Weil die Kinder Gefühle agierten, die den Betreuern selbst nicht fremd waren, konnten sie ihr dissoziales Verhalten in gewisser Weise sogar genießen. Nach Bettelheim/ Wright (1955, 706) liegt der Vorteil dieser subtilen Sympathie darin, daß sich die Kinder in ihrer Ablehnung der Welt auch dann noch akzeptiert fühlten, wenn sie von ihren Betreuern eingeschränkt werden mußten.

Als zweite maßgebliche Voraussetzung einer gelingenden Beziehungsgestaltung, als ihre *conditio sine qua non* gar, bezeichnet Bettelheim die Haltung der Professionellen. Im Zusammenhang mit der Charakterisierung seiner humanistischen Auslegung der Psychoanalyse wurde ausführlich auf ihre Bedeutung und ihre situationsunabhängigen normativen Kennzeichen eingegangen (1.2.6.2). Ich kann mich deshalb hier damit begnügen, anhand eines Auszugs aus einer Krankengeschichte daran zu erinnern. Gemeint ist jene Phase in der Behandlung des autistischen Jungen 'Joey', in der er begann, die ihm gewährte »Kinderpflege« zu genießen. Sie wurde von den Mitarbeitern allerdings behutsam »dosiert«, da auf beiden Seiten hinreichende Voraussetzungen für einen positiven Regressionsverlauf noch fehlten. Der Junge hatte noch zu wenig Vertrauen zu den Mitarbeitern gefaßt, als daß er seine Abwehrmechanismen hätte gänzlich aufgeben können. Die Voraussetzungen auf der Seite der Mitarbeiter mußten ebenfalls als unzureichend angesehen werden, weil es ihnen aufgrund des 'automatenhaften' Verhaltens des Jungen schwer fiel, eine intensive emotionale Beziehung über einen längeren Zeitraum aufrechtzuerhalten. Intensiver betrieben, hätte das Umsorgtwerden der entscheidenden Voraussetzung in Form einer angemessenen Grundhaltung entbehrt, die Bettelheim, aus der Perspektive der Mitarbeiter in folgende Worte faßt: »Das ist es, was er braucht, und das ist es, was ich ihm gern geben möchte. Was immer er zunächst denken und wie sehr er sich auch zunächst sträuben mag, wir werden es beide sehr bald genießen – er das Nehmen und ich das Geben« (Bettelheim [1967] 1989a, 389). Und er fügt hinzu: »[…] wir haben schlimme Folgen erlebt, wenn das Kind seine Abwehrhaltung aufgab, ohne in den Genuß dieser Überzeugung zu kommen« (389). Auch an die Eltern normaler Kinder gerichtet, betont Bettelheim, daß es in der Erziehung um zweierlei gehe: die richtige Haltung und eine sinnvolle pädagogische Maßnahme. Ohne die richtige Haltung bewirken auch sinnvolle Maßnahmen wenig oder verfehlen ihr Ziel ganz (Bettelheim [1962] 1989c, 155).

5.4.1.2 Institutionelle Voraussetzungen

Als zweiter Komplex entscheidender Voraussetzungen einer gelingenden Beziehungsgestaltung müssen die institutionellen Rahmenbedingungen genannt werden. Wie Professionalität im allgemeinen so erscheint auch die Möglichkeit einer konstruktiven Beziehungsarbeit bei Bettelheim ausdrücklich als eine zugleich von der Person des Betreuers *und* den institutionellen Rahmenbedingungen abhängige Größe. Wenn Kinder im Rahmen einer oder mehrerer enger Beziehungen ihre Bedeutsamkeit erfahren sollen, so müssen die Arbeitsstrukturen dies auch strukturell ermöglichen. Die besondere Arbeitsorganisation, die einen einheitlichen, autonomen und solidarischen Umgang der Betreuer mit den Kindern erst erlaubt, wurde im vorangegangenen Kapitel ausführlich abgeleitet. Aufgrund der großen Bedeutung der institutionellen Rahmenbedingungen für die Beziehungsgestaltung werde ich im weiteren Verlauf auf einzelne Elemente wie den besonderen Status der Betreuer im therapeutischen Milieu und die praktizierte Aufteilung von Aufgaben, zurückkommen.

5.4.2 Beziehungsgestaltung exemplarisch: 'Harry'

'Harry' wurde im Alter von sieben Jahren in die Orthogenic School aufgenommen. Seit seinem vierten Lebensjahr war der Junge fortwährend aus Elternhaus und Schule weggelaufen und hatte dabei zahlreiche Einbrüche und Diebstähle begangen. 'Harry' verbrachte die Nächte in irgendwelchen Kneipen, wo er »Vorstellungen« für betrunkene Gäste gab und wiederholt von der Polizei aufgegriffen wurde. Zu dem Weglaufen gesellten sich bei ihm deutliche aggressive und autoaggressive Tendenzen, die sich in Form eines ausgeprägten Risikoverhaltens ausdrückten. So lehnte sich 'Harry' etwa weit aus der Hochbahn, überquerte absichtlich stark befahrene Straßen bei Rot, spielte auf den Gleisen vor herannahenden Zügen oder überquerte die stromführende dritte Schiene der Hochbahn immer wieder in beide Richtungen (Bettelheim [1955] 1985, 364 ff.).

Der Entscheidung, das milieutherapeutische Konzept von Beziehungsgestaltung am Beispiel dieses Jungen zu erabeiten, liegen zwei Überlegungen zugrunde: Zum einen ist man als (Sozial)Pädagoge häufiger als mit schizophrenen oder autistischen Symptomatiken mit der Problematik 'Verwahrlosung' konfrontiert, wenn auch nicht in einem solch extremen Ausmaß wie bei 'Harry'. Der zweite Grund, warum ich gerade diese Behandlungsgeschichte ausgewählt habe, liegt darin, daß sie hinsichtlich des Risikoverhaltens des Jungen erstaunlich modern wirkt.

Obwohl eine erste Fassung schon im Jahre 1949 publiziert wurde (Bettelheim 1949c), fällt es nicht schwer, in 'Harry' beispielsweise einen Vorläufer der heutigen 'S-Bahn-Surfer' zu sehen.

5.4.2.1 Vorbereitung auf das Kind

In seinem Diskurs über Beziehung und Beziehungsgestaltung setzt Bettelheim den Akzent auf den Anfang. Darin kommt zweierlei zum Ausdruck: einmal die Tatsache, daß er und seine Mitarbeiter mit zum Teil extrem zurückgezogenen Kindern gearbeitet haben. Die Anbahnung und Aufnahme einer Beziehung stellte somit besondere Anforderungen. Zu diesen Kindern allein 'durchzudringen', erscheint schon als Meilenstein auf dem Weg zu ihrer Rehabilitation (Bettelheim 1987a, 229). In der Betonung des Anfangs kommt – zweitens – die große Bedeutung zum Ausdruck, die Bettelheim Anfangssituationen im Allgemeinen und hinsichtlich der Beziehungsgestaltung im Besonderen beimißt: »Bei Dingen von tiefer psychologischer Bedeutung enthält der Beginn stets den Kern dessen, was sich später daraus entwickelt. Die Beziehung zwischen dem Heilpädagogen und seinem Patienten wird in gewissem Grade vorbestimmt durch das, was bei der ersten Begegnung zwischen ihnen geschieht« (Bettelheim 1975, 243). Aus diesem Grund bereiten sich die Mitarbeiter sehr sorgfältig auf die erste Begegnung mit dem neuen Kind vor. Dies meint bei Bettelheim ausdrücklich nicht Aktenstudium, sondern sich in die Nöte und Ängste des aufzunehmenden Kindes einzufühlen. Dies geschieht, indem individuell und gemeinsam sorgfältig über eine angemessene Gestaltung des kleinen Begrüßungsfestes (Bettelheim [1950] 1988, 58) nachgedacht und das Begrüßungsgeschenk, das jedes neu aufgenommene Kind auf seinem Bett vorfindet, gewissenhaft ausgewählt wird. Beide Beschäftigungen 'zwingen' die Mitarbeiter dazu, sich schon vor dem Eintreffen des Kindes mit ihm zu beschäftigen, sich in es einzufühlen und sich so auf sein Eintreffen einzustellen. Die von Bettelheim in diesem Zusammenhang herangezogene Analogie zu einer Adoption unterstreicht die Ernsthaftigkeit, mit der man sich an der Orthogenic School auf ein neu aufzunehmendes Kind vorbereitet (Bettelheim 1975, 194 f.).

5.4.2.2 Anbahnung der Beziehung

»Wir sind der Ansicht, daß vor allem anderen ein Kind zutiefst davon überzeugt sein muß, daß – im Gegensatz zu seinen früheren Erfahrungen – diese Welt angenehm sein kann, bevor es irgendeinen Antrieb verspüren kann, in ihr weiterzukommen« (Bettelheim [1950] 1988, 36). Mit diesen

Worten umschreibt Bettelheim die erste Aufgabe im Prozeß der Rehabilitation gestörter Kinder. Angesichts ihrer destruktiven Erfahrungen müssen sie zuerst einmal das Gefühl entwickeln, daß auch für sie Hoffnung auf ein besseres Leben besteht. An einer anderen Stelle spricht er davon, daß es zunächst gelte, in den Kindern den Wunsch zu leben zu wecken; ein Wunsch den sie entweder nie entwickelt haben oder der bei ihnen schon sehr früh zerstört wurde (Bettelheim 1987a, 227).

Die überreichliche Befriedigung der kindlichen Grundbedürfnisse wird im Rahmen von Milieutherapie als das dieser Aufgabe adäquate Mittel angesehen. Am Anfang jeder Milieutherapie steht daher das bewußte Verwöhnen der Kinder (Bettelheim/Rosenfeld 1993, 108), bei gleichzeitiger Akzeptanz ihrer ungewöhnlichen Verhaltensweisen. In Analogie zu den wünschenswerten frühkindlichen Erfahrungen eines Säuglings wird dem Kind vermittelt, daß es jederzeit etwas zu essen bekommen kann und daß die Art und Weise wie es ißt, nicht reglementiert wird. Vor allem anderen soll Essen dem Kind eine angenehme Erfahrung bieten. Ferner wird ihm angeboten, sich wann immer und so lange es möchte, schlafen zu legen. Entsprechend sollen auch die den Kindern angebotenen warmen Bäder – sobald davon ausgegangen wird, daß sie ihnen grundsätzlich annehmbar erscheinen – nicht Hygiene nach Maßgabe der Erwachsenen sicherstellen, sondern angenehme Körpererfahrungen ermöglichen und damit die angenehmen Seiten der Realität unterstreichen. Wie bei einem Kleinkind werden die Grundbedürfnisse des Kindes befriedigt, ohne von ihm eine Gegenleistung zu erwarten, was zu diesem Zeitpunkt in jedem Fall eine Überforderung darstellen würde.

Schon in dieser Anfangsphase der Beziehungsgestaltung tritt ihre bewußt nicht-dyadische Ausrichtung deutlich hervor. Angestrebt wird, daß die Kinder nicht nur eine, sondern eine Vielzahl qualitativ unterschiedlicher Beziehungen entwickeln. Ganz bewußt bietet man ihnen gerade nicht – wie es vielfach in bester Absicht auch heute noch geschieht – die für sie schwierigste aller persönlichen Beziehungen an, die zu einer einzelnen Elternfigur. Am Anfang werden ganz bewußt die denkbar einfachsten Beziehungen unterstützt. Die einfachsten Beziehungen, das sind »flüchtige Bekanntschaften mit verschiedenen« Personen, die es mit allem versorgen, was es braucht, das Kind gleichzeitig aber zu nichts verpflichten und insbesondere sein Bedürfnis nach Rückzug und Alleinsein respektieren (Bettelheim [1950] 1988, 27). Auf der Seite der Institution ist diese erste Phase der Beziehungsgestaltung also durch der besonderen Situation des Kindes angemessene Angebote und Rücksicht gekennzeichnet. Dem Kind wird bewußt die Möglichkeit geboten, sich aus der Distanz seine eigene Meinung über die Institution und ihre Mitarbeiter zu bilden, mit ihnen nach seiner eigenen Maßgabe vertraut zu werden und gefühlsmäßig eigene Zuneigungen oder Ablehnungen zu entwickeln. Unabhängig davon, wie gleichgültig oder abweisend es sich verhält, bemühen sich die Betreuer handelnd um Kontakt zu ihm. Diese Bemühungen begrenzen immer die Autonomie des Kindes. Eine solche Gestaltung der Eingangsphase gewährleistet, daß eine entscheidende Voraussetzung einer gelingenden Beziehungsgestaltung erfüllt wird: Das Kind selbst muß entscheiden, zu wem es am ehesten eine Beziehung aufnehmen möchte, und wenn es das Gefühl hat, diese auch erfolgreich handhaben zu können, aus eigenem Antrieb seine Wahl treffen (Bettelheim 1955 [1985], 28). Das Prinzip, auf die Initiative des Kindes zu warten und lediglich Möglichkeiten zu bieten, sie zu unterstützen, wird auch im weiteren Verlauf der Beziehungsgestaltung durchgehalten. Als ähnlich entscheidend wie in der Anfangsphase erweist sich diese Haltung im Hinblick auf die größten Probleme des Kindes. Auch hier erscheint es anmaßend sie anzusprechen, bevor das Kind sie selbst verbal oder agierend zum Ausdruck bringt (Bettelheim [1950] 1988, 47 f.). Eine Wahl kann es aber nur treffen, wenn ihm mehrere Personen zur Auswahl stehen. Das Bewußtsein, daß eine Rehabilitation des jeweiligen Kindes zumindest *eine* tragfähige Beziehung voraussetzt, darf nicht darüber hinwegtäuschen, daß die Weichen dafür in dieser noch *Vor*-Beziehungsphase gestellt werden, die in Abhängigkeit von der jeweiligen Störung sehr viel Zeit in Anspruch nehmen kann.

Die Bedeutung eines solch defensiven Vorgehens wird im Spiegel einer gegenteiligen Vorgehensweise besonders deutlich. Die Tatsache, daß es sich ein Kind nicht leisten kann, die ihm entgegengebrachte Zuwendung zurückzuweisen, darf nicht darüber hinwegtäuschen, daß bei seiner sofortigen 'Bemutterung' oder 'Bevaterung' gegen zwei Prinzipien milieutherapeutischer Beziehungsgestaltung verstoßen wird. Zum einen wird die Selbstachtung des Kindes geschädigt, weil es sich selbst noch keine Meinung darüber bilden konnte, von welcher Person es die Befriedigung seiner Bedürfnisse auch annehmen kann. Zum anderen verpflichten es solche Beziehungen zu Gefühlen der Dankbarkeit, die es in dieser frühen Phase überfordern. Schuldgefühle oder Gefühle eigener Unzulänglichkeit sind die Folge.

Beziehungen, die nicht auf der autonomen Entscheidung des Kindes aufbauen, geraten fast zwangsläufig zu Pseudobeziehungen. Äußerlich erwecken sie zwar einen positiven Anschein, unmerklich wurde der Aufbau einer vertrauensvollen Beziehung zu einer Elternfigur aber schon in der Anfangsphase verfehlt. Als schriebe er ins Stammbuch der Heimerziehung mahnt Bettelheim: »[...] von allen möglichen Beziehungen [wird] diejenige zu einer Elternfigur als letzte hergestellt [...]« ([1950] 1988, 29).

Bereitet die schwere Symptomatik der Kinder normalerweise schon große Probleme, in der beschriebenen Weise auch nur eine rudimentäre Beziehung anzubahnen, so machte 'Harrys' Verhalten dies fast unmöglich. In aller Regel schlief er nur in der Schule und lief nach dem Frühstück gleich wieder weg. Während seiner Anwesenheit versuchte er andere Kinder einzuschüchtern, um seine eigenen Ängste zu beherrschen. Aufgrund der u. a. dadurch ausgelösten Schuldgefühle und seiner Angst vor Vergeltungsmaßnahmen beging 'Harry' in dem Augenblick, in dem er einen der Mitarbeiter erblickte, einen aggressiven Akt, um sich zu schützen. Aus Angst vor Bestrafung lief er anschließend fort. Da dies oft in halsbrecherischer Manier geschah – sein Fluchtweg führte über Feuerleitern, Dächer etc. – war es unmöglich, ihm zu folgen. Im Rahmen von Milieutherapie versuchen Mitarbeiter den Kindern zu folgen, um sie zu begleiten, nicht um sie zurückzuholen. Bei anderen Kindern – etwa bei dem in *Liebe allein genügt nicht* vorgestellten Jungen 'George' ([1950] 1988, 143 ff.) – war diese Strategie erfolgreich praktiziert worden. Gelang es dennoch einmal, 'Harry' auf seinen Touren zu begleiten, so erwies sich dieses Vorgehen als kontraproduktiv. Der ihm von seiner Betreuerin gebotene Schutz ermutigte den Jungen, sein dissoziales Verhalten noch zu steigern. Aufgrund seiner Vorgeschichte vermutete er wohl, daß die Betreuerin sein tollkühnes Verhalten im Stillen genoß, wie es seine Mutter getan hatte. Die Anwesenheit der Mitarbeiterin verstärkte 'Harrys' dissoziales Verhalten derart, daß zu befürchten stand, daß sie ihn vor den Konsequenzen seiner Handlungen nicht länger schützen könne. Aus diesem Grund gab man den Versuch auf, außerhalb der Schule eine Beziehung zu ihm knüpfen zu wollen. Stattdessen sollten seine kurzen Anwesenheitszeiten in der Schule dafür genutzt werden. Sollte dieser Versuch erfolgreich betrieben werden, mußte man zunächst versuchen, sein aggressives Verhalten einzudämmen, damit er nicht aufgrund immer neuer Verstöße davonlaufen mußte.

Aus Verzweiflung über 'Harrys' kaum bezähmbare Gewalttätigkeit ergriff man zudem eine ungewöhnliche Maßnahme. Nachdem er wieder einmal den Schlaf-/Wohnraum in ein Schlachtfeld verwandelt hatte und anschließend weggelaufen war, ließ man – außer den Stühlen – alle beweglichen Möbel am Boden oder an den Wänden festschrauben. Dem lagen drei Überlegungen zugrunde: Einmal sollte auch in seinem eigenen Interesse verhindert werden, daß 'Harry' den Raum ein weiteres Mal verwüstete. Diese regelmäßig vorkommenden Ausbrüche erzeugten in ihm so große Schuldgefühle, daß er anschließend immer weglaufen mußte. Zweitens mußten die anderen Kinder vor seinen Gewalttätigkeiten beschützt werden. Schließlich hoffte man – drittens – 'Harry' selbst werde sich in diesem Raum, in dem sich das Gruppenleben hauptsächlich abspielte, geborgener fühlen, wenn er erführe, daß er ihn nicht zerstören könne. Bei seinem nächsten Wutanfall versuchte der Junge dann auch vergeblich die Möbel umzuwerfen, was ihn im Moment noch stärker frustrierte. Die konstruktive Seite dieser Erfahrung muß darin gesehen werden, daß er ohne Ausübung von Gewalt, ohne Androhung von Strafe oder tatsächliche Bestrafung daran gehindert werden konnte, eklatant gegen die Regeln des Zusammenlebens zu verstoßen. Gleichzeitig demonstrierte man mit dieser ungewöhnlichen Maßnahme, daß auch ein hoher Aufwand nicht gescheut wurde, um ihn und die anderen Kinder vor (selbst)destruktiven Erfahrungen zu bewahren (Bettelheim [1955] 1985, 383).

Der Umgang mit dem Jungen ist in dieser frühen Phase also durch das Angebot reichlicher Befriedigungen und die beinahe uneingeschränkte Akzeptanz seiner Symptomatik gekennzeichnet. Gleichzeitig wird der Versuch unternommen, ihn zu schützen und es ihm so behaglich wie möglich in der Schule einzurichten. Kennzeichnend erscheint ferner, daß nicht versucht wurde, ihn zurückzuhalten, wenn er weglief. Vielmehr wurde ihm bedeutet, daß man eine Beziehung zu *seinen* Konditionen mit ihm eingehen wolle. Dies kommt bespielsweise in dem Versuch zum Ausdruck, ihn beim Ausreißen zu begleiten. Um der Entwicklung zusätzlicher Schuld- und Angstgefühle zuvorzukommen und zugleich ein weiteres Zeichen des Wohlwollens zu setzen, bekam der Junge Geld und Süßigkeiten, damit er nicht stehlen mußte. So oft es möglich war, wurde ihm ferner ausdrücklich die Erlaubnis erteilt, die Schule zu verlassen. Das Sich-Entfernen wurde so zu einer von den Erwachsenen erlaubten Tätigkeit, Schuld- und Angstgefühlen der Boden entzogen. Gleichzeitig wurde dem Jungen versichert, daß man ihn lieber bei sich habe, aber wenn ihm das nicht möglich sei, sei man zumindest daran interessiert, daß es ihm gutgehe, solange er fort sei ([1955] 1985, 383). Auch für seine aggressiven Akte wurde er nicht bestraft, allerdings wurde darauf geachtet, daß die anderen Kinder keinen Schaden nahmen.

5.4.2.3 Ausprobieren der Angebote durch das Kind

Auf der Seite des Kindes dominieren Mißtrauen, Verwirrung und ein ausgeprägt symptomatisches Verhalten diese Phase. Zu sehr haben destruktive Erfahrungen sein Weltbild geprägt, als daß 'Harry' die ihm seit seinem ersten Tag an der Schule neben sein Bett gestellten beleg-

Dimensionen von Milieutherapie. Systematische Rekonstruktion 171

ten Brote, Süßigkeiten und eine Flasche Milch als Angebot der Erwachsenen hätte begreifen können, ihn zu seinen Konditionen gut zu versorgen ([1955] 1985, 390). 'Harry' aß und trank entweder nachts, wenn er zurückkam oder morgens bevor er wieder weglief. Er hielt die Fiktion aufrecht, das, was ihm geboten werde, geschehe nicht aus Wohlwollen und guter Absicht, sondern weil man ihn fürchte (414). Bevor es ihm gelingen konnte, Befriedigungen in passiver Anhängigkeit zu genießen und sich dadurch seine Kleinkindhaftigkeit zu erringen, die er real nie hatte leben können, mußte er die ihm gemachten Angebote auf ihre Tragfähigkeit prüfen und zumindest *eine* rudimentäre Beziehung herstellen. Andere Kinder beobachtend, die für Verstöße ebenfalls nicht bestraft wurden und aufgrund der Erfahrung, daß ihm andere Kinder nicht vorgezogen wurden, wie er es zuhause mit seinen Schwestern erlebt hatte, begann er die Angebote zu 'testen'. Dies geschah, indem er sich allen Mitarbeitern gegenüber provokant verhielt. Diese Phase dauerte etwa ein Jahr; danach nahmen Ausmaß und Intensität der Provokationen langsam ab (381).

5.4.2.4 Erste Beziehungsaufnahme

Die Befriedigung der kindlichen Grundbedürfnisse gehört zusammen mit der Akzeptanz ihrer besonderen Verhaltensweisen zu den entscheidenden Mitteln, in den Kindern die Bereitschaft, eine Beziehung aufzunehmen, zu wecken. Die umfassende 'Besorgung' schlägt irgendwann in das Bedürfnis nach einer menschlichen Beziehung um.* Um diesen Prozeß möglichst ungestört zu ermöglichen, wird der Betreuer, mit dem das Kind die intensivste Beziehung eingeht, von der Aufgabe

---

* Besonders anschaulich beschrieb den Übergang von primitiven Befriedigungen zu intersubjektiven Beziehungen der Junge »Joey« in einem Gespräch, das Bettelheim anläßlich eines Besuchs des Jungen in der Orthogenic School drei Jahre nach seiner Entlassung führte. Er fragte ihn u. a., was man in seiner Behandlung noch hätte besser machen können. In seiner Antwort kam »Joey« darauf zu sprechen, wie angenehm er es erlebt hatte, von seinen Betreuerinnen gefüttert zu werden und erwähnte, daß er schließlich auch Babykost bekommen und dies sehr genossen habe.
B. B.: »[...] Es ist sehr nützlich, das zu wissen. Ich werde es in meine Geschichte aufnehmen. Gibt es noch andere Dinge, von denen du meinst, ich sollte sie in meine Geschichte aufnehmen?
Joey: Ja, besonders den Punkt, daß ich heute dieselbe Zufriedenheit dadurch erlebe, daß ich mich mit meinen Freunden darüber unterhalte, wie ich mich in bestimmten Situationen fühle.
B. B.: »Willst du damit sagen, daß du dieselbe Zufriedenheit, die du damals durch die Fütterung mit Babykost erlebt hast, heute durch deine Freunde erlebst, wenn du mit ihnen darüber redest, wie du dich fühlst. Ist es das, was du sagen möchtest?
Joey: Ja, genau« (Bettelheim [1967] 1989a, 437).

entbunden, negative Sanktionen zu verhängen. Da es gleichwohl erforderlich war, den Kindern eindeutige Grenzen zu setzen, übernahm dies der Direktor selbst oder ein Mitarbeiter, der nicht versuchte, zu dem jeweiligen Kind eine enge Beziehung aufzubauen ([1955] 1985, 64). Als ein erstes Zeichen, daß auch bei 'Harry' das Verwöhnen eine gewisse Beziehungsbereitschaft geschaffen hatte, muß die seiner Betreuerin von ihm erteilte Erlaubnis interpretiert werden, ihn zur Schlafenszeit auszuziehen. Bis dahin hatte er in bis zu vier Pullovern geschlafen, was toleriert wurde, damit der Junge zumindest in den wenigen Nachtstunden zur Ruhe kommen konnte (389). Diese Verhaltensweise ging auf den Versuch seiner Eltern zurück, ihn am Weglaufen zu hindern, indem sie ihm während des Schlafs seine Kleidung wegnahmen. Nachdem er drei Wochen lang erfahren hatte, daß er im Schlaf nicht mit Übergriffen zu rechnen hatte und ihm auch die Kleidung nicht weggenommen wurde, er also nachts nicht jederzeit bereit sein mußte, wegzulaufen, ließ es 'Harry' zu, daß ihn seine bevorzugte Betreuerin auszog. In einer Situation, in der er ermüdet und zur Abwehr nur bedingt fähig war, nahm er Hilfe an, um eine hinderliche Schutzschicht abzulegen. Aus eigenem Antrieb wäre er dazu noch nicht in der Lage gewesen. Durch das Ausziehen wurde ein erster, wenn auch nur äußerlicher Kontakt hergestellt.

Eine andere günstige Gelegenheit, mit 'Harry' eine Beziehung anzubahnen, boten seine zahlreichen Kinobesuche. Ebenso wie das Schlafen in Kleidung gehörte es zu seiner Symptomatik, daß sein Weglaufen oft im Kino endete, ohne daß er dieses Ziel bewußt angesteuert hätte. Nach einigen unzureichenden Spekulationen darüber, welche Funktion diese Kinobesuche erfüllten und daraus abgeleiteten, untauglichen Versuchen, sie ihm abzugewöhnen, erkannte man, daß es 'Harry' wesentlich war, sich an einem warmen und dunklen, Geborgenheit ausstrahlenden Ort auszuruhen, wo nichts von ihm erwartet wurde. Es lag daher nahe, das Kino als archetypische gute Mutter zu interpretieren (387). Seine Kinobesuche wiesen allerdings auch eine kontraproduktive Seite auf. Die Filme, denen der Siebenjährige inhaltlich nicht folgen konnte, beunruhigten ihn stark. Vor dem Hintergrund der genannten Deutung beschloß man, 'Harry' so oft wie möglich gemeinsam mit der Betreuerin ins Kino zu schicken. Zu diesem Zweck wählte sie möglichst harmlose Filme aus, setzte sich im Kino neben den Jungen und fütterte ihn mit Süßigkeiten. Nachdem sie ihm dies viele Wochen hatte angedeihen lassen, erlaubte er ihr das erste Mal, ihn im Arm zu halten. Schließlich rollte er sich in ihrem Schoß zusammen, während er weiterhin Süßigkeiten lutschte. Erst zu diesem Zeitpunkt konnte er sich von der Leinwand abwenden und mit der Betreuerin sprechen. Sie benutzte diese Gelegeheit, um ihn über die Inhalte der Filme zu beruhigen. Durch ihre Versicherung konnte 'Harry' erstmals glauben, daß die Schauspieler nicht wirklich getötet würden. Von diesem Zeitpunkt an verringerte sich sein Bedürfnis ins Kino zu gehen. Nach einem Jahr an der Schule hatte sich seine Vorliebe gar in eine Abneigung gegen Kinobesuche gewandelt: Nachdem einige seiner Zimmergenossen angekündigt hatten, sonntags ins Kino zu gehen, gab 'Harry' an den Vortagen sein ganzes Taschengeld aus und verkündete am Tag des geplanten Kinobesuchs triumphierend, er könne nicht mitkommen.

Circa zwei Monate nach seiner Aufnahme kehrte 'Harry' früher als gewöhnlich und nicht mehr im Zustand totaler Erschöpfung von seinen nächtlichen Touren zurück. Dies bot seiner Betreuerin, die immer auf ihn wartete, die Gelegenheit, mehr für ihn zu tun, als ihm etwas zu essen zu geben und ihn sogleich ins Bett zu bringen. Nun konnte sie ihn mit in die Küche nehmen, ihm eine warme Mahlzeit zubereiten und ihm beim Essen Gesellschaft leisten. Während sie kochte, verzichtete sie bewußt darauf, ihm Vorhaltungen zu machen; vielmehr war sie allein darum bemüht, sich ihm hilfreich zu erweisen. 'Harry' war zwar zu müde, um zu sprechen, immerhin saßen sie aber beisammen. Dadurch konnten die Kontakte, die im Kino – also *außerhalb* der Schule – geknüpft worden waren, und bei denen auch das Füttern eine wichtige Rolle gespielt hatte, *in* der Schule intensiviert werden. Nach einigen weiteren Wochen veränderte der Junge seine Gewohnheiten noch weitgehender. Zwar lief er weiterhin morgens weg, er tauchte aber nicht erst abends, sondern schon nachmittags – pünktlich zum Dienstbeginn seiner Betreuerin – wieder auf (Sutton 1996, 320).

5.4.2.5 Festigung der Beziehung

Ist es den Mitarbeitern und dem Kind gelungen, eine Beziehung aufzunehmen, so kommt zu den Befriedigungen, die dem Kind gewährt werden, »die einzigartig zufriedenstellende Erfahrung hinzu, die nur eine echte menschliche Beziehung zu bieten hat« (Bettelheim [1955] 1985, 390). Gleichzeitig erlaubt es diese Beziehung dem Kind erstmals, die ihm angebotenen Befriedigungen in einer zunehmenden passiven Abhängigkeit anzunehmen. Allein dies stellt schon eine bedeutende korrigierende Erfahrung dar. Bei 'Harry' kündigte sich diese Entwicklungsstufe an, als er seiner Betreuerin erlaubte, ihm vor dem Zu-Bett-Gehen ein warmes Bad zu bereiten. Auch wenn sie ihn noch nicht anfassen durfte, so bat er sie doch, bei ihm sitzen zu bleiben, um mit ihm zu reden oder ihm eine Geschichte vorzulesen. Nach sechs Monaten konnte er sie schließlich bitten, ihn zu waschen (414). Der

Kontakt zu ihr hatte zusammen mit der wiederholten Erfahrung, nicht bestraft oder festgehalten zu werden, die Schule in einen zunehmend sichereren Ort verwandelt. Allerdings hing sein Sicherheitsgefühl weiterhin von der Möglichkeit ab, jederzeit fliehen zu können. Sobald er davon überzeugt werden konnte, daß die Türen von innen nie abgeschlossen wurden, entfloh er nicht mehr durch Fenster und über Dächer (390). Wie sehr seine Fähigkeit sein Weglaufen zu beherrschen, von seiner Beziehung zu diesem einen Menschen abhing, zeigte sich bei einem seiner erneuten Versuche, wegzulaufen. Während er vom Gelände der Schule rannte, tauchte zufällig seine Betreuerin auf. 'Harry' stoppte, hielt einige Sekunden inne und lief dann mit der gleichen Geschwindigkeit zurück zur Schule. Er setzte sich auf die Eingangsstufen und wartete auf die Ankunft der Betreuerin. Als sie sich zu ihm setzte, schmiegte er sich an sie und erzählte von seinem Plan wegzulaufen (391).

Die Angst, eine solche einzigartige Beziehung und die damit verbundene Zuwendung und Versorgung zu verlieren, wird zusammen mit der Erfahrung der negativen Konsequenzen des dissozialen Verhaltens zum Motor der weiteren Entwicklung. Um sich gegenwärtig und zukünftig vor dem Verlust der Zuwendung durch eine geliebte Person zu schützen, 'bedient' sich das Kind zweier, sich gegenseitig verstärkender Mechanismen. Um Situationen zu vermeiden, die die Angst vor dem Verlust der Zuwendung heraufbeschwören, entwickelt es so etwas wie (Problem)Bewußtsein. Zudem versucht es, der Verbindung mit der geliebten Person Dauer zu verleihen, indem es sie verinnerlicht. Der Vorgang der Introjektion bringt eine innere Repräsentanz der Haltungen und Werte der das Kind betreuenden Person hervor (Bettelheim 1948c, 154). Bis zu diesem Punkt unterscheidet sich nach Bettelheim die Arbeit mit delinquenten Kindern nicht von der mit Kindern, die an funktionellen Störungen leiden. In der Folge besteht die wesentliche Differenz darin, daß die auf der Basis der umfassenden Befriedigung neu aufgebaute Beziehung bei delinquenten Kindern dazu benutzt werden muß, innere Kontrollen aufzubauen, während zum Beispiel bei depressiven Kindern das genaue Gegenteil angezeigt ist.

Nachdem 'Harry' eine Beziehung zu seiner Betreuerin entwickelt hatte und die Schule als einen angenehmen Ort empfand, legte man ihm nahe, selbst eine Zeit festzulegen, zu der er abends zurück sein werde. Er beschloß, regelmäßig um Mitternacht zurückzukommen. Auf dieser Basis traf der Direktor und die Betreuerin mit ihm die Vereinbarung, daß man bei bis Mitternacht auftretenden Schwierigkeiten für ihn eintreten werde. Wenn er beim Betteln oder Stehlen in Kneipen von der Polizei aufgegriffen würde, würde man ihn so schnell wie möglich abholen. Für Vorfälle nach Mitternacht lehnte man diese Hilfe ab. 'Harry' sollte die Konsequenzen einer gebrochenen Vereinbarung zu spüren bekommen. Als er nach wenigen Tagen gegen die Abmachung verstieß und die Polizei um drei Uhr darum bat, ihn abzuholen, kam man überein, daß der Junge bis zum nächsten Morgen in ein Heim gebracht werden solle, von wo man ihn morgens abholen würde. In den Tagen nach diesem Vorfall kehrte der Junge lange vor Mitternacht in die Schule zurück. Nach einiger Zeit verstieß er allerdings erneut gegen die Vereinbarung, worauf er gemäß der Übereinkunft zwei Tage in der anderen Einrichtung zubringen mußte, bevor er abgeholt wurde. Über die Dauer seines Aufenthalts in diesem Heim bei weiteren Verstößen wurde er bewußt im Unklaren gelassen. Entscheidenden Einfluß darauf, daß der Junge von seinen nächtlichen Touren allmählich Abstand nehmen konnte, hatte – nach Bettelheims Darstellung – eine Erfahrung bei einer nächtlichen Rückkehr. Kurz nachdem 'Harry' die Vereinbarung um Mitternacht heimzukehren zum zweiten Mal gebrochen hatte, kam es zu einem erneuten Verstoß. In ehrlich empfundener Sorge warteten der Direktor und die Betreuerin bis vier Uhr auf ihn. Als er endlich eintraf, hielt ihm der Direktor eine energische Strafpredigt und schilderte ihm – erleichtert, daß er unbeschadet zurückgekehrt war – wie sehr man sich um ihn gesorgt habe. Anschließend richtete sich 'Harry' auf, der besorgte Gesichtsausdruck wich einem glücklichen Lächeln, und er sagte: »Ich hab gar nicht gewußt, daß euch so viel an mir liegt« (Bettelheim [1955] 1985, 394). 'Harrys' Überzeugung, daß die Sorge um ihn aufrichtig gewesen war, veranlaßte den Jungen zusammen mit der unangenehmen Erfahrung der kurzzeitigen Heimaufenthalte, sich zukünftig aktiv darum zu bemühen, rechtzeitig zurückzukehren und nicht mehr wegzulaufen. Allerdings kamen Verstöße bis zum dritten Jahr seines Aufenthalts immer mal wieder vor.

Als 'Harry' selbst den Wunsch entwickelt hatte, sein Weglaufen einzuschränken, war ein weiterer entscheidender Punkt in seiner Erziehung erreicht. Dem pädagogisch-therapeutischen Umgang mit ihm eröffnete dies neue Möglichkeiten. So konnten nun auch einschränkende Maßnahmen getroffen werden, ohne die Beziehung zu ihm aufs Spiel zu setzen. Zwei Gründe sprechen dagegen, solche Maßnahmen schon vor diesem Entwicklungszeitpunkt zu ergreifen. Erstens: Hätte man ihn durch Einsperren oder Wegnehmen der Kleider am Weglaufen gehindert, hätte der Junge Haß auf die Mitarbeiter entwickelt, was die Möglichkeit, eine Beziehung mit ihm herzustellen, entscheidend beeinträchtigt, wenn nicht unmöglich gemacht hätte. Da es ihm vermutlich dennoch gelungen wäre wegzulaufen, hätte sich bei ihm zudem ein Gefühl der Überlegenheit eingestellt bzw. weiterbestanden. Zweitens hätte man ihn seines zentralen Abwehrmechanismus beraubt, den er im Dienste des schieren Überlebens entwickelt hatte.

Stellte der Direktor schon bis zu diesem Entwicklungsstadium einen wichtigen Beziehungspartner 'Harrys' dar, so nahm seine Bedeutung jetzt noch zu. Um die Beziehung zu seiner Betreuerin, die die Basis der gesamten Entwicklung bildete, nicht zu gefährden, mußte sie weiterhin die bedürfnisbefriedigenden Seiten der Realität verkörpern und sich dem Jungen gegenüber umfassend gewährend verhalten. Sie versuchte nach wie vor, keine Anforderungen an ihn zu stellen und sich nicht über sein Verhalten zu ärgern. Während der Direktor realistische Versprechungen seitens des Jungen ermutigte und akzeptierte, solche, die seine Fähigkeiten überstiegen, aber strikt ablehnte, ließ sich seine Betreuerin mit ihm auf diese Ebene der Kommunikation nicht ein. Ihre Botschaft an den Jungen: Sie wolle nur, daß er sich sein Leben bequem und ungefährlich einrichte und hoffe sehr, daß er es so organisiere, daß sie möglichst viel Zeit miteinander verbringen könnten. Andererseits benötigte 'Harry' Unterstützung bei der Entwicklung eines Über-Ichs, die am vorteilhaftesten von der Person gewährt wurde, die das Über-Ich der Institution repräsentierte.

Angesichts einer ersten Einsicht in die Notwendigkeit, sein Verhalten zu kontrollieren, bat 'Harry' darum, die Schlafraumtür nachts abzuschließen. Die Unterwerfung unter einen äußeren Zwang erschien ihm leichter und zuverlässiger, als eigene innere Kontrollen zu errichten. Solche Zwangsmaßnahmen wurden mit Hinweis auf die Philosophie der Institution abgelehnt. 'Harry' versuchte nun, den von ihm nachgefragten Zwang symbolisch zu realisieren. Er band seinen Stoffhund am Bettpfosten fest, damit er nicht weglaufen konnte. Kurze Zeit später band er den Teddy, den man ihm geschenkt hatte, abends an seinem Arm und am Bett fest. Gleichwohl lief 'Harry' auch weiterhin weg. Der Prozeß der Rehabilitation dieses Jungen gestaltete sich als »ein ständiges Hin und Her zwischen vielen Rückfällen und vielen neuen Versuchen« ([1955] 1985, 396). Als regelmäßig auftretendes Symptom verschwand das Weglaufen fast völlig erst nach anderthalb Jahren. In Zeiten großer Belastung fiel er allerdings immer wieder in diese Verhaltensweise zurück. Auch während seines zweiten Jahres lief er gelegentlich fort, um die Mitte des dritten Jahres konnte er diese Verhaltensweise schließlich ganz ablegen (400).

Die in seiner Erziehung erreichten Fortschritte schlugen sich zunächst in einem veränderten Muster seines Weglaufens nieder. War er früher aus unbewußtem inneren Druck weggelaufen, aus Angst, ihm würde etwas Schreckliches zustoßen, so lief er zu diesem Zeitpunkt seines Aufenthalts nur noch davon, wenn ein handfestes Motiv vorlag.

Auch wenn er Anlässe in dieser Hinsicht noch idiosynkratisch bewertete, dokumentiert dieser Wandel einen entscheidenden Fortschritt. 'Harry' wußte nun, warum er weglief und konnte die Gründe auch mitteilen (397).

Etwa zwei Monate später war ein weiterer Fortschritt zu verzeichnen. War er bislang immer nach einem aggressiven Akt davongelaufen, so suchte er nun das Weite, um sich selbst daran zu hindern, eine solche Tat zu begehen. Nach einiger Zeit war er auch in dieser Hinsicht imstande, den Grund für sein Weglaufen mitzuteilen. Als seine inneren Spannungen abnahmen und ihre Integration dadurch eher möglich wurde, gelang es ihm, einen zeitlichen Abstand zwischen Impuls und Handlung zu legen. Er beklagte sich beispielsweise über das Verhalten anderer Kinder und forderte seine Betreuerin auf, es zu unterbinden, da er sonst weglaufen würde.

Nach einem Jahr lief 'Harry', der anfänglich täglich Reißaus genommen hatte, nur noch fort, wenn Motive vorlagen, die auch weniger gestörte Kinder beunruhigen konnten. So überforderte ihn beispielsweise ein Zahnarztbesuch. Nur eine Stunde nach dem Termin tauchte er aber wieder auf. Neu hinzu kam in dieser Phase die Verhaltensweise, daß er nach seiner Rückkehr versuchte, sein Verhalten wiedergutzumachen. So bat er beispielsweise um zusätzliche Hausaufgaben, wenn er den Unterricht versäumt hatte oder wollte sein Weglaufen durch das Aufräumen eines Schlafraumes wiedergutmachen. Dies zeigt, daß er die Werte der ihn betreuenden Personen verinnerlicht hatte und inzwischen auch in der Lage war, Schuldgefühle zu empfinden. Die von ihm geforderte Hilfe, um sie abbauen zu können, mußte ihm allerdings im Sinne einer weiteren inneren Strukturbildung und Strukturfestigung verweigert werden (399).

5.4.2.6 Modifikation der Beziehung

Etwa zur gleichen Zeit als 'Harry' lernte, seine Fluchtimpulse, zu kontrollieren, gelang es ihm auch zunehmend, seine Aggressionen zu beherrschen. Da er weniger und nur kürzere Zeiten abwesend war, wurde er auch weniger durch externe Erlebnisse beunruhigt und empfand überdies geringere Schuldgefühle. Diese Konstellation bot eine Gelegenheit, die Beziehung zu ihm weiter zu stärken, indem ihm vermehrt angenehme Erlebnisse in der Schule verschafft wurden. Zugleich schien die Beziehung zu seiner Betreuerin gefestigt und hinreichend tragfähig. Zu dieser Zeit beschloß man, 'Harry' in eine Gruppe mit älteren Kindern zu verlegen, die aufgrund ihrer körperlichen Überlegenheit geeignet schienen, seine eigenen Bemühungen, seine Aggressivität zu kontrollieren, zu unterstützen. Zu diesem Zeitpunkt änderte auch die Betreuerin ihre Haltung ihm gegenüber. An die Stelle des bisherigen umfassenden Gewährenlassens traten nun Bemühungen, ihn aktiv in seinen Bestrebungen nach sozial akzeptablen Verhalten zu unterstützen ([1955] 1985, 403). Von dieser Person und zu diesem Zeitpunkt konnte er diese Form der Unterstützung annehmen. Da er inzwischen sein Verhalten aus eigenem Antrieb zu ändern bemüht war, begab sich die Betreuerin mit ihrer Einstellungs- und Verhaltensänderung nicht in Opposition zu dem Jungen; vielmehr trug sie der durchlaufenen psychischen Entwicklung und seiner dadurch bedingten veränderten Bedürfnislage Rechnung. Es handelte sich gewissermaßen um eine Aktualisierung der Haltung auf dem bis dahin erreichten Entwicklungsstand des Jungen. Die Betreuerin versuchte nun beispielsweise, 'Harry' zu zeigen, daß er seine Aggression abführen könne, ohne andere schädigen oder sich in Gefahr bringen zu müssen. Ein Beispiel für dieses 'Umlenken' bietet der Umgang mit der Neigung des Jungen, mit Gegenständen um sich zu werfen, sobald er in Aufregung geriet. Wenn er auf Spaziergängen in Wut geriet, ermutigte ihn seine Betreuerin, mit Steinen nach Bäumen zu werfen, anstatt zu warten, bis die Aggression sich solange aufgestaut hatte, daß er unkontrolliert andere Personen mit Steinen bewerfen mußte. Darüber hinaus spielte sie täglich Steinwerfspiele mit ihm. Bezeichnend ist, daß diese Versuche anfangs nur in Gegenwart dieser einen Betreuerin gelangen. In ihrer Abwesenheit bewarf er weiterhin andere Personen. Es dauerte einige Zeit bis ihr Vorstellungsbild genügte, um ihn von solchen Handlungen abzuhalten. Nach einiger Zeit begann 'Harry' Leute ebenso absichtlich zu verfehlen, wie er sie früher zu treffen versucht hatte. Zunächst wieder nur im Zusammensein mit seiner Lieblingsbetreuerin wurden schließlich Steine gegen Bälle ausgetauscht. Wiederum nach einiger Zeit war 'Harry' in der Lage, an organisierten Ballspielen oder an teilaggressiven Spielen, wie dem Werfen nach Dosen, teilzunehmen. Früher war an eine Teilnahme an solchen Spielen nicht zu denken gewesen. Weder konnte der Junge warten, bis er an die Reihe kam, noch konnte er es ertragen, zu verlieren. In beiden Fällen hatte er massive Aggressionen gegen die anderen Kinder entwickelt (404). Die Fähigkeit zur Teilnahme an organisierten Ballspielen dokumentiert einen Entwicklungsfortschritt, der weit über die Beherrschung seiner Aggressionen hinausweist. Indem er Regeln beachten und Frustrationen auszuhalten gelernt hatte, hatte sich 'Harry' zu einem Menschen entwickelt, der die Zugehörigkeit zu einer Gruppe primitiven Lustbefriedigungen vorzog. In allen vorangegangenen Stadien seiner Entwicklung lag seinen Anpassungsbemühungen letztlich ein negatives Motiv zugrunde. Motor seiner Handlungen war die Angst vor der Kritik und dem Liebesentzug der betreuenden Person und nicht wie bei diesen Ballspielen der positive Wunsch, sich sozialverträglich zu verhalten und die daraus resultierenden Vorteile zu genießen (405).

5.4.2.7 Überstrenges Gewissen

Nach etwa neun Monaten war 'Harrys' psychische Strukturentwicklung so weit fortgeschritten, daß von einem funktionierenden Gewissen gesprochen werden konnte. Von dem einer gut integrierten Persönlichkeit unterschied es sich noch durch drei Merkmale: zum einen handelte es sich um ein unerwünscht und unvernünftig strenges Gewissen; zum anderen war es eine Instanz, die stärker darauf gerichtet war, Fehlverhalten zu vermeiden, anstatt dem Kind die Möglichkeit zu bieten, sein Verhalten so zu steuern, daß es nach und nach auch Fernziele sozial erwünschten Verhaltens erreichen konnte. Schließlich fehlten 'Harrys' Über-Ich – drittens – noch individuelle Züge. Ein mangelhaft individualisiertes, vornehmlich auf die Abwehr unerwünschter Verhaltensweisen und zu stark ausgeprägtes Über-Ich muß als charakteristisch für diese Phase des Prozesses der Rehabilitation 'verwahrloster' Kinder und Jugendlicher angesehen werden.* In diesem Zusammenhang müssen 'Harrys' autoaggressive Akte interpretiert werden. Nachdem er einen anderen Jungen angeregt hatte, mit Steinen zu werfen und dieser zufällig einen dritten Jungen traf und verletzte, fühlte sich 'Harry' schuldig. Obwohl seine Betreuerin ihn seiner Unschuld versicherte, verletzte er sich auf der Heimfahrt mit dem Bus absichtlich und beschmierte sein Gesicht demonstrativ mit Blut. Wenn er nicht von außen bestraft wurde, so mußte er es selbst übernehmen. Nur so war es ihm möglich, die durch seine übersteigerten Schuldgefühle induzierte Spannung auf ein erträgliches Maß zu reduzieren. Die Forderungen seines zu strengen Über-Ichs steigerten sich schließlich so weit, daß er sich schließlich für alle negativen Verhaltensweisen der Kinder der Orthogenic School schuldig fühlte und Wiedergutmachungsversuche startete. Es schien, als wolle er die Gewissensfunktion für alle Kinder übernehmen (423). Diese Entwicklung gipfelte schließlich darin, daß

---

* Diese auf August Aichhorn zurückgehende Position revidierte Bettelheim später. In *The Education of Deprived Children* (Bettelheim 1969, 239) heißt es dazu: »Bevor Psychoanalyse als Mittel für sie [benachteiligte Kinder] hilfreich sein konnte, mußten sie mit Hilfe von Hemmungen, Ängsten und Schuldempfindungen zuerst dabei unterstützt werden, ein überstrenges Über–Ich zu entwickeln. [...] Während dies für Therapie immer noch gültig sein mag, bezweifle ich, daß es in der Erziehung erforderlich ist, die nicht die Existenz einer Neurose voraussetzt.«

'Harry' unter dem Gefühl litt, er dürfe Befriedigungen, die den anderen Kinder selbstverständlich erschienen, nicht mehr genießen. So glaubte er etwa, keine Geburtstagsgeschenke zu verdienen. Eines seiner Lieblingsspiele zu dieser Zeit offenbart, daß sich das omnipotent fühlende »große Tier«, als das sich 'Harry' zum Zeitpunkt seines Eintritts in die Schule phantasierte, zu einem furchtsamen Kind gewandelt hatte, das unter der von einem zu strengen Gewissen ausgehenden Drohung der eigenen Vernichtung lebte. Mit kleinen Variationen blieb der Inhalt dieses Spieles immer der gleiche: Einige Verbrecher, die sich vorgenommen hatten, sich zu bessern, versuchten in einem Auto zu flüchten. Sie bauten aber jedesmal einen Unfall und verunglückten tödlich (426).

5.4.2.8 Individualisierung der introjizierten Werte und Durcharbeiten individueller Probleme

Eine zu starke Ausprägung der inneren Kontrollen stellt vielfach eine notwendige Vorstufe zu dem dar, was Bettelheim die »Individualisierung der introjizierten Werte« nennt ([1955] 1985, 423). 'Harry' hatte sein Gewissen durch die Introjektion der Normen und Sitten jener Personen erworben, die für ihn in ihrer Gesamtheit die Schule repräsentierten. Nur folgerichtig bezog es sich zu dem Zeitpunkt, als er sich für die Verfehlungen aller Kinder verantwortlich fühlte, auch auf die gesamte Schule (423). Sein Über-Ich basierte noch nicht auf individuellen Normen, die mit den Werten und Normen der Gemeinschaft, in der er lebte, in konstruktiver Wechselbeziehung standen. Reduzierung der Strenge des Über-Ichs, bis es in Einklang mit den Anforderungen der Realität steht einerseits und seine individuelle Anpassung an die Bedürfnisse der jeweiligen Person andererseits stellen deshalb die letzte Stufe im Prozeß der Rehabilitation 'verwahrloster' Kinder dar. Erschwert wurde diese Phase bei 'Harry' dadurch, daß in sein an der Schule erworbenes Über-Ich Gehalte aus früheren Zeiten eingingen. Durch den Einfluß einer überstrengen Mutter hatte er ohnehin das Gefühl vermittelt bekommen, er sei böse und verdiene Bestrafung. Ferner hatten seine Lebenserfahrungen eine große Gewaltbereitschaft in ihm erzeugt, die er zu diesem Zeitpunkt zwar nicht mehr agierte, die aber nun eine Koalition mit seinem Über-Ich einzugehen schien (422).

Ein zusätzliches Mittel um ihn bei der Bewältigung der zu diesem Zeitpunkt anstehenden Entwicklungsaufgaben zu unterstützen, stellten die Einzel-Spieltherapiesitzungen mit seiner Lieblingsbetreuerin dar. Nach einem halben Jahr hatte 'Harrys' Entwicklung einen Stand erreicht, der es ermöglicht hatte, ihm diese zusätzliche Hilfe anzubieten. Bis zu diesem Zeitpunkt war es ihm unmöglich gewesen, gemeinsam mit einem Erwachsenen in einem geschlossenen Raum eine Situation zu ertragen, die eine emotionale Forderung implizierte. Die Schwierigkeiten, die diese besondere Anforderung ihm auch zum Zeitpunkt der Aufnahme der Spieltherapeisitzungen bereitete, spiegelte sein häufiges Fernbleiben wider, dem seine Betreuerin mit besonderen Anstrengungen, ihn zu motivieren, begegnete. In diesem geschützen, von zufälligen äußeren Reizen isolierten Setting konnte 'Harry' schließlich einige traumatische Szenen seiner Vergangenheit mit symbolischem Material agieren und zusammen mit seiner Lieblingsbetreuerin durcharbeiten. Vorangehen mußten aber einige Monate, in denen er die Sitzungen dazu benutzte, sich elementare Befriedigungen zu verschaffen: ruhig zu essen, sich etwas vorlesen zu lassen oder sich im Schoß seiner Betreuerin zusammenzurollen. Es schien, als müsse der Junge in diesem anderen Setting erst wieder einige Schritte zurückgehen, bevor er es annehmen und nutzen konnte. Bettelheim betont in diesem Zusammenhang, daß die Einzeltherapiesitzungen lediglich einen ergänzenden Beitrag zur Rehabilitierung des Jungen leisteten und sie im wesentlichen auf den Gesamteinfluß zurückging, den das Leben in einem therapeutischen Milieu ausübte. In Übereinstimmung damit legt er ferner Wert darauf, daß der Junge Einsichten in sein Verhalten stärker aus aktuellen Situationen gewann, als aus dem Angebot symbolischen Materials in der Abgeschiedenheit des Spielzimmers (429). Eine angemessene Persönlichkeitsintegration konnte der Junge schließlich erst erwerben, nachdem er einen scheinbar unlösbaren Konflikt somatisiert hatte. Er entwickelte eine Reihe somatischer Symptome wie Neurodermitis, Allergien oder andere hartnäckige Hauterkrankungen, die im Kontext des Beziehungsgeschehens nicht mehr relevant erscheinen und deshalb hier nicht mehr nachgezeichnet werden müssen (436 ff.).

5.4.3 Zur Funktion des Direktors in der milieutherapeutischen Beziehungsgestaltung

Die wohl wichtigste Funktion in dem vorgestellten Beispiel von Beziehungsgestaltung erfüllte ohne Zweifel die Lieblingsbetreuerin des Jungen. Mit Hilfe ihrer engagierten 'allseitigen Besorgung' konnte sich 'Harry' die bedürfnisbefriedigenden Seiten der Realität erschließen, basale Befriedigungen nachholen und somit eine Basis für die Persönlichkeitsentwicklung schaffen. An zentralen Stellen seiner Entwicklung kam zusätzlich der Direktor ins Spiel. Zum einen als es galt, 'Harry' eindringlich deutlich zu machen, daß sein nächtliches Ausbleiben bei den Mitarbeitern große Sorge auslöste; in Bettelheims Behandlungsgeschichte markiert diese Situation einen wichtigen Wendepunkte in der Behandlung des Jungen. In der beschriebenen vehementen nächtlichen Konfrontation 'Harrys' mit der Besorgnis einer Vater- und einer Mutterfigur spürte er, daß die Sorge um ihn echt war, daß es tatsächlich Menschen gab, die große Unannehmlichkeiten auf sich nahmen, um ihm eine positive Entwicklung zu ermöglichen und wirkliche Besorgnis empfanden, wenn er sich nicht verabredungsgemäß verhielt. Der zweite Zeitpunkt, zu dem Bettelheim selbst eine wichtige – wenn nicht die wichtigste – Funktion in dieser 'Beziehungsarbeit' erfüllte, war gekommen, als der Junge vor der Aufgabe stand, ein Über-Ich zu entwickeln. Aufgrund der instrumentell-expressiven Arbeitsteilung und um die Beziehung zu der Lieblingsbetreuerin nicht zu gefährden, wurden negative Sanktionen grundsätzlich vom Direktor persönlich verhängt, der das Über-Ich der Institution verkörperte. Wie bedeutsam die Beziehung 'Harrys' zu ihm in der Tat war, illustriert die Tatsache, daß der Junge in seiner Abschiedsrede hauptsächlich über die Person des Direktors sprach (450). Auch andere Behandlungsberichte dokumentieren seine zentrale Funktion für die Kinder, auch wenn er von allen Mitarbeitern die wenigste Zeit mit ihnen verbringt (259). Dies scheint mir umso bedeutender, als es von Bettelheim theoretisch nicht angemessen reflektiert wird.

Mehrere solcher Berichte überblickend, lassen sich drei Funktionen unterscheiden, die Bettelheim im Rahmen des milieutherapeutischen Beziehungsgeschehens erfüllte. Sie lassen sich unter dem Oberbegriff »väterliches Prinzip« subsumieren. Zum *einen* erfüllte der Direktor die Funktion einer Gehorsam fordernden, negativ sanktionierenden und daher gefürchteten Instanz. Die Erfüllung dieser Funktion wurde im Falle Bettelheims durch seine autoritäre Charakterstruktur erleichtert, weshalb oftmals keine spezifischen Handlungen seinerseits erforderlich waren; seine bloße Anwesenheit in der Schule genügte. Bettelheim übernahm somit die Funktion eines externen Über-Ichs während die Kinder das Es und die Betreuer das Ich repräsentierten. Wie bedeutsam die väterlich-autoritäre Funktion Bettelheims in der Orthogenic School war, trat erst nach seinem Ausscheiden in aller Schärfe zutage:

> »Für die Kinder und Mitarbeiter der Orthogenic School war Bruno Bettelheim DIE AUTORITÄT. Viele fürchteten sich vor ihm. Aber er repräsentierte viel mehr: Wissen, Empathie, Verstehen, Weisheit; ich möchte diesen Autoritätsaspekt hervorheben, nicht wegen Bettelheims Persönlichkeit, sondern wegen der Bedeutung dieser Funktion in der stationären Arbeit. Als er die Schule verließ, war es erforderlich, über Wege nachzudenken, wie die wünschenswer-

ten Aspekte von Bettelheims Autorität fortgeführt werden könnten: d. h. eine klare, starke und unterstützende Struktur zu bieten, die für die Erhaltung einer sicheren Umwelt für unsere chaotischen Kinder so notwendig ist« (Sanders 1990, 12, Hervorheb. i. O.).

Die *zweite* Funktion des väterlichen Prinzips besteht darin, einen fundamentalen Halt (Sicherheit), Kontinuität und Orientierung zu bieten. Betreuer und sonstige Mitarbeiter wechselten mehr oder weniger häufig, was besonders in der Behandlung autistischer Kinder zu nicht wieder aufzuarbeitenden Rückschlägen führte (Sutton 1996, 452 und die konträre Ausssage Bettelheims [1967] 1989a, 305). Bettelheim aber blieb und verbrachte täglich bis zu sechzehn Stunden in der Schule. Zu bestimmten Zeitpunkten ihrer Entwicklung kam dieser Sicherheit spendenden Funktion für die Kinder eine so große Bedeutung zu, daß sie den Direktor oftmals ohne ein bestimmtes Anliegen in seinem Büro aufsuchen, vielfach nur um sich seiner Anwesenheit zu vergewissern.

Bettelheims Rolle im Rahmen der nicht-dyadischen Beziehungen im therapeutischen Milieu erinnert damit an die Rolle des Vaters in Winnicotts Konzept der perinatalen Zeit, wie sie Teuns (1991, 92) mit Bezug auf den von Bettelheim bei Winnicott entlehnten Begriff des »good enough parent« skizziert hat. Damit die »good enough mother« oder Betreuerin ihrem Kind einen ausreichenden Halt bieten kann, muß sie selbst gehalten werden. Mutter und Kind brauchen einen Halt, der der Mutter das Maß an Regression erlaubt, das eine empathische Pflege des Säuglings erfordert. In der Kleinfamilie kommt diese Rolle dem leiblichen Vater zu, im therapeutischen Milieu erfüllt sie der Direktor und in geringerem Maße auch die erfahrenen Mitarbeiter. Die Funktion des haltenden Dritten erlaubt es dem Betroffenen, seine eigenen mütterlichen Gefühle zu sublimieren und zu integrieren, so daß die Notwendigkeit, sie abzuspalten und eifersüchtig auf Mutter (Betreuerin) oder Kind zu reagieren, entfällt. Dieses Halten bildet die Basis für die in späteren Entwicklungsstadien erforderliche Funktion des Versagens.

Die *dritte* und problematischste Funktion, die der späte Bettelheim erfüllte, läßt sich nicht aus seinen Fallgeschichten, wohl aber aus den Mitteilungen seiner Mitarbeiter, erschließen. Zusätzlich zu den beiden genannten übernahm er vielfach die Funktion eines »würdigen Feindes« (Cleaver 1997, 29) oder wie er selbst in Anspielung an die symbolische Bedeutung des Wolfes in vielen Märchen formulierte: seine Rolle sei die des »großen bösen Wolfs« (Sutton 1996, 323). Da ich diese Funktion im Teil B bereits ausgeführt habe, kann ich mich hier darauf beschränken, sie nur zu nennen.

Mit Ausnahme der sanktionierenden Funktion erfüllte Bettelheim die genannten Funktionen sowohl für die Kinder als auch für die Mitarbeiterinnen. Immer wenn sich im pädagogischen Alltag scheinbar unüberbrückbare Schwierigkeiten auftaten, war es üblich, ihn zu rufen. In dem 'Praxisbericht' von Jurgensen ([1976] 1987) finden sich Beispiele dafür, daß die Kinder unerfahrenen Betreuern diese Maßnahme gelegentlich abnahmen bzw. dem Mitarbeiter ihrerseits den Vorschlag machten, den Direktor zu rufen, wenn eine Situation zu eskalieren drohte.

5.4.4 Anmerkungen zur Bedeutung der Gruppe in der nicht-dyadischen Beziehungsgestaltung

Um dem nicht-dyadischen Charakter der Beziehungsarbeit gerecht zu werden, dürfen hier zumindest einige Anmerkungen zur Funktion der Gruppe als eines bedeutenden Elements der menschlichen Dimension von Milieutherapie nicht fehlen (Bettelheim [1950] 1988, 238 ff.). Darauf, wie hilfreich die Gruppe der anderen Kinder bei der Rehabilitation des Jungen 'Harry' gewesen ist, hat seine Betreuerin, Gayle Shulenberger, noch einmal gegenüber der französichen Biographin Bettelheims hingewiesen:

> Als Harry, für den sie zuständig war, eines Abends von seiner x-ten Tour heimkehrte, flüsterte ein Junge – selbst ein ehemaliger Ausreißer – den anderen zu: »'Nicht vergessen, Jungs: Luft!' Sie verstand nicht, worum es ging. Doch als Harry wie gewöhnlich von seinen Abenteuern berichten wollte, redeten die anderen Kinder weiter miteinander, ohne ihn zu beachten. Das ging den ganzen Abend so – sie behandelten ihn wie Luft. Harry wurde fuchsteufelswild. Beim zweitenmal hatte er die Botschaft verstanden. 'Das war das Erstaunlichste daran, finde ich', sagt Gayle, 'die Anteilnahme dieser Kinder'. Es war ein bißchen so, als ob die Fortschritte des einen den anderen den Weg wiesen. Und das wollten sie sich nicht kaputtmachen lassen« (Sutton 1996, 322).

Einen ähnlichen Effekt wie ihn hier Shulenberger für den nicht-schulischen Bereich berichtet, teilt Bettelheim in *Liebe allein genügt nicht* ([1950] 1988) für die Unterrichtssituation mit. Zu Beginn seiner Zeit in der Orthogenic School war es 'Harrys' Lehrerin beinahe unmöglich, ihn im Klassenzimmer zu halten. Dies änderte sich erst, als ihr der zwölfjährige 'Joe', der gerade erst seine eigenen – denen 'Harrys' sehr ähnlichen – Symptome überwunden hatte, seine Hilfe anbot. Aufgrund seiner eigenen Entwicklung verfügte dieser zwölfjährige Junge über ein größeres Einfühlungsvermögen in 'Harrys' Probleme als seine Lehrerin. 'Joe' genoß seinen neu errungenen Status als anerkanntes und unauffälliges Mitglied des Klassenverbandes sehr. Nicht zuletzt, weil seine eigene noch ungefestigte Integration durch das Verhalten 'Harrys' bedroht schien, empfand er dessen Verhaltensweisen als äußerst problematisch. Man beschloß, daß 'Joe' sich neben 'Harry' setzen solle, um ihm bei aufkommenden Problemen beistehen zu können. Sobald 'Harry' unruhig wurde, spürte dies 'Joe' lange bevor es die Lehrerin bemerken konnte. Tröstend legte er dem jüngeren Kind seinen Arm um die Schulter, was 'Harry' beruhigte. Die Lehrerin durfte ihn zu diesem Zeitpunkt noch nicht berühren. 'Joe' hingegen erlaubte er dies, weil er ihm aufgrund seiner ähnlichen Probleme vertraute. 'Joe' genoß die Tatsache, daß er der einzige war, der 'Harry' lenken konnte. Die Lehrerin profitierte von diesem Arrangement, weil sie keinerlei Zwang auf 'Harry' ausüben mußte, um ihn im Klassenraum zu halten, was ihre spätere Beziehungsaufnahme zu ihm sehr erleichterte (Bettelheim [1950] 1988, 164).

Den Punkt »Bedeutung der Gruppe« abschließend sei noch angemerkt, daß die Gruppe der anderen Kinder natürlich nicht nur wie in den angeführten beiden Situationen allein positive Unterstützung bietet. Mitunter wirft die Gruppensituation auch ganz eigene Probleme auf. So stellte beispielsweise für 'Harry' das Eintreffen neuer Kinder jedesmal ein großes Problem dar. Da er in seiner Herkunftsfamilie durch die Geburt seiner Schwestern vollkommen ins Abseits geraten war, mußte er neu aufgenommene Kinder einfach als Bedrohung erleben (Bettelheim [1955] 1985, 365).

5.4.5 Zusammenfassung des Fallbeispiels

'Harrys' Geschichte zeigt, wie weitgehend die im Rahmen von Milieutherapie erzielten Fortschritte personell vermittelt sind. Die spezifische Art und Weise dieser personellen Vermittlung soll hier insofern zusammengefaßt werden, als ich die im Rahmen von Milieutherapie praktizierte Beziehungsgestaltung als eine phasenförmig verlaufende, nicht-dyadische Beziehungsgestaltung mit instrumentell-expressiver Rollenverteilung charakterisiere.

Anstatt einer exklusiven Zweierbeziehung wird eine möglichst große Vielfalt von Beziehungen angestrebt. Daß der Beziehung des Jungen zu seiner Lieblingsbetreuerin dennoch eine zentrale Funktion zukommt, muß dem nicht widersprechen. Diese eine Person erfüllte während des gesamten mehrjährigen Rehabilitationsprozesses alle für das Kind wesentlichen Funktionen – von der Körperpflege bis zu therapeutischen Aufgaben im Rahmen der Spieltherapiesitzungen. Den Kindern mehrere Beziehungen anzubieten, erscheint aus mindestens fünf Gründen bedeutsam. Erstens: Bei Kindern mit unverarbeiteten Trennungserfahrungen lösen unvermeidliche Abwesenheiten wie Urlaub, Krankheit oder gar der Stellenwechsel ihres Lieblings- oder 'Bezugsbetreuers' oftmals die unbewußte Erwartung der Wiederholung traumatischer Trennungserfahrungen aus. Dieses Problem läßt sich zumindest entschärfen, wenn das Kind einerseits in seiner Gleichaltrigengruppe Rückhalt erfährt und darüber hinaus auch andere Erwachsene zur Verfügung stehen, die an die Stelle des Lieblingsbetreuers treten können. Dem Kind mehrere Beziehungen anzubieten erscheint – zweitens – wichtig, um es nicht vorzeitig in eine (Ersatz)Eltern-Kind-Beziehung zu drängen, die für es die schwierigste aller möglichen Beziehungen darstellt und das Kind in der Regel überfordert und so der Bildung von Pseudo-Beziehungen Vorschub leistet. Drittens erfordert die zentrale Stellung des Wertes Autonomie geradezu eine nichtdyadische Beziehungsgestaltung. Eine autonome Entscheidung des jeweiligen Kindes für einen oder mehrere enge Beziehungspartner stellt in Bettelheims Konzept eine *conditio sine qua non* für einen erfolgreichen Behandlungsverlauf dar. Da in den frühen Jahren drei (später zwei) Betreuer und ein Lehrer für eine Gruppe verantwortlich waren, konnte das Kind unter vier (drei) Erwachsenen auswählen. Viertens erscheint das Angebot von mehreren Beziehungen sinnvoll, weil so die Kinder unterschiedliche Probleme auf verschiedene Personen übertragen können. Jede Beziehung stellt somit ein jeweils spezifisches Entwicklungspotential zur Verfügung. Diese Eigenart wird in der Behandlungsgeschichte von 'Harry' leider nicht sehr anschaulich, sie tritt aber in anderen Berichten deutlich zutage. Nicht von einer Person abhängig zu sein, erlaubt dem jeweiligen Kind – fünftens –, seiner Ambivalenz gegenüber der jeweiligen Beziehung Ausdruck verleihen zu können, ohne sich um die Befriedigung seiner Grundbedürfnisse sorgen zu müssen.

Die positive Wirkung einer solchen nicht-dyadischen Beziehungsgestaltung erscheint neben anderen Faktoren abhängig von einer »expressiv-instrumentellen« Differenzierung der Beziehungen. Dieser von Talcott Parsons im Rahmen seiner Arbeiten zur familialen Sozialisation eingeführte Begriff bezeichnet eine 'Arbeitsteilung' in »expressive« und »instrumentelle« Rollen, denen Parsons den Vorrang vor allen anderen familialen Rollen einräumt (Parsons/Bales 1966 zit. nach Muss 1973, 17 ff., 107 f.).

Vereinfacht ausgedrückt, bezieht sich die expressive Rolle auf die Lösung interner Probleme im Sub-System Familie; dadurch, daß die Frau das Kind gebärt und nährt, fällt ihr die expressive Rolle zu. Der Mann hingegen übernimmt die instrumentelle Rolle, die die externen Beziehungen regelt und für die Zielrealisierung und Anpassung des

Sub-Systems Familie sorgt. In der vorgestellten Behandlungsgeschichte übernahm der Direktor die instrumentelle Rolle; er war derjenige der gegenüber der Polizei, den Eltern des Jungen und dem kooperierenden Heim die Autorität darstellte. Er unterstützte die Bildung eines Über-Ichs, indem er erfüllbare Anforderungen an den Jungen stellte. Die Aufgabe der Betreuerin hingegen bestand darin, sich lange Zeit nicht auf eine solche instrumentelle Ebene einzulassen und die umfassende Versorgung des Jungen sicherzustellen. Die Gruppe der anderen Kinder erfüllte in den beiden oben zitierten Episoden ebenfalls eine instrumentelle Funktion. Je nach Situation kann sie aber auch eine expressive Funktion übernehmen, so daß sie nicht eindeutig der expressiven oder instrumentellen Seite zugeordnet werden kann.

Die Beziehungsgestaltung zwischen dem Jungen und seiner Lieblingsbetreuerin läßt sich in sieben Phasen einteilen. Da sich die Mitarbeiter schon vor der Aufnahme des Kindes intensiv mit ihm beschäftigen, muß der Beginn der Beziehungsarbeit schon im Vorfeld der konkreten Interaktionen angesetzt werden. Dieser Vorbereitung folgt eine Anbahnungsphase, in der sich alle Bemühungen darauf richten, zumindest einen rudimentären Kontakt anzuknüpfen bzw. dem Kind eine Reihe von Mitarbeitern als Beziehungspartner anzubieten. Entscheidend an dieser zweiten Phase der 'Beziehungsarbeit' ist, daß von dem Kind keinerlei Gegenleistungen erwartet werden und seine Bedürfnisse nach Rückzug und Alleinsein ebenso respektiert werden, wie sein ausgeprägt symptomatisches Verhalten. Das dem Kind in dieser Phase unterbreitete Angebot ist das einer zunächst flüchtigen und für es unverbindlichen Beziehung zu *seinen* Konditionen. Bevor es auf ein solches Angebot eingehen kann, muß das Kind es ausführlich auf die Probe stellen. Bei 'Harry' zog sich dies immerhin ein Jahr lang hin. Dieses Ausprobieren der Angebote kennzeichnet die dritte Phase der Beziehungsgestaltung. Die umfassende Befriedigung all seiner kindlichen Bedürfnisse weckte auch bei 'Harry' schließlich den Wunsch nach einer menschlichen Beziehung, die eine neue und zusätzliche Qualität der Befriedigung erlaubt. Die Beziehungsaufnahme kann als vierte Phase festgehalten werden. In diesem Stadium fällt es dem Kind zunehmend leichter, die ihm angebotenen Befriedigungen in passiver Abhängigkeit anzunehmen. Parallel zu der größeren Bedeutung zumindest einer Beziehung nahm bei 'Harry' das symptomatische Verhalten ab, so daß sich der Mitarbeiterin die Möglichkeit bot, die Beziehung zu ihm zu festigen. Dies geschieht, indem die bedürfnisbefriedigende und schutzvermittelnde Seite dieser Beziehung dem Kind gegenüber verbal und vor allem handelnd betont wird. Die Bemühungen, die Beziehung derart zu vertiefen und zu festigen charakterisieren die fünfte Phase der

'Beziehungsarbeit'. Im Rahmen dieser gefestigten Beziehung begann 'Harry' die Werte und Normen der ihn betreuenden Personen zu introjizieren. Im Laufe dieses Prozesses entwickelte er allmählich selbst den Wunsch, sein dissoziales Verhalten zu verändern, wodurch ein Wendepunkt im Erziehungsprozeß erreicht wurde. Zu diesem Zeitpunkt veränderte die betreuende Mitarbeiterin ihre Haltung. An die Stelle des bisherigen umfassenden Gewährenlassens und Verwöhnens traten nun Versuche, seine rudimentäre Selbstkontrolle auch mit einschränkenden Maßnahmen zu unterstützen. Diese sechste Phase kann als Modifikation der Beziehung bezeichnet werden. Entscheidend ist, daß die Beziehung erst dann modifiziert, und Forderungen erst dann erhoben werden dürfen, wenn das Kind so etwas wie Krankheitseinsicht und auch selbst den Wunsch entwickelt hat, sein Verhalten zu ändern. Im Rahmen dieser modifizierten Beziehung können dann die individuellen Probleme des Kindes durchgearbeitet und eine höhere Stufe der Persönlichkeitsintegration erreicht werden. In dieser siebten Phase des Durcharbeitens erlangten bei 'Harry' die ergänzenden Einzel-Spieltherapiesitzungen, die auch von der zentralen Bezugsperson erteilt wurden, große Bedeutung.

Dieser Versuch, die unterschiedlichen Phasen von Beziehungsgestaltung zu systematisieren, darf nur als eine erste Annäherung und entsprechend grobes Raster angesehen werden. Abschließend möchte ich darauf hinweisen, daß Bettelheims Ausführungen zur Beziehungsgestaltung mitunter den Eindruck erwecken, als sei das konkrete Geschehen im Rahmen dieser Beziehung sekundär gegenüber der Bedeutung der Beziehung *an sich*. So schreibt er beispielsweise:»Jeder Mitarbeiter muß eine 'Ich-Du'-Beziehung schaffen, in der das, was zählt, nicht das ist, was vorgeht, sondern die Tatsache, daß etwas zwischen den beiden Partnern überhaupt vorgeht« (Bettelheim 1975, 409). Ähnlich äußert er sich in *Gespräche mit Müttern* ([1962] 1989c, 209). Die Bereitschaft der Eltern, die Probleme des täglichen Zusammenlebens ernstzunehmen, sei diejenige Beziehungserfahrung, die Kinder am meisten bräuchten. Eine solche Erfahrung sei wichtiger, »als richtig behandelt zu werden, obwohl auch das nicht verkehrt ist.« Auch in dieser Aussage liegt der Akzent auf dem menschlichen Kontakt, die inhaltlichen Aspekte treten ihm gegenüber zurück.

Im nächsten Schritt soll die Auseinandersetzung mit dem vorgestellten Beispiel hier noch insofern vertieft werden, als die ihm zugrundeliegenden Prinzipien herausgearbeitet werden. Die von Bettelheim immer wieder bemühte Analogie zwischen der Betreuer-Kind- und einer Mutter-Kind-Beziehung weist dafür den Weg (Bettelheim 1987a,

227; [1955] 1985, 412). Eine gelingende frühe Mutter-Kind-Beziehung stellt das Paradigma der Beziehungsgestaltung im Rahmen des therapeutischen Milieus dar. Die sie regierenden Prinzipien wurden von Bettelheim im Rahmen seiner Arbeit mit autistischen Kindern formuliert und in *Die Geburt des Selbst* ([1967] 1989a) dokumentiert. Aus dieser Studie lassen sich mindestens drei solcher zentralen Prinzipen der frühkindlichen Mutter-Kind-Interaktion herausarbeiten. Obwohl Bettelheim sie beinahe zwanzig Jahre nach Abfassung der Behandlungsgeschichte von 'Harry' formulierte, lassen sie sich auch schon in dieser frühen Krankengeschichte nachweisen. Die Prinzipien sind: Aktivität, Autonomie und Wechselseitigkeit. Sie sollen zunächst jeweils kurz abgeleitet und anschließend gemeinsam auf die Behandlungsgeschichte bezogen werden.

5.4.5.1 Die humanisierende Wirkung von Aktivität

»Und letzten Endes war die Aktivität für mich die Tatsache, ein Mensch zu sein« (Sartre zit. nach Würbel 1983, 189). In diesem Satz bringt Jean Paul Sartre auf den Punkt, was man die humanisierende Wirkung von Aktivität nennen könnte. Was Sartre für den Bereich des Gesunden formuliert, bestätigt Bettelheim vor dem Hintergrund seiner therapeutischen Erfahrungen mit autistischen Kindern *ex negativo*. Nach seiner Überzeugung liegen dieser schwersten psychischen Erkrankung des Kindheitsalters die dehumanisierenden Auswirkungen blockierter oder nie geweckter Aktivität zugrunde. 'Welche Erfahrungen, die beim normalen Säugling die spontane Entwicklung seiner Persönlichkeit initiieren, konnten autistische Kinder nicht machen?' fragt Bettelheim. Es ist nicht ein Mangel an passiver Befriedigung, sondern verhinderte bzw. nie stimulierte Aktivität. Keines der an der Orthogenic School behandelten Kinder gab seinen autistischen Rückzug aufgrund der ihm dort reichlich gebotenen passiven Befriedigungen auf. Positive therapeutische Erfolge waren vielmehr nur dann zu verzeichnen, wenn Bedingungen geschaffen werden konnten, die die Kinder veranlaßten, selbst aktiv zu werden.

Vor diesem Hintergrund akzentuiert Bettelheim nicht das Ausmaß des passiv Empfangenen, sondern die Anstrengungen des Säuglings, sich diese Befriedigungen aktiv zu verschaffen. Den Blickwinkel der subjektiven Erfahrung des Säuglings einnehmend, bescheinigt er ihm eine enorme Aktivität (Bettelheim [1967] 1989a, 18). Als entscheidend am Stillen, dem zentralen Ereignis im Leben des Säuglings, sieht er die Möglichkeit an, die das Kleinkind dabei erhält oder nicht erhält, die »Gesamterfahrung des Saugens und Gesäugtwerdens seinen eigenen

Bedürfnissen gemäß aktiv zu gestalten« (20). Diese frühe Erfahrung der Aktivität oder mangelhaften Aktivität wirkt sich entscheidend auf seine spätere Bereitschaft und Fähigkeit aus, selbstmotiviert zu handeln.

5.4.5.2 Wechselseitigkeit

Da der Säugling in vollkommener Abhängigkeit lebt, gewährleistet seine Aktivität allein noch keine hinreichende Bedingung für eine gesunde Persönlichkeitsentwicklung. Er ist auf eine wohlwollende Reaktion seitens der bemutternden Person angewiesen; aus Aktion muß Interaktion werden ([1967] 1989a, 41).

Nach Bettelheim wird der Säugling durch die Erfahrung zum Menschen, daß er seine Umgebung beeinflussen und damit auf sein Schicksal Einfluß nehmen kann. So muß er das Gefühl haben, daß es *sein* Schrei nach Nahrung ist, der eine entsprechende Reaktion bei der Mutter auslöst. Entscheidend für eine gelingende Wechselseitigkeit erscheint auf der Seite der Mutter dreierlei: der Wunsch, mit ihrem Kind wechselseitig zu kommunizieren, der Verzicht auf einen frühen Beitrag des Kindes zu diesem Prozeß und die Akzeptanz der Tatsache, daß sich die Fähigkeit des Kindes einen Beitrag zu diesem Prozeß zu leisten, nur nach und nach entwickeln wird.

Im Rahmen der frühen Wechselbeziehung zwischen Mutter und Kind entsteht jener »Erfahrungskern, aus dem sich alle späteren Gefühle, die man in Bezug auf sich selbst und auf andere hat, entwickeln […]« ([1967] 1989a, 22). Konnte das Kind in dieser ersten Beziehung tiefe Wechselseitigkeit erfahren, so wird es später auch selbst fähig sein, diese in seinen Beziehungen zu verwirklichen (32). Ohne es hier vertiefen zu können, sei darauf hingewiesen, daß die entscheidende Bedeutung in diesem Prozeß nach Bettelheim weder der Mutterliebe, noch dem Hautkontakt, noch den oralerotischen Befriedigungen zukommt. Ausschlaggebend in diesem Prozeß sind die *inneren Erfahrungen* des Säuglings während dieser ersten Interaktionen. Nie in einfacher, direkt kausaler Weise von dem Verhalten der Mutter determiniert, kommt den Phantasien des Kindes, seinen 'subjektiven Sichtweisen', vielmehr der Status spontaner, individuell verschiedener Reaktionen auf die Stillsituation zu.

5.4.5.3 Autonomie

Die Entwicklung von Autonomie vollzieht sich nach Bettelheim am besten, wenn ihr eine Überzeugung zugrunde liegt, die er folgendermaßen formuliert: »Für mich ist es wichtig, das zu tun und deshalb tue ich es; ich tue es nicht, weil man mir sagt, ich solle (oder müsse) es tun und ich tue es nicht, weil [...] ich das für wichtig halten muß, was andere wünschen, daß ich es für wichtig halte« ([1967] 1989a, 62). Im Unterschied etwa zur psychosozialen Entwicklungstheorie Eriksons geht Bettelheim davon aus, daß die Basis für die Entwicklung einer solchen Überzeugung schon in den frühesten Interaktionen zwischen Mutter und Kind gelegt wird. Als entscheidend sieht er an, welches Maß Aktivität der Säugling im Rahmen der wechselseitigen Kommunikation mit seiner Mutter entwickeln konnte und wie weitgehend es ihm ermöglicht wurde, diese frühen Erfahrungen gemäß seinen eigenen Bedürfnissen zu gestalten (67).»Ich hab's getan und mein Tun hat etwas verändert«, so ließe sich mit Bettelheim die humanisierende Erfahrung des Säuglings formulieren, die zur spontanen Entwicklung seiner Persönlichkeit und seiner Erfahrungsfähigkeit führt. Liegt eine solche Erfahrung vor, so erwirbt der Säugling die Überzeugung, für ihn bedeutsame Ereignisse seinen Bedürfnissen entsprechend steuern zu können (65).

Maßgeblichen Einfluß auf die Entwicklung des Gefühls von Autonomie – hier geht Bettelheim wieder weitgehend mit Erikson konform – kommt der Phase in der frühen Kindheit zu, in der das Kind lernt, die Defäkation in sozial annehmbarer Form zu bewältigen. Während die Bedeutung dieser Phase vornehmlich im Hinblick auf die Sozialisierung des Kindes interpretiert wurde, setzt Bettelheim den Akzent auf die Bedeutung dieses Prozesses für das Gefühl des Selbst-Seins. Durch die Ausscheidungstätigkeit erwirbt das Kind einen Begriff von Selbst und Nicht-Selbst und über das Gefühl wann und wo immer es möchte defäkieren zu können, ein gesteigertes Gefühl des Selbst-Seins und von Autonomie. Aber auch in diesem Prozeß ist die Wechselseitigkeit dieser Erfahrung von überragender Bedeutung. Das Kind erlebt das gesteigerte Selbst-Gefühl nur, wenn die Mutter das Vergnügen des Kindes teilt ([1967] 1989a, 46). Soweit die kursorische Ableitung der drei wesentlichen Prinzipien der frühen Mutter-Kind-Interaktion.

5.4.6 Aktivität, Wechselseitigkeit und Autonomie in der vorgestellten Beziehungsgestaltung

Eine Stillsituation, in der die vorgestellten Kriterien zur Geltung kommen, stellt für Bettelheim das Paradigma für eine gelingende Beziehungsgestaltung dar. Diese Situation zeichnet sich dadurch aus, daß dabei zwei Personen gemeinsam, aber aus unterschiedlichen Bedürfnissen heraus handeln, woraus für beide Spannungsabbau und emotionale Befriedigung resultieren. Dieser wechselseitige Prozeß ist einem gemeinsamen Handeln, das ein äußeres Ziel anvisiert, weit überlegen, weil in ihm sowohl »äußeres Gelingen als auch innere Befriedigung aus gemeinsamem Handeln hervorgehen« ([1967] 1989a, 23). Damit ist das Grundmuster einer gelingenden Beziehungsgestaltung benannt. Daß die vorgestellte Behandlungsgeschichte dieses Muster aufweist, kündigt sich bereits in der Anbahnungsphase der Beziehung an. Dem Jungen wird keine Beziehung aufgenötigt, vielmehr bietet man ihm eine Auswahl möglicher Beziehungspersonen an, die sich unaufdringlich um eine Verbindung mit ihm bemühen. Diese Bemühungen kennzeichnet maßgeblich der 'Takt', mit dem sie vorgebracht werden, die unbedingte Respektierung seiner Rückzugsbedürfnisse eingeschlossen. Wie oben herausgestellt wurde, entscheidet nach Bettelheim die Tatsache, ob es dem Kind selbst ermöglicht wird, nach einer angemessenen Zeit seine Wahl eines bevorzugten Beziehungspartners zu treffen, maßgeblich über den späteren Erfolg oder Mißerfolg der pädagogisch-therapeutischen Bemühungen. Die entscheidende Größe dieses Prozesses bildet seine Aktivität und seine autonome Wahl im Rahmen eines wechselseitigen Geschehens mit zu diesem Zeitpunkt allerdings noch sehr unterschiedlichen Anteilen. Aber auch in diesem Punkt befindet sich das Vorgehen in Übereinstimmung mit der Analogie der Mutter-Kind-Interaktion, fällt doch zunächst auch der Beitrag des Säuglings nach äußerem Anschein gering aus, was allerdings über die innere Wahrnehmung des Kindes noch nichts aussagt. In weiterer Analogie zur Entwicklung des Kleinkindes wird sorgfältig darauf geachtet, daß von dem jeweiligen Kind zunächst überhaupt keine Gegenleistung erwartet oder gar gefordert wird. Um dies gewährleisten zu können, muß das therapeutische Milieu dafür sorgen, daß der Betreuer die Anerkennung, die das Kind nicht geben kann, auf anderen Ebenen erhält (Bettelheim 1975, 351). Aufgrund der ungewöhnlichen Aggressivität des Jungen mußte 'Harrys' Autonomie mitunter allerdings bewußt eingeschränkt werden, um die anderen Kinder zu schützen. Dies geschah beispielsweise durch das spektakuläre Festschrauben der Möbel. Soweit es verantwortbar erschien, verzichtete man in den frühen Phasen der Beziehungsgestaltung allerdings weitestgehend auf solche, seine Frustrationen noch steigernde Maßnahmen.

Das Ausprobieren der ihm gemachten Angebote stellte einen ersten, wenn auch noch 'verzerrten' Beitrag des Jungen in Richtung auf die von Bettelheim geforderte Wechselseitigkeit der Interaktionen dar. Die größte Distanz auf diesem Weg war überwunden, als die langanhaltende und überreichliche Befriedigung seiner Grundbedürfnisse zusammen mit der Erfahrung, nicht bestraft und unnötig eingeschränkt zu werden, es 'Harry' erlaubten, die ihm gebotenen Befriedigungen in passiv abhängiger Weise anzunehmen. Die Wechselseitigkeit wurde 'symmetrischer', als die ihm erwiesenen Wohltaten in ihm den Wunsch nach einer menschlichen Beziehung weckten, die er nun mit seiner Betreuerin einging. Seine Erfahrung, umfassend und mit maximalem Wohlwollen versorgt zu werden, hatte ihn davon überzeugt, daß seine Umwelt ihm freundlich gesonnen und er überdies fähig war, sie seinen Bedürfnissen entsprechend zu modifizieren. Unter diesen Vorzeichen war auch eine menschliche Beziehung nunmehr so wenig bedrohlich, daß er sich darauf einlassen konnte. Auch im weiteren Verlauf der Beziehungsgestaltung kommt dem Kriterium der Wechselseitigkeit die entscheidende Bedeutung zu. Bettelheim betont vielfach, daß nur eine wirklich wechselseitig befriedigende Beziehung die gewünschten Entwicklungen zu fördern vermag. In *Die Geburt des Selbst* ([1967] 1989a, 383 f.) formuliert er:

> »[...] ohne [...] Wechselseitigkeit vermag nichts, was es [das Kind] von uns bekommt, das tiefe Vertrauen in irgendeinen Erwachsenen zu wecken, das es in seiner frühesten Kindheit hätte erleben sollen. Auch kann dieser Mangel an Wechselhaftigkeit dazu führen, daß es unsere ganze Pflege nicht richtig genießen kann. Obwohl es sich danach sehnt, zu einem Menschen heranzuwachsen und obwohl es diesen Zustand teilweise akzeptiert, kann es doch scheitern, ja sein Zustand kann sich noch verschlimmern. Denn es gibt Einflüsse auf allen Altersstufen, die, wenn sie im Rahmen einer tiefen und echten Wechselseitigkeit auftreten, die Persönlichkeitsentwicklung mächtig vorantreiben, während sie außerhalb eines solchen Kontextes herabwürdigen und demütigen können. Anstatt ein Selbstwertgefühl zu erzeugen und dadurch die Entwicklung eines Selbst zu fördern, haben sie den entgegengesetzten Effekt.«

Von entscheidender Bedeutung erscheint daher, dem zu rehabilitierenden Kind die Erfahrung einer wechselseitigen Beziehung zu ermöglichen, in deren Rahmen seine *Aktivität* und *Autonomie* – und seien sie auch noch so verkümmert – Raum zur Entfaltung erhalten. Eine solche Beziehungsmatrix stellt bei Bettelheim eine notwendige Bedingung dar, um gemeinsam mit dem Kind im Alltag auftretende und in seiner traumatischen Lebensgeschichte begründete Probleme erfolgreich durcharbeiten zu können. Während eine solche von gegenseitigem Interesse, Engagement und 'Sorge' gekennzeichnete Beziehung zwischen einer Mutter und ihrem leiblichen Kind als der Normalfall angesehen werden kann, muß hier gefragt werden, wie es Bettelheim gelang, die allein wirksamen »echten« und »wirklich empfundenen« Gefühle in der Beziehung zwischen pädagogischen Mitarbeitern und Kindern zu wecken (Bettelheim [1955] 1985, 408, 413).

5.4.7 Durch pädagogisch-therapeutische Arbeit eigene Konflikte lösen

Eine Essenz der bisherigen Ausführungen lautet: Beziehungserfahrungen wirken nur dann wachstumsfördernd, wenn es sich um für beide Seiten bedeutsame Beziehungen handelt. Daß die Betreuer, wenn es gelingt, die Kinder dazu zu bewegen, ihre Isolation sukzessive aufzugeben, für die Kinder zu bedeutsamen Personen werden, erscheint nahezu zwangsläufig. Wie aber läßt sich auch der umgekehrte Prozeß, eine Bedeutsamkeit des Kindes für den Betreuer erreichen? Wie gelangt man dahin, daß »somebody has got to be crazy about that kid« (Bronfenbrenner zit. nach Winkler 1993, 283)? Bettelheims Antwort: Diese Bedeutsamkeit läßt sich nur 'herstellen', wenn die persönliche Weiterentwicklung des Mitarbeiters aufs engste an die Erfüllung seiner pädagogisch-therapeutischen Aufgaben geknüpft wird; so eng, daß nur zwei Resultate möglich scheinen: Im positiven Fall erlangt der Patient auch für den Betreuer höchste Bedeutsamkeit; im negativen Fall zwingt dieses radikale Junktim von Arbeit und Persönlichkeitsentwicklung jene Mitarbeiter, die nicht bereit oder fähig sind, diese Maximalforderung zu erfüllen, sehr bald zum Ausscheiden. Nur folgerichtig kamen auf einen Mitarbeiter, der die Forderung nach Weiterentwicklung seiner Persönlichkeit erfüllen konnte oder wollte, zwei andere, die versagten, oder nicht bereit waren, diese Anstrengung für die Dauer einiger Jahre auf sich zu nehmen (Bettelheim 1975, 354). Diese enge Verknüpfung der 'Geschicke' von Mitarbeiter und Patient wird institutionell verankert, indem der Patient ausdrücklich das »persönliche Projekt« (1975, 351) des Mitarbeiters darstellt und er in den ungeteilten Genuß aller narzißtischen Befriedigungen kommt, die aus dessen Fortschritten resultieren. Bettelheim zufolge kam das gute Ergebnis in der Arbeit mit 'Harry' nur deshalb zustande, weil »die intensiven Bemühungen verschiedener Mitarbeiter durch die tiefe Befriedigung angefeuert wurden, die sie bei jedem Schritt empfanden, den Harry in Richtung auf seine Sozialisierung machte« (Bettelheim [1955] 1985, 454). Diese Mitteilung wird durch eine Aussage der Lieblingsbetreuerin des Jungen bestätigt, die zugleich etwas von dem Geist transportiert, in dem an der Orthogenic School gearbeitet wurde: »[...] es war die aufregendste Zeit in meinem Leben. Ich hätte mit niemandem tauschen mögen, selbst wenn ich täglich 24 Stunden hätte arbeiten müssens« (Shulenberger zit. nach Sutton 1996, 314 f.). In diesem Zusammenhang muß an die besondere Stellung der Betreuer im Setting der Orthogenic School erinnert werden:

»[...] die Hauptverantwortung für die Therapie liegt bei den Betreuern. Die Psychoanalytiker dienen ihnen als Mentoren und Helfer. Ohne die Vorteile von institutionellen Settings für weniger gestörte Kinder bezweifeln zu wollen, die auf die therapeutische Wirkung von psychiatrischen oder Einzelfallsitzungen vertrauen, haben wir herausgefunden, daß eine Trennung zwischen Betreuern und Therapeuten in der Arbeit mit extrem gestörten Kindern nicht gut funktioniert. Unsere Erfahrung lehrt, daß Betreuer mit angsterzeugenden Verhaltensweisen von extrem regregierten oder extrem aggressiv agierenden Kinder nur therapeutisch umgehen können, wenn sie zugleich für alle Aspekte der Therapie verantwortlich sind. Wenn sie nicht in den Genuß der positiven Aspekte kommen, die dies impliziert, veranlassen sie die Erfahrungen mit den Kindern in einer Art und Weise zu reagieren, die beiden schadet. Wiederholt gebissen, getreten, mit Kot beschmiert oder anderswie mißbraucht zu werden, führt zu abwehrenden oder strafenden Handlungen, kalter Indifferenz, emotionaler Distanz oder einem herablassenden Hinunterschauen auf solch tierisches Verhalten. Obwohl es als gesundes oder sozial erforderliches Grenzensetzen rationalisiert werden kann, behindern solche Haltungen die Rehabilitation. Sie können nur vermieden werden, wenn die Betreuer wissen, daß es in ihrer und nur ihrer Verantwortung liegt, diesen Kindern zu helfen; wenn sie alle narzißtischen und zwischenmenschlichen Belohnungen erhalten, die daraus resultieren, der Haupttherapeut des Kindes zu sein« (Bettelheim/Wright 1955, 706).

Im Klartext bedeutet Persönlichkeitsentwicklung durch pädagogisch-therapeutische Arbeit bei Bettelheim: die Mitarbeiter benutzen ihre Tätigkeit, um ihre eigenen Persönlichkeitsprobleme zu lösen. Die an sie gestellten außerordentlichen Anforderungen erscheinen nur erfüllbar, weil sie dies nicht nur in dem Gefühl tun, 'arme Seelen' zu retten, sondern auch selbst davon massiv profitieren. Bei der Rehabilitation gestörter Kinder nach der Methode Bettelheim handelt es sich von der Struktur her also um eine *gegenseitige* Erziehung von Betreuer und Kind. Diese bemerkenswerte, in ihren Implikationen bis heute nicht hinreichend erkannte Position formulierten Bettelheim/Wright schon 1955, 707:

»Vor dem Hintergrund der Notwendigkeit und des Wunsches, eine reife Persönlichkeitsintegration zu erlangen und ahnend, daß die Art seiner Arbeit, die Erfahrungen, die sie bereithält, eine kontinuierliche Herausforderung an die höhere Integration darstellt, erfährt der Betreuer, die durch die Kinder verursachten Unbequemlichkeiten als relativ niedrigen Preis, den er für beachtliche Vorteile zu zahlen hat. Einige haben das bemerkenswerte »Engagement« der jungen Betreuer hervorgehoben. Ohne Zweifel sind sie engagiert, aber nicht allein für ihre Kinder. Sie sind zugleich engagiert, ihre eigene Integration zu erlangen, die dadurch, daß sie mit den Primärprozessen der Kinder konfrontiert sind, permanent herausgefordert wird. Da sie keine Barriere emotionaler Distanz zwischen sich und den Kindern errichten wollen, oder durch

Supervision daran gehindert werden, müssen sie Wege finden, die durch die Primärprozesse ausgelösten Gefühle zu integrieren. Indem sie das tun, verhelfen sie gleichzeitig dem Kind zu einer höheren Integration seiner Persönlichkeit. Es ist die eigene Notwendigkeit, eine höhere Integration zu erlangen und die Überzeugung, dies durch die an der Schule gemachten Erfahrungen zu erreichen, die es den Betreuern erlaubt, sich mit Engagement den Kindern zu widmen, diese emotionale Nähe und einzigartige Empathie zu entwickeln, die den Entwicklungsprozeß wieder in Gang setzt, der in den frühen Jahren der Kinder zusammengebrochen ist«.

Leider werden die hier allgemein formulierten Zusammenhänge in der vorgestellten Behandlungsgeschichte nur annäherungsweise konkretisiert. Soviel wird aber deutlich: Die Mitarbeiter, die am engsten mit dem Jungen zusammenarbeiteten, konnten aus persönlichen Gründen die positive Bindung zu ihm aufrecht erhalten oder immer wieder erneuern. Indem sie einem Kind, das unfähig erschien, Glück zu erfahren, zu einer besseren Kindheit verhalfen, kompensierten sie die eigenen unglücklichen Anteile ihrer Kindheit. Was sie selbst am meisten entbehrt hatten, konnten sie diesem Kind *vor ihnen* und damit gleichzeitig auch dem Kind *in ihnen,* bieten. Für andere Mitarbeiter war die Zusammenarbeit mit 'Harry' reizvoll, weil er es wagte, jene dissozialen Impulse auszuagieren, die sie in sich immer unterdrückt hatten. Da die Arbeit mit dem Jungen gleichzeitig den hohen Preis anschaulich werden ließ, den er für das Ausagieren bezahlte, konnten die Mitarbeiter im Laufe der Zeit Frieden mit dem von ihnen gewählten Umgang mit ähnlichen Strebungen schließen. Da mir die 'Gesetzmäßigkeiten' der besonderen Kombination von Betreuer und Kind von außerordentlicher Bedeutung erscheint, greife ich an dieser Stelle zusätzlich auf die Behandlungsgeschichte von 'Mary' zurück, in der dieser Zusammenhang ausführlicher thematisiert wird (Bettelheim [1955] 1985, 149–261). Gleichzeitig kündigt sich dabei an, daß es auf der Seite der Betreuer wiederkehrende, charakteristische Muster zu geben scheint. Ich zitiere aus der amerikanischen Originalausgabe, da es mir nicht gelungen ist, die folgende Passage in der deutschen Übersetzung aufzufinden. Vermutlich wurde sie ebenso wie auch das in der Originalausgabe enthaltene Kapitel *On Writing Case Stories* ohne Hinweis auf die vorgenommene Kürzung weggelassen. Über die Beziehung zwischen 'Mary' und ihren beiden bevorzugten Betreuerinnen schreibt Bettelheim:

»Eine ihrer Betreuerinnen identifizierte sich von Anfang an sehr stark mit Mary, weil sie, wie das Kind, im Hause ihre Tante aufgewachsen war. Kurz nach ihrer Geburt war die Mutter dieser Betreuerin gestorben und der Vater zeigte wenig Interesse an ihr. Sie konnte Marys Destruktivität aushalten, weil sie einst selbst gewünscht hatte, ihre Tante und Onkel, mit denen zu leben sie gezwungen war, sollten unter ihrer Destruktivität leiden; sie hatte sich aber nie erlaubt, diese Gefühle auch auszuleben. In gewisser Weise empfand sie es als wohltuend, daß Mary – indem sie uns mit gewalttätigen Ausbrüchen konfrontierte – dies tat. Wie Mary benötigte diese Betreuerin ein Ventil für ihr Gefühle der Deprivation, die in ihrer mutterlosen Kindheit gründeten. Wie Mary war sie sehr unzufrieden damit, die Aufmerksamkeit ihrer Tante mit ihrer Cousine, die sie immer als Liebling der Tante empfand, teilen zu müssen. Dies ermöglichte ihr eine ungewöhnliche Empathie für Marys ungeheure Eifersucht. Aus diesem Grund profitierte sie selbst von den Befriedigungen und Annehmlichkeiten, die sie einem Kind bieten konnte, daß ähnliche Erfahrungen wie sie selbst gemacht hatte« (Bettelheim 1955, 255).

»Die Haltung von Marys anderer Lieblingsbetreuerin war recht unterschiedlich. Sie bezog bald Befriedigung aus der Tatsache, daß sie eine der wenigen Betreuerinnen war, die Marys Ausbrüche relativ gut ertragen konnte. In ihrer Kindheit hatte sie unter der charakteristischen »Nettigkeit« und Agressionshemmung ihrer Familie gelitten. Aus diesem Grund genoß sie Marys Fähigkeit »alles rauslassen zu können«, weil es das Verhalten war, das sie sich nie an den Tag zu legen getraut hatte. Die einzige Befriedigung, die ihre Familie zugelassen hatte, war Essen, orale Bedürfnisse wurden immer reichlich befriedigt. Daher bedrohten Marys orale Forderungen diese Betreuerin nicht, noch schienen sie ihr unangenehm; vielmehr waren sie ihr ziemlich vertraut. Aus diesen und anderen Gründen konnte sie die Überzeugung genießen, daß sie Mary weder zurückwies noch ihr etwas vorenthielt und daß Marys fremdartiges Verhalten sie nicht negativ berührte« (1955, 256).

Vor den geschilderten Hintergründen wird verständlich, welche Motive die Betreuerinnen befähigten, konstruktiv mit den ungewöhnlichen Verhaltensweisen der Kinder umzugehen und die darin liegende Herausforderung für ihre eigene Persönlichkeitsintegration anzunehmen. Da aber längst nicht alle motivierten Mitarbeiter auch in der Lage waren, die Forderung nach kritischer Selbstprüfung und Weiterentwicklung der eigenen Persönlichkeit auch tatsächlich zu erfüllen, soll abschließend die spezifische Konstellation von Betreuer und Kind im therapeutischen Milieu an einer negativen Kombination illustriert werden.

In *Der Weg aus dem Labyrinth* (1975) berichtet Bettelheim von einer Mitarbeiterin, die, bevor sie den Wunsch äußerte, an der Orthogenic School weiter ausgebildet zu werden, erfolgreich mit gestörten, blinden Kindern gearbeitet hatte (alle folgenden Angaben aus Bettelheim 1975, 354 ff.). Auch ihr Start in Chicago sah zunächst vielversprechend aus, bis sie nach etwa sechs Wochen von einem autistischen Mädchen durch einen Biß verletzt wurde. Die Mitarbeiterin nahm dies relativ gelassen hin, konnte aber keines der zahlreichen Angebote, mit ihr gemeinsam diesen Vorfall und ihre Reaktion darauf zu reflektieren, annehmen. Das Angebot, einen Tag freizunehmen, lehnte sie ebenfalls ab. Als sie das nächstemal dem Kind begegnete, lief es vor ihr weg, um dem Zorn, den es in der Betreuerin spürte, zu fliehen. Auch der Versuch, der Mitarbeiterin diesen Zusammenhang zu erklären, mißlang. Bei der nächsten Begegnung verletzte sich das Kind, indem es sich selbst eine schlimmere Bißwunde zufügte, als zuvor der Betreuerin. Spätestens zu diesem Zeitpunkt hätte die Mitarbeiterin merken müssen, daß ihr Selbstbild als eine Person, die Sympathie für psychisch kranke Kinder empfand und mit ihren Feindseligkeiten umzugehen verstand, ins Wanken geraten war und nach einer neuen Integration verlangte. Seit ihrer Verletzung hatte sie überdies Angst vor diesem Kind. Sie verleugnete aber, was für die übrigen Mitarbeiter und das betreffende Kind offensichtlich war: sie hatte angefangen, dieses Kind regelrecht zu hassen. Vermutlich resultierte ihr Haßgefühl eher aus der Bedrohung ihres Selbstbildes als aus der erlittenen Verletzung. In ihrer Arbeit war sie seit dem Vorfall gefühllos und starr, was zur Ablehnung auch durch andere Kinder führte, die sie vorher sehr wohl akzeptiert hatten. Während diese Mitarbeiterin sich mit ihren verleugneten feindseligen Tendenzen hätte konfrontieren müssen, um eine höhere Stufe der eigenen Integration zu erlangen, beklagte sie sich über die schlechte Bezahlung der Arbeit. Um ihr zu der Erkenntnis zu verhelfen, daß es sich dabei um ein vorgeschobenes Argument handelte, das ihre wahren Gefühle und Motive verbarg, bot man ihr eine Gehaltserhöhung an, die sie allerdings ablehnte. Sie zog es vor, die Schule zu verlassen und lehrte anschließend erfolgreich in einer Grundschulklasse.

Bisher war vorwiegend von der einen oder den beiden Beziehungen zu den bevorzugten Betreuerinnen der jeweiligen Kinder die Rede. Die an ihnen explizierten Grundsätze gelten aber auch für die anderen, wenn auch weniger wichtigen Beziehungspartner der Kinder. Deshalb soll hier abschließend erwähnt werden, wodurch 'Harry' für die weniger eng mit ihm arbeitenden Mitarbeiter so wichtig werden konnte, wie es der bezeichnende Satz des Jungen »Ich wußte gar nicht, daß ich euch so viel bedeute«, widerspiegelte. Die tiefe Bedeutsamkeit, die die Arbeit mit dem Jungen auch für die anderen Mitarbeiter erlangte, lag in der Herausforderung begründet, die seine Verhaltensweisen für die zu diesem Zeitpunkt noch vergleichsweise unerprobten pädagogisch-therapeutischen Maximen der Orthogenic School darstellte. 'Harry' schien ein Junge zu sein, dem ohne massive Einschränkungen und Zwang nicht beizukommen war. Jeder Fortschritt des Jungen erschien daher als Bestätigung der Annahmen, auf denen die Arbeit dieser Institution basierte. Die daraus resultierende Motivation und Kraft konnte wiederum in die Arbeit mit ihm und den anderen Kindern eingehen. Seine eigene Motivation benennt Bettelheim in seinem die Behandlungsgeschichte beschließenden Satz: »Ich wollte, Harry sollte fähig sein, ein relativ glückliches Leben zu leben, denn das bedeutete auch für mich Selbstverwirklichung durch meine frei gewählte Arbeit« (Bettelheim [1955] 1985, 455).

5.4.7.1 Umgang mit der Gegenübertragung

Im Rahmen ihrer pädagogisch-therapeutischen Tätigkeit arbeiten die Mitarbeiter der Orthogenic School an ihren eigenen persönlichen Problemen. Daraus beziehen sie die Kraft und Motivation für ihre ungewöhnlich beanspruchende Aufgabe. Um Mißverständnissen vorzubeugen, muß hier darauf hingewiesen werden, daß die Interaktionen mit den Kindern immer im Zeichen der Bewältigung der Probleme der Kinder und Jugendlichen stehen, worauf im übrigen auch das starke erzieherische Gefälle zwischen ihnen und den Betreuern hinweist. Die Bemühungen der Mitarbeiter um persönliches Wachstum sind letztlich immer nur Mittel zum Zweck. Dem institutionellen Ethos gemäß, hat das Wohl der Kinder und Jugendlichen immer Vorrang. Die an der Orthogenic School favorisierte, gewagte Konstruktion kann nur funktionieren, wenn den Mitarbeitern ein ihrem ungewöhnlichen Engagement korrespondierendes, nicht weniger ungewöhnliches Maß an Beratung und Supervision zuteil wird. Anhand der Frage des spezifischen Umgangs mit dem, was in der Psychoanalyse Gegenübertragung genannt wird, sollen hier die Ausführungen zur menschlichen Dimension von Milieutherapie abgeschlossen werden.

»Die Probleme, die wir mit den anderen haben, sind immer *unsere* Probleme, niemals die Probleme der anderen« (Bettelheim/Karlin [1975] 1984, 175, 202). Mit diesem Satz bringt Bettelheim den von ihm favorisierten Umgang mit der Gegenübertragung auf den Punkt. Wenn Probleme in der Beziehung zu einem Kind auftauchen, dann nur, weil die Ängste und unverarbeiteten Konflikte des jeweiligen Mitarbeiters seine Fähigkeit, angemessen auf das zu reagieren, was das Kind vor ihm ausdrücken wollte, beeinträchtigt hatten. Konflikten in der pädagogisch-therapeutischen Begegnung liegen dieser Sichtweise zufolge immer *intrapsychische* Probleme des jeweiligen Mitarbeiters zugrunde. Sie können nur gelöst werden, wenn dieser sich allein und unter Anleitung mit seinen eigenen unverarbeiteten Konflikten auseinandersetzt und sie integrieren kann.

Bettelheim favorisiert damit einen traditionellen Umgang mit der Gegenübertragung. Den Gegenpol dazu bildet eine interpersonelle Herangehensweise. In einem Satz komprimiert, ließe sie sich etwa folgendermaßen formulieren: 'Inwiefern macht das jeweilige Kind sich sein Leben erträglicher, indem es in dem betreffenden Mitarbeiter diese besonderen Gefühle auslöst.'Wie ich mit Bezug auf Frattaroli gezeigt habe, bezieht Bettelheim in seinen Schriften sowohl den intrapsychischen als auch den interpersonellen Standpunkt. Bei der Beratung seiner Mitarbeiter beschränkt er sich allerdings auf die traditionelle Position.

Der spezifisch milieutherapeutische Umgang mit der Gegenübertragung ergibt sich aus ihrer traditionellen Handhabung in einem ganz und gar nicht traditionellen Setting. Zum einen handelt es sich nicht um eine Zweierbeziehung, sondern um eine Gruppensituation; zum anderen liegt ihrem Wesen nach keine Therapie- sondern eine Berufssituation vor, der allerdings ein quasi-therapeutischer Charakter eignet. Obwohl in der Praxisreflexion an der Orthogenic School in der Regel sehr persönliche Motive aufgedeckt werden, gebietet das spezifische Setting andererseits die Privatsphäre des Mitarbeiters zu achten. Dieses Verfahren war eine permanente Gratwanderung, die von zwei Regeln geleitet wurde. Zum einen wurden grundsätzlich nicht die Probleme des jeweiligen Mitarbeiters an sich, sondern seine Probleme, die in einer Beziehung zu seinen Interaktionen mit seinen Patienten standen, thematisiert. Zum anderen mußten sehr persönliche Motive, Wahrnehmungs- und Reaktionsweisen des Mitarbeiters in Bezug auf die Erfordernisse der Arbeit angesprochen, ein Abgleiten in die Intimsphäre des Mitarbeiters aber vermieden werden. Der Prozeß der Selbstreflexion mußte Anstöße erhalten, die Einsichten über sich selbst von dem einzelnen Mitarbeiter aber »stillschweigend begriffen und verborgen bleiben« (Bettelheim 1975, 394). Die Mitarbeiterkonferenzen dienten daher nur zur Klärung persönlicher Schwierigkeiten in Beziehung zu der Interaktion mit den Patienten. Resultierten aus der Arbeit für einen Mitarbeiter größere persönliche Probleme, so standen Ressourcen für eine private Psychotherapie bereit.

Das typische Vorgehen bei der Reflexion von im Erziehungsalltag aufgetretenen Problemen wies etwa die folgende Struktur auf: Nachdem ein Betreuer von seinen Schwierigkeiten mit einem bestimmten Kind berichtet hatte, stellte Bettelheim in aller Regel einige Verständnisfragen, die den Mitarbeiter zwangen, die Situation oder das Problem genauer einzukreisen. Recht bald fragte er dann: 'Wie fühlst du dich, wenn das Kind schreit, beißt oder einen Wutanfall bekommt?' Eine typische Antwort – beispielsweise von der Betreuerin Marys – konnte lauten:

'Ich weiß es nicht genau. Es beängstigt mich; vom Kopf her ist mir klar, daß ich sie im Interesse der anderen Kinder, die sich genauso ängstigen wie ich, bremsen müßte; aber es gelingt mir nicht [...]. Ich habe das Gefühl, ich müsse sie gewährenlassen nach all den Jahren in all den unterschiedlichen Heimen, wo sie immer nur untergebuttert wurde. Sie braucht das Schreien und Toben, um sich zu versichern, überhaupt existent zu sein; um eine Reaktion von den anderen zu bekommen, und sei es auch nur eine negative, indem sie die anderen Kinder erschreckt. Ich selbst habe als Kind nie geschrieen; ich lebte bei meiner Tante, die mich wirklich sehr gut behandelt hat. Das ganze hatte nur den Nachteil, daß ich immer das Gefühl hatte, ich dürfe nicht schreien oder sonstwie aus der Rolle fallen. Ich war dort wie in Watte gepackt.'

In aller Regel bemerkte die Betreuerin an diesem Punkt selbst, wo sie eigene Erfahrungen daran gehindert hatten, adäquat auf ein Kind zu reagieren. Diese Einsicht markiert den Wendepunkt, an dem von den persönlichen Problemen der Mitarbeiterin wieder zu ihren Interaktionen mit dem Kind übergeleitet und Verhaltensalternativen erörtert werden mußten. Bezeichnend an all den überlieferten Sequenzen aus Mitarbeiterbesprechungen ist nun, daß die Lösung für das jeweilige pädagogische Problem immer ins Blickfeld kam, nachdem eine mit der Situation verbundene eigene problematische Erfahrung des jeweiligen Betreuers erkannt werden konnte. Dadurch kam dieser Prozeß den Kindern und Betreuern gleichermaßen zugute.

Indem das therapeutische Milieu seinen Mitarbeitern zu persönlichem Wachstum in der Erfüllung ihrer beruflichen Aufgaben verhalf, konnte erreicht werden, daß sie den irritierenden Verhaltensweisen der Kinder in der Regel mit positiven Gefühlen begegnen konnten. Dadurch konnte der Anspruch eingelöst werden, die Symptome der Kinder als ihre höchsten Leistungen zu akzeptieren und sie nicht verändern zu wollen. Die radikal interaktionistische Natur der favorisierten pädagogisch-therapeutischen Arbeitsweise wird daran deutlich, daß ein Schritt in Richtung auf eine höhere Stufe der Persönlichkeitsintegration auf Seiten der Mitarbeiter in aller Regel auch einen entsprechenden Schritt auf Seiten der Kinder zur Folge hatte. Die persönliche Entwicklung der Mitarbeiter induziert persönliche Entwicklung auf Seiten der Kinder. Daher kann Bettelheim formulieren: »Das Wohl der Kinder hängt von der persönlichen Weiterentwicklung der Mitarbeiter ab«. Je massiver die Störung der Kinder, desto offensichtlicher trat diese Beziehung zutage. Noch radikaler hat Bettelheim dieses Prinzip in dem nachfolgenden Satz formuliert. Er soll die Ausführungen zur menschlichen Dimension von Milieutherapie beschließen: »Wenn wir uns aber selbst ändern um eines anderen willen, so ist das der stärkste Einfluß, den wir auf ihn ausüben können« (Bettelheim/Karlin [1975] 1984, 202).

5.4.8 Zusammenfassung und abschließende Definition von Milieutherapie

Im Spiegel von Bettelheims Beschreibungen präsentiert sich sein Konzept eines therapeutischen Milieus als ein schillerndes, systematisch schwer greifbares Ganzes. Mit Hilfe der vorangegangenen Rekonstruktion konnte der inhaltliche Gehalt seiner Ausführungen erfaßt und so geordnet werden, daß charakteristische Strukturen und Elemente des Konzeptes ins Blickfeld rückten. Aber auch in systematischer Perspektive erscheint die Bettelheimsche Milieutherapie noch als ein vielschichtiges und facettenreiches Konzept, um die 'Umwelt' einer Institution als pädagogisch-therapeutisches Medium nutzbar zu machen. So bedeutsam die einzelnen Aspekte eines therapeutischen Milieus für sich genommen schon sein mögen, ihr ganzes Potential entfalten sie erst in ihrer gegenseitigen Integration. Dieser Integrationsprozeß bringt zum einen einen spezifischen Milieucharakter, zum anderen eine spezifische Milieudynamik hervor. Entlang der beiden übergeordneten Begriffe *Milieucharakter* und *Milieudynamik* sollen deshalb hier die erarbeiteten Inhalte zusammengefaßt werden.

Vor dem Hintergrund der detaillierten Rekonstruktion des Konzeptes kann der Charakter des therapeutischen Milieus der Orthogenic School als Sicherheit vermittelnd, bedürfnisbefriedigend, symptomtolerant und beziehungsorientiert sowie in jeweils sorgfältig reflektiertem Ausmaß als herausfordernd charakterisiert werden. Durch die vorbehaltlose Akzeptanz der jeweiligen Symptome der Kinder- und Jugendlichen, durch den Anspruch, sie mit allem, was sie für ein »gutes Leben« benötigen, zu versorgen und indem die vom Milieu ausgehenden Anforderungen und Reize den Bewältigungskompetenzen der Kinder und Jugendlichen gezielt angepaßt und ihre Erfahrungsmöglichkeiten zusätzlich einer bewußten Auswahl unterworfen werden, versucht man, ihnen Gefühle von Sicherheit und Hoffnung zu vermitteln. Damit wird eine Basis und ein Motiv für zukünftige Entwicklungen geschaffen. Unter diesen Voraussetzungen können die Kinder durch die schrittweise Bewältigung sorgfältig dosierter alltäglicher Anforderungen einen sukzessiven Prozeß der Ich-Stärkung und Ich-Entwicklung durchlaufen. Die konstruktiven Auswirkungen dieses Prozesses treten oftmals besonders deutlich anläßlich von gezielt gestalteten, nicht alltäglichen Ereignissen im therapeutischen Milieu (»Magischen Tagen«) hervor. Mit der zunehmenden Ich-Stärkung und Persönlichkeitsintegration werden auch die Anforderungen, die das Milieu an die Kinder stellt, graduell gesteigert. Idealtypisch bildet das therapeutische Milieu eine den Bedürfnissen und Möglichkeiten der Kinder angemessene zugleich aber flexible Umwelt, die sich entsprechend den von ihnen vollzogenen Entwicklungen verändert (Bettelheim 1980c, 117).

Der spezifische Charakter des therapeutischen Milieus der Orthogenic School resultiert aus der gezielten Gestaltung und nachdrücklichen Integration *aller* Milieudimensionen im Kontext eines tiefenpsychologisch reflektierten und gestuften Alltags. Da in einem beschränkten Maße selbst die Umgebung einer Institution das in ihr bestehende Milieu beeinflußt, wurde die Milieudimension »Umgebung« eingeführt. Am Beispiel der Orthogenic School konkretisiert sich dieser Einfluß beispielsweise in Form der entschiedenen Bildungsorientierung der Einrichtung. Milieugestaltung muß als ein mehrdimensionaler Anspruch verstanden werden: sie hat funktionalen und ästhetischen zum wesentlichen Teil aber symbolischen Gesichtspunkten Rechnung zu tragen. Seine maßgebliche Begründung findet diese Gewichtung im symbolischen Umweltbezug psychotischer Kinder. Eine spezifische Symboltheorie läßt sich bei Bettelheim allerdings nicht ausmachen; auch seine diesbezügliche Orientierung bildet ein sensibler – vor allem an Freud und Dewey geschulter – »gesunder Menschenverstand«. Das Ziel der (symbolischen) Umweltgestaltung ist es, die »stummen Botschaften« des Milieus dahingehend zu verändern und so zu 'synchronisieren', daß sie untereinander und mit den pädagogischen und therapeutischen Zielen in Einklang stehen und sich so gegenseitig verstärken. Idealtypisch wird ein zentraler Gehalt wie beispielsweise »Wertschätzung der autonomen Persönlichkeit des jeweiligen Kindes« in allen Dimensionen des Milieus aufgenommen, variiert, differenziert und somit verstärkt.

An der Konstitution eines Milieucharakters sind notwendig alle Dimensionen beteiligt. Bettelheim hebt aber die Bedeutung der menschlichen Dimension ausdrücklich hervor. Die an der Orthogenic School favorisierte Beziehungsgestaltung läßt sich als intensive, nicht-dyadische Form mit einer »expressiv-instrumentellen Rollenverteilung« charakterisieren. Das heißt, anstatt exklusiver Zweierbeziehungen wird auf Seiten der Kinder die Entwicklung einer Vielfalt unterschiedlicher Beziehungen zu verschiedenen Mitarbeitern und anderen Kindern gefördert. Die Beziehungsgestaltung zeichnet sich ferner dadurch aus, daß die Betreuung im Sinne einer liebevollen Versorgung und die ebenfalls erforderlichen negativen Sanktionen verschiedenen Personen obliegen.

Das Paradigma der angestrebten Beziehungsgestaltung im therapeutischen Milieu stellt eine gelingende frühe Mutter-Kind-Beziehung dar. Ihr Wesen läßt sich nach Bettelheim mit den Prinzipien Aktivität,

Autonomie und Wechselseitigkeit bestimmen. Besonders das Prinzip der Wechselseitigkeit verweist darauf, daß Beziehungen nur persönliches Wachstum induzieren, wenn es sich um beiderseitig bedeutsame Beziehungen handelt. Diese Bedeutsamkeit der Mitarbeiter-Kind-Beziehungen wird im therapeutischen Milieu dadurch 'hergestellt', daß die Persönlichkeitsintegration der Kinder und die der Mitarbeiter als ein gemeinsames Projekt gleichwertiger Partner mit allerdings höchst unterschiedlichen Beiträgen aufgefaßt und umgesetzt wird. Persönlichkeitsintegration im therapeutischen Milieu stellt sich somit maßgeblich als *gegenseitige* Erziehung von Kindern und Mitarbeitern dar, wobei die konkreten pädagogischen Interaktionen zwischen beiden allerdings *immer* und *ausdrücklich* im Zeichen der Möglichkeiten bzw. der Probleme der Kinder stehen. Die entscheidenden Anregungen zur eigenen Persönlichkeitsentwicklung erhalten die Mitarbeiterinnen in den zahlreichen informellen und formellen Besprechungen. Die zugleich besondere Last und besondere Möglichkeit, die ein therapeutisches Milieu nach Bettelheim den Betreuerinnen aufbürdet bzw. bietet, besteht über die institutionell geforderte und aktiv unterstützte permanente Selbstreflexion und Selbsterkenntnis hinaus in der erwarteten Selbstveränderung. Die Prognose für das jeweilige Kind hängt maßgeblich davon ab, welche Fortschritte die zuständigen Mitarbeiterinnen im Umgang mit den eigenen Störungen machen, die in der pädagogisch-therapeutischen Interaktion Probleme erst hervorbringen.

Folgt man Bettelheims später Gewichtung, so erscheint die menschliche Dimension als das Zentrum von Milieutherapie. Den anderen Dimensionen kommt der Status notwendiger, aber nachgeordneter Rahmenbedingungen zu. Die Aufgabe der organisatorischen Gestaltung besteht darin, dem pädagogisch-therapeutischen Anspruch zuträgliche organisatorische Rahmenbedingungen zur Verfügung zu stellen. Konstruktiv insofern, als sie es den jeweiligen Mitarbeiterinnen nicht nur ermöglichen, sondern sie geradezu dazu auffordern sollen, ihre jeweiligen persönlichen Stärken zu entfalten.

Die räumliche Gestaltung des Milieus soll dem Wunsch nach Begrenzung und Sicherheit Rechnung tragen, Individualität und Privatsphäre gewährleisten und zugleich Gemeinschaft ermöglichen. Auf der Ebene der Gebäude, Räume und Ausstattungen wird ein behagliches Ambiente angestrebt, das von den Kindern als »Zuhause« erlebt werden kann und zugleich durch seine gediegene Qualität vor allem Wertschätzung vermittelt.

Die besondere *Dynamik* eines therapeutischen Milieus resultiert nach Bettelheim aus dem permanenten Streben in Richtung auf eine utopische, vollkommene Integration. Sein Begriff von Integration weist

Dimensionen von Milieutherapie. Systematische Rekonstruktion 205

dabei zwei wesentliche Bedeutungen auf: Zum einen bezeichnet er einen kontinuierlichen Prozeß der Abstimmung und 'Synchronisation' der unterschiedlichen Milieudimensionen. Daneben verweist er – zweitens – aber auch auf einen permanenten Veränderungs- und Entwicklungsprozeß. Integration meint damit immer auch ständige Weiterentwicklung des Konzeptes. Damit ist gleichermaßen die permanente Weiterentwicklung der Persönlichkeiten der Mitarbeiterinnen wie auch die Veränderung der Milieudimensionen gemeint. Jede Integrationsleistung im Sinne von Weiterentwicklung muß 'eingeholt', d. h. von einem Integrationsprozeß im Sinne von 'Abstimmung' gefolgt werden. Durch die kontinuierlichen Bemühungen um Weiterentwicklung und Abstimmung präsentiert sich das therapeutische Milieu als ein sich in kontinuierlicher Entwicklung befindlicher Mikrokosmos. Davon gehen stimulierende oder gar induzierende Impulse für die Entwicklung der Kinder aus. Eine äußere Entwicklung stimuliert oder induziert eine innere Entwicklung. So unzutreffend der Name Milieutherapie angesichts der überragenden Bedeutung der menschlichen Beziehungen manchmal erscheinen kann, so zutreffend bezeichnet er diese innen-außen-Dynamik. Die Weiterentwicklung der Kinder erscheint signifikant abhängig von der Wechselwirkung zwischen äußeren (Milieu-) und inneren (Persönlichkeits-)faktoren.

Die im folgenden charakterisierte Milieudynamik muß daher womöglich als der entscheidende pädagogisch-therapeutische Faktor im Milieu der Schule angesehen werden. Bettelheim und Sanders bezeichnen diese Dynamik gar als das »wahre Paradigma der Arbeit.«

»[…] die Integration der gesamten Anstalt mußte ein lebendiger Prozeß beständigen Werdens sein, ein stets angestrebtes Ideal, das nie wirklich erreicht wurde, denn Lebendigsein, Lebendigkeit und die daraus resultierenden therapeutischen Erfolge entstehen aus dem Ernst der Bemühungen um dieses Ziel; sie entstehen nie, wenn das Ziel erreicht ist. Es stellte sich heraus, daß es für die Patienten, die an der Integration ihrer Persönlichkeiten arbeiteten, äußerst wichtig war, in einer Umgebung zu leben, die ständig um die eigene Integration rang. Wir versuchten nach diesem Konzept zu leben und zu arbeiten, und dieser Geist, der das gesamte Leben in der 'Schule' durchdrang […] [war] wichtiger als ihre besonderen Einrichtungen oder unsere tatsächliche Arbeit für die Patienten« (Bettelheim 1975, 221 f.).

Vor dem Hintergrund der vorgestellten detaillierten Rekonstruktion von Milieutherapie kann eine abschließende Definition des Ansatzes lauten: Der Begriff Milieutherapie bezeichnet den Versuch, sämtliche Möglichkeiten, die eine stationäre Einrichtung prinzipiell bietet, für pädagogisch-therapeutische Zwecke nutzbar zu machen. Dies geschieht, indem – unter Berücksichtigung der Einflüsse der jeweiligen Umgebung – die institutionelle, die menschliche und die räumliche Dimension im Sinne der pädagogisch-therapeutischen Erfordernisse in einem fortlaufenden Prozeß gezielt gestaltet und miteinander integriert werden. Das Medium von Milieutherapie stellt ein tiefenpsychologisch interpretierter und gestalteter sowie in seinen Anforderungen planvoll abgestufter Alltag dar. Die dadurch nutzbar gemachten Möglichkeiten alltäglicher Handlungen und Ereignisse werden ergänzt durch die spezifischen Möglichkeiten, die nicht-alltägliche Ereignisse im therapeutischen Milieu (»Magische Tage«) bieten.

6. Zur notwendigen Kritik der Bettelheimschen Milieutherapie

> »Man macht Menschen und ihren Theorien das größte Kompliment, wenn man ihre Grenzen sieht. Im grenzenlosen Götzendienst findet sich immer eine Neigung zum Selbstopfer, zum Verzicht auf Verantwortung für das eigene Leben.«
> Leo Raditsa (1987, 47)

Im Verlauf der vorangegangenen detaillierten Rekonstruktion von Milieutherapie tauchten einige kritische Fragen auf, die hier vertieft werden sollen. Die folgenden Ausführungen schließen dabei an die im Teil B bereits vorgebrachte Kritik an. Die im folgenden zu thematisierenden Einwände gegen das Bettelheimsche therapeutische Milieu problematisieren in erster Linie den ihm zugrundeliegenden Gedanken eines »umgekehrten Konzentrationslagers« (6.1) und eng damit verbunden die vermeintlichen pädagogisch-therapeutischen Qualitäten der angestrebten Totalität (6.1.1). Daneben sollen zwei – auf unterschiedlichen systematischen Ebenen angesiedelte – 'blinde Flecken' des Konzepts eines therapeutischen Milieus aufgezeigt werden. Mit Bezug auf die Erkenntisse Goffmans zeige ich im Abschnitt 6.2 eine weitere Begrenzung des Bettelheimschen Milieubegriffs auf. Im Abschnitt 6.3 knüpfe ich schließlich an die Rekonstruktion der institutionellen Dimension von Milieutherapie einerseits und die im Teil B dieser Arbeit diskutierte posthume Kritik an Bettelheim andererseits an und problematisiere die institutionelle Organisation der Orthogenic School.

6.1 Zur Problematik des Konzentrationslagers als negativem Fluchtpunkt von Milieutherapie

Der Grundgedanke der Bettelheimschen Milieutherapie ist ebenso schlicht wie brachial: Die »totale Extremsituation«, die die Störung des jeweiligen Kindes hervorgerufen hat, muß durch eine »totale Lebenssituation« ersetzt werden (Bettelheim 1980, 136), die es kontrollieren, in der es seine traumatischen Erfahrungen aufarbeiten und in der das Kind zudem positive neue Erfahungen machen kann. In einem Interview mit Daniel Karlin ([1975] 1984) stellt Bettelheim selbst einen Zusammenhang zwischen seinem pädagogisch-therapeutischen Ansatz und der Erfahrung des Konzentrationslagers her. Dort heißt es:

»Die Umwelt – und das ist es, was ich im Konzentrationslager gelernt habe – kann also eine ungeheuer zerstörerische Macht haben. Mir schien, daß man aus dieser Erfahrung den logischen Schluß ziehen kann: wenn eine Umwelt diese ungeheure Macht haben kann, Veränderungen in den tiefsten Persönlichkeitsstrukturen zu bewirken, [...] dann mußte es möglich sein, eine Umgebung aufzubauen, die einen ebenso machtvollen Einfluß zum Guten hin haben würde, wie in das Konzentrationslager im Sinne der Persönlichkeitsvernichtung gehabt hatte.«

Deutlicher als in dieser Stellungnahme tritt der Kern dieser Aussage in einer Formulierung von Bettelheims Freund und Kollege Rudolf Ekstein hervor. Ohne kritische Intention formuliert er, das Bettelheimsche therapeutische Milieu stelle ein »umgekehrtes Konzentrationslager« dar (Ekstein [1990] 1994, 91). Damit ist eine fundamentale Problematik des therapeutischen Milieus nach Bettelheim angesprochen. So zutreffend die darin der Umwelt zugeschriebene Bedeutung auch eingeschätzt wird und so richtungsweisend das Einbeziehen von Umweltfaktoren in den pädagogisch-therapeutischen Prozeß auch heute noch erscheint, so problematisch wird der Ansatz, sobald ihre Bedeutung in Analogie zum Konzentrationslager gedacht und umgesetzt wird. Mit der bewußten oder unbewußten auch negativen Orientierung am 'Modell' eines Konzentrationslagers und der impliziten vollkommenen Überwachung und Kontrolle menschlichen Lebens überschreitet Bettelheims Heimerziehung an den Grenzen nicht nur eine ethische Grenze, sie dringt nach meiner Überzeugung auch in einen Bereich vor, in dem die konstruktiven Umweltwirkungen in ihr Gegenteil umschlagen.

Grundsätzlich muß bezweifelt werden, ob eine Institution, die die systematische Entwürdigung und später die Vernichtung von Menschenleben intendierte, überhaupt in ihr Gegenteil verkehrt werden kann. Wie Bettelheims Praxis unfreiwillig belegt, erweist sich der unmenschliche Gehalt des Konzentrationslagers tatsächlich gegenüber jedem Umkehrschluß – zumindest partiell – als resistent. Jede, auch eine negative Orientierung daran wird zwangsläufig menschenfeindliche Auswirkungen hervorbringen.

Meine Kritik wird gestützt durch die Aussagen mehrerer ehemaliger Schüler und Schülerinnen, die Bettelheim vorwarfen, mit der Orthogenic School nicht ein Gegenmodell, sondern ein Ebenbild des Konzentrationslager geschaffen zu haben. Exemplarisch soll hier Roberta C. Redford (1990, 20) zitiert werden, die von 1967–1974 die Orthogenic School besuchte und diesen Vorwurf eindrucksvoll formuliert hat:

> »Wir [die Kinder und Jugendlichen der Orthogenic School] wurden fälschlicherweise eingesperrt, fälschlicherweise als verrückt etikettiert und dann öffentlich geschlagen und erniedrigt. War dies ein liebendes Milieu, geeignet die Nazi-Methoden in ihr Gegenteil zu verkehren? Nein. Dies war eine Kopie des Nazi-Milieus, das Bettelheim verachtete. Wenn seine Erfahrungen in den Konzentrationslagern so übel waren, warum wollte er sie dann – ins Gegenteil verkehrt oder nicht – als Modell benutzen? Liebe resultiert nicht aus Haß. Wohlwollen nicht aus Schlechtigkeit«.

Mit Hilfe einer Argumentationsfigur, die Michel Foucault (1976, 13) bezüglich der Entstehung der Wissenschaften vom Menschen entwickelt hat, kann der Gehalt dieser Kritik auf einem abstrakten Niveau formuliert werden. Auf das Wesentliche verkürzt, argumentiert Foucault, daß die Bedingungen, unter denen Erkenntnisse über den Menschen erarbeitet werden, »mit ihrer historischen Möglichkeit den Umfang ihrer Erfahrung und die Struktur ihrer Rationalität definieren. Diese Bedingungen bilden ihr konkretes apriori [...].« Auf den hier interessierenden Zusammenhang übertragen, bedeutet dies: In welch positiver Intention auch immer versucht wird, den Gedanken des Konzentrationslagers in sein Gegenteil zu verkehren, dieser Versuch ist von vornherein zum Scheitern verurteilt. Die Idee des Konzentrationslagers ist nicht humanisierbar.

6.1.1 Verhinderung statt Ermöglichung von Autonomie

Das Ziel von Bettelheims Milieutherapie ist eine möglichst vollständige Erfassung und pädagogisch-therapeutische Gestaltung des gesamten Lebens der Kinder. Dieser Anspruch kommt anschaulich in dem von ihm häufig verwendeten Zusatz »totale« Milieutherapie zum Ausdruck (Bettelheim 1975, 222 und passim). In dieser Präzisierung scheint das sein Konzept belastende Erbe des Konzentrationslagers deutlich auf. Der Anspruch der Totalität erscheint in Bettelheims Diskurs allerdings mit einer gleichzeitigen entschiedenen Orientierung an der Autonomie und der Würde des jeweiligen Kindes vereinbar. Individuelle Bedürfnisse sollen absoluten Vorrang vor institutioneller Routine genießen (Bettelheim 1975a, 2). Wie auch von Bettelheim selbst mitgeteilte Äußerungen seiner Patienten belegen, gerieten die Werte »totale pädagogisch-therapeutische Gestaltung des Milieus und des Alltags« einerseits und »Wertschätzung und Respektierung der kindlichen Autonomie« anderseits praktisch aber in Konflikt miteinander. Wie die Aussagen der Kinder illustrieren, erlebten sie das therapeutische Milieu der Orthogenic School zuweilen – oder auch dauerhaft – nicht als ein *Home for the Heart* – so der amerikanische Originaltitel von Bettelheims *Der Weg aus dem Labyrinth* (1975), sondern als »Orthogenic Jail« (Bettelheim 1955] 1985, 24, 88, 318, 323, 464 und Bettelheim/Karlin [1975] 1984, 49), »Orwelian World« (Pekow 1990, 1) oder »Full-Blown Totalitarian System« (Jatich 1991, 7). Frischenschlager und Mayr (1982, 250) stellen in diesem Zusammenhang die berechtigte Frage, ob es sich bei der angestrebten totalen Kontrolle über das Leben der Kinder, die beispielsweise die Kontrolle ein- und ausgehender Briefe sowie die Reglementierung ihrer Lektüre einschloß, nicht um eine Rationalisierung gehandelt haben könnte, die die Entwicklung von Autonomie behindert, anstatt sie zu fördern. Die Kinder als absolut auf Zuwendung und Behütung angewiesen zu betrachten und das daraus resultierende Arrangement der unausweichlichen Betreuung verhindert womöglich gerade, daß sie autonome Verhaltensweisen entwickeln. Gegen das Argument der lückenlosen Betreuung kann die vielzitierte besondere Eingangstür der Orthogenic School ins Feld geführt werden. Ihr Schloß war so konstruiert, daß niemand die Schule betreten konnte, ohne eingelassen zu werden. Von innen jedoch konnte die Eingangstür nicht verschlossen werden. Dadurch soll es den Kindern zu jeder Tages- und Nachtzeit möglich gewesen sein, die Schule zu verlassen. Heute muß allerdings vermutet werden, daß die berühmte Tür Teil des Mythos um Bettelheim und die Orthogenic School war. Alida Jatich (1991, 7), eine der schärfsten Kritikerinnen Bettelheims, weist darauf hin, daß zahlreiche Mitarbeiter die Türe im Auge hatten, um zu verhindern, daß Kinder die Schule verließen.

»Wir hatten kein Taschengeld, keine Außenkontakte und wußten nicht, wohin wir hätten gehen sollen. Jedes Kind, dem es dennoch gelang, wegzulaufen, wurde von der Polizei gejagt«.

Der repressive, Autonomie behindernde anstatt fördernde Zug des therapeutischen Milieus wurde ebenfalls im Rahmen der von ehemaligen Patienten nach Bettelheims Tod geübten Kritik thematisiert. Wiederholt ist davon die Rede, daß die Kinder sich wie *Klein*kinder behandelt fühlten und altersgemäße Beschäftigungen oder gar jugendkulturell getönte Orientierungen als »nicht orthogenic« stigmatisiert, therapeutisch rationalisiert und praktisch unterdrückt wurden (Redford 1990, 20). Da zumindest in den späten Jahren der Orthogenic School auch legitime, nicht-pathologische Interessen und Bedürfnisse der Kinder, die im Gegensatz zu der therapeutischen Ideologie der Schule standen, von ihnen nicht gelebt werden durften, erscheint die Schule entgegen Bettelheims Anspruch als totale Institution im negativen Sinne. Da die Kinder ihrer Lebenssituation gegenüber weitgehend machtlos waren, legten sie im Dienste ihres psychologischen Überlebens eben jene Verhaltensweisen an den Tag, die Goffman ([1961] 1973, 169 ff.) als charakteristisch für die Insassen totaler Institutionen beschrieben hat. Am anschaulichsten hat diesen Zusammenhang Alida Jatich (1991, 8) formuliert:

»Um uns Ärger zu ersparen, mußten wir alle weitgehend Bettelheims Ideologie folgen [...] Um Bestrafung zu vermeiden oder um ein bißchen Aufmerksamkeit von den Betreuern zu bekommen, habe ich manchmal das gemimt, was Bettelheim und die Mitarbeiter von mir zu erwarten schienen. [...] Er lehrte seine Mitarbeiter, daß es 'therapeutisch' sei, uns zu behandeln als seien wir Zweijährige. Daher habe ich oft babyhafte Abhängigkeit geschauspielert – zum permanenten Preis meiner Selbstachtung. Da mir niemand glaubte, wenn ich die Wahrheit sagte, habe ich wilde Geschichten erfunden, Mengen von unsinnigen Freudschen Interpretationen, was auch immer die Mitarbeiter aus meinem Mund erwarteten. Bald kam ich an den Punkt, wo ich nicht mehr wußte, was wahr war und was nicht.«

Offenbar verweigerte der tendenziell totale und überbehütende Charakter der späten Milieutherapie die für die Konstitution von Subjektivität erforderlichen Spiel- und Freiräume, machte Differenzerlebnisse unmöglich und beschränkte Aneignungsprozesse der Kinder- und Jugendlichen auf ein unzureichendes, noch dazu reglementiertes Minimum (Schäfer 1997).

In diesem Zusammenhang soll an das Monitum Maria Montessoris und der Montessori-Pädagogik erinnert werden, demzufolge jede einem Kind überflüssig gewährte Hilfe nicht nur wirkungslos bleibt, sondern auch insofern schadet, als das Eingreifen des Erwachsenen ein Entwicklungshindernis darstellt. Der Übergang von Hilfe/Unterstützung und Behinderung ist also fließend, weshalb jeder pädagogische Akt sorgfältig überlegt und kontinuierlich reflektiert werden sollte.

Eine fruchtbare Kritik des Konzepts eines totalen therapeutischen Milieus erlaubt darüber hinaus Maud Mannonis Forderung der »Sprengung der Institution« (Schäfer 1997). Wie Bettelheim arbeitet Mannoni in ihrer Ecole Expérimentale in Bonneuil bei Paris 'stationär' mit psychotischen und autistischen Kindern und wie der langjährige Leiter der Orthogenic School betont sie die Bedeutung des 'Milieus' der Institution. Bettelheims Begriff des Milieus findet dabei seine annäherungsweise Entsprechung in Mannonis Begiff des »Ortes«. Der zentrale hier interessierende Unterschied besteht darin, daß die Französin zugleich die Öffnung des Ortes, die »Sprengung der Institution«, propagiert. Zur

Begründung führt sie zwei Argumente an: Zum einen geht sie davon aus, daß jede Institution danach strebt, ihre Klienten zur eigenen Stabilisierung einzusetzen; zum anderen sieht sie in der »Oszillation zwischen Orten« (Mannoni [1973] 1987, 77) eine Bedingung der Konstitution von Subjektivität. Vor diesem Hintergrund und in Übereinstimmung mit der Überzeugung Winnicotts, derzufolge der Erwachsene auf die Position der totalen Beherrschung verzichten muß, um einen Erfahrungsbereich zwischen ihm und dem Kind zu bewahren (Mannoni [1976] 1978, 220), meint »Sprengung der Institution« bei Mannoni mindestens zweierlei. Die Metapher verweist – erstens – auf die Öffnung des Lebensortes Ecole Expérimentale gegenüber der Außenwelt. Dies geschieht zum einen durch den »Einlaß« der zahlreichen, aus den verschiedensten Ländern und Kulturen stammenden Praktikanten. Darüber hinaus konkretisiert sich die Öffnung der Institution darin, daß den Kindern auf der Grundlage der »Permanenz des Ortes« (Mannoni [1973] 1987, 77) – die Schule steht den Kindern als Rückzugsort weiterhin jederzeit zur Verfügung – Aufenthalte außerhalb der Institution angeboten werden. Anstatt – wie an der Orthogenic School – alle Lebensbereiche der Kinder unter einem Dach zu versammeln und dadurch tendenziell kontrollierbar zu machen, soll den Kindern für jeden Lebensbereich ein jeweils weitgehend autonomer, eigener Ort zur Verfügung gestellt und ihnen die Oszillation zwischen ihnen ermöglicht werden. Jeder dieser Orte bietet dem Kind jeweils andere (Beziehungs-)Möglichkeiten, hegt unterschiedliche Erwartungen und stellt andere Anforderungen. Während man in der Orthogenic School eine weitgehende Abschirmung der Kinder von der Außenwelt praktiziert, sollen sie in Mannonis Ansatz ausdrücklich mit Nicht-Professionellen, mit Laien und mit gesellschaftlicher Normalität in Kontakt kommen. »Sprengung« bedeutet – zweitens – zugleich »Einmischung« in und Herausforderung von Normalität. Arbeitsstätten oder Pflegefamilien in der Provinz werden mit gestörten Kindern konfrontiert und zu einem Dialog aufgefordert. Im Idealfall resultiert daraus ein gegenseitiger Veränderungs- und Wachstumsprozeß. Diese wenigen Hinweise genügen, um die Richtung in die Mannonis Ansatz weist und sein Anregungspotential zu veranschaulichen. Diesen Punkt abschließend sei noch auf einen weiteren kontraproduktiven Aspekt eines totalen Milieus hingewiesen. Ohne die Spielräume und Differenzerlebnisse, die Mannoni den ihr anvertrauten Kindern bewußt bietet, besteht gerade bei psychotischen und psychosegefährdeten Kindern die Gefahr, daß eine milieutherapeutische Behandlung nach Bettelheim insofern unerwünschte Auswirkungen zeitigt, als sie im Erleben dieser Kinder einen »maßlos verfolgenden Charakter« anzunehmen droht (Becker 1993, 112).

6.2 Eine Leerstelle in Bettelheims Milieukonzeption: Das »Unterleben«

Abschließend soll noch eine andere Problematik des Bettelheimschen Milieubegriffs angesprochen werden. Der Begriff »totale Milieutherapie« suggeriert, daß es prinzipiell möglich sei, das Milieu einer Institution in pädagogisch-therapeutischer Absicht vollkommen durchzugestalten. Vor dem Hintergrund von Goffmans Erkenntnissen über die Verhaltensweisen von Insassen totaler Institutionen muß diese Überzeugung angezweifelt werden. Nach Goffman lassen sich in jeder sozialen Institution diverse 'Verweigerungsstrategien' der Betroffenen feststellen, mit denen sie die ihnen von der Institution zugeschriebene Fremddefinition untergraben (Goffman [1961] 1973, 290). »Wir werden immer sehen, daß das Individuum stets Mittel und Wege findet, eine gewisse Distanz, eine gewisse Ellenbogenfreiheit zwischen sich selbst und dem, womit es die anderen identifizieren möchten, zu bewahren« (303). Aus diesem Grund entsteht überall dort, wo versucht wird, ein bestimmtes Milieu zu erzeugen, ein neues, informelles Milieu unterhalb des offiziellen. Goffman spricht in diesem Zusammenhang von dem »Unterleben einer Institution« (194). Mit diesem Begriff bezeichnet er die Summe aller Praktiken der Betroffenen, die darauf zielen, die ihnen zugedachten offiziellen Definitionen und Anforderungen zu unterlaufen. Ohne daß sie unter dem hier interessierenden Blickwinkel des »Unterlebens« verfaßt worden wären, lassen sich in den im Rahmen der posthumen Kritik an Bettelheim veröffentlichten Schilderungen von ehemaligen Schülern der Orthogenic School sogleich einige der von Goffman aufgezeigten Strategien von »Insassen« totaler Institutionen identifizieren (Angres 1990, 27). Das ganze Ausmaß solcher Verhaltensweisen käme vermutlich ans Licht, wenn gezielt danach gefragt würde, was bisher nicht geschehen ist. Relevanz erlangt dieser Kritikpunkt, weil er darauf verweist, daß Bettelheim das therapeutische Milieu der Orthogenic School nur von einer offiziellen Warte aus – aus einer Perspektive von oben – wahrgenommen und beschrieben hat. Dieser Sichtweise bleibt aber verschlossen, wie die Schüler das in pädagogisch-therapeutischer Absicht sorgfältig 'inszenierte' Milieu im Alltag 'unterlaufen' und – so weit wie möglich – entsprechend ihren realen Bedürfnissen 'umgestaltet' haben. Der Blick von oben verfehlt damit eine wesentliche Dimension jedes therapeutischen Milieus. Die Auswirkungen dieses subversiven Moments menschlicher Subjektivität in Form des jeweiligen Unterlebens des institutionellen Milieus kann in der Logik von Bettelheims Milieubegriff nicht erfaßt werden. Im Horizont von Goffmans Erkenntnissen erscheint ein totales therapeutisches Milieu als eine Fiktion. Für die Theorie und Praxis von Milieutherapie erscheint diese Differenzierung insofern von Bedeutung, als die Qualität des jeweiligen therapeutischen Milieus dann aus drei Faktoren resultiert: den Wirkungen der absichtsvoll gestalteten Dimensionen des offiziellen Milieus, den Wirkungen seines jeweiligen »Unterlebens« und den Wirkungen, die aus dem jeweils besonderen Verhältnis, das beide zueinander eingehen, resultieren.

6.3 Macht und Willkür der Leitung – Ein blinder Fleck in der institutionellen Organisation der Orthogenic School

In den fünfziger Jahren untersuchte der Sozialanthropologe Jules Henry die Organisationsstruktur der Orthogenic School und zeigte ihre Überlegenheit gegenüber traditionellen Kliniken auf (Henry 1954, 1957, 1957a). Vor dem Hintergrund der posthumen Kritik an Bettelheim drängt sich heute allerdings unweigerlich die Frage auf, wie es dennoch zu den thematisierten Übergriffen kommen konnte. Wäre es nicht auch und gerade die Aufgabe der institutionellen Organisation gewesen, solchen Übergriffen vorzubeugen? Ohne Frage gehört doch Gewaltlosigkeit in den Kanon der Werte, die das Ethos der Orthogenic School bestimmen. Während aber – wie ich im Abschnitt über die institutionelle Dimension der Bettelheimschen Milieutherapie gezeigt habe – Werte wie »Autonomie« und »Einheitlichkeit« an der Orthogenic School sorgfältig strukturell verankert wurden, trifft dies auf den Wert »Gewaltlosigkeit« nicht zu. Meine These lautet daher: Die Übergriffe konnten stattfinden, weil die vom Direktor ausgeübte Macht und Herrschaft einen blinden Fleck in der institutionellen Organisation des therapeutischen Milieus darstellte.

Als Ausgangspunkt für die Untermauerung meiner These sollen die beiden folgenden Beobachtungen Daniel Karlins dienen. Die erste betrifft das Prinzip der »Sozialen Solidarität«. Während Bettelheim es als Prozeß gegenseitiger Unterstützung von Leitung und Mitarbeitern präsentiert, vermitteln Karlins Beobachtungen einen gegenteiligen Eindruck. Alle wesentlichen Impulse gehen darin von der Person des Direktors aus; Gegenseitigkeit und Gleichberechtigung scheinen eher die Ausnahme als die Regel darzustellen. Einen Eindruck davon, wie weit in diesem Punkt Anspruch und Wirklichkeit von Bettelheims Praxis auseinanderliegen konnten, vermittelt die folgende Beobachtung des Franzosen:

> »Ein einziges Mal hat sich Bettelheim empört geäußert, als ich ihm den Film über die Versammlung mit den Erziehern vorführte: 'Aber das muß man ändern! So sitzen wir nie. Ich sitze immer zwischen ihnen und nicht ihnen

gegenüber wie Gottvater'. Natürlich habe ich ihn zunächst darauf hingewiesen, daß ich es schwierig fände, an einem bereits aufgenommenen Bild etwas zu ändern. Aber das ist Nebensache. Vor allem habe ich ihn darauf hingewiesen, daß wir den Teilnehmern an dieser Versammlung nicht ihre Plätze angewiesen hätten; jeder hat sich hingesetzt, wo er wollte« (Bettelheim/Karlin [1975] 1984, 156).

Der Regisseur kommentierte diese Stellungnahme seinerseits mit der Bemerkung, es sei für ihn eine vergnügliche Vorstellung, diese Versammlung vielleicht eher durchleuchtet als abgebildet zu haben (156).

Die zweite Beobachtung Karlins betrifft den Umgang des Direktors mit seinen Mitarbeitern. In Übereinstimmung mit Bettelheims eigenen Schilderungen nahm auch der französische Filmemacher das enorme Engagement aller Beteiligten an der täglichen Reflexion der Praxis wahr. Er spricht von einem leidenschaftlichen Willen bei allen, zu verstehen (155). Gleichzeitig – und im Unterschied zum langjährigen Leiter der Orthogenic School – weist er aber zusätzlich auf die »Anspannung bei allen Teilnehmern« hin und räumt ein, daß Bettelheims autoritärer Umgang mit seinen Mitarbeitern für ihn manchmal bis an die »Grenze des Erträglichen ging.«* Die Idee der »sozialen Solidarität« konnte demnach an der Orthogenic School durchaus Ausprägungen erfahren, die für mein Empfinden mit dem Wortlaut nicht ohne weiteres harmonieren. Im Zusammenhang mit Karlins Beobachtungen erscheint mir auch Bettelheims Kritik an der Begrifflichkeit Henrys interessant. In seiner Studie über die Orthogenic School bezeichnete dieser ihre Organisationsform als ein System »einfacher, undifferenzierter Subordination« im Gegesatz zu dem System »multipler, differenzierter Subordination« traditioneller Institutionen (Henry 1957, 47 f., 55 f.). Bettelheims Einwand: Der Begriff der Unterordnung führe im Zusammenhang mit dem therapeutischen Milieu in die Irre; er widerspreche sowohl dem Prinzip der Autonomie als auch dem der Sozialen Solidarität. Die Betonung sollte deshalb nicht auf der Hierachie der Macht, sondern auf der Dynamik des Zusammenwirkens von Beziehungen und emotionalen Kräften liegen (Bettelheim 1975, 250).

Nimmt man Karlins Beobachtungen ernst, so erscheint Henrys Charakterisierung der Organisationsstruktur der Orthogenic School wohl doch zutreffend. Mehr noch: Was der Sozialanthropologe »einfache, undifferenzierte Subordination« nennt, müßte im Klartext als streng

---

* Auch Becker (1994) berichtet am Beispiel eines zuspätkommenden Betreuers von dem schroffen Umgang Bettelheims mit seinen Mitarbeitern, er räumt aber gleichzeitig ein, daß das, »was er ansprach zwar unangenehm, aber doch sehr interessant [war,] im Hinblick auf das 'Muß' einer unbedingten Aufmerksamkeit, die der Erwachsene dem Kind bzw. der Therapeut dem Patienten schuldet« (Becker 1994, 242).

hierarchische Organisationsform charakterisiert werden, der ein autoritärer Führungsstil des Leiters korrespondiert. Der von mir behauptete blinde Fleck in der Organisationsstruktur entsteht nun dadurch, daß den Faktoren Macht und Willkür im Unterschied zu den im Kapitel 5.3.1 behandelten Werten »Einheitlichkeit«, »Autonomie«, »Soziale Solidarität« und »Gemeinschaft« nicht strukturell Rechnung getragen wurde. Während Bettelheim sich bei den genannten Organisationswerten völlig darüber im klaren war, daß sie nur wirksam werden können, wenn sie auch strukturell verankert würden, verzichtete er auf die Institutionalisierung einer Struktur, die mißbräuchliche Machtausübung und Willkür seitens des Leiters hätte verhindern können. Verhilft Bettelheim dem institutionellen Ethos im Fall der genannten Organisationswerte zu nachhaltiger Wirksamkeit, so illustriert sein diesbezüglicher Verzicht beim Faktor »Macht« unfreiwillig die Irrelevanz freischwebender ethischer Werte (Wigger 1990, 21).

Dies muß umso mehr verwundern, als sich der langjährige Leiter der Orthogenic School über die destruktive Potenz unkontrollierter Macht sehr wohl im klaren war. »Macht korrumpiert, wenn sie nicht sorgfältig in Schranken gehalten wird«, kann man in *Der Weg aus dem Labyrinth* (1975) lesen. Und weiter: »Die Macht, die Schwestern und Betreuer über den Patienten haben, korrumpiert, wenn man ihnen erlaubt, sie auszuüben. Das gleiche gilt für den Direktor [...]« (Bettelheim 1975, 239). Daß Bettelheim die Konsequenzen aus dieser Erkenntnis nicht gezogen hat, erscheint vollends unverständlich, wenn man seine Schilderungen der Gefühle berücksichtigt, die autistische Kinder bei den sie betreuenden Mitarbeitern hervorzurufen im Stande sind. In der Dokumentation der Behandlung des Jungen 'Joey' spricht er beispielsweise von Gefühlen des Grauens, der Entmenschlichung und Versteinerung sowie davon, daß das autistische Kind bei seinen Betreuern normalmenschliche Reaktionen auszulöschen vermag (Bettelheim zit. nach Schmauch 1978). Vor diesem Hintergrund erscheint ein Versagen von Mitarbeitern oder der Leitung in Form von Gewalttätigkeit oder Willkür vorprogrammiert. Die Schlußfolgerung, die hier gezogen werden muß, lautet: Durch die spezifische Kombination von hierarchischer Organisationsform, weitgehendem Ausschluß von Eltern und anderen dem therapeutischen Milieu nicht zugehörigen Personen, sowie einem extrem machtlosen Patientenkreis war die Möglichkeit von Übergriffen durch die Leitungsperson strukturell gegeben, auch wenn Werte des institutionellen Ethos dem diametral entgegenstanden.

Abschließend möchte ich zumindest andeuten, wie der von mir vorgetragenen Kritik positiv Rechnung getragen werden könnte. Es müßte darum gehen, in die tägliche pädagogische Arbeit »Sicherungen« einzubauen, die geeignet sind, dem »Despotismus der Erzieher« entgegenzuwirken (Korczak [1916] 1983, 104). Eine solche »Sicherung« als Gegenmittel zu der Etablierung eines Herrschaftsverhältnisses zwischen Therapeut und Patient, wie sie auch der Zwischenbericht Kommission Heimerziehung (1977, 79) fordert, sehe ich beispielsweise in einer kommunikativen Gesamtstruktur des Heimes.

Abschließend sei hier noch darauf verwiesen, daß nach dem Ausscheiden Bettelheims die uneingeschränkte und unkontrollierte Machtposition des Direktors dadurch eingeschränkt wurde, daß man ein »Board of Directors« einrichtete. Ihm gehören der »Clinical Director« und der »Executive Director« an. Zum Zeitpunkt der Niederschrift dieser Zeilen, wurde die dadurch offenbar beabsichtigte 'Gewaltenteilung' und gegenseitige Kontrolle noch dadurch gefördert, daß die Aufgaben des »Executive Director« gemeinsam von einer Frau und einem Mann wahrgenommen wurden.

E. Spurensuche – Elemente einer theoriegeschichtlichen Einordnung Bettelheims

>»Man sagt eigentlich Neues – und wertvolles Neues – nur, wenn man an Traditionen anknüpft und Traditionen fortsetzt.«
> E. Coseriu (1977, 109)

Das Denken Bettelheims wurde ohne Zweifel am deutlichsten von der Psychoanalyse geprägt; ohne den Einfluß von Sigmund und Anna Freud, August Aichhorn und Fritz Redl ist sein Werk in der heute vorliegenden Form nur schwer vorstellbar. Den Ansatz des jüdischen Analytikers indessen als *allein* psychoanalytisch zu bestimmen, hieße ihn eindimensional wahrzunehmen. Zu einer solchen Wahrnehmung lädt das in der breiten Öffentlichkeit etablierte Bettelheim-Bild geradezu ein. Bei eingehender Betrachtung, lassen sich aber auch andere als psychoanalytische Beeinflussungen in Bettelheims Theorie und Praxis nachweisen. Wenn sie auf den ersten Blick als solche nicht zu erkennen sind, dann deshalb, weil Bettelheim sie zu einem einheitlichen Ganzen integriert hat: Seine Theorie und Praxis sind einheitlich und eklektisch zugleich.

Geht man von Bettelheims eigenen Hinweisen aus und spürt den unterschiedlichen nicht-psychoanalytischen Einflüssen konkret nach, so stößt man auf zahlreiche Pädagogen, Psychologen und Philosophen. Er selbst verweist auf so unterschiedliche Denker wie John Dewey und Theodor Lessing, Hans Vaihinger und Maria Montessori, Jean Piaget, Johann Amos Comenius und Johann Heinrich Pestalozzi, um nur einige herauszugreifen. In Bettelheims *Themen meines Lebens* (1990) entsteht der Eindruck, daß die vielleicht bedeutendsten geistigen Einflüsse – neben den Schriften Freuds – von Theodor Lessings *Geschichte als Sinngebung des Sinnlosen* und Hans Vaihingers *Philosophie des Als-ob* ausgingen. Ihre große Bedeutung liegt offenbar in der unmittelbaren lebenspraktischen Relevanz für Bettelheim begründet. In beiden Werken fand er nicht nur eine philosophische Rechtfertigung seines eigenen Pessimismus, sondern auch eine Anleitung, wie man – trotz ausgeprägter Skepsis gegenüber religiösen, metaphysischen und politischen Heilsversprechungen und »innerer Zweifel« – ein subjektiv sinnvolles Leben führen kann (Bettelheim 1990, 120). Das von Lessing dargelegte Geschichtsverständnis, wonach es sich bei dem Konstrukt des geschichtlichen Fortschritts und bei der Suche nach einem Sinn von historischen Ereignissen um Projektionen des Wunschdenkens handelt, bezeichnet Bettelheim gar als »Offenbarung« (119). Wie Lessings geschichtsphilosophisches Werk übte auch Vaihingers philosophische Überzeugung, derzufolge es notwendig und nützlich ist, individuelles Handeln auf Fiktionen aufzubauen, die nachweislich falsch sind, einen großen Einfluß auf Bettelheims eigene philosophische Grundhaltung aus. »Diese Lektion«, resümiert der Fünfundachtzigjährige in *Themen meines Lebens* mit Bezug auf Lessing und Vaihinger, »hat ihren Wert in meinem ganzen Leben unter Beweis gestellt« (120).

Aber nicht um die philosophischen, sondern um die pädagogischen Einflüsse soll es hier gehen. Zunächst wird zu zeigen sein, daß sich die Traditionslinie, in welcher der Bettelheimsche Ansatz steht, bis zu den Anfängen der Heimerziehung und Johann Heinrich Pestalozzi zurückverfolgen läßt. Anschließend weise ich exemplarisch den Einfluß von zwei weiteren nicht-psychoanalytisch argumentierenden pädagogischen Denkern auf Bettelheim nach: Maria Montessori und John Dewey. Diese Auswahl erscheint auch deshalb reizvoll, weil ihre Pädagogik bislang nicht im Zusammenhang mit der Theoriebildung des Milieutherapeuten diskutiert wurde.

7. Bettelheim und Pestalozzi – Milieutherapie und 'Wohnstubenpädagogik'

Bettelheims Ansatz von Milieutherapie steht in einer Traditionslinie, die man bis zu Johann Heinrich Pestalozzi (1746–1827) zurückverfolgen kann. Dies haben zuletzt Heun/Wiesenhold-Heun (1991, 613) in einem Handbuchartikel zur Heimerziehung herausgestellt. Zwei Gründe sprechen dafür, die theoriegeschichtliche Einordnung Bettelheims mit dem Schweizer Pädagogen und Sozialreformer zu eröffnen: Erstens ist der Rekurs auf Pestalozzi geeignet, jene Lücke zu schließen, die der einzige bislang vorliegende Versuch, Bettelheims Arbeit in pädagogischen Traditionen zu begreifen, hinterlassen hat. Joseph Noshpitz (1992, 92, 97) erwähnt – neben psychoanalytisch orientierten Autoren – zwar August Hermann Francke* und Johann Wichern,

---

* Auf einer von Noshpitz sicher nicht beabsichtigten Ebene kann eine Verwandtschaft zwischen den pädagogischen Ansichten Franckes und denen Bettelheims in der sehr weitgehenden Reglementierung des Alltags im therapeutischen Milieu und Franckes Grundsatz der Überwachung gesehen werden. Francke schreibt: »Die Kinder müssen allzeit unter sorgfältiger Inspektion gehalten werden, sei es in der Stube, auf dem Hofe, im Speise- oder Bettsaal, beim Kleiderwechsel, bei der Reinigung oder wo es auch sein mag, und sind ohne Not nicht auch nicht auf eine kurze Zeit allein zu lassen [...]. Denn die sorgfältigste Inspektion ist der eigentliche Nervus der Erziehung [...]« (Francke zit. nach Winkler 1988b, 137).

geht aber auf den inhaltlich näherliegenden Pestalozzi nicht ein. Der Ansatz des Schweizer Pädagogen steht dem Bettelheims näher, weil in seinem Begriff der »Wohnstube« und dessen Implikationen die Bedeutung des jeweiligen pädagogischen Milieus oder »pädagogischen Ortes« (Winkler 1988b, 263 ff.) weitaus deutlicher als in Franckes Schriften oder auch in Wicherns Überlegungen zum »Rauhen Haus« hervortritt. Auch wenn Pestalozzis Überlegungen damit in Richtung auf eine 'Theorie des pädagogischen Ortes' weisen, finden sich bei ihm diesbezüglich keine systematischen Überlegungen. Diese blieben seinem Schüler Friedrich Fröbel (1782–1852) vorbehalten, der in der Geschichte der Pädagogik das Thema 'pädagogischer Ort' erstmals zur systematischen Darstellung brachte (Winkler 1988b, 371, Anm. 7).

Wenn sich Bettelheim selbst mitunter auf Pestalozzi bezieht und derart andeutet, daß er sich in seiner Tradition stehend begriff ([1950] 1988, 32; 1990, 118; 1969, 239), so liegt darin der zweite Grund, hier historisch bis zu dem prominenten Schweizer Pädagogen zurückzugehen. Aus Bettelheims beiläufigen Verweisen geht allerdings nur hervor, daß er sich mit dessen Frühschriften beschäftigt und daraus Anregungen für sein eigenes pädagogisches Denken und Handeln bezogen hat. Welche dies konkret waren, bleibt allerdings im Ungewissen. Einige mittelbare Hinweise darauf lassen sich allerdings der von Bettelheim angeregten und betreuten Dissertation von Benjamin Wright (1957) entnehmen. Zusammen mit den Arbeiten Jules Henrys rechnete Bettelheim (1975, 247) diese Studie zu den wichtigsten Veröffentlichungen über die Orthogenic School. Ihr erstes Kapitel enthält einen Abriß der historischen Entwicklung von Heimerziehung, der mit Pestalozzi beginnt. Darin wird er als der wohl erste Pädagoge vorgestellt, der zugleich theoretisch erkannt und praktisch umgesetzt hatte, daß Heimerziehung – will sie effizient sein – eine besondere Form der Gemeinschaft herstellen muß. Wright schreibt:

> »Er [Pestalozzi] betonte, daß sich die individuelle Entwicklung der Kinder am besten vollzieht, wenn das Leben durchschaubar [»plain«], ganzheitlich, kindzentriert und die Atmosphäre eine affektive ist. Er betonte besonders, daß alle Aspekte dieser Gemeinschaft den Bedürfnissen der Kinder entsprechen und sie dem Kind erlauben müssen, von und durch eigene Erfahrungen zu leben und zu lernen und nicht indirekt durch die Erfahrungen der Erwachsenen und durch verbale Symbole.«

Dies bleibt aber auch schon der einzige inhaltliche Verweis auf die Pestalozzi-Rezeption Bettelheims.

Wenn ich in diesem Kapitel gemeinsame pädagogische Leitlinien in den Erziehungskonzeptionen von Bettelheim und Pestalozzi herausarbeite, so gilt mein Interesse dabei ausdrücklich dem 'Armenerzieher' und 'Sozialpädagogen' und nicht dem 'Schulmeister' und 'Bildungstheoretiker', als der Pestalozzi heute vornehmlich bekannt ist. Nach einem wenig erfolgreichen Versuch, Landwirtschaft zu betreiben, richtete dieser 1774 auf seinem Neuhof im schweizerischen Birr eine Anstalt ein, um »armen Kindern [...] Auferziehung und Arbeit zu geben« (Pestalozzi SW, I, 137). Nur mit großen Mühen erhielt er diese Einrichtung sieben Jahre lang. Fast zwanzig Jahre vergingen, bevor er noch einmal versuchte, seinen Traum von einer 'ganzheitlichen' Armenerziehung institutionell umzusetzen. Mit Unterstützung der Regierung – gleichwohl unter den denkbar primitivsten Bedingungen – baute er sein Waisenhaus in Stans auf. Aber auch dieses Unternehmen scheiterte. Unter dem Druck des Österreichisch-Französischen Krieges wurde die Anstalt nach nur sieben Monaten geschlossen. Pestalozzis Brief an einen Freund über seinen Aufenthalt in Stans, in dem er rückblickend diesen pädagogischen Versuch reflektierte und rechtfertigte, gilt als das prägnanteste Dokument seiner sozialpädagogischen Gesinnung und Praxis.

Schon diese einleitenden Bemerkungen zur Lebensgeschichte und den historischen Rahmenbedingungen seiner pädagogischen Arbeit lassen seinen im Vergleich zu Bettelheim unterschiedlichen historisch-gesellschaftlichen Bezugsrahmen erkennen. Beide trennt immerhin eine historische Distanz von mehr als 150 Jahren. Die Schriften des Schweizers wenden sich an eine im Übergang zur Industrialisierung befindliche Gesellschaft, in der die Rechte und Bedürfnisse der Kinder weitgehend geleugnet und mißachtet wurden. Für die amerikanische Wohlstandsgesellschaft des zwanzigsten Jahrhunderts als gesellschaftlichem Hintergrund von Bettelheims Arbeit trifft dies so sicherlich nicht mehr zu. Allerdings erinnert der Umgang 'moderner' Gesellschaften mit Psychiatriepatienten mitunter durchaus noch an die Entrechtung und Entmenschlichung, die Pestalozzi täglich vor Augen hatte. Bettelheim selbst (1975, 9) hat die antitherapeutische Trostlosigkeit heutiger psychiatrischer Anstalten gesehen und vehement angeprangert:

»Einen wirklichen Grund oder eine Entschuldigung für die entsetzlichen Orte, an denen man geisteskranke Patienten unterbringt, hat es niemals gegeben, weder für die Vernachlässigung noch für die ausgesprochene Mißhandlung dieser Patienten, die sich als Therapie tarnt. Unsere Anstalten für Geisteskranke sind beschämende, eitrige Wunden der Gesellschaft, die ab und zu schockartig in das Bewußtsein der Öffentlichkeit einbrechen und schnell wieder vergessen werden, bevor sie unser Gewissen ernsthaft beunruhigen« (Bettelheim 1975, 9).

Wenn es, wie Klafki (1992, 50) herausstellt, in Pestalozzis Stanser Experiment letztlich »um Rettung oder Verlust der Menschlichkeit, um die Möglichkeit des Menschseins überhaupt ging«, dann trifft dies nicht weniger auf Bettelheims Anspruch zu, emotional schwer gestörten Kindern eine menschenwürdige Behandlung angedeihen zu lassen.

In der Sprache und im Denkrahmen ihrer Zeit, entwickeln beide Erzieher ihre pädagogischen Anschauungen und berichten über ihre Erfahrungen: Pestalozzi in Rousseauschen (Benrubi 1933) und Kantschen (Stein 1969), Bettelheim vornehmlich in psychoanalytischen und Kategorien des amerikanischen Pragmatismus. So sehr sich beider Theorie und Praxis im einzelnen aber auch unterscheiden mögen, es lassen sich eine bemerkenswerte Reihe von gemeinsamen pädagogischen Leitlinien feststellen. Ohne die Eigenständigkeit und Originalität beider Denker verkennen zu wollen, liegt der Schwerpunkt der nachfolgenden Überlegungen bewußt auf den Ähnlichkeiten, Gleichklängen und Berührungspunkten und nicht auf der historischen und gedanklichen Distanz, die einen Bettelheim von einem Pestalozzi trennt.

Drei Berührungspunkte sollen hier benannt werden: Da ist zum einen der durch den Bezug auf die menschliche Natur gewonnene radikal egalitäre Anspruch beider Pädagogen. Während sich in der Arbeit mit psychotischen Kindern notwendig immer wieder die Kluft zwischen 'normal' und 'verrückt' auftut, die es nach Bettelheim mit Hilfe der gefühlsmäßigen Besinnung auf »unser gemeinsames Menschsein« zu überbrücken gilt, verläuft die Trennungslinie bei Pestalozzi zwischen 'arm' und 'reich'. Sein konsequent egalitärer Anspruch kommt anschaulich in der folgenden Passage zum Ausdruck. Pestalozzi (Zit. nach Winkler 1988a, 258) schreibt:

»Man muß sich nicht täuschen. Die Menschenbildung der Armen und der Reichen fordert in ihrem Wesen die nämlichen Mittel, die Menschennatur ist beim Armen und Reichen die nämliche. Um den Armen verständig, wohlwollend und sinnvoll für jede Kunst und kraftvoll für jede Anstrengung zu machen, fordert es die nämlichen Mittel, derer die Erziehung des Reichen zu eben diesem Zwecke bedarf. Wer bei der Erziehung des Reichen nur das Eigene des Reichtums und seiner Folgen ins Auge faßt, der ist für das Resultat der Menschenbildung bei ihm ebenso gehemmt und verwirkt als derjenige, der für die Bildung des Armen nur seine Armut und das Eigene ihrer Beschränkung ins Auge faßt. Beide hätten um des Zufälligen Willen das Wesentliche der Menschennatur selber vergessen und sich dadurch außer Stand gesetzt, den Eigenheiten der Bedürfnisse beider mit der Sicherheit ein Genüge zu leisten, die nur durch die Anerkennung dieser inneren Gleichheit der Menschen statthaben kann.«

Die zweite Gemeinsamkeit liegt darin, daß Bettelheim wie Pestalozzi die konkret erfahrene Erziehungswirklichkeit ausdrücklich als Basis der theoretischen Reflexion dient. Übereinstimmend gehen beide pädagogische Denker von konkreten Praxiserfahrungen aus und zielen primär nicht auf Abstraktionen und Theoriebildung, sondern auf konkrete Problemlösungen im pädagogischen Alltag. Für beide sind vorgefaßte pädagogische Anschauungen nur solange haltbar, wie sie für ständige, durch neue Erfahrungen notwendig gewordene Korrekturen offen bleiben. In seiner Interpretation von Pestalozzis pädagogischem Experiment in Stans hat Klafki (1992, 40) diese Vorgehensweise als eine charakteristische Eigenart des Schweizer Pädagogen herausgestellt und als »Ursprünglichkeit« seines Denkens bezeichnet:

»Es gehört zu den Eigenheiten Pestalozzis, daß er sich neuen, praktischen Erziehungssituationen jeweils ganz unvoreingenommen zu stellen vermochte und daß er die pädagogische Besinnung immer wieder ursprünglich aus der aktuellen Erfahrung herauswachsen ließ, den bislang gewonnenen Stand seines Denkens zwar in die neue gedankliche Auseinandersetzung hineinnehmend, jedoch ständig bereit, ihn an der erfahrenen Erziehungswirklichkeit zu korrigieren. Daß Pestalozzi sich so selten auf eigene frühere Schriften bezieht, ist ein äußeres Symptom für diese immer wieder bewährte Ursprünglichkeit seines Denkens.«

Mit dieser Wertschätzung von konkreten eigenen Erfahrungen fordern beide Pädagogen ihre Leser und Adepten auf, ihre *eigenen* Erfahrungen ernstzunehmen und Erkenntnisse nicht unkritisch fortzuschreiben, sondern sie ihrerseits zu überprüfen und nur jene Aspekte zu übernehmen, die dieser Überprüfung auch tatsächlich standhalten (Bettelheim [1950] 1988, 24; Pestalozzi, SW (Seyf.), XII, 472). Angesichts der 'verehrenden Übertragung', die vielfach die Rezeption beider Pädagogen kennzeichnet, erscheint es produktiv, sich diese Aufforderung immer wieder ins Gedächtnis zu rufen.

Die Vorbehalte beider Pädagogen gegenüber verbalen Erziehungsmitteln stellen die dritte Gemeinsamkeit dar. Für Pestalozzi bildet die Anschauung das absolute Fundament aller Erkenntnis. Speziell in seinen methodischen Schriften, aber auch schon im Stanser Brief, klagt er den Vorrang der Anschauung als unmittelbare Erkenntnisform gegenüber nur sprachlich vermitteltem Wissen ein (SW, XIII, 14 f., 305). Nach Bettelheims Überzeugung sind Taten nicht nur eindrucksvoller, d. h. im pädagogisch-therapeutischen Prozeß wirkungsvoller als Worte (1975, 188); erst im konkreten Handeln und nicht schon in verbalen Absichtserklärungen offenbart sich nach seiner Überzeugung auch die wahre Motivation und das 'wahre Selbst' eines Menschen ([1960] 1989, 24).

Zwei bedeutende *Differenzen* dürfen allerdings auch bei dem hier favorisierten, primär an Gemeinsamkeiten interessierten Vorgehen nicht unterschlagen werden. Sie sollen mit Bezug auf Pestalozzis respektlose Apostrophierung Rousseaus als 'Schwärmer' hergeleitet werden. In dieser Kritik kommt das Unbehagen Pestalozzis über den Widerspruch bei Rousseau zum Ausdruck, der einerseits in seinem *Contrat Social* (1762) den vollkommenen Bürger voraussetzte, andererseits aber in seinem im gleichen Jahr veröffentlichten *Emile oder über die Erziehung* den Zögling aus seiner sozialen Lebensform – der städtischen Bourgeoisie – herauslöst, um ihn auf dem Land aufwachsen zu lassen (Böhnisch/Münchmeier 1990, 36). Emile wird also zunächst von seinem ursprünglichen sozialen und räumlichen Lebensraum isoliert, in 'geeigneteren' Bedingungen erzogen und schließlich wieder in seinen ursprünglichen Lebensraum entlassen. Ein solches Vorgehen stößt auf Pestalozzis Kritik, weil realistische Erziehung für ihn nur als unmittelbare Aneignung der sozialen Umwelt und Lebensform, aus der der Zögling stammt und in die er zurückkehren wird, denkbar ist. Im Gegensatz zu einer Pädagogik, die – wie das Konzept des therapeutischen Milieus – auf die Schaffung von 'Erziehungsprovinzen' im Sinne von Schon- oder Ersatzräumen zielt, geht Pestalozzi davon aus, daß allein der von ihm beschrittene pädagogische Weg in der Lage ist, seinen Zöglingen konkret erreichbare Lebensperspektiven zu eröffnen. Die Bedeutung des Prinzips, Kinder und Jugendliche durch 'öffentliche Erziehung' nicht von ihrem Herkunftsmilieu zu entfremden, kommt auch in seiner berühmten und vielfach mißverstandenen Maxime zum Ausdruck, der Arme sei für die Armut zu erziehen. Dies ist die *erste* grundsätzliche Differenz, die hier benannt werden sollte. Wie im Laufe dieses Kapitels allerdings auch deutlich werden wird, fällt diese Bestimmung bei Pestalozzi durchaus ambivalent aus. In seinem Werk findet sich der Gedanke des 'Schonraums' ebenso wie eine positive Einschätzung eines 'Milieuwechsels'.

Daß sein Ansatz darüber hinaus nicht auf die unkritische Anpassung der Armen an die bestehenden Verhältnisse hinausläuft, und daß er das Prinzip der Einübung in die angestammte Lebensform seiner Zöglinge durchaus dynamisch meinte, zeigt bereits sein Erziehungsexperiment auf dem Neuhof (1774–1780). Zu einer Zeit, da sich die traditionellen feudalen Lebensverhältnisse auflösten und die Landwirtschaft ihre Funktion als Basis der Ökonomie zunehmend an den Handel und das Manufakturwesen abtreten mußte, intendierte er, auf diesem Gutshof eine Lebens- und Produktionsgemeinschaft zu verwirklichen, die dieser gesellschaftlichen Entwicklung Rechnung trug. Landwirtschaft und Merkantilismus verbindend, beabsichtigte er, die Kinder mit einer ebenso auskömmlichen wie zukunftsweisenden Lebens- und Arbeitsform vertraut zu machen. Pestalozzi bettet seine Pädagogik des Individuums in eine »Pädagogik des Sozialen« ein (Böhnisch/Münchmeier 1990, 39). Sein Ansatz schließt die Auseinandersetzung mit sozialen und politischen Rahmenbedingungen ein, wie sie aus dem Übergang einer feudal-vorindustriellen in eine merkantilistisch-industrielle Gesellschaftsform resultieren. Seine sozial*pädagogische* Programmatik kann daher zugleich als eine sozial*politische* interpretiert und Pestalozzi selbst als Wegbereiter einer gesellschaftskritischen, politischen Pädagogik angesehen werden, was für den Ansatz Bettelheims nicht behauptet werden kann (1990, 40). Damit ist die *zweite* grundsätzliche Differenz zum Konzept des therapeutischen Milieus benannt.

In der weiteren kursorisch-vergleichenden Betrachtung Bettelheim – Pestalozzi konzentriere ich mich auf zwei wesentliche Aspekte ihrer Erziehungskonzeptionen: den von beiden favorisierten sanften Erziehungsstil (7.1) und den 'milieupädagogischen' Gehalt, der – therapeutisch gewendet – Bettelheims Ansatz den Namen gab und der – wie zu zeigen sein wird – auch schon Pestalozzis Konzept der 'Wohnstubenerziehung' innewohnt (7.2).

7.1 Liebevolle Fürsorge und absolute Respektierung der kindlichen Bedürfnisse als Programm

Neben den bereits genannten, gehört zu den bezeichnenden Gemeinsamkeiten, daß beide hier interessierenden pädagogischen Denker gleichermaßen eine an den kindlichen Bedürfnissen ausgerichtete, 'sanfte' Pädagogik favorisieren. Aufgrund der »großen Wirkung schonender und liebreicher Grundsätze« (Pestalozzi, SW, IX, 25) kann Erziehung – Pestalozzi zufolge – im großen wie im kleinen Rahmen, maßgeblich auf »Sorgfalt«, »sanfter Güte«, »väterlicher Schonung« und »Liebe« beruhen (Pestalozzi, SW, IX, 24 f. und 99; VII, 430). Die Aufgabe eines idealtypischen Erziehers beschränkt sich dann darauf, für die uneingeschränkte Befriedigung der kindlichen Bedürfnisse zu sorgen. Von pädagogischem Eros beseelt, tut er alles ihm mögliche, um die »innere Ruhe« seiner Kinder nicht zu stören und unterläßt nichts, was ihrer »wohlwollenden Gemütsstimmung« zuträglich ist (Meier 1987, 102). Die in diesen Formulierungen zum Ausdruck kommende absolute Respektierung kindlicher Grundbedürfnisse, der Vorrang emotionaler Zuwendung vor kognitiven und ethischen Forderungen, die Priorität kindlicher Bedürfnisse vor institutioneller Routine sowie die daraus abgeleitete 'Bestimmung' der Erzieher, gelten gleichermaßen für die Milieutherapie (Bettelheim 1975a, 2). 'Wohnstubenpädagogik' wie

Milieutherapie versuchen durch die umfassende Befriedigung elementarer Bedürfnisse, die Kinder zuerst »in ihrem Inneren zu gründen und zu sichern« (Pestalozzi, SW, XIII, 14), bevor sie sie mit Forderungen konfrontieren. In diesem Vorgehen kommt die Überzeugung zum Ausdruck, daß der Sozialisations- und Personalisationsprozeß nur gelingen und langfristig Bestand haben kann, wenn er von *inneren* Kräften getragen wird und nicht bloß auf einer äußerlichen Anpassung beruht. Angesichts der leidvollen Vorerfahrungen und der Defizite von verwahrlosten bzw. psychotischen Kindern ist leicht vorstellbar, daß allein schon ihre »allseitige Besorgung«, wie Pestalozzi es nennt (SW, XIII, 8), das »totale Engagement« der Erzieher erfordert.

Ob die Erziehung vernachlässigter oder die Rehabilitation psychisch kranker Kinder tatsächlich gelingt, hängt maßgeblich davon ab, ob die mit ihnen arbeitenden Personen auch gefühlsmäßig in diesem Prozeß engagiert sind. Klafki (1992, 55) hebt dies in seiner Pestalozzi-Interpretation hervor: »Daß die Befriedigung der [kindlichen] Bedürfnisse aus der Liebe heraus geschehe, ist das Entscheidende«. Dieser Grundsatz durchlief bei Pestalozzi wie Bettelheim eine sehr ähnliche Entwicklung. Ihren Ausgangspunkt bildet die Erfahrung beider Pädagogen, wie unzureichend eine 'naive' Liebe angesichts der zum Teil massiven Störungen der Kinder sein kann. Bettelheim resümierte in den sechziger Jahren seine anfänglichen Bemühungen, in der Orthogenic School eine Behandlungsatmosphäre zu schaffen, die allein auf 'Liebe', der Berücksichtigung von Unbewußtem, von Lebens und Todesinstinkt, von Sexualität und Aggression beruhen sollte: Wieder einmal mußte ich erfahren, »daß Liebe allein nicht genug ist [...]« (Bettelheim [1960] 1989, 38). Programmatisch gewendet und auf die Formel *Liebe allein genügt nicht* gebracht, dient diese Erfahrung denn auch als Titel für sein erstes Buch über die Arbeit der Schule. In ihm kommt die gewandelte Überzeugung zum Ausdruck, daß auch so positive Gefühle wie Liebe zur Rehabilitation emotional gestörter Kinder allein nicht ausreichen. Das notwendige gefühlmäßige Engagement bedarf immer der Ergänzung durch sorgfältige rationale Planung und rationales Handeln. Sie dürfen nur zum Preis gravierender Fehlschläge vernachlässigt werden (Bettelheim [1950] 1988, 13; 1975, 17).

Neben dem Bedürfnis, sich von den gefühlig-religiösen Schwärmereien mancher Zeitgenossen zu distanzieren, veranlaßte auch Pestalozzi vor allem die Erfahrung eigenen Scheiterns in der sogenannten 'wirtschaftlichen Periode' (1768–1795) dazu, seine Ansichten über die 'pädagogische Liebe' zu überdenken und zu re-formulieren. Ließen sie ursprünglich alle Elemente von Realismus, Reflexion und bewußter Distanzierung vermissen (Meier 1987, 109), so unterscheidet er später zwischen der »unschuldigen«, »blinden« einerseits und der »sehenden Liebe« andererseits. Der Begriff der »sehenden Liebe«, den er zuerst in seiner Neujahrsrede von 1809 einführte, verweist auf die Notwendigkeit eines Gegengewichts zur Gutgläubigkeit und Naivität der »blinden Liebe« in Form von Reflexivität und Rationalität. In ihm kommt die Überzeugung des gereiften Erziehers zum Ausdruck, daß seine Pädagogik die gewünschte Wirkung nur in der Dialektik von Liebe *und* Verstand, Engagement *und* Distanzierung entfalten kann (Meier 1987, 296 ff.).

Der favorisierte repressionsarme pädagogische Stil schließt auch theoretisch weder bei Pestalozzi noch bei Bettelheim Strenge und Konsequenz aus (Guyer 1975, 25). Sowohl das Konzept der 'Wohnstubenerziehung' als auch die Milieutherapie arbeiten mit einer festen äußeren Ordnung. In seinem Volks und Erziehungsroman *Lienhard und Gertrud* (1781) beschrieb Pestalozzi, wie konstruktiv sich eine feste Hausordnung auf die Kinder auswirkt. Einmal verinnerlicht, vermittelt sie ihnen die für eine positive Entwicklung erforderliche Kontinuität, Sicherheit und Stabilität (Pestalozzi SW, II; Bettelheim [1967] 1989a, 109 ff.).

Relativiert werden die sanften pädagogischen Grundsätze beider Autoren durch die Bedeutung, die sie der »Furcht« (Pestalozzi) bzw. der »Angst« (Bettelheim) im pädagogischen Prozeß beimessen. Pestalozzis zeitweilige Überzeugung, daß »[...] die Liebe [...] zum Auferziehen nichts nutz [sei], als nur hinter und neben der Furcht« und, daß wer immer die Menschen zu etwas machen wolle, »[...] ihnen auf ihren krummen Wegen den Angstschweiß austreiben« (Pestalozzi zit. nach Hegg 1957, 105) müsse, daß also nicht Liebe und Güte, sondern die Furcht die pädagogisch größere Effektivität besitze, entspringt seinem pessimistischen Menschenbild aus der Mitte der achtziger Jahre (Liedke 1992, 85). Im Begriff der »sehenden Liebe«, wie er oben angedeutet wurde, wird diese Überzeugung ihrerseits wieder aufgehoben. Bei Bettelheim dagegen findet sich durchgängig die Einschätzung, daß Angst ein wichtiges Motiv im pädagogischen Prozeß darstellt. Schon in einem frühen Bericht über die Arbeit der Orthogenic School (Bettelheim 1948c, 152 ff.), diskutiert er die Funktion von Angst in der Therapie delinquenter Kinder und Jugendlicher. Und auch mehr als zwanzig Jahre später bekennt er: »Ich habe meine Meinung, daß man Kinder nicht ohne moderate Dosen Angst erziehen kann, nicht geändert« (Bettelheim zit. nach Dempsey 1970, 111). Ohne Frage litten viele – zumal emotional gestörte – Kinder unter überbordenden und verkrüppelnden Ängsten, fügt er hinzu. In diesen Fällen müsse alles getan werden, um diese zu verringern; ihm gehe es jedoch darum, herauszustellen, »[...] daß zu wenig Angst genauso schädlich sein kann, wie zu viel.« Diese Überzeugung findet sich unverändert auch in späteren Veröffentlichungen. So heißt es nicht weniger apodiktisch in dem Essayband *Erziehung zum Überleben* (1980, 205, 146):

> »Es gibt keine Sozialisierung und kein Lernen ohne Angst. [...] Es stimmt, daß zuviel Angst dem Lernen Abbruch tut, aber lange Jahre hindurch kommt jegliches Lernen, das beträchtlichen Eifer voraussetzt, nur schlecht voran, wenn es nicht auch durch Angst in einem erträglichen Ausmaß motiviert ist. Das gilt solange, bis das Gefühl dafür, was gut für einen selbst ist, so weit fortgeschritten ist, daß es allein als Motiv auch für angestrengtes Lernen ausreicht.«

Um Mißverständnissen vorzubeugen: Bettelheim rechtfertigt es mit solchen Formulierungen nicht, Kinder wieder 'das Fürchten zu lehren'. Er meint vielmehr jene Form von Angst, die das Kind empfindet, wenn es sich beispielsweise nicht gemäß der Erwartungen von ihm hochgeschätzten Menschen verhält (Bettelheim 1980b, 126).

7.2 Die »Wohnstube« als therapeutisches Milieu

Im vorangegangenen Abschnitt konnten einige gemeinsame Leitlinien für einen wünschenswerten pädagogischen Umgang mit Kindern und Jugendlichen bei Bettelheim und Pestalozzi aufgezeigt werden. Im folgenden gilt das Interesse stärker den Rahmenbedingungen dieser Interaktionen, dem, was Pestalozzi die »Wohnstube« genannt und Bettelheim unter dem Begriff des »therapeutischen Milieus« gefaßt hat. Die von mir für den Vergleich beider Ansätze ausgewählten Elemente 'sanfte Pädagogik' und 'Bedeutung des pädagogischen Ortes', kommen gemeinsam im folgenden Zitat Pestalozzis zum Ausdruck. Nicht ohne Erstaunen resümiert er darin die Erfahrungen seines ersten Erziehungsexperiments auf dem Neuhof:

> »Es ist eine Erfahrungssache, daß Kinder vom niedergeschlagensten Mute, die, in ihrem Müßiggang und Bettel entkräftet und bloß, ohne Gesundheit waren, bei ihnen nicht gewöhnter, beständig anhaltender Arbeit dennoch sehr bald zu einer frohen Heiterkeit ihres Gemütes und zu einem einmaligen frappierenden gesunden Wuchs gelangten, durch bloße Veränderung ihrer Lage und Entfernung von den Ursachen und Reizen ihrer Leidenschaften. Es ist Erfahrungssache für mich, daß vom tiefen unentwickelten Elend sie sich sehr bald zur Empfindung der Menschheit, zum Zutrauen und zur Freundschaft emporheben, – Erfahrung, daß Menschlichkeit gegen des niedersten Menschen Seele erhebend ist, daß aus den Augen des elenden verlassenen Kindes gefühlvolles Erstaunen hervorstrahlt, wenn nach harten Jahren eine sanfte menschliche Hand es zu lieben sich darbietet. – Erfahrung ist es nur, daß ein solches in tiefen Elend empfundenen Gefühl von den wichtigsten Folgen zur Sittlichkeit und Ausbildung der Kinder sein kann« (Pestalozzi, SW, I, 138).

Die Bedeutung des pädagogischen Ortes wird hier allerdings nur *ex negativo* gefaßt: gesunde Entwicklung der Kinder wird dadurch möglich, daß sie »[...] von den Ursachen und Reizen ihrer Leidenschaften« räumlich getrennt werden. Pestalozzi beläßt es aber nicht bei der Forderung eines 'Milieuwechsels' für verwahrloste Kinder, er beschreibt auch, wie er sich ein 'heilsames' Milieu vorstellt, eines, »in dem alle Fäden abgeschnitten sind, welche die Menschen an ihr altes Leben binden und neue angeknüpft sind, die sie an eine entgegengesetzte Seite ziehen und ihnen doch anpassen« (Pestalozzi, SW, IV, 167). Sein Oberbegriff dafür bildet die »Wohnstube«. Spätestens mit Pestalozzi findet also der Begriff des pädagogischen Ortes Eingang in den sozialpädagogischen Diskurs (Winkler 1988b, 259).

Für die wichtigste Gemeinsamkeit im Werk von Bettelheim und Pestalozzi halte ich daher die große Bedeutung, die beide dem Ort des pädagogischen Handelns und seinen Qualitäten beimessen. In meiner Auseinandersetzung mit beiden Autoren bin ich zu der Überzeugung gelangt, daß der Grundgedanke der Milieutherapie, demzufolge die unmittelbare alltägliche Umgebung des Kindes für sein Verhalten und seine Entwicklung von großer Bedeutung sind, in seinen Grundzügen schon in Pestalozzis Überlegungen zur Erziehung in der »Wohnstube« angelegt ist. Er entwickelt seine diesbezüglichen Ansichten in der ersten Fassung von *Lienhard und Gertrud* (1781) und ergänzt sie in weiteren Studien (Pestalozzi, SW II; VII). Nach seiner Überzeugung vereinigen sich in der »Wohnstube« »die wesentlichen Grundmittel aller wahren Menschenbildung« (Pestalozzi, SW, XXV, 312 f.). Gemeint ist damit nicht zuletzt die altruistische Form der elterlichen Liebe, ohne die nach Pestalozzi weder Erziehung noch Unterricht gelingen können. Auf ihrer Basis bieten die vielfältigen Erfahrungen, die das Kind in den »häuslichen Verhältnissen« machen kann, die Möglichkeit, all seine affektiven, intellektuellen und physischen Kräfte – »Herz, Geist und Hand« (XXV, 312) – anzuregen und zu entwickeln. Deutlicher als die Qualitäten des Ortes im engeren Sinne – um die es mir hier primär geht, und wie sie in Pestalozzis Begriff »häusliche Verhältnisse« aufscheinen – sind in der angeführten Charakterisierung noch einmal die *menschlichen Qualitäten* in der pädagogischen Interaktion angesprochen. In Analogie zu der im Kapitel 5 entwickelten Systematik der Milieudimensionen und der dort eingeführten Terminologie könnte man hier von der 'menschlichen Dimension' im Konzept der Wohnstubenerziehung sprechen. Allerdings bleibt diese bei Pestalozzi immer an den Ort, eben die »Wohnstube«, gebunden. Explizit erkennbar wird der seinem Konzept innewohnende, von der menschlichen Dimension unabhängige, 'milieutherapeutische' Gehalt erst in der

Pestalozzi-Interpretation von Gudjons (1971), auf die ich weiter unten eingehen werde.

Wie das »therapeutische Milieu« so bildet auch die »Wohnstube« einen den Gesetzen der Welt entrückten Schonraum, in dem der Mensch sich von den Anforderungen der Außenwelt erholen und sich auf sich selbst besinnen kann. Im Rahmen der »allseitigen Besorgung« kommt das Kind in der »Wohnstube« regelmäßig in den Genuß von »spürbarer Wohltätigkeit«, die seine positive Entwicklung maßgeblich mitbestimmt. Nimmt man noch Pestalozzis Theorie des »Hütens und Bewahrens« hinzu, wie er sie in seiner Schrift *An mein Zeitalter* (Pestalozzi, SW, XIV) entwickelt, kann leicht der Eindruck enstehen, er habe mit der »Wohnstube« so etwas wie ein von der harten Realität abgeschirmtes 'Puppenstubenheim' im Sinn (Liedke 1992, 136). Bestärkt wird dieser Eindruck durch die leidenschaftlichen Appelle des Schweizers, die Kinder im Sinne ihrer sittlichen Erziehung vor einer »Welt voll Widersinnigkeit, voll Gewalt, voll Anmaßung« zu schützen (Pestalozzi, SW, VIII, 346). Dieser Einschätzung widerspricht allerdings der von ihm bereits in den sogenannten Neuhofschriften eingeführte Begriff der »Individuallage«, der in der weiteren Entwicklung seines Werkes seine volle Gültigkeit behält. Mit ihm fordert Pestalozzi von der Erziehung unmißverständlich, sich an der sozialen Realität, aus der die Kinder stammen und in die sie zurückkehren werden, auszurichten.

Wie bei allen (großen) Pädagogen fanden aber auch Pestalozzis theoretische Grundsätze ihre Grenzen in seiner eigenen Person. Die Eindringlichkeit, mit der er beispielsweise im Stanser Brief seine Hingabe an die »allseitige Besorgung« der Kinder beschreibt, läßt Zweifel daran aufkommen, ob es dem empfindsamen und grundgütigen Schweizer überhaupt gelang, sich den Kindern gegenüber so versagend zu verhalten, wie es seinen eigenen theoretischen Forderungen entsprochen hätte. In seiner psychoanalytisch inspirierten linguistischen Interpretation ausgewählter Texte Pestalozzis gelangt Koller (1990, 305 ff.) gar zu der Einschätzung, Pestalozzis Erziehungskonzeption tendiere dazu, das Kind in einer stabilen und unauflöslichen Einheit zwischen Mutter und Kind bzw. Erzieher und Kind einzuschließen. Nach Koller ist diese Tendenz totalitär und zumindest teilweise repressiv, weil sie die Nicht-Identität von Mutter und Kind bzw. von Erzieher und Kind leugne und deshalb die Andersartigkeit oder die Ablösung des Zöglings vom Erzieher bekämpfen müsse.

Auch beim therapeutischen Milieu als einem abgeschlossenen Raum der Selbstintegration kann man den Eindruck gewinnen, daß sein zumindest tendenziell geschlossener Charakter zu einer bedenklichen Abschottung gegenüber der Realität führte.

Als ideales theoretisches Verhältnis von 'Schonraum' und Realität strebt auch Bettelheim weder ein 'Puppenstubenmilieu' und noch viel weniger eine gefängnisartige Organisation an. Das »therapeutische Milieu« dürfe kein außerhalb der Realität gelegenes Märchenland sein, aber innerhalb der Realität gehe es darum, den Kindern das Leben so angenehm wie möglich zu machen« (Bettelheim/Karlin [1975] 1984, 67).

Ursprünglich von manifesten Parallelen und Gemeinsamkeiten in Pestalozzis und Bettelheims Erziehungskonzeptionen ausgegangen, sind wir an einem Punkt angelangt, wo sich auch hinsichtlich ihrer latenten Gehalte eine Gemeinsamkeit feststellen läßt. Wie die von den Kindern vorgenommene Verballhornung von »Orthogenic School« in »Orthogenic Jail« andeutet, wohnen die von Koller bei Pestalozzi nachgewiesenen totalitären und repressiven Tendenzen Bettelheims Konzept ebenfalls inne und manifestierten sich im Erziehungsalltag seiner Institution. Meine These von der 'Geistesverwandschaft' beider Erziehungskonzeptionen erfährt dadurch auf einer völlig unerwarteten Ebene eine zusätzliche Bestätigung.

Doch zurück zum 'milieupädagogischen' Gehalt von Pestalozzis Konzept der 'Wohnstubenerziehung'. Obwohl der Schweizer zur Charakterisierung der von ihm favorisierten Erziehungsform zunächst den Begriff »häusliche Verhältnisse« und ab 1782 bewußt die *Orts*bezeichnung »Wohnstube« verwendet und auch vom »Wohnstubeneinfluß auf die Erziehung« (Pestalozzi, SW, XX, 239) spricht, wird sie in der Literatur in aller Regel mit »Familienerziehung« gleichgesetzt, genauer: darauf reduziert (Klafki 1992, 51). Damit geht eine deutliche Akzentverschiebung einher. Auch wenn der Begriff 'Wohnstubenpädagogik' ohne Frage große Überschneidungen mit dem der Familienerziehung aufweist, so deutet er gleichzeitig doch darüber hinaus. Eine unreflektierte Gleichsetzung läuft Gefahr, die dem Begriff innewohnende Idee eines 'Milieus' im Sinne Bettelheims zu verfehlen. Bezeichnend scheint mir, daß mehrere Veröffentlichungen über Pestalozzi diese Idee streifen. So etwa Klafki (1992, 56) in seiner Interpretation des Stanser Briefes oder Liedke (1992, 83) in seiner Biographie des Schweizer Pädagogen. Im Zusammenhang mit *Lienhard und Gertrud* (1781) thematisiert Liedke beispielsweise den milieupädagogischen Gehalt von Pestalozzis *gesellschaftlichem* Denken. Er stellt allerdings keinen Zusammenhang zu den *pädagogischen* Reflexionen und dem Konzept der 'Wohnstubenerziehung' her.

Dagegen formuliert Hülshoff (1959, 91) präzise die hier interessierende Frage: »Ist die Wohnstube das Musterbild eines den Menschen formenden Milieus?« Wenn er in der anschließenden Diskussion zu einer negativen Antwort kommt, dann vor allem aufgrund seines eigenen Milieubegriffs. Die konstruktive Dimension einer 'Milieupädagogik' muß bei ihm unerschlossen bleiben, weil seine Begriffe von »Milieu« und »Milieuwirkungen« im Sinne einer kausalen Determinierung menschlichen Verhaltens durch äußere Umstände von vornherein stark negativ besetzt sind. Die Frage nach der Bedeutung von Milieueinflüssen ist daher für Hülshoff identisch mit der Frage »[...] ob der Mensch in der Gestaltung seiner Persönlichkeit durch von außen an ihn herangetragene Einflüsse so festgelegt ist, daß er in seinen Entscheidungen ganz oder teilweise durch sie *determiniert* wird« (Hülshoff 1959, 90; Hervorh.: F.-J. K.). Aufgrund einer Argumentation, die hier nicht nachgezeichnet werden kann, reduziert er schließlich die Milieueinflüsse selektiv auf die Vorbildfunktion oder Beispielhaftigkeit der dem Kind nahestehenden Personen (95). Wie bei der Gleichsetzung von 'Wohnstubenerziehung' mit »Familienerziehung« ist damit *eine* Dimension des Begriffs einseitig auf Kosten der anderen benannt.

Ein meines Erachtens angemesseneres, weil umfassenderes Verständnis von 'Wohnstubenerziehung' findet sich bei Gudjons (1971, 102). Nach seiner Überzeugung kommt in dem Begriff und in dem Vorrang, den ihm Pestalozzi gegenüber dem der »Familienerziehung« einräumt, gerade die Überzeugung zum Ausdruck, daß nicht nur die Familienmitglieder – bei Pestalozzi meist von drei Generationen – sondern ebenso der Raum, die darin befindlichen Gegenstände, die nur schwer faßbare Atmosphäre – bei Pestalozzi idealtypisch als »Hausglück« bezeichnet – und vieles mehr, das Wesen der »Wohnstube« ausmachen. In dieser Lesart lassen sich ohne weiteres zwei der vier in Kapitel 6 herausgearbeiteten Dimensionen eines therapeutischen Milieus identifizieren: die Dimension der Gebäude, Räume und Ausstattungen und die menschliche Dimension in Form der Haltung und Beziehung der Erwachsenen zu den Kindern. Nimmt man noch eine Interpretation Klees (1955) hinzu, läßt sich auch die Milieudimension 'Umgebung' in Pestalozzis Konzept identifizieren. Ausgehend von der Frage, ob eine Wohnstube, wie sie Pestalozzi vorschwebte, in einer modernen Etagenwohnung denkbar sei, hat Klee (1955, 119) überzeugend dargelegt, daß der Begriff der Wohnstube über den damit bezeichneten einen Raum hinaus auch Implikationen für die unmittelbare Umgebung enthält. Nach Klee präsentiert sich die Wohnstube im Sinne Pestalozzis als Kernstück eines Hauses. 'Haus und Hof' seien ihr als naturgemäße Schale zugeordnet, »bilden einen Vorhof, schirmen ab und helfen die Wärme zusammenzuhalten« (Klee 1955, 119). Als Produkt der genannten Milieudimensionen ergibt sich das jeweils spezifische Milieu. Daß es sich bei meiner 'milieutherapeutischen' Interpretation Pestalozzis nicht um eine primär interessengeleitete handelt, soll das folgende Zitat noch einmal unterstreichen. In ihrer Studie *Pestalozzis Auffassung vom Seelenleben des Kindes und des Jugendlichen* (1957, 107) schreibt Hegg:

»Nach dem, was wir im vorliegenden Kapitel erörtert haben, können wir sagen, daß der Wohnstube für die Erziehung verwahrloster Kinder therapeutischer Wert zukommt. Überall, wo Pestalozzi von der Erziehung verwahrloster Kinder spricht, betont er, daß am Anfang aller Bemühungen die Herstellung einer 'Wohnstubenluft' steht. Der Sinn dieser Maßnahme ist naheliegend: das Kind wird in das seiner Natur entsprechendste Milieu verpflanzt; denn wie sollte es auf dem schlechten Grund und Boden, auf welchem es sich bisher befand, menschlich gedeihen können«?

Ein gemeinsamer milieupädagogischer oder milieutherapeutischer Grundgehalt von Pestalozzis und Bettelheims Konzept ist unverkennbar, auch wenn das Modell der 'Wohnstubenerziehung' die institutionelle Dimension nicht aufweist. Der Schweizer Pädagoge beschrieb mit dem Begriff der »Wohnstube« ein genuin familiales Milieu. Allerdings wollte er sein Erziehungsmodell perspektivisch nicht darauf beschränkt wissen. Vielmehr sah er in ihm *das* Vorbild für eine erfolgreiche öffentliche Erziehung. Sein pädagogisches Experiment in Stans diente vor allem dem Zweck, diese Überzeugung praktisch zu untermauern (Pestalozzi, SW, XIII, 7). Aufgrund seines frühzeitigen Scheiterns kam es allerdings nie dazu. Einen weiteren Versuch, sein Konzept in einem institutionellen Rahmen umzusetzen, unternahm Pestalozzi nicht mehr.

Daß sich der »grundgütige Feuerkopf« (Bernfeld [1925] 1973, 115) zukünftig auf ganz andere Fragen konzentrieren sollte, hatte vor allem einen Grund: in Stans hatte Pestalozzi erste Erfahrungen mit seiner Methode der »Elementarbildung« gemacht. Ihrer theoretischen Ausarbeitung und praktischen Umsetzung galt fortan sein nahezu ungeteiltes Interesse.

8. Bettelheim und Montessori. »Therapeutisches Milieu« und »vorbereitete Umgebung«

> »Das Seelenleben des Kindes bedarf eines Schutzes und daher einer Umwelt, die es in ähnlicher Weise behütet, wie dies die Hüllen und Schleier rings um einen Embryo besorgen.«
> Maria Montessori (zit. nach Mahlke 1990, 75)

Ebenso pauschal und beiläufig wie Bettelheim auf Pestalozzi verweist, bezieht er sich auch auf Maria Montessori (1870–1952) (Bettelheim [1950] 1988, 32). Aus diesem Grund bleibt aber auch hier völlig im Dunkeln, von welchen Aspekten des Werkes der prominenten italienischen Reformpädagogin sein eigenes Denken inspiriert wurde. Nun gehört Maria Montessori zusammen mit John Dewey und Anton S. Makarenko zu den wenigen Pädagogen/innen des 20. Jahrhunderts, deren Werk weltweite Bedeutung erlangte (Klafki 1978, 781). Von daher erscheint es zunächst einmal nicht verwunderlich, wenn sich auch Bettelheim auf sie beruft, zumal er in *Themen meines Lebens* (1990, 118) angibt, sich in seinen Studienjahren um eine systematische Lektüre der reformpädagogischen Literatur bemüht zu haben. Handelt es sich also bei Bettelheims Verweis auf Montessori nur um eine allgemeine Referenz an die berühmte Pädagogin, wie man sie auch bei zahlreichen anderen Pädagogen finden kann? Hieße es nicht, die einmalige – dazu noch beiläufige – Erwähnung überzuinterpretieren, wenn davon ausgehend ein Einfluß der Italienerin auf das Konzept der Milieutherapie behauptet werden soll? Meine These lautet: Montessoris Einfluß auf Bettelheim ist konkreter und reicht tiefer, als man vor dem Hintergrund einer nur beiläufigen Erwähnung annehmen sollte. Konkreter formuliert: Wesentliche Elemente von Montessoris Ansatz pädagogischer Umweltgestaltung sind in das Konzept des therapeutischen Milieus eingegangen. Gestützt wird meine These dadurch, daß sich auch Bettelheims Nachfolgerin Jacquelyn Seevak Sanders (1989, 10, 36) in ihrer hierzulande kaum beachteten Abhandlung über die Orthogenic School ausdrücklich auf Montessori beruft.

In einem Dreischritt soll die aufgestellte These belegt werden. Mich vom Rand zum Zentrum vortastend, weise ich zunächst allgemein den überaus starken Einfluß der Italienerin auf das intellektuelle Klima im Wien der zwanziger und dreißiger Jahre nach. Montessoris Gedanken waren Bestandteil jener elektrisierenden geistigen Atmosphäre, die Bettelheim in *Das Wien Sigmund Freuds* (in Bettelheim 1990) schilderte. In *Freud und die Seele des Menschen* ([1982] 1986) legitimierte er seine Freud-Interpretationen maßgeblich damit, daß seine eigene intellektuelle Sozialisation in dem gleichen geistigen Klima stattgefunden habe, wie die seines großen Vorbildes. Der Einfluß der italienischen Erzieherin beschränkt sich aber bei weitem nicht auf diese unspezifische Ebene. Er konkretisiert sich an der Tatsache, daß sich Personen aus Bettelheims nächstem Umfeld der Montessori-Bewegung anschlossen. Gemeint sind hier vor allem seine spätere erste Frau Regina Altstadt und auch seine zweite Lebensgefährtin Gertrud Weinfeld. Schon vor dem Hintergrund eines lebensgeschichtlichen Zugangs (8.2) wird damit der Einfluß Montessoris auf das pädagogische Denken Bettelheims wahrscheinlich. Mit dem Ziel, die Geistesverwandtschaft beider Ansätze konkret *inhaltlich* aufzuweisen, spüre ich in einem zweiten Arbeitsschritt gemeinsamen Merkmalen beider Erziehungskonzeptionen nach (8.3). Um ebenfalls vorhandene Differenzen nicht künstlich zu harmonisieren und ein möglichst kontrastreiches Bild zu erhalten, diskutiere ich exemplarisch die Unvereinbarkeiten anhand der Bedeutung, die beide Pädagogen der kindlichen Phantasie beimessen (8.4). In aller Deutlichkeit tritt der Einfluß Montessoris auf Bettelheim in dem dritten Arbeitsschritt zutage (8.5). Entlang zentraler Gestaltungskriterien vergleiche ich Montessoris »vorbereitete Umgebung« mit Bettelheims Konzept des »therapeutischen Milieus«. Ein Resümee hält den erarbeiteten Erkenntnisstand fest (8.6). Zuvor soll jedoch jenes Phänomen vorgestellt werden, von dem jede Abhandlung über Montessori ausgehen oder zu der sie hinführen muß und das als »Montessori-Phänomen« in die Geschichte der Pädagogik einging.

8.1 Das »Montessori-Phänomen« oder »die Polarisation der kindlichen Aufmerksamkeit«

Als erste promovierte Frau Italiens, wandte sich Maria Montessori zunächst der medizinisch dominierten Heilpädagogik und schließlich ganz der Erziehung gesunder Kinder zu. Als Assistentin an der Psychiatrischen Klinik Rom hatte sie von den französischen Ärzten Itard (1775–1838) und Séguin (1812–1880) in der Arbeit mit sensuell behinderten Kindern entwickelte Übungsmaterialien und -methoden zu einem eigenen System didaktischen Materials erweitert, das sie später in der Arbeit mit normalen Kindern erfolgreich anwandte.* Zugleich fundierte sie »ihre Methode« theoretisch mit Hilfe von anthropologi-

---

* Mit dieser Formulierung schließe ich mich z. B. der Meinung Böhms (1969) oder Heilands (1992) an, die die Auffassung vertreten, die Montessori-Methode sei bereits vor der Arbeit im ersten Kinderhaus entwickelt worden. Andere Autoren vertreten die gegenteilige Position. Dieser Streitpunkt ist von mehr als nur akademischem bzw. biographischem Interesse, weil damit aufs Engste die Frage zusammenhängt, ob die Methode in der Arbeit

schen, experimentalpsychologischen und historischen Studien der Pädagogik.

Das Kernstück der Montessori-Pädagogik bildet zweifelsohne das didaktische Material. Es handelt sich dabei um Serien stereometrischer Körper und geometrischer Figuren, Farbtafeln oder auf einem Brettchen angeordneter Glöckchen, die in unterschiedlicher Tonhöhe klingen. Dieses Material fordert das Kind zu Reihungen und/oder unterscheidenden und kontrastierenden Beobachtungs- und Ordnungsübungen heraus. Unterstützt wird die Wirkung des Materials durch die »vorbereitete Umgebung« (Montessori [1913] 1930, 76) des Kinderhauses oder der Montessori-Schule, in der alle Einrichtungs- und Gebrauchsgegenstände auf die kindlichen Proportionen und Kräfte abgestimmt sind. Als weiteres Element der Montessori-Pädagogik kommen die sogenannten »Übungen des praktischen Lebens« hinzu. Diese drei Elemente fügt Montessori zu einer Pädagogik freier Selbsttätigkeit zusammen, die dem Kind von früh auf Konzentration, Selbstdisziplin und die Anstrengung des Lernens abverlangt bzw. zur Entwicklung dieser Eigenschaften beiträgt. Im Umgang mit dem Material zur Sinnes- und Muskelschulung und vor dem Hintergrund der allgemeinen positiven Wirkungen der »vorbereiteten Umgebung« im Kinderhaus ereignet sich jenes Phänomen, das Montessori »die Polarisation der kindlichen Aufmerksamkeit« nennt (Montessori [1916] 1976, 70). Sie beobachtete diese Erscheinung im ersten »casa dei bambini«, dessen Leitung sie 1907 übernommen hatte. Diese pädagogische Pionierinstitution in der Via dei Marsi Nr. 53 im römischen Stadtteil San Lorenzo sollte zum Stammhaus einer inzwischen weltweit verbreiteten Montessori-Bewegung werden.

Mit »Polarisation der kindlichen Aufmerksamkeit« bezeichnet Montessori einen Prozeß intensiver Konzentration, der in der Auseinandersetzung mit dem didaktischen Material entsteht, indem das Kind ein und dieselbe Übung vielfach wiederholt; eine Konzentration, die sich eindrücklich von der in aller Regel sprunghaften, von einer »Attraktion« zur nächsten »flatternden« Aufmerksamkeit von Kindern unterscheidet ([1916] 1976, 69 f.). Der Vorgang selbst, der daraus resultierende Bewußtseinszustand sowie die Tatsache, daß Reize aus der Umgebung zeitweilig fast völlig an Bedeutung verlieren, läßt an eine Bewegungsmeditation denken. Ebenso erstaunlich, wie dieses Phäno-

---

mit geistig behinderten oder normalen Kindern entwickelt wurde bzw. ob die Übertragung aus dem Bereich der Behinderten-Pädagogik auf den Bereich der Pädagogik von normalen Kindern wissenschaftlich tragfähig ist oder nicht. Als Zusammenfassung zu diesem einen Streitpunkt der Montessori-Diskussion vgl. Böhm 1969, 19 ff.

men selbst, sind seine positiven Auswirkungen auf das Kind. Die Pädagogin berichtet von eindrucksvollen Veränderungen, nachdem eine solche Konzentration des Kindes stattgefunden hatte. Aus diesem Grund verwendet sie im Spätwerk auch den Begriff der »Normalisation«:

> »Und jedesmal, wenn eine solche Polarisation der kindlichen Aufmerksamkeit stattfand, begann das Kind sich vollständig zu verändern. [...] Es offenbarte außergewöhnliche innere Qualitäten, [...].
>
> Es schien, als hätte sich in einer gesättigten Lösung ein Kristallisationspunkt gebildet, um den sich dann die gesamte chaotische und unbeständige Masse zur Bildung eines wunderbaren Kristalls vereinte. Nachdem das Phänomen der Polarisation der Aufmerksamkeit stattgefunden hatte, schien sich in ähnlicher Weise alles Unorganisierte und Unbeständige in dem Bewußtsein des Kindes zu einer inneren Schöpfung zu organisieren, deren überraschende Merkmale sich bei jedem Kinde wiederholten« ([1916] 1976, 70 f.).

Vor dem Hintergrund der Erfahrungen im Kinderhaus in S. Lorenzo erweiterte und modifizierte die »Dottoressa« ihren Ansatz, so daß er auch in der Schulpädagogik Anwendung finden konnte. Besonders im Primarschulbereich erzielte sie erstaunliche Erfolge, was zusammen mit ihrer rastlosen Vortragstätigkeit zu einer bald weltweiten Verbreitung der Methode führte. Wie Rita Kramer in ihrer Biographie nachweist, wurden die Gedanken der Montessori im Wien der zwanziger und dreißiger Jahre besonders rege aufgenommen und umgesetzt (Kramer 1977, 300 ff.).

8.2 Montessoris Ideen im Wien der 20er und 30er Jahre. Lebensgeschichtliche Annäherung

»Von 1920–1930 war Maria Montessoris Einfluß in und um Wien ständig spürbar. Auch außerhalb der Hauptstadt [...] begannen Montessori-Schulen zu entstehen, meist in Außenbezirken unweit der Metropole« (Kramer 1977, 300). Mit diesen Sätzen faßt Kramer den beachtlichen Einfluß der italienischen Pädagogin zu jener Zeit zusammen. Diese Konjunktur geht zu einem wesentlichen Teil auf das unermüdliche Engagement Lili E. Roubiczeks (später Lili E. Peller) zurück (Ekstein 1967). Die junge Tschechin hatte ihr Prager Elternhaus verlassen, um in Wien bei Karl Bühler Psychologie zu studieren und war 1921 Schülerin Maria Montessoris geworden. Schon 1922 gründete sie mit Unterstützung ihrer Mentorin und allen Widrigkeiten trotzend, ein »Haus der Kinder« im Wiener Arbeiterstadtteil Favoriten (X. Bezirk). Auf Initiative der jungen Lehrerin hielt Montessori in den Jahren 1923, 1925 und 1930 Vorträge in Wien. Als Leiterin der ersten Montessori-Schule

Österreichs hatte Roubiczek zu dieser Zeit bereits das Interesse zahlreicher Intellektueller, Erzieherinnen und Sozialarbeiter für ihr Projekt geweckt. Zudem gelang es ihr, nicht nur die Einrichtung von Montessori-Klassenzimmern in Wohnungsbauprojekten der Stadt zu erreichen, sie setzte auch die städtische Finanzierung ihres »Kinderhauses« durch. Aufgrund ihres rastlosen Engagements fanden nach und nach Aspekte der Montessori-Pädagogik Eingang in alle Kindertagesstätten des »roten Wiens«.

Seit den späten zwanziger Jahren interessierte sich Roubiczek zunehmend für die Beziehung von Psychoanalyse und Erziehung, wobei ihr besonderes Augenmerk der Integration der sich unter der Ägide Anna Freuds gerade entwickelnden psychoanalytischen und der Montessori-Pädagogik galt. In den folgenden Jahren kam es zu einer bemerkenswerten gegenseitigen Annäherung beider Ansätze, die sich exemplarisch in den folgenden drei Punkten ausdrückt. Da sind zum einen Anna Freuds wöchentliche Seminare über kindliche Entwicklung im *Haus der Kinder*. An ihnen nahm auch Roubiczek teil, durch deren Vermittlung Anna Freud 1930 Montessori persönlich kennengelernt hatte. Umgekehrt erhielt auch Roubiczek Gelegenheit, in der Wiener Psychoanalytischen Vereinigung über Montessori-Pädagogik und Psychoanalytische Pädagogik zu sprechen; an der Diskussion ihres Vortrags beteiligte sich auch Anna Freud (Peters 1979, 110).

Da ist zum anderen der Brief Sigmund Freuds an Montessori vom 20. Dezember 1927. In ihm bezeichnet er seine Tochter ausdrücklich als Anhängerin der italienischen Pädagogin (zit. nach Peters 1979, 109). Die positive Haltung Anna Freuds zur Montessori-Pädagogik geht überdies unmißverständlich aus dem Vorwort hervor, das die 82jährige für die Montessori-Biographie Rita Kramers verfaßte. Schließlich bleibt noch die Tatsache zu nennen, daß zu diesem Zeitpunkt mehrere Montessori-Lehrerinnen und auch Roubiczek selbst an dem Ausbildungsprogramm der Wiener Psychoanalytischen Vereinigung für Lehrer teilnahmen. Aus Reichmayrs *Spurensuche in der Geschichte der Psychoanalyse* (1994, 164) wissen wir zudem, daß auch Bettelheim – wenn auch erst einige Jahre später – an diesen Kursen teilgenommen hat.

Im Hinblick auf Bettelheim ist nun besonders relevant, daß sowohl seine spätere erste als auch seine zweite Frau aktiv in der Montessori-Bewegung mitarbeiteten. Regina Altstadt bildete sich am *Haus der Kinder* zur Montessori-Lehrerin fort und arbeitete dort anschließend als unbezahlte Lehrkraft. Gemeinsam mit ihrer Freundin Annie Hatchek gründete sie schließlich einen Montessori-Kindergarten, der österreichische Kinder und die Sprößlinge der damaligen zahlreichen amerikanischen Gäste Wiens betreuen sollte. Sie waren gekommen, um sich dort entweder selbst analysieren zu lassen oder aber Analytiker zu werden. Aufgrund ihrer Beschäftigung mit Kinderanalyse plante Gina Altstadt überdies die Aufnahme einiger emotional gestörter Kinder (Sutton 1996, 118 ff.). Finanziert wurde dieses pädagogische Experiment durch niemand anderen als Bruno Bettelheim, der zu diesem Zeitpunkt das florierende Geschäft seines Vaters übernommen hatte und das Engagement seiner zukünftigen Frau mit großem Interesse verfolgte. Gertrud Weinfeld, die Bettelheim nach seiner Trennung von G. Altstadt in Amerika heiraten sollte, arbeitete zu diesem Zeitpunkt als stellvertretene Leiterin der Montessori-Grundschule in der Grünentorgasse. Nach dem Ausscheiden von Emmi Plank (später Radanowicz) übernahm sie selbst die Leitung der Einrichtung. Nach der Überzeugung von Bettelheims französischer Biographin Nina Sutton war es Gertrud Weinfeld, die Bettelheim in den vierziger Jahren ermutigten sollte, die ihm angetragene Leitung der Orthogenic School zu übernehmen. Und Sutton fügt hinzu: »Sie hatte ihn nicht nur wie gewöhnlich versichert, daß er dazu befähigt sei, sie war darüber hinaus in der Lage, ihre jahrelange Erfahrung als Montessori-Lehrerin beizutragen« (Sutton 1996, 308).

Daß es in den zwanziger und dreißiger Jahren nicht zu der erhofften Synthese von Montessori-Pädagogik und Psychoanalytischer Pädagogik kam, lag wohl maßgeblich auch daran, daß Montessori die Freudschen Vorstellungen über infantile Sexualität und die Auswirkungen seelischer Konflikte auf die kindliche Entwicklung nicht teilen konnte oder wollte. Kramer zitiert in diesem Zusammenhang Maria Mills, eine frühere Anhängerin Montessoris mit dem Satz: »Davon hörte sie nicht gerne etwas« (Mills zit. nach Kramer 1977, 301). Wie viele andere Anhängerinnen wurde Mills später Analytikerin. Auch die Biographin selbst verweist auf die Körperfeindlichkeit der berühmten Pädagogin (42; Heiland 1992, 31). Als Resümee der Beziehung von Psychoanalytischer und Montessori-Pädagogik erweist sich rückblickend die Einschätzung Roubiczeks aus dem Jahre 1933 als zutreffend. Viele Grundsätze und Einrichtungen der Montessori-Pädagogik, schrieb sie, entsprächen jenen Postulaten, zu denen auch die Psychoanalyse den Erzieher führe; die Divergenz mancher Anschauungen rühre daher, daß Montessori das Tabu, mit dem die Gesellschaft die kindliche Sexualität belegt, nicht angetastet habe (Roubiczek 1933, 94). In ihrem Spätwerk *Kinder sind anders* ([1936] 1993, 16 ff.) setzte sich die italienische Pädagogin schließlich skeptisch bis ablehnend mit der Psychoanalyse auseinandersetzen.

Vor dem beschriebenen Hintergrund verwundert es nicht, daß an der Orthogenic School Bücher Montessoris präsent sind (Jurgensen [1976]

1987, 27) und in manchen Passagen Bettelheims Grundgedanken der italienischen Pädagogin aufscheinen (Bettelheim/Rosenfeld 1993, 86; Bettelheim 1975, 101, 112, 166). Überhaupt lassen sich im pädagogischen Denken Montessoris und Bettelheims viele gemeinsame Anschauungen erkennen. Sie reichen von eher groben konzeptionellen Linien – wie etwa der Konzeption von Pädagogik als Hilfe zum Leben (Böhm 1969, 123) – über das Bekenntnis zur Bedeutung von »kleinsten Einzelheiten« im pädagogischen Prozeß (Montessori [1923] 1954, 75, 88; Bettelheim 1975, 15, 348) bis hin zu sehr subtilen Details, die sich erst in einem intensiven Studium beider Ansätze erschließen. Damit meine ich beispielsweise die Eigenheit beider, zur Erörterung ihrer pädagogischen Anschauungen und Überzeugungen auf religiöse Begriffe zurückzugreifen, um sie dann in einer säkularisierten Form zu verwenden. Dies trifft bei Montessori für den Begriff »Erweckung« und »Bekehrung«, bei Bettelheim für den der »Erlösung« zu (Montessori [1913] 1930, 34 f.; [1916] 1976, 70; Bollnow 1959, 52).

Eine *gezielte* Beeinflußung Bettelheims durch Montessori scheint mir bei dem Aspekt der »vorbereiteten Umgebung« gegeben und nachweisbar, was ich weiter unten aufzeigen werde. Um beide Ansätze inhaltlich zueinander in ein Verhältnis zu setzen, gehe ich im folgenden einigen bezeichnenden Gemeinsamkeiten nach, ohne die dabei ebenfalls zutage tretenden Differenzen und unterschiedlichen theoretischen Begründungen zu unterschlagen.

8.3 Gemeinsame Merkmale der pädagogischen Anschauungen

8.3.1 Annahme einer konflikthaften Eltern-Kind- bzw. Erwachsenen-Kind-Beziehung

Bettelheim und Montessori gehen übereinstimmend davon aus, daß es bei den ihnen anvertrauten Kindern geboten ist, sie außerhalb der Familie zu sozialisieren. Dieser, bei Montessori auch durch die Berufstätigkeit beider Elternteile diktierte Ausgangspunkt, hat weitreichende Konsequenzen. In beiden Erziehungskonzeptionen werden die Eltern zu unbedeutenden Randfiguren. Mehr noch: bei Montessori steht die Eltern-(Erwachsenen)-Kind-Beziehung ganz im Zeichen des Kampfes der Kinder mit den Erwachsenen (Montessori [1923] 1954, 22; [1936] 1993, 187, 192). An einer anderen Stelle spricht sie gar von einem »Kriegszustand« (Montessori zit. nach Böhm 1969, 152). Aber auch konkret auf Eltern bezogen finden sich bei der Pädagogin Passagen, aus denen eindeutig hervorgeht, daß sie ihnen einen verantwortungsvollen und hinreichend fürsorglichen Umgang mit ihren Nachkommen im Grunde nicht zutraut. Als Beleg soll hier der Hinweis auf jene Stelle in *Kinder sind anders* genügen, wo sie problematisiert, daß von Familien keine Vorbereitung und Garantie für das Wohl der Kinder verlangt werde (Montessori [1936] 1993, 213 f.). Hinzugefügt werden muß, daß der Konflikt zwischen Erwachsenen und Kindern bei Montessori insofern tragische Züge erhält, als die Unterdrückung des Kindes vielfach unbewußt und ungewollt geschieht. An den negativen Folgen für das Kind ändert das indessen nichts (Böhm 1969, 152).

Das konflikthafte Verhältnis von Erwachsenen zu Kindern, der Kampf zwischen diesen rivalisierenden »Gesellschaftsklassen«, ist für Montessori *das* Problem der Erziehungsreform schlechthin (Montessori 1932, 14). Es resultiert aus den unterschiedlichen Daseinsweisen von Erwachsenen und Kindern, die sie vor allem durch ihre unterschiedlichen Arbeitsweisen bestimmt sieht. Während sie eine dem ökonomischen Prinzip folgende Umgestaltung der Umgebung als Bestimmung der Erwachsenen-Arbeit betrachtet, besteht die »Arbeit« des Kindes darin, »den Menschen zu bilden«, d. h. sich vom Neugeborenen zum Erwachsenen zu entwickeln (Montessori [1936] 1993, 194, 196). Da das Kind aufgrund seines inneren Dranges ständig aktiv sein muß, aber nicht an der Arbeit der Erwachsenen mitwirken kann, wird seine Tätigkeit häufig allein als Störung erfahren. Umgekehrt behindern unverständige Erwachsene die »Arbeit« des Kindes, wenn sie ihm nicht zu einer den kindlichen Bedürfnissen entsprechenden Umgebung verhelfen und eine entsprechende kinderfreundliche Haltung einnehmen. Die Lösung dieses Konflikts sieht Montessori allein darin, daß der Erwachsene seinen egozentrischen Standpunkt aufgibt, das Kind als von ihm unabhängiges und wesensmäßig verschiedenes Wesen akzeptiert und darauf verzichtet, es beherrschen und formen zu wollen (Böhm 1969, 156).

Auch Bettelheims Erziehungskonzeption ist durch die Annahme einer konflikthaften Eltern-Kind-Beziehung und dem fast völligen Ausschluß der Eltern aus dem pädagogisch-therapeutischen Geschehen gekennzeichnet. Seine Parteinahme für das Kind geht soweit, daß er mitunter gar dessen Schutz vor den eigenen Eltern fordert. Diese Einstellung resultiert aus seiner Überzeugung, daß seelische Störungen bis hin zu ihrer extremsten Form – dem infantilen Autismus – vornehmlich auf frühkindliche Mangelerfahrungen und Verletzungen zurückgehen. Auch wenn Bettelheim zufolge noch eine besondere Disposition hinzutreten muß, damit aus einer gestörten Mutter-Kind-Interaktion eine gravierende psychische Störung folgt (Bettelheim [1967] 1989a, 57), muß man von der Annahme schwerwiegender frühkindlicher Traumatisierungen als *dem* pathogenetischen Paradigma Bettelheims sprechen (Göppel 1995, 119). Das heißt, er geht davon aus, daß »alle psychotischen Kinder an der Erfahrung leiden, daß sie extremen Lebensbedingungen ausgesetzt waren und daß die Schwere ihrer Störungen direkt damit zusammenhängt, wie früh diese Bedingungen aufgetreten sind, wie lange sie gedauert und wie stark sie sich auf das Kind ausgewirkt haben« (Bettelheim 1980a). Aufgrund der überragenden Bedeutung der Mutter in den ersten Lebensmonaten des Kindes geht Bettelheim von einer »matrogenen« Verursachung autistischer und psychotischer Störungen aus (Göppel 1995, 119). Auch wenn er einräumt, daß es sich bei den Müttern und Vätern solcher Kinder oft selbst um tief unglückliche Menschen handelt, die gar nicht anders handeln können (Bettelheim 1980, 124), sind seine frühen Schriften, wie die der Montessori, neben der Annahme einer konflikthaften Mutter-Kind-Beziehung (bei Montessori: Erwachsenen-Kind-Beziehung) durch eine starke Identifikation mit den Kindern und einen wenig empathischen Umgang mit ihren Müttern gekennzeichnet. Diese Überzeugungen haben Bettelheim das Etikett eines »mother blamers« eingetragen (Mackler 1976). Und auch wenn er seine Annahme immer wieder mit eindrucksvollen Fallgeschichten belegen kann (Bettelheim 1990, 199 ff., 204 ff.), handelt es sich hierbei doch um einen der wohl heikelsten Aspekte seines Schaffens. Nicht unerwähnt bleiben darf allerdings, daß Bettelheim in späteren Jahren seine Position gegenüber den Eltern änderte (Kaufhold 1988). Während besonders die Mütter in seinen frühen Veröffentlichungen zumeist als tragische Verursacherinnen kindlicher Leiden erscheinen, wendet er sich ihnen später ausdrücklich zu. In seinen Büchern *Gespräche mit Müttern* ([1962] 1989c) und *A Good Enough Parent* (1987, dt.: *Ein Leben für Kinder,* 1988a) tritt dem Leser ein weitgehend gewandelter Bettelheim gegenüber. Der zuvor rüde und provokante Fürsprecher der Kinder erscheint nun auch als anregender »Ratgeber« und Aufklärer ihrer Eltern und Erzieher. Ist der Umgang mit den Eltern in *Gespräche mit Müttern* mitunter immer noch barsch ([1962] 1989c, 94), so ist *Ein Leben für Kinder* in einem durchweg versöhnlichen Ton gehalten. Besonders deutlich dokumentiert ein Interview aus dem Jahre 1987 diesen Sinneswandel. Seine zentrale Aussage lautet: »[...] Eltern müssen nicht perfekt sein [...]« (Bettelheim 1987, 32). In diesem Interview und den genannten Schriften erscheinen die Eltern nicht mehr als der Grund allen Übels. Im Gegenteil: ihnen wird nun ausdrücklich zugetraut, hinreichend einfühlsam für ihre Kinder sorgen zu können. Skeptiker werden den versöhnlichen Ton dieser Veröffentlichungen vielleicht darauf zurückführen, daß sich der Kindertherapeut in ihnen ja ausdrücklich an die Eltern normaler und nicht an die gestörter Kinder wendet. Vieles spricht indessen für die Interpretation von Teuns, der besonders in *A Good enough Parent* »eine späte Geste der Versöhnung, eine Art Wiedergutmachung gegenüber den Eltern autistischer Kinder [sieht], die er [Bettelheim] früher zu oft und zu massiv kritisiert hatte« (Teuns 1991, 92).

Bei Montessori hingegen durchzieht die Vorstellung eines grundsätzlichen Konfliktes zwischen Kindern und Erwachsenen leitmotivisch das ganze Werk (Böhm 1969, 156). So setzt sie beispielsweise im letzten Kapitel ihres Spätwerkes *Kinder sind anders* ([1936] 1993) den Lebensweg des Kindes mit dem Leidensweg Jesu gleich. Gewiß ist es Montessori nicht entgangen, daß sich u. a. aufgrund schulpädagogischer Reformen einiges an der Situation des Kindes verbessert hat. Hier seien nur die Abschaffung der die kindliche Bewegungsfreiheit massiv einschränkenden festen Schulbänke und Tische oder die allmähliche Abkehr von körperlichen Strafen genannt. Die Pädagogin vermag darin aber nur »partielle Abrüstungen« aber kein Ende des Krieges zwischen Erwachsenen und Kindern zu erkennen.

8.3.2 Die Würde des »leidenden Kindes«

Den aufgezeigten Vorbehalten gegenüber Eltern und Erwachsenen korrespondiert bei beiden Autoren ein tiefempfundenes Gefühl für die Verletzlichkeit der Kinder, das Mitempfinden mit ihrem Leiden, sowie ein ausgeprägtes Gefühl für ihre Würde. So schreibt Montessori Kindern einen ausgeprägten Sinn für ihre persönliche Würde und ein für Erwachsene nur schwer vorstellbares Maß der Verletztlichkeit zu (Montessori [1936] 1993, 176 f.). Da für Bettelheim der Mangel an Selbstachtung ein Zentralproblem aller funktionellen Störungen darstellt, betrachtet er die »[...] Wiederherstellung einer echten – im Gegensatz zu einer megalomanisch verzerrten – Selbstachtung [...]« (Bettelheim 1975, 25) als das Hauptziel jeder Psychotherapie. Wenn er ferner einen Umgang mit den Patienten propagiert, in dem der größte Respekt für ihre Würde »eine Selbstverständlichkeit« darstellt, läßt sich darin unschwer eine Montessori geistesverwandte Haltung erkennen. Diese Haltung mit ihrer kompromißlosen Forderung nach einer allein empathischen Vorgehensweise in der Arbeit mit seelisch gestörten Kindern, sowie seine radikale Parteinahme für ihre Freiheit und Würde tritt in Inhalt und Form vielleicht am deutlichsten in der folgenden Passage hervor:

> »Der psychisch kranke Patient lebt wie in einem tiefen, dunklen Loch ohne Ausgang, gefangen durch seine Ängste und die Gefühllosigkeiten der anderen, die er als feindselige Absichten empfindet. Wir müssen für ihn einen Weg hinaus bauen – sagen wir eine Leiter. Wir müssen bei diesem Weg von unse-

rer eigenen Vergangenheit, unserem Wissen, unserer Persönlichkeit und unserem Verständnis für den Patienten ausgehen, aber vor allem mit unserer Einfühlung arbeiten, die uns sagt, welche spezifische und einzigartige menschliche Leiter für diesen besonderen Patienten geeignet ist. [...] Er muß uns lange beobachten können bei der harten Arbeit, ihm diese Leiter zu bauen, die sich von allen früheren eindeutig unterscheiden muß. Er wird versuchen, die Leiter zu zerstören, da er seit langem sicher ist, wir bauen sie nicht, damit er in die Freiheit gelangt, sondern nur, damit er in ein noch schlimmeres Gefängnis kommt [...]. Sein altes Gefängnis kennt der Patient schließlich, so schrecklich es ist, und er hat es irgendwie gelernt, sich durch seine Symptome gegen das Schlimmste zu schützen. [...]

Wir müssen auf dieser Leiter einfühlsamen Verständnisses in das Loch hinuntersteigen, in dem der Patient vegetiert, während er gleichzeitig, wenn er auch aus dem einzigen Grunde, unsere Entschlossenheit auf die Probe zu stellen, die Leiter zu zerstören versucht.

Wenn der Patient beschließt, daß er den ihm angebotenen Fluchtweg nicht benutzen will, müssen wir solch eine Entscheidung akzeptieren und achten – ohne unsere Bemühungen um ihn in seinem nicht länger auswegslosen, sondern selbstgewählten Abgrund aufzugeben, damit er zumindest in seinem Unglück nicht allein ist. Jede noch so schwache Andeutung, unsere Art zu leben, sei der seinigen überlegen, ist nur eine weitere Arroganz unsererseits, [...]. Sein Lebensstil, welcher Art er auch sei, ist vom Standpunkt des Patienten aus dem unseren in Wirklichkeit überlegen, da er ihm den nötigen Schutz gewährt, den er in unserer Welt nicht gefunden hat« (Bettelheim 1975, 13 f.).

Aufgrund der durch die Erwachsenenwelt mißachteten Würde des Kindes stellt ihre konkrete Erfahrung gleichermaßen für Montessori wie Bettelheim die Grundlage und das Ziel der »Befreiung des Kindes« (Montessori) dar. Die Würde des Kindes wiederum resultiert aus dem Gefühl der Wertschätzung und dem der größtmöglichen eigenen Unabhängigkeit (Montessori [1923] 1954, 52). Hier liegt auch die Begründung für die »Übungen des praktischen Lebens« als wichtigem Element der Montessori-Pädagogik, zielen sie doch darauf, dem Kind das Bewußtsein seiner eigenen Fähigkeiten und darüber hinaus auch die Erfahrung zu vermitteln, daß es ein nützliches Mitglied der Gemeinschaft ist. In der Freude und Heiterkeit von Kindern, die alltägliche Anforderungen, wie das An- und Ausziehen von Schuhen und Kleidung, selbständig bewältigen können, sieht Montessori daher nichts Geringeres als einen Ausdruck menschlicher Würde (Böhm 1969, 157).

Bemerkenswert erscheint mir, daß Montessori und Bettelheim gleichermaßen zur Veranschaulichung des Leidens der ihnen anvertrauten Kinder die gleichen extremen Metaphern der »dantesken Hölle« und des »Konzentrationslagers« benutzen (Bettelheim 1966, 705; Montessori [1936] 1993, 220; 1966, 72). Bei Montessori geht die apodiktische Vorstellung des leidenden Kindes so weit, daß Oelkers von der Stilisierung eines Mythos des leidenden Kindes durch die Italienerin spricht (1992, 75 ff.). Daß es sich bei Montessoris extremer Sichtweise des Leidens der Kinder um eine Mythologie handelt, ist umso nachvollziehbarer als sie sich nach der anfänglichen Arbeit mit geistig behinderten bald normalen Kindern im Vorschul- und später auch im Schulalter zuwandte.

Im Lichte von Oelkers These wird auch verständlich, warum Böhm die erzieherische Konzeption der Montessori an einer Stelle in Zusammenhang mit einer »Rettungspädagogik« bringt (Böhm 1969, 61). Ihre Umrisse sind etwa die folgenden: Montessoris apodiktische Annahme einer grundsätzlich konflikthaften Erwachsenen-(Eltern-)Kind-Beziehung beschwört das Bild eines leidenden Kindes herauf, das gezwungen ist, sein Leben in einer feindseligen, seine Würde vielfach mißachtenden Erwachsenenwelt zu fristen. Die Folge sind mannigfache Deviationen von der vorgezeichneten Bahn seiner normalen Entwicklung. Die »casa dei bambini« oder die Montessori-Schule erscheinen dagegen als rettende Häfen, an deren Kaimauern sich die unheilvolle Dünung der Erwachsenwelt bricht. Hier ist der grundlegende Konflikt zwischen Erwachsenem und Kind gelöst, die rivalisierenden »Gesellschaftsklassen« miteinander versöhnt. Aufgrund seiner profunden Kenntnisse des kindlichen Wesens und seiner Entwicklungsgesetze ist das Verhältnis des idealtypischen Montessori-Lehrers zu den Kindern nicht mit Mißverständnissen und falschen Vorstellungen befrachtet. Aus diesem Grund und im Gegensatz zu den Erwachsenen »draußen« muß er den Kindern auch nicht feindselig gegenübertreten. Im Gegenteil: Im Geiste der Liebe hat er sich zum »demütigen« und hilfsbereiten Diener der Kinder gewandelt und bietet ihnen eine angepaßte Umgebung, in der sich ihre normale Entwicklung ohne seine störenden Eingriffe vollziehen kann. Im Gegensatz zur »Außenwelt« sind damit im Kinderhaus personell und materiell optimale Bedingungen für die kindliche Entwicklung gegeben. Die Kinder sind in Sicherheit.

Und auch wenn Bettelheim sich selbst als durch seine psychoanalytische Schulung vor infantilem oder größenwahnsinnigem Rettungswahn gefeit wähnte (Bettelheim 1975, 17), erscheint mir der Begriff der »Rettungspädagogik« doch auch geeignet, zumindest eine spürbare Tendenz seines pädagogisch-therapeutischen Konzepts auf den Begriff zu bringen. Für die Verwendung dieses Begriffs spricht im Übrigen auch, daß sowohl Bettelheim als auch Montessori im Zusammenhang mit ihrer Arbeit mitunter selbst das Verb »retten« oder das Substantiv »Rettung« gebrauchen (Montessori [1916] 1976, 282; Bettelheim 1975, 16, 111).

8.3.3 Selbsttätigkeit

Auch wenn Bettelheim den Begriff der Selbsttätigkeit nicht verwendet, kommt dem damit von Montessori bezeichneten Inhalt bei ihm eine vergleichbar zentrale Bedeutung zu. Ein deutlicher Unterschied muß aber darin gesehen werden, daß sich Selbsttätigkeit bei Montessori in erster Linie auf die selbsttätige Auseinandersetzung des Kindes mit dem didaktischen Material bezieht. Der von Bettelheim hingegen verwendete Begriff der »Autonomie« oder des »autonomen Handelns« bezieht sich im Rahmen von Milieutherapie vornehmlich auf zwischenmenschliche Interaktionen.

Seine Anschauungen von der Bedeutung autonomen Handelns untermauert Bettelheim u. a. mit Erfahrungen aus der Therapie autistischer Kinder. Er stellt heraus, daß die entscheidende Bedingung für einen positiven Behandlungsverlauf darin bestand, ob es gelang, sie zu aktivieren. Fortschritte konnten erst erzielt werden, wenn es entweder glückte, Bedingungen zu schaffen, die die Kinder veranlassen konnten, aus eigenem Antrieb zu handeln, oder wenn es gelang, als Katalysator dafür zu wirken (Bettelheim [1967] 1989a, 19). Vor diesem Hintergrund bildet die unbedingte Achtung der spontanen Selbstäußerungen des Kindes – seien sie auch noch so bizarr – in Bettelheims Pädagogik – zumindest theoretisch – ein mindestens ebenso zentrales Prinzip wie in Montessoris. Der unbedingte Respekt vor der Autonomie der Patienten basiert auf der Überzeugung, daß ihre jeweiligen Symptome subjektiv immer sinnvoll und mit Hilfe des Kindes im Laufe der Zeit auch als solche dechiffrierbar seien. Daher bilden gerade die vom Normalen abweichenden Verhaltensweisen den alternativlosen Ausgangspunkt aller milieutherapeutischen Bemühungen. Ein anschauliches Beispiel dafür, wie diese unbedingte Achtung auch vor »obskuren« Verhaltensweisen der Kinder an der Orthogenic School umgesetzt wurde, bietet beispielsweise Lubin 1982. Vielleicht am deutlichsten wird die hohe Bewertung kindlicher Autonomie in der Wertschätzung, mit der Bettelheim ihre Symptome einstuft. Er bewertet sie ausdrücklich als die »höchste Leistung« des jeweiligen Kindes. Hier tritt zutage, daß der Milieutherapeut Bettelheim bezüglich der Eigenaktivität noch über Montessori hinausgeht, trifft er doch keine normativen Unterscheidungen von »richtigen« und »falschen« Verhaltensweisen. Hingegen ist der Montessori-Pädagoge gehalten, unerwünschte Aktivitäten der Kinder zu unterbinden, indem er ihre Aufmerksamkeit vorsichtig auf das Material lenkt (Montessori [1946] 1979a, 25; [1923] 1954, 86 f.). Und auch der Umgang mit dem Material selbst ist dem Kind nicht freigestellt ([1923] 1954, 28); es muß es seiner vorgegebenen

Bestimmung entsprechend verwenden, selbst dort, wo durchaus auch andere sinnvolle Umgangsweisen damit möglich wären (Birkemeier 1953, 24).

Bettelheim erhebt »Autonomie« nicht nur zu einem zentralen Element seiner pädagogisch-therapeutischen Praxis, es finden sich bei ihm darüber hinaus auch Überlegungen zu ihrer Genese. Diesen Gesichtspunkt habe ich in Abschnitt 5.4.5.1 *Die humanisierende Wirkung von Aktivität* und Abschnitt 5.4.5.2 *Wechselseitigkeit* bereits ausgeführt, weshalb er hier nur benannt werden soll.

Montessoris Begriff der Selbsttätigkeit muß im Zusammenhang mit ihrer »anthropologischen Grundthese« (Böhm 1969, 124) gesehen werden, aus der sich auch alle weiteren Elemente ihrer Pädagogik herleiten. Nach ihr verfügt das Kind von Anfang an über einen »inneren Bauplan der Seele« (Montessori [1936] 1993, 44), der seine Entwicklung maßgeblich bestimmt. Dieser Bauplan sieht sogenannte »sensible Perioden« vor, in denen das Kind für besondere Aspekte der Realität empfänglich ist und zugleich die zu ihrer Aneignung erforderlichen Energien entfaltet (z.B. Spracherwerb) ([1936] 1993, 46 ff.). Wird das Kind daran gehindert, gemäß den Erfordernissen dieser Perioden zu handeln, so versäumt es unwiderruflich, sich jeweils spezifische Fähigkeiten auf *natürliche*, d. h. auch vergleichsweise mühelose, Weise zu erwerben. Die Folge davon ist »eine Art innerer Zusammenbruch« (50). Die Selbsttätigkeit oder Eigenaktivität des Kindes erscheint demnach bei Montessori als tätiger äußerer Ausdruck der durch die »sensiblen Perioden« vorgegebenen inneren Erfordernisse.

8.4 Kontrapunkt Phantasie

Im Sinne einer differenzierten Wahrnehmung möchte ich hier auch auf jenen Aspekt hinweisen, an dem die Auffassungen von Montessori und Bettelheim vielleicht am weitesten auseinanderliegen. Gemeint ist der Stellenwert, den sie in ihren Lehren der Phantasie der Kinder beimessen. Bei Montessori spielt sie nur eine untergeordnete Rolle; allein in »Über Phantasie und Märchen« (Montessori ([1946] 1979b), einem Text aus dem Nachlaß, lassen sich Hinweise auf eine positive Bewertung der kindlichen Einbildungskraft nachweisen. In der Regel entläßt Montessori jedoch die kindliche Phantasie nicht aus den Fesseln der Realität. Soll sie zu produktiven Ergebnissen führen, muß sie »vom Kontakt mit der Wirklichkeit ausgehen« (Montessori 1976, 223) und im Dienste des Aufbaus lebensweltbezogener Vorstellungen stehen (Heiland 1992, 87). Alles andere bewertet die italienische Pädagogin als Schweifen »in der Welt des Irrealen« oder sich in »bloße[n] Spekulationen« verlieren (87). In dieser negativen Bewertung der Einbildungskraft liegt wohl auch der Grund dafür, daß Montessori in der Regel von kindlicher *Arbeit* und *Beschäftigung* und nur selten vom kindlichen *Spiel* spricht.

Ganz anders Bettelheim. Bei ihm stellt die Phantasie *die* Ressource des Kindes zur Integration seiner Persönlichkeit dar. Indem sie in der Realität erlebte Enttäuschungen erträglich macht, erscheint die kindliche Vorstellungskraft als jene grundlegende Leistung im Kleinkindalter, die alle anderen erst ermöglicht (Bettelheim [1976] 1990b, 119). Angesichts der vielen Frustrationen, mit denen Kinder konfrontiert werden, bedürfen sie »übertriebener Hoffnungen« und »phantastischer Vorstellungen von zukünftigen Leistungen«, um ihr psychisches Gleichgewicht wieder herzustellen (119). Nun räumt Bettelheim zwar ein, daß die phantasierten Vorstellungen *irreal* seien, er betont aber auch, den höchst *realen* Charakter der aus ihnen resultierenden Hoffnung und Zuversicht. Sie seien genau das, was »wir« brauchen, um nicht zu verzweifeln (120). Sätze wie diese führen ins Zentrum von Bettelheims »Philosophie« und akzentuieren dadurch die Differenz zu Montessoris Position umso deutlicher. Sie bringen zum Ausdruck, daß Bettelheim Fiktionen – auch über die Kindheit hinaus – eine produktive Funktion zuschreibt (Bettelheim 1990, 119 f.).

8.5 Das »therapeutische Milieu« als eine »vorbereitete Umgebung« im Sinne Montessoris

Aus dem oben thematisierten grundsätzlich konflikthaften Verhältnis zwischen Erwachsenen und Kindern folgt die größere Bedeutung indirekter gegenüber direkten Erziehungsmaßnahmen im pädagogischen Denken Montessoris (Böhm 1969, 166). Direkte Erziehungsmaßnahmen stehen immer in der Gefahr, die Eigenaktivität und damit die Entwicklung des Kindes zu behindern. Indirekte ermöglichen dem Kind dagegen selbsttätig zu sein und gemäß seinen inneren Bedürfnissen zu handeln. Wird die autonome Aktivität des Kindes durch eine anregende und seinen Bedürfnissen gemäße Umgebung unterstützt, sind nach Montessori ideale Bedingungen für eine normale Entwicklung gegeben. Aus diesem Grund kann sie die Gestaltung einer solchen Umgebung als das »große Problem« der Erziehung überhaupt bezeichnen (Montessori 1913, 16). Und auch für die Behandlung gestörter Kinder favorisiert die Reformpädagogin ein Vorgehen, das bei der Umgebung ansetzt.

Für eine den kindlichen Bedürfnissen optimal angepaßte Lern- und Lebensumwelt prägte Montessori den Begriff der »vorbereiteten Umgebung« (1913, 76). Sie besteht aus zwei Elementen: den sorfältig nach vorgegebenen Prinzipien gestalteten Gebäuden, Räumen und Ausstattungen und den von ihr in Anlehnung an Itard und Séguin entwickelten didaktischen Übungsmaterialien. Sieht man von dem Material zur Sinnes- und Muskelübung einmal ab und betrachtet nur die Grundgedanken und Grundprinzipien der Gestaltung von Gebäuden, Räumen und Ausstattungen, so lassen sich darin auffällige Parallelen zu denen des »therapeutischen Milieus« entdecken. Diese weiter unten zu erörternden Gleichklänge legen zusammen mit den oben genannten Hinweisen von Seevak Sanders über den Zusammenhang beider Ansätze den Gedanken nahe, daß das Konzept des »therapeutischen Milieus« auch von Maria Montessoris Überlegungen zur Bedeutung einer »vorbereiteten Umgebung« inspiriert, wenn nicht gar von ihnen mitgeprägt sein könnte. Um einen möglichst pointierten Vergleich zwischen Montessoris und Bettelheims Konzept einer »gestalteten Umwelt« zu ermöglichen, habe ich aus Montessoris Erörterungen die drei zentralen Gestaltungsprinzipien einer »vorbereiteten Umgebung« herausgearbeitet: »ästhetische Gestaltung«, »Ordnung« und »dem Kind angemessene Proportionen«. Entlang dieser Kriterien sollen im folgenden beide Ansätze verglichen werden.

8.5.1 Ästhetische Gestaltung

Welches sind nun die von mir behaupteten übereinstimmenden Gestaltungsprinzipien des »therapeutischen Milieus« und der »vorbereiteten Umgebung«? Da ist zunächst der Vorrang ästhetischer vor nur funktionalen Prinzipien bei der Gestaltung von Räumen, Gebäuden und Ausstattungen; die Absage an die sterile Eintönigkeit weißer Räume, die Abwaschbarkeit jedes Gegenstandes, das »grauenhaft Antiseptische« insgesamt (Montessori [1916] 1976, 136; Bettelheim 1975, 174). Demgegenüber favorisieren Bettelheim und Montessori gleichermaßen eine alle Sinne ansprechende, »reizvolle«, »geschmackvolle« und vor allem auch künstlerisch gestaltete Schul-Umwelt. »[...] der geeignetste Ort für das menschliche Leben ist ein künstlerischer Ort«, schreibt die italienische Pädagogin« und sie fordert dazu auf, »das *Schöne*« in der Schule anzusammeln (Montessori [1916] 1976, 140; Hervorh. i. O.). Diesem Bestreben sollen in einer ihren Grundsätzen folgenden Schule außer den jeweils zur Verfügung stehenden wirtschaftlichen Mitteln ausdrücklich keine Grenzen gesetzt werden (139). Die hohe Bewertung einer ästhetisch gestalteten Umgebung begründet die »Dottoressa« mit zwei davon ausgehenden Wirkungsweisen. Zum einen vertritt sie die Position, daß Schönheit die Sammlung und Konzentration des Kindes anrege, zu Tätigkeit und Arbeit ermuntere und darüber hinaus dem müden Geist Ruhe biete (139; ([1923] 1954, 75). Sie erteilt damit der weitverbreiteten Meinung eine Absage, derzufolge eine attraktive Schul-Umwelt das Kind ablenke und die Konzentration auf seine Aufgaben erschwere. Zum anderen favorisiert die Pädagogin – wie auch Bettelheim – eine attraktive Umgebung, weil »Schönheit« vor Zerstörung bewahre.*

Es spricht für die Geistesverwandtschaft beider Ansätze, daß beide Autoren im Zusammenhang mit der Forderung nach einer ästhetischen Gestaltung von Räumen und Gebäuden und den damit beabsichtigten Botschaften der Ruhe und Sammlung Analogien mit kirchlichen Gebäuden ziehen. Montessori stellt heraus, daß Kirchen als Orte der »Sammlung« und der Ruhe des inneren Lebens par exellence Künstler zu allen Zeiten herausforderten, alle Schönheit in ihnen zu versammeln (Montessori [1916] 1976, 139). Wie ich in Abschnitt 5.2.1 *Architektonische Voraussetzungen der Milieugestaltung* und 5.2.3 *Zur Symbolik der Architektur der Orthogenic School* dargestellt habe, ist in Bettelheims Konzept der Zusammenhang von Kirche und Schule noch konkreter.

»Wir haben das Kind in den 'Kinderhäusern' […] gelassen und genau wie der beste Arbeiter und gewissenhafteste *Bewahrer* der Gegenstände gesehen« (Montessori [1916] 1976, 28; Hervorh. i. O.). Mit diesen Worten weist die italienische Pädagogin auf die zweite produktive Funktion einer ästhetisch ansprechenden Umwelt hin: Die Erfahrung lehrt, daß »Schönheit« vor Zerstörung schützt. Wenn Montessori wie in der zitierten Sequenz von Kindern als den »gewissenhaftesten Bewahrern der Gegenstände« spricht, dann hat sie dabei u. a. ihren sorgfältigen Umgang mit zerbrechlichen Gegenständen im Sinn. Schon 3–4jährigen vertraut man in Montessori-Einrichtungen ganz bewußt Vasen, Gläser und Teller an. Dabei ist zu beobachten, daß ihnen sehr daran gelegen ist, diese nicht zu beschmutzen oder zu zerstören (140). Dieser Zusammenhang wird auch von Bettelheim nachdrücklich betont:

---

* Über die beiden im Text genannten lassen sich bei Bettelheim zumindest zwei weitere Funktionen von »Schönheit« bestimmen. Mit Bezug auf psychiatrische Patienten weist er darauf hin, daß je erfreulicher und lebensfreundlicher eine Umgebung sei, es ihnen umso schwerer falle, an der Einstellung festzuhalten, ihre Schwierigkeiten kämen allein von außen und nicht aus ihrem Inneren (1975, 125). Zweitens werden schmückende Ornamente an der Orthogenic School bewußt als Orientierungshilfen für die Kinder und Jugendlichen eingesetzt, um auch dem verwirrtesten Patienten die Orientierung zu ermöglichen (126).

»Unsere Erfahrung hat bewiesen, daß Taten bewußter oder fahrlässiger Zerstörung in dem gleichen Maße zurückgehen, in dem wir die Umgebung der Patienten hübsch und anziehend gestalten. Im Gegenteil, die Patienten halten es sich bald zugute, ganz von sich aus behutsam mit den Dingen umzugehen (was man ihnen nicht nahelegen sollte, denn das würde ihren spontanen Wunsch zunichte machen, das, was ihnen gefällt, in Ordnung zu halten)« (Bettelheim 1975, 101).

Wie weit diese Wirkung reicht, wird aus zwei Beispielen deutlich, die der langjährige Leiter der Orthogenic School anführt. Zum einen berichtet er, daß an der »Schule«, wo auch sehr stark gestörte Kinder von gutem Porzellan essen, weniger Geschirr zerbrochen wird als in einem Restaurant mit einer vergleichbaren Anzahl von Gästen (169). Das zweite Beispiel bezieht sich auf ein großes Gemälde an einer der Außenwände der Institution. Da sie an ihrer Südseite mittelbar an die Slums von Chicagos South-Side grenzt, stellt sie ein einladendes Ziel für Vandalen dar. Bezüglich dieses großen Wandemäldes berichtet Bettelheim nun, daß keines der Kinder aus dem Schwarzenghetto es jemals beschädigt habe, obwohl sie täglich zu Hunderten daran vorbeigingen. Und er schließt daraus: »In meiner Arbeit mit den dissozialsten Jugendlichen habe ich herausgefunden, daß der einzig sichere Weg, sie davon abzuhalten, die Wände zu verunstalten darin besteht, sie mit schönen Objekten zu schmücken« (Bettelheim zit. nach Dempsey 1970, 109). Und auch seine Nachfolgerin J. Seevak Sanders (1989, 10) betont nachdrücklich die präventive Wirkung schöner Dinge. Im Unterschied zu ihrem Lehrer bezieht sie sich dabei aber namentlich auf Montessori:

»Wir benutzen Porzellan, Glaswaren und attraktives Besteck. Wir glauben, mit Montessori, daß wenn man Kindern schöne Dinge gibt, die sorgfältige Behandlung erfordern, die Kinder spüren, daß diese Schönheit für sie ist und lernen, vorsichtig zu sein.«

Hinter dem augenscheinlich aus der Montessori-Pädagogik stammenden Prinzip, Kindern schon sehr früh schöne und zerbrechliche Gegenstände anzuvertrauen, steht in erster Linie der Gedanke der *Bewegungserziehung*. Gläserne Gegenstände oder zierliche Möbel signalisieren dem Kind durch ihr Zerbrechen oder Umfallen die Notwendigkeit eines verfeinerten Umgangs damit. Aber auch die für Bettelheim bedeutsamere symbolische Botschaft der Wertschätzung, die davon ausgeht, daß man Kindern – zumal gestörten – einen angemessenen Umgang mit zerbrechlichen, ästhetisch ansprechenden und vergleichsweise wertvollen Gegenständen zutraut, bleibt bei Montessori nicht unerwähnt. Wie Bettelheim (1975, 168 f.) argumentiert sie, daß man etwa einem Glas mehr Wert beimesse als einem Kind, wenn man es ihm vorenthält, nur weil es zerbrechen könne (Montessori [1923] 1954, 76). Damit ist ein wichtiger Punkt der künstlerischen Gestaltung der Ortogenic School angesprochen. Die positiven symbolischen Botschaften ästhetischer und teurer Gegenstände verkehren sich in ihr Gegenteil, wenn sie nicht eine Aneignung durch die Kinder ermöglichen.

»Aber eine Gestaltung sollte nicht nur bewundert werden, man muß sie sich wirklich zu eigen machen. Eine Skulptur muß man berühren, man muß auf sie hinaufklettern, damit das, was durch sie ausgedrückt werden soll, nicht nur durch das Auge und durch den Geist, sondern auch durch die Unmittelbarkeit der Berührung und kinästhetischer Erfahrungen vermittelt wird, bei denen ein Körper zum anderen spricht« (Bettelheim 1975, 116).

Daß der Gedanke der symbolischen Wirkungen von Gegenständen, den Bettelheim an der Orthogenic School zu einem differenzierten Konzept entwickelte, in der Tat auch schon in Überlegungen der italienischen Pädagogin angesprochen, wenn auch nicht systematisch entwickelt wird, ist einem anderen Beispiel zu entnehmen. In einem frühen Text berichtet Montessori, daß sie die *Madonna della Sedia* von Raffael aufgrund ihrer symbolischen Bedeutung zum Emblem der Kinderhäuser gewählt habe. Aus diesem Grund hängt ein Kunstdruck dieses Bildes neben vielen anderen in jeder Montessori-Einrichtung. Nun räumt sie zwar ein, daß die Kinder die symbolische Bedeutung der Madonna und des Bildes insgesamt zwar verstandesmäßig nicht verstehen könnten, gefühlsmäßig sei ihnen die darin enthaltene symbolische Botschaft aber durchaus zugänglich. Dies ist der Grund, warum dieses Bild nach Montessori Kinder ebenso tief beeindruckt wie Erwachsene (Montessori 1913, 78).

8.5.2 Ordnung

Zwei weitere Merkmale der »vorbereiteten Umgebung« sollen hier noch erörtert werden, um die Gleichklänge mit dem Konzept des »therapeutischen Milieus« aufzuzeigen. Es sind dies die Bedeutung, die man der Ordnung in einer »vorbereiteten Umgebung« beimißt und die auf den kindlichen Körper abgestimmten Proportionen aller Einrichtungs- und Gebrauchsgegenstände.

Nach Montessori muß eine »vorbereitete Umgebung« geordnet sein. Nur wenn jeder Gegenstand einen festgelegten Platz hat, den sich das Kind einprägt, kann es sich in dieser Umwelt zurechtfinden und sie beherrschen. Darüber hinaus betont die Pädagogin dieses Merkmal, weil nur eine geordnete Umgebung ihrerseits eine ordnende Wirkung auf das kindliche Innenleben ausüben kann. In diesem Zusammenhang wird besonders darauf geachtet, daß die Umgebung keine überflüssigen Gegenstände enthält, die die Orientierung des Kindes erschweren oder es zu ziellosen Tätigkeiten einladen könnten (Böhm 1969, 167; Montessori 1979a, 23). Vor diesem Hintergrund besteht eine wesentliche Aufgabe der Mitarbeiter in einem »Haus der Kinder« darin, diese Ordnung zu gewährleisten und immer wieder herzustellen: Der Pädagoge ist weitgehend lediglich Hüter und Wächter der Umgebung. Da er im Denken Montessoris gleichzeitig einen Teil der »vorbereiteten Umgebung« bildet, muß er selbst »ordentlich«, »gepflegt« und »gut gekleidet« sein, um seinen Beitrag zur Anziehungskraft der Umgebung leisten zu können (23).

Aus Bettelheims umfangreichen Beschreibungen geht nun ebenso wie aus Seevak Sanders' *A Greenhouse for the Mind* (1989) hervor, daß »Ordnung« und »Sauberkeit« im Milieu der »Schule« die gleiche hohe Bewertung erfahren wie im Konzept der »vorbereiteten Umgebung«. »Ordnung« bedeutet an der Orthogenic School zunächst einmal soviel wie *deutliche Gliederung*. So werden Innen- und Außenwelt mit Hilfe einer markanten gelben Tür konsequent getrennt. Das Innere der »Schule« ist fast ebenso eindeutig nach Bereichen und Ebenen gegliedert. Mit Hilfe von Wandgemälden, die dem kindlichen Vorstellungsvermögen angepaßt sind, werden die unterschiedlichen Ebenen des Gebäudes schon im Treppenhaus deutlich unterscheidbar. Zur Orientierung auf den jeweiligen Ebenen selbst dienen auffällige Schmuckelemente. So stehen beispielsweise neben den Türen der jeweiligen Schlaf- Wohnräume der Kinder verschiedene, große Stofftiere, um den Kindern die Orientierung zu erleichtern (Bettelheim 1975, 126). Das Innere dieser Räume ist wiederum deutlich in einen Gruppenbereich (Tisch und Stühle) und den jeweiligen Privatbereich der Kinder (Bett und Nachttisch) unterteilt. Wie in allen anderen Räumen hat auch hier alles seinen festen Platz und eine wohldurchdachte Bedeutung. Daraus ergibt sich eine zwanglose äußere Ordnung als deutliches Merkmal der Gestaltung von Gebäuden und Räumen.

In Übereinstimmung mit der Montessori-Pädagogik wird die Gewährleistung dieser Art von »Ordnung« von den Betreuern erwartet, nicht aber als normative Forderung an die Kinder herangetragen. An das Äußere der Betreuer werden ebenso hohe Anforderungen gestellt, wie oben für die Montessori-Pädagogik benannt. Besonders augenfällig wird dies in Jurgensens Bericht über ihren zweijährigen Arbeitsaufenthalt an der Orthogenic School. Sie berichtet beispielsweise von einer Konferenz, in der eine Mitarbeiterin scharf kritisiert wird, weil sie bei der Begrüßung eines Kindes nachlässig gekleidet war

([1976] 1987, 29), eine andere wird getadelt, weil sie eine Uhr im Konferenzraum liegen ließ (54 f.). In einer dritten Besprechung wird einigen Mitarbeitern die Benutzung der vornehmlich für die Jugendlichen der »Schule« bestimmten Kochnische im Clubraum verboten, weil sie sie unaufgeräumt hinterlassen hatten (56).

Auch die Begründung für dieses, auf den ersten Blick rigide und pedantisch anmutende Vorgehen stimmt mit dem Standpunkt der Montessori-Pädagogik überein. So geht man an der Orthogenic School ebenfalls davon aus, daß das Kind die Erfahrung einer geordneten Welt gemacht haben muß, bevor es sein äußeres und inneres Leben ordnen kann. Erst danach vermag es – von äußeren zu inneren Aspekten fortschreitend – Ordnung in sein Leben zu bringen. In diesem allmählichen Prozeß bietet ihm die von den Mitarbeitern gewährleistete Ordnung jenen Maßstab, an dem das Kind seine Bemühungen zur Herstellung der eigenen äußeren und inneren Ordnung messen kann (Bettelheim [1950] 1988, 37 und 186).

Wie schon beim Merkmal »Schönheit« findet sich auch bezüglich des Stellenwertes von »Ordnung« im Konzept des therapeutischen Milieus bei Seevak Sanders ein namentlicher Bezug auf Montessori (Seevak Sanders 1989, 36 f.). Sie hebt hervor, wie hilfreich der Aufforderungscharakter einer »vorbereiteten Umgebung«, der daraus resultiert, daß jeder Gegenstand einen festgelegten, den Kindern nicht nur offensichtlichen, sondern auch leicht erreichbaren Platz hat, für die Entwicklung von Selbstdisziplin ist: »Dies ist das Prinzip, dem wir bei der Einrichtung unserer Schule zu folgen versuchen«, bekennt Bettelheims Nachfolgerin (37).

Gleichzeitig geht aus ihren wie auch aus Bettelheims eigenen Darstellungen hervor, daß man zugleich über die von Montessori aufgestellten Prinzipien hinausgeht. Der Grund dafür liegt in den besonderen Erfordernissen der Arbeit mit schwer gestörten psychiatrischen Patienten. Im Unterschied zu Montessori-Einrichtungen, in denen man sich an keinem festgelegten Stundenplan, sondern allein an den kindlichen Bedürfnissen orientiert, ist das »therapeutische Milieu« der Orthogenic School *zeitlich, räumlich* und bezüglich der an die Kinder gestellten *Erwartungen* stärker strukturiert. Da sie hinsichtlich dieser drei Aspekte eindeutige Grenzen und Definitionen brauchen, finden sich dort keine offenen und weitläufigen Räume, wie sie Montessori favorisierte, sondern nur mit unterschiedlichen Hilfsmitteln stark gegliederte (Montessori ([1916] 1976, 137; Sanders 1993b, 39). Eine deutliche Gliederung des Tagesablaufs trägt darüber hinaus dazu bei, ihnen jenes notwendige Maß an Sicherheit und Orientierung zu vermitteln, das diese Kinder aus eigener Anstrengung nicht aufbringen können. Aus diesem Grund widmet man auch den *Übergangszeiten* und *Übergangsorten* besondere Aufmerksamkeit. Offen ausgesproche Erwartungen, die innerhalb der jeweiligen Möglichkeiten der Kinder liegen, tragen schließlich das ihre zu einem positiven Grundgefühl bei (Seevak Sanders 1989, 37).

8.5.3 Dem Kind angemessene Proportionen

Das letzte hier zu behandelnde Merkmal einer »vorbereiteten Umgebung«, das zum Konzept des »therapeutischen Milieus« ins Verhältnis gesetzt werden soll, ist die Rücksicht, die bei den Einrichtungen und Ausstattungen auf die kindlichen Proportionen genommen wird. Es gehört ohne Frage zu den auffälligsten Eigenheiten einer Montessori-Umgebung, daß Einrichtungs- und Gebrauchsgegenstände wie Tische, Stühle und Schränke auf die Größe, Kräfte und physischen Fähigkeiten der Kinder abgestimmt sind. Auch hinter dieser Besonderheit steht der oben angesprochene Gedanke der Bewegungserziehung aber auch das Bestreben, dem Kind überflüssige und kräfteraubende Auseinandersetzungen mit einer »sperrigen« Erwachsenen-Umwelt zu ersparen. Daß Bettelheim auch mit diesem Grundgedanken der Montessori vertraut war, zeigt die folgende Passage:

> »Sie müssen sich die Perspektive des Kindes verschaffen. Als ich an der Orthogenic School anfing, bin ich manchmal auf den Knien gelaufen. Daß ich mich kleinmachte wie ein Kind und die Welt betrachtete, so wie sie dem Kind erscheint, das war, wie ich meinte, eine großartige Vorbereitung darauf, in die Welt des Kindes einzutreten und sie von seinem Standpunkt aus zu betrachten. [...] Wenn sie das machen, [...] werden sie wie ich zu dem Schluß kommen, daß unsere Häuser für Erwachsene gebaut sind. Von sich aus bauen Kinder gern kleine Zelte und Häuser mit sehr niedrigen Räumen, weil sie ihr eigenes Maß zugrunde legen« (Bettelheim/Rosenfeld 1993, 86).

Was hier anklingt, ist die Einsicht Montessoris in die Notwendigkeit einer den kindlichen Proportionen entsprechenden Umgebung. Nun ist die Orthogenic School im Sinne dieses Kriteriums sicher keine konsequente Montessori-Umgebung. Gleichwohl lassen sich in Bettelheims (und auch in Seevak Sanders') Beschreibungen Hinweise darauf finden, daß man diese Erkenntnis auch praktisch umsetzte, etwa bei der Gestaltung des Empfangsraums (Bettelheim 1975, 136 f.; Seevak Sanders 1989, 37). Wenn der Grundsatz einer den kindlichen Proportionen und Kräften angemessenen Einrichtung nicht mit der gleichen Konsequenz umgesetzt wurde wie in einer Montessori-Einrichtung, dann wohl nicht aus Nachlässigkeit, sondern in Einklang mit Bettelheims Anschauungen vermutlich aus drei Gründen:

Erstens, weil man im Unterschied zu einer »casa dei bambini« die nonverbale Botschaft vermitteln wollte, daß die »Umgebung« sowohl kindlichen als auch den Bedürfnissen Erwachsener entsprechen müsse. Bettelheim zufolge ist eine Kombination von kindlicher und erwachsener Wirklichkeit nicht nur möglich, sondern für beide auch »viel angenehmer und konstruktiver« (Bettelheim 1975, 137). Die Verheißung einer allein auf die kindlichen Bedürfnisse abgestimmten Umgebung hätte Bettelheim – zweitens – vermutlich abgelehnt, weil man sich dadurch zu stark von der gesellschaftlichen Normalität in Richtung auf ein »Puppenstubenmilieu« oder »Märchenland« entfernt hätte (Bettelheim/Karlin [1975] 1984, 67). Außerdem ist eine Einrichtung der Rund-Um-Die-Uhr-Betreuung in noch stärkerem Maße als dies bei einer normalen Schule der Fall ist, auch Arbeitsplatz der Erwachsenen (Bettelheim 1975, 173). Die Botschaft »hier ist alles ganz allein und ausschließlich auf kindliche Bedürfnisse ausgerichtet« wäre in dieser extremen Zuspitzung also ein irreführendes Symbol. Und Symbole, die lügen, sind Bettelheim zufolge zerstörerischer als eindeutige Lügen.

Drittens verbirgt sich hinter der Tatsache, daß man an der Orthogenic School Einrichtungen und Ausstattungen nicht ausschließlich auf kindliche Proportionen abstimmt, der vielleicht wesentlichste Unterschied zwischen Montessoris und Bettelheims Anschauungen. Gemeint ist die unterschiedliche Bewertung von Umweltwirkungen im Verhältnis zu den menschlichen Beziehungen. Während Bettelheim davon ausgeht, daß das Milieu zwar wesentlich zu einer Heilung *beitragen*, menschliche Beziehungen als das eigentlich therapeutisch wirksame Medium aber *nicht ersetzen* kann, liegt dem Konzept der Montessori-Pädagogik eine genau gegenteilige Bewertung zugrunde. Da Montessori Pädagogik im Grunde als zielgerichtete Koordination von Intellekt und Motorik faßt, vollzieht sich das Phänomen der »Polarisierung der kindlichen Aufmerksamkeit« (Montessori [1916] 1976, 70) und die »Normalisation des Kindes« (Montessori 1966, 49) – also die eigentliche Erziehung – in seiner selbsttätigen Auseinandersetzung mit dem didaktischen Material und in zweiter Linie mit der Umwelt des Hauses im Allgemeinen. Pädagogik erscheint so im Konzept der Montessori maßgeblich als (Selbst)«Erziehung durch die Sachen« (Böhm 1969, 179). Die Funktion des Pädagogen beschränkt sich dabei auf vom Kind gewünschte Hilfen und Erläuterungen sowie die Fürsorge für die Umgebung. Vor diesem Hintergrund wird auch die entschiedene Forderung verständlich: »Die Kinder müssen sich dem Material zuwenden. Wenn sie sich an die Erzieherin hängen, so werden sie nie unabängig« (Montessori [1946] 1979a, 27). Diese Überzeugung hat ihr zurecht die Kritik eingetragen, sie unterschätze die Bedeutung der personalen

Beziehungen im pädagogischen Geschehen. Und in der Tat gelangt Montessori in ihren Überlegungen nicht zum vollen Verständnis der menschlichen Dimension im pädagogischen Prozeß. Wenig fehlt und der Pädagoge erscheint in ihrem pädagogischen Denken lediglich als taten- und wirkungsloser Beobachter. Im Vergleich mit Bettelheims diametral entgegengesetzter Position tritt dieser Zug von Montessoris Denken besonders prägnant hervor.

8.6 Resümee: Bettelheim und Montessori

Als Ergebnis des hier entlang der zentralen Kriterien einer »vorbereiteten Umgebung« – »Schönheit«, »Ordnung«, »dem Kind angemessene Proportionen« – vorgenommenen Vergleichs zwischen Bettelheims und Montessoris Konzept einer gestalteten Umwelt kann festgehalten werden, daß im »therapeutischen Milieu« alle zentralen Kriterien einer »vorbereiteten Umgebung« im Sinne Montessoris, wenn auch zum Teil in modifizierter Form, nachgewiesen werden können. Ebenso wie in Bettelheims Ansatz kein Äquivalent zum didaktischen Material Montessoris existiert, finden sich bei der Pädagogin meines Wissens keine Entsprechungen für die im ersten Teil dieses Bandes abgeleiteten und systematisierten weiteren Milieudimensionen in Bettelheims Konzept. Namentlich enthält Montessoris Werk keine Reflexionen über den Einfluß der unmittelbaren Umgebung auf das pädagogische Milieu einer Institution oder darüber, welche sozialisierenden Wirkungen die Organisationsstrukturen einer Institution entfalten können. Daß Montessoris Ansatz die Bedeutung der »menschlichen Dimension« weitgehend verfehlt, wurde angesprochen. Bei aller Übereinstimmung weisen beide Konzepte also jeweils auch übereinander hinaus. Insofern kann als gesichert angesehen werden, daß Bettelheims Idee eines heilsamen Milieus im Sinne der Gestaltung von Gebäuden, Räumen und Ausstattungen nicht unwesentlich von Montessori inspiriert wurde. Das Konzept einer »vorbereiteten Umgebung« wurde in seiner Anwendung an der Orthogenic School so modifiziert, erweitert und weiterentwickelt, daß es auch in kinderpsychiatrischen Arbeitsfeldern nutzbringend angewendet werden kann.

9. Bruno Bettelheim und John Dewey. Milieutherapie und Progressive Education

> »Das bloße Vorhandensein der sozialen Atmosphäre, in der das Individuum lebt, sich bewegt, existiert, ist die dauernde und wirksame Macht, die seine Betätigung dirigiert.«
>
> John Dewey ([1916] 1993, 48)

Der amerikanische Philosoph und Pädagoge John Dewey (1859–1952) gehört zusammen mit Charles Sanders Peirce (1839–1914), William James (1842–1900) und George Herbert Mead (1863–1931) zu den Hauptvertretern jener philosophischen Schule nordamerikanischen Ursprungs, für die sich die Bezeichnungen »amerikanischer Pragmatismus« oder »Instrumentalismus« eingebürgert haben. Während das philosophische Erkenntnisinteresse Peircens vorrangig dem Intersubjektiven, das besondere Augenmerk James' dem Partikularen und Meads spezielles Interesse der Sprachgeste galt, steht im Zentrum von Deweys philosophischem Denken der Erziehungsprozeß (Schreier 1986, 21).

Unter den nordamerikanischen Erziehungswissenschaftlern nimmt der Neuengländer Dewey aus zwei Gründen eine Sonderstellung ein: einmal, weil er seine theoretischen Erkenntnisse in der von ihm ins Leben gerufenen Laboratory School an der Universität von Chicago auch praktisch umsetzte; zum zweiten, weil seine Erziehungstheorie Teil eines umfassenden philosophischen Gesamtgebäudes ist. Deweys voluminöses Hauptwerk *Demokratie und Erziehung* ([1916] 1993) gilt daher zurecht als »einer der wenigen großen Entwürfe unserer Zeit« (Groothoff 1971, 48). Nimmt man noch den ungewöhnlich starken Einfluß hinzu, den Deweys Erziehungsphilosophie auf das Bildungswesen der Vereinigten Staaten ausübte, so wird nachvollziehbar, daß der demokratische Pragmatist als der einflußreichste nordamerikanische Erziehungstheoretiker und Erziehungsphilosoph gilt und mitunter gar in den Rang eines der bedeutensten Erziehungsphilosophen dieses Jahrhunderts erhoben wird (Böhm 1985, 78; Klafki 1978, 781).

In eigentümlichem Kontrast zu seiner internationalen Wertschätzung steht die Tatsache, daß dieser kreative pädagogische Kopf in der deutschen Erziehungswissenschaft und Pädagogik allenfalls eine marginale Rolle spielte und bis heute spielt. Zwar wurde sein opus magnum 1930 – wenn auch erst vierzehn Jahre nach Erscheinen des Originals – von Erich Hyalla in ein Deutsch auf der Höhe des Gedankens übersetzt, im Gegensatz zur Aufnahme in Deweys Heimat wurde es hierzulande allerdings kaum rezipiert. Daran änderte auch die zweite Auflage im Jahre 1949 nichts, wenngleich der amerikanische Pädagoge nun im Rahmen der Reeducation-Programme rezipiert wurde. Das geringe

Interesse der deutschen Erziehungswissenschaft an seiner pragmatischen Pädagogik spiegelt ferner die Tatsache wider, daß die dritte Auflage von *Demokratie und Erziehung* (1964) bis zum Jahre 1993 keine Neuauflage mehr erfuhr. Alles in allem ist dies ein weiterer Beleg dafür, daß die deutsche Beschäftigung mit dem amerikanischen Pädagogen in einem umgekehrten Verhältnis zur internationalen Beachtung seiner Theorie steht (Oelkers 1993a, 3).

Angesichts einer noch ausstehenden Dewey-Rezeption erscheint es nur folgerichtig, wenn der demokratische Pragmatist auch im Kontext der Bettelheim-Forschung bisher zwar beiläufig erwähnt wurde (Mahlke/Schwarte 1985, 21), nicht aber die ihm gebührende intensive Aufmerksamkeit erfuhr. Daß Dewey auch hier ein »bekannter Unbekannter« (Oelkers 1993a, 3) blieb, hatte – so meine These – nachteilige Folgen für eine präzise Bestimmung des Verhältnisses von Psychoanalyse und Pädagogik in Bettelheims Werk und wirkte bis in die Rezeption der Milieutherapie hinein fort.

Im folgenden gehe ich der Frage nach, inwieweit sich Einflüsse von Deweys Theorie und Praxis im pädagogischen Denken Bettelheims bzw. seiner Praxis von Milieutherapie nachweisen lassen. Diese »Spurensuche« verfolgt eine zweifache Absicht: zum einen setze ich damit die theoriegeschichtliche Einordnung von Bettelheims Ansatz fort; zugleich wollen die nachstehenden Ausführungen aber auch als Begründung für jene zentrale Hypothese dieser Studie gelesen werden, derzufolge es sich bei Bettelheims Theorie und Praxis um eine Synthese modifizierter psychoanalytischer Positionen und der Progressive Education Deweys handelt.

Angesichts der dominierenden Wahrnehmung Bettelheims als psychoanalytischem Pädagoge bildet den Ausgangspunkt meiner Erörterungen ein zunächst überraschender Hinweis des Milieutherapeuten. Gemeint ist jenes ausdrückliche Bekenntnis zu John Dewey, das sich in Bettelheims *Aufstand gegen die Masse* ([1960] 1989a, 39) findet. »Schon vor langer Zeit habe ich mich zu John Dewey als meinem geistigen Vater bekannt«, heißt es hier. Im Vergleich mit den nur beiläufigen Verweisen auf die anderen in diesem Teil der Arbeit behandelten Pädagogen muß an diesem Hinweis überraschen, wie freimütig und weitgehend sich Bettelheim zu dem Amerikaner bekennt. Können die Ergebnisse der vorangegangenen »Spurensuche« schon als aufschlußreich hinsichtlich einer theoriegeschichtlichen Einordnung Bettelheims gelten, so stellt dieses unverhüllte Bekenntnis der folgenden Auseinandersetzung einen noch größeren Ertrag in Aussicht.

Mein Versuch, Deweys Einfluß auf Bettelheim ins Licht zu setzen, weist vier große Schritte auf. Wie im vorangegangenen Kapitel, geht der inhaltlich-systematischen eine lebensgeschichtliche Annäherung voraus (9.1). Anschließend wende ich mich Bettelheims ausdrücklicher Dewey-Rezeption zu. Ich arbeite heraus, daß der amerikanische Pädagoge dem Wiener Emigranten Bettelheim – zusammen mit Freud – als Gewährsmann für die Bedeutung des Realitätsprinzips in der Erziehung dient (9.2). Darüber hinaus wird in diesem zweiten Arbeitsschritt zu zeigen sein, daß Bettelheim ausdrücklich die nicht-normative Ausrichtung von Deweys Pädagogik sowie das eng damit verbundene Prinzip des Lernens aus Erfahrung rezipiert. Der dritte Arbeitsschritt besteht in einem kursorischen Vergleich zentraler Elemente der Schultheorien beider Pädagogen, in dem sich weitgehende Beeinflussungen des Konzepts von Milieutherapie durch pragmatische Positionen nachweisen lassen, die auf den ersten Blick nicht als solche zu erkennen sind (9.3). In welch erstaunlichem Ausmaß Bettelheims Theorie und Praxis in der Tat durch das Denken des demokratischen Pragmatisten geprägt wurde, wird in dem letzten Schritt deutlich (9.4). Ausgehend von einem Zitat Bettelheims führe ich den Nachweis, daß sich die zentralen von Dewey formulierten Prinzipien der Progressive Education aus Bettelheims Stellungnahme erschließen und in seinem pädagogischen Denken und Handeln auch konkret nachweisen lassen. Dem Resümee des Kapitels bleibt es vorbehalten, die Gültigkeit meiner zentralen Ausgangsthese zu überprüfen, derzufolge sich Bettelheims Werk zutreffend als Synthese modifizierter psychoanalytischer Positionen und Überzeugungen der Progressive Education bestimmen läßt. Im Horizont des erlangten Kenntnisstandes werden ferner die Umrisse dieser Synthese skizziert.

9.1 Lebensgeschichtliche Annäherung

Unter theoretisch-systematischen Gesichtspunkten erweist sich ein gemeinsamer Zugang zu den Werken Deweys und Bettelheims zunächst als sperrig. Zu naiv und einseitig auf die rationale Selbst- und Weltkontrolle fixiert erscheint der pädagogische Optimismus Deweys; zu skeptisch und von der größeren Bedeutung unbewußter gegenüber bewußten Prozessen überzeugt, präsentiert sich dagegen Bettelheims Ansatz. Vor allem aber: zu nahe scheint der Protagonist der Progressive Education der Reiz-Reaktionspsychologie zu stehen, die zu kritisieren der jüdische Analytiker keine Gelegenheit ausließ.

So verborgen aus theoretisch-systematischer Perspektive der Einfluß Deweys auf Bettelheim aber zunächst bleibt, so nahe legt ihn der Lebens- und Bildungsweg des Wiener Emigranten. Seit Erscheinen des Essaybandes *Themen meines Lebens* wissen wir, daß Bettelheim

Deweys Philosophie schon während seines Studiums kennenlernte (Bettelheim 1990, 118, 123). Nach eigenen Angaben »konvertierte« er als Student von Wyneken zu Dewey, dessen Reformpädagogik ihm im Vergleich mit dem »tiefschürfenden Denken« des Amerikaners oberflächlich erschien. Als Bettelheim 1938 gezwungen war, in die USA zu emigrieren, waren ihm daher die pädagogischen Positionen Deweys schon vertraut. Sie dominierten damals die erziehungswissenschaftliche Theoriebildung in den Vereinigten Staaten und blieben bis heute sehr einflußreich. Das Schicksal der Emigration brachte Bettelheim aber noch viel enger mit der Theorie und Praxis John Deweys in Kontakt, als es diese allgemeinen Überlegungen nahelegen. Mit Unterstützung der Rockefeller-Foundation bot sich ihm die Chance, an eben jener privaten Forschungsuniversität von Chicago zu reüssieren, an der Deweys »Geist« stärker als in anderen Institutionen der USA lebendig geblieben war. Von 1894 bis 1905 stand Dewey der Abteilung für Philosophie, Psychologie und Pädagogik an der Universität Chicago vor. Hier war es auch, wo er 1896 seine Laboratory School ins Leben rief. Die »Dewey-School«, wie sie schon bald genannt wurde, war ein praktisches Schulexperiment mit weitreichenden theoretischen Begründungen und bildete den Ausgangspunkt der amerikanischen Progressive Education-Bewegung. Sie erfuhr nicht zuletzt deshalb internationale Beachtung, weil Dewey mit ihr die Vereinbarkeit von pädagogischer Praxis, erziehungswissenschaftlicher Forschung und politischem Engagement demonstrierte. Das organisatorische Zentrum des Progressive Education Movements, die Progressive Education Association war Bettelheims erster Arbeitgeber im Exil. Vor diesem lebensgeschichtlichen Hintergrund wird verständlich, warum der Psychoanalytiker Bettelheim den Philosophen und Pädagogen Dewey als »seinen geistigen Vater« bezeichnen (Bettelheim [1960] 1989, 39), sich in seinen Schriften vergleichsweise häufig auf ihn beziehen (Bettelheim 1971, 23; [1950] 1988, 31 f.; [1960] 1989, 39; 1990, 118, 123; Bettelheim / Zelan 1982, 271 f.) und als europäischer Emigrant im Heimatland Deweys gar als Kritiker von dessen amerikanischer Rezeption auftreten konnte (Dempsey 1970, 23). Auch wenn der demokratische Pragmatist in der bisherigen Bettelheim-Forschung kaum auftaucht, wird der Einfluß Deweys auf das pädagogisch-therapeutische Denken Bettelheims wahrscheinlich nur noch von dem Freuds übertroffen.

Welcher Einfluß Deweys läßt sich aber konkret in Bettelheims Werk aufweisen? Wie umfassend hat der nonkonformistische Analytiker den Ansatz des pragmatischen Pädagogen in der Tat rezipiert? Erste Hinweise zur Beantwortung dieser Fragen soll ein Blick auf Bettelheims explizite Dewey-Rezeption bieten.

9.2 Erziehung zum Realitätsprinzip. Zu Bettelheims expliziter Dewey-Rezeption

Liest man jene Textstellen genau, an denen Bettelheim inhaltlich auf Dewey verweist, so lassen sich zwei wiederkehrende Argumentationsfiguren herausarbeiten. Zum einen dient ihm Dewey – zusammen mit Freud – als Gewährsmann für die Bedeutung des Realitäts- gegenüber dem Lustprinzip in der Erziehung (Bettelheim/Zelan 1982, 271 f.). Zweitens rekurriert Bettelheim immer dann auf den amerikanischen Pragmatisten, wenn er die Bedeutung eines nicht-normativen pädagogischen Vorgehens und das damit eng verbundene Prinzip des Lernens aus Erfahrung herausstreicht. Hier soll es zunächst nur um die pädagogische Bedeutung des Realitätsprinzips gehen. Auf die Merkmale »nicht-normatives Vorgehen« und »Lernen aus Erfahrung« werde ich weiter unten eingehen.

In den siebziger Jahren trat der Immigrant Bettelheim öffentlich als Kritiker des amerikanischen Bildungswesens auf. Er wandte sich gegen damals allenthalben zu beobachtende Bestrebungen, schulische Lerninhalte zunehmend zu vereinfachen. Die damit einhergehende weitverbreitete Verhaltensweise amerikanischer Lehrer, Schüler dadurch motivieren zu wollen, daß sie ihnen suggerierten, der Lernprozeß sei »mühelos«, kritisierte Bettelheim als »misapplied Deweyism« (zit. nach Dempsey 1970, 23). Um eine verfehlte Form der Dewey-Rezeption handelt es sich für ihn dabei, weil die objektiven Mühen und Schwierigkeiten, die nun einmal mit Bildungsprozessen verbunden seien, geleugnet würden. Mit dem für ihn charakteristischen Gespür für latente Gehalte von alltäglichen Äußerungen und Verhaltensweisen, das ihm zuletzt Peter Loewenberg (1991, 692) attestierte, erklärte er in einem Interview, weshalb er es für kontraproduktiv hält, Schülern zu suggerieren, Bildung sei mühelos zu erwerben:

> »Gebildet zu sein, ist wahrlich nicht leicht, im Gegenteil, es ist ein hartes Stück Arbeit. So zu tun, als ob es einfach wäre, macht alles noch schlimmer. Wird das Lernen zum Amüsement verklärt, wird das erfolgreiche Kind kein Gefühl dafür entwickeln, etwas erreicht zu haben, und das Kind, das versagt, wird am Boden zerstört sein, da es zu den vermeintlich einfachen Dingen nicht in der Lage ist; es muß also denken, ich bin ein Versager. Sooft ich Kinder unterrichtet habe, sagte ich: Das ist schwierig, aber wenn man sich anstrengt, schafft man es. In diesem Fall sind Kinder, die versagen, nicht entmutigt, da sie darauf hingewiesen wurden, daß die Aufgabe schwierig war! Wenn sie es doch schaffen, haben sie ein wichtiges Erfolgserlebnis« (Bettelheim 1981, 35).

Mit dieser und anderen Formulierungen bezieht Bettelheim Positionen, die Dewey in seinem Alterswerk *Erfahrung und Erziehung* ([1938]

1963) noch einmal herausgestrichen hat. Der Achtzigjährige nutzte diese Schrift, um rückblickend Mißverständnisse und Fehlentwicklungen in der Progressive Education-Bewegung richtigzustellen (Schreier 1986, 15, 71). Hier verdeutlichte er noch einmal Überzeugungen, wie man sie in seinem Hauptwerk *Demokratie und Erziehung* (1916), aber auch schon früher, etwa in *Schule und öffentliches Leben* (1905), finden kann.

Praktische Rezeptionen seiner Ideen vor Augen, die in pädagogischer Beliebigkeit und Strukturlosigkeit mündeten, hebt Dewey nachdrücklich die Notwendigkeit von Anstrengung und Ausdauer bei der Überwindung von (Lern)Hindernissen hervor (Dewey [1938] 1963, 49). Unmißverständlich teilt er auch seine Überzeugung mit, derzufolge das Ziel von Erziehung »die Schulung der Fähigkeit zur Selbstbeherrschung« sei (75). Ein allein lustbetontes Handeln ist für Dewey eine gefährlichere Variante äußerer Kontrolle als die durch traditionelle Autoritäten ausgeübte. Sich der Beherrschung durch eine andere Person zu entziehen, nur um sich in seinem Verhalten durch jeweilige Launen und Impulse bestimmen zu lassen, erscheint ihm eher als Verlust, denn als Gewinn von Freiheit. Ein Mensch, ergänzt er in einer von der absoluten Wertschätzung von Rationalität geprägten Argumentation, der sich von Antrieben beherrschen lasse, die nicht »durch vernünftige Erwägungen geläutert wurden«, erliege lediglich einer Illusion von Freiheit, während er in Wirklichkeit von Mächten bestimmt werde, auf die er keinen Einfluß habe (75). Die 'Mahnungen' und Richtigstellungen Deweys erreichen ihren Höhepunkt in der Feststellung, die intelligente Selbstführung, die seine Pädagogik anstrebe, sei im Grunde strenger, als die Zucht der traditionellen Schulen. Damit erteilt er allen liberalistischen Interpretationen seiner Lehre eine eindeutige Absage. Nimmt man Deweys Stellungnahmen in dieser komprimierten Form zur Kenntnis, so wird anschaulich nachvollziehbar, warum Bettelheim gerade ihn als Zeugen für die Bedeutung des Realitätsprinzips aufruft.

Geht man allein von dem expliziten Bezug Bettelheims auf Dewey aus, so muß man zu dem Ergebnis kommen, daß er sich auf die Aspekte »Realitätsprinzip«, »nicht-normatives Vorgehen« und »Lernen aus Erfahrung« beschränkt. Tatsächlich reicht der Einfluß des amerikanischen Pädagogen aber weit darüber hinaus. Dies soll der dritte Schritt zeigen, in dem ich die Schulkonzeptionen beider Pädagogen einem kursorischen Vergleich unterziehe.

9.3 Schule als vereinfachte, gereinigte und integrierte Umgebung

Übereinstimmend gehen Bettelheim und Dewey davon aus, »Schule« habe umfassende und kontinuierliche – in der Milieutherapie vor allem korrektive – Erfahrungen zu ermöglichen; Erfahrungen, auf denen – bei Dewey – der Bildungsprozeß der Kinder – bei Bettelheim – der Prozeß der Integration bzw. Re-Integration ihrer Persönlichkeiten aufbauen kann. Damit ist der zentrale Unterschied zwischen Progressive Education und Milieutherapie angesprochen, der aus ihren unterschiedlichen Zielgruppen resultiert. An der Orthogenic School arbeitete und arbeitet man mit einer »Schülerschaft«, deren Unterschied zu der der Laboratory School nicht groß genug gedacht werden kann: dort gesunde Kinder aus Akademikerfamilien, anfänglich gar aus Deweys Kollegenkreis (Bohnsack 1984, 72), hier emotional schwer gestörte Kinder im Zustand der Verstörung und Hoffnungslosigkeit. Während in der Dewey-School Problemstellungen systematisch geordnet und allein auf das Ziel »Lernen zu lernen« ausgerichtet werden konnten, ging und geht es in der »Psychiatric School« Bettelheims zuerst einmal um die Bewältigung von Alltagsproblemen, um das »Leben lernen« in einem ganz elementaren Sinne. *Leben lernen als Therapie* lautet denn auch folgerichtig der Untertitel von Bettelheims Hauptwerk *Der Weg aus dem Labyrinth* (Bettelheim 1975).

So unterschiedlich die Ausgangsbedingungen beider Schulexperimente hinsichtlich ihrer Zielgruppen aber auch sein mögen, so weitgehend stimmen sie bezüglich der zentralen pädagogischen Grundannahmen überein. Im Zentrum von Deweys Überlegungen zu Schule als Umgebung besonderer Art steht die Überzeugung, daß die jeweils spezifischen Haltungen und Dispositionen, die Schule bei ihr anvertrauten Kindern hervorbringen soll, nicht durch direkte Übertragung von Erkenntnissen, Erfahrungen und Gefühlen, sondern nur in indirekter Weise und mit Hilfe des Mediums der Umwelt gelingen kann. Im Gegensatz etwa zu Montessori, bei deren »vorbereiteter Umgebung« sich der Eindruck aufdrängt, hier arbeiteten eine Anzahl kindlicher Individuen zwar äußerlich gemeinsam, im Grunde aber isoliert nebeneinander, meint der demokratische Pragmatist, wenn er von »Umwelt« spricht, primär die *soziale* Umwelt. Von der »sozialen Umwelt« oder »sozialen Atmosphäre« – Dewey benutzt beide Begriffe synonym – gehen in dem Maße »echte Erziehungswirkungen« (Dewey [1916] 1993, 42) aus, wie ein Individuum seinen Anteil an gemeinsamen Aktivitäten wahrnimmt. Dadurch mache es die Zwecke dieser sozialen Umwelt zu den seinigen, erwerbe notwendige Fertigkeiten, werde mit ihren

Methoden und ihrem Verhalten vertraut und schließlich auch von ihren Gefühlen durchdrungen. Wirksame Erziehung geschieht bei Dewey also ausdrücklich ohne bewußte Absicht und nur in dem Ausmaß, in dem ein Individuum an den Aktivitäten der sozialen Gruppen, zu denen es gehört, aktiv teilnimmt. Für diesen, aus dem unmittelbaren Mittun, aus dem Leben in der Gemeinschaft resultierenden Erziehungsprozeß verwendet er den Begriff der »unabsichtlichen Erziehung« (»informal education«) ([1916] 1993, 25). Die »formal education«, die bewußte Belehrung und Berichtigung, verblaßt im Kontrast zur unmittelbar erlebten Bedeutung in der »sozialen Atmosphäre« (48). Nur folgerichtig ist für Dewey die »soziale Umwelt« dann auch die alles »entscheidende Macht« im Erziehungsgeschehen (36). Als schriebe er ins Stammbuch der Milieutherapie, formuliert er: »Wir erziehen niemals unmittelbar, sondern mittelbar, und zwar durch das Mittel der Umgebung. Worauf es ankommt, ist, ob wir einer zufälligen Umgebung das Werk überlassen oder eine besondere Umgebung für diesen Zweck schaffen« (37).

Diese Position hat natürlich weitreichende Auswirkungen auf die Aufgabenbestimmung und Gestaltung institutioneller Erziehung. Dewey folgend, hat Schule drei zentrale Aufgaben wahrzunehmen. Ihre erste Bestimmung ist es, eine »vereinfachte Umwelt« bereitzustellen ([1916] 1993, 39). Die Komplexität von »Umwelt« soll auf ein Maß reduziert werden, das wieder in Einklang mit den begrenzten Fähigkeiten und Kenntnissen der Schüler steht; »Umwelt« muß von ihnen bewältigt werden können, ohne sie selbst zu überwältigen. Komplexität zu reduzieren bedeutet, Sachverhalte und Strukturen auf ihre wesensmäßigen Züge und Grundprinzipien zurückzuführen. Ferner geht es darum, eine vom einfachen zum komplizierten führende Ordnung herzustellen, so daß bereits angeeignete Kenntnisse und Fähigkeiten genutzt werden können, um kompliziertere zu erschließen. Unerwünschte Umwelteinflüsse bewußt auszuschalten, ist die zweite Aufgabe von Schule. In einem Prozeß genauer Prüfung sollen jene »wertlosen und wertwidrigen Züge der jeweiligen Umwelt« identifiziert und von den Schülern ferngehalten werden, die nicht im »Sinne einer besseren Gesellschaft der Zukunft« wirken (39). Ziel ist es, eine »gereinigte Atmosphäre des Handelns« herzustellen und durch die getroffene Auswahl, die Macht des Positiven zu verstärken. Auch bezüglich der dritten Aufgabe von Schule, der Hilfe zur Integration potentiell desintegrierenden Wirkungen der unterschiedlichen sozialen Umgebungen, stimmen beide Konzepte auf einer allgemeinen Ebene überein. In der Konkretion nimmt sich diese Anforderung allerdings jeweils sehr unterschiedlich aus. Wenn Dewey von den tendenziell »auseinanderstrebenden Kräften, die durch das Nebeneinander verschiedener Gruppen innerhalb derselben politischen Einheit« (41) leben, spricht, so hat er die unterschiedlichen Rassen, Religionen und wirtschaftlichen Gruppen im Auge, die in einer progressiven Schule zusammen unterrichtet werden sollen. Über die dabei auftretenden »zentrifugalen« Kräfte hinaus gewinnt er dieser Tatsache auch eine positive Dimension ab. Schule hat die potentiellen gegenseitigen Anregungen und Bereicherungen, die durch dieses Nebeneinander gegeben sind, zu nutzen und den Schülern derart einen weiteren Horizont zu eröffnen, als es das Elternhaus in dieser Hinsicht könnte. Den von Dewey genannten Aufgaben »Vereinfachen«, »Reinigen« und »Integrieren« könnte man also noch die des »Erweiterns« hinzufügen. In diesem Punkt erscheint sein Ansatz stark von der amerikanischen Ideologie des »melting pot« beeinflußt, auf die er sich in Demokratie und Erziehung auch beiläufig bezieht (41). Diese genuin amerikanische Sichtweise scheint auch der Grund dafür zu sein, daß sich eine Analogie zu diesem Element im Ansatz Bettelheims nicht nachweisen läßt. Sein Konzept bleibt offenbar noch stark in europäischen Kulturtraditionen verhaftet (Dempsey 1970, 107). Während es dem amerikanischen Pragmatisten um die Wahrung der jeweiligen persönlichen, nationalen, religiösen Identität und zusätzlich um deren gegenseitige Befruchtung zu tun ist, akzentuiert Bettelheim, eine Formulierung Kants über das Kunstwerk paraphrasierend, allein die Aufgabe, die Vielfalt und Individualität aller Personen innerhalb der Einheit der Institution zu bewahren (Bettelheim [1950] 1988, 9).

Aufgrund der extremen Ich-Schwäche und außergewöhnlichen Sensibilität psychotischer Kinder stellt sich die Integrationsaufgabe an der Orthogenic School auf einer elementaren Ebene. Desintegrierende Erfahrungen ergeben sich hier schon allein deshalb nicht aus dem Nebeneinander unterschiedlicher Gruppen, weil sich die Kinder sehr wenig aufeinander beziehen. Quellen desintegrierender Erfahrungen sind vielmehr Übergänge, die von gesunden Menschen in ihrer Problematik häufig überhaupt nicht mehr wahrgenommen werden, an gestörte Kinder aber bereits hohe Anforderungen stellen. Gemeint ist beispielsweise die Passage von einem Ort im Milieu zu einem anderen, etwa vom Speisesaal in den Unterrichtsraum. Ferner tageszeitliche Übergänge, wie der vom Aufwachen zum Aufstehen. Von unterschiedlichen Zeiten und Orten im Milieu gehen unterschiedliche Erwartungen und damit bei gestörten Kindern oft auch große antizipatorische Ängste aus. »Übergangszeiten« und »Übergangsorte« lauten deshalb die Stichworte, unter denen Bettelheim die potentiell desintegrierenden Erfahrungen abhandelt, die mit räumlichen und zeitlichen Passagen einhergehen (Bettelheim [1950] 1988, 118 ff.).

Schon diese stichwortartige Skizze der Aufgaben von Schule läßt auf einer allgemeinen inhaltlichen Ebene eine weitgehende Übereinstimmung der pädagogischen Grundannahmen von Progressive Education und Milieutherapie erkennen. Die genannten pragmatischen Positionen treffen den Kern von Milieutherapie, weil das Prinzip, eine vereinfachte, auf die jeweiligen Bedürfnisse zugeschnittene Umwelt zu schaffen, als *das* Grundprinzip von Milieutherapie überhaupt angesehen werden muß. Von der Annahme ausgehend, daß die emotionalen Probleme der betreuten Kinder aus der Unfähigkeit resultieren, innere Strebungen mit ihrer jeweiligen sozialen Umwelt in Einklang zu bringen, ist es Programm, alltägliche Erfahrungen und Anforderungen auf jenes Maß zu reduzieren, dem die Kinder auch gewachsen sind. »[...] die Schule versucht, die Dimensionen der Realität zu reduzieren, im Sinne einer Realität, die die Kinder bewältigen können«, heißt es in fast wörtlicher Übereinstimmung mit Deweys Formulierungen in der Selbstdarstellung der Orthogenic School aus den siebziger Jahren (zit. nach Internationale Gesellschaft für Heimerziehung (Hrsg.) 1974, 97; Bettelheim 1975, 54). Zentrales Mittel ist die sorgfältige Auswahl und behutsame Abstufung von Lebenserfahrungen in einem durch »Vorhersagbarkeit« und »Dauerhaftigkeit« geprägten Milieu (47). Bewußte Auswahl und sorgfältige Abstufung bedeutet, den Kindern nur ausgewählte Erfahrungsmöglichkeiten anzubieten, sie so zu arrangieren, daß sie jeweils nur mit einer herausfordernden Erfahrung auf einmal konfrontiert sind und bedeutet schließlich auch, immer für den persönlichen Beistand zu sorgen, den das Kind benötigt, um der Herausforderung erfolgreich begegnen zu können (Internationale Gesellschaft für Heimerziehung (Hrsg.) 1974, 97). Wiederholte und schließlich auch »überzeugende Demonstrationen von Ich-Stärke« in alltäglichen Zusammenhängen werden so möglich (Bettelheim 1949, 93). Indem entsprechend der bereits erreichten Ich-Stärke der Umfang und die Anforderungen alltäglicher Erfahrungsmöglichkeiten nach und nach erhöht werden, wird ein Prozeß der graduellen Ich-Erziehung eingeleitet. Die bewußte Auswahl, das gezielte Arrangement und die zugleich bedürfnisadäquate und auf die jeweils nächste Entwicklungsstufe bezogene Strukturierung alltäglicher Erfahrungen macht das pädagogische Herzstück von Milieutherapie aus und steht in vollkommener Übereinstimmung mit beiden Elementen von Deweys erster Aufgabenbestimmung von Schule.

Auch die zweite Aufgabe, der bewußte Ausschluß negativer Umwelteinflüsse, läßt sich im Konzept von Milieutherapie identifizieren. Greifbares Symbol dafür ist die vielzitierte Eingangstür der Institution. Aufgrund von Bettelheims pathogenetischem Paradigma, demzufolge am

Anfang psychischer Fehlentwicklungen schwerwiegende frühkindliche Traumatisierungen bei äußerlich durchaus unauffälligen familialen Verhältnissen stehen, bedeutet die Abwehr widriger Umwelteinflüsse also konkret Ausschluß der Eltern und anderer den Behandlungsverlauf störender Personen. Ausschluß unliebsamer Umweltwirkungen meint darüber hinaus aber auch zahlreiche weitere Einschränkungen (beispielsweise hinsichtlich Lektüre, Fernsehen etc.) bis hin zu Maßnahmen, wie der Kontrolle ein- und ausgehender Post.

Hinsichtlich der Geistesverwandtschaft beider Ansätze aussagekräftiger als beim Punkt »Ausschluß negativer Außeneinflüsse« ins Detail zu gehen, erscheint mir die Tatsache, daß beide Ansätze von der Kritik mit sehr ähnlichen Argumenten konfrontiert wurden. Ausgangspunkt ist nicht selten die durchaus reale Gefahr, die mit der bewußten Abgrenzung zur Außenwelt und mit der Etablierung eines spezifisch strukturierten Binnenmilieus einhergeht. Konkret besteht sie darin, daß sich das Leben in der Institution zu weit von den realen Bedingungen, aus denen die Kinder stammen, und in die sie zurückkehren werden, entfernt. Das therapeutische Milieu dürfe kein außerhalb der Realität gelegenes Märchenland sein, aber innerhalb realistischer Grenzen gehe es sehr wohl darum, den Kindern das Leben so angenehm wie möglich zu machen, umreißt Bettelheim das von ihm angestrebte ideale Verhältnis von »Realität« und »Schonraum« im Milieu der Schule (Bettelheim/Karlin [1975] 1984, 67). An einer anderen Stelle benennt er den Grundsatz, demzufolge die Hauptzüge einer Gesellschaft, wie immer sie auch beschaffen sein mögen, Teil des Lebens des Patienten bleiben müssen (Bettelheim 1975, 97). Dewey betont in diesem Zusammenhang den Lebens- und Gesellschaftsbezug der Unterrichtsinhalte an seiner Schule sowie das Prinzip der Kontinuität von Erfahrung. In seiner Einrichtung sollte Lernen ja ausdrücklich an die außerschulische Erfahrung der Kinder anknüpfen und ihnen die Grundbedingungen der außerschulischen Gesellschaft und Kultur in vereinfachter Form nahebringen. Dem Dilemma, Kindern etwas grundsätzlich anderes bieten zu müssen, als sie außerhalb der Schule erfahren, sie gleichzeitig davon aber nicht zu sehr entfremden zu dürfen, versucht Dewey mit dialektischer Spitzfindigkeit zu entgehen. Intendiert sein Konzept von Schule doch *absichtlich* und systematisch, Lernsituationen zu schaffen, die *unabsichtliches* und indirektes Lernen erlauben. Das Ziel ist die *künstliche* Erzeugung einer *natürlichen* Lernumwelt (Bohnsack 1964, 260). Auch wenn die »Dewey-School« im Vergleich mit der Orthogenic School als sehr viel durchlässiger konzipiert erscheint, wurde und wird sie mit dem Argument kritisiert, daß Lernsituationen in ihr »[...] doch weitgehend als idealisierter Schonraum erscheinen, in denen die realen Bedingungen der gesellschaftlichen Wirklichkeit [...] nicht repräsentiert sind und aus der heraus keine pädagogisch gezielten Erfahrungs- und Handlungsaktivitäten in jene außerschulische Realität hinüberführen« (Klafki 1978, 792).

Bedenkt man, daß die drei vorgestellten Elemente »Vereinfachen«, »Reinigen« und »Integrieren« das Rückgrat von Deweys Schultheorie darstellen, könnte sein Einfluß auf Bettelheim als nachgewiesen gelten. Es dabei bewenden zu lassen, hieße allerdings, das erstaunliche Ausmaß dieses Einflussses zu verfehlen. Um dieses vollständig ermessen zu können, ist ein weiterer Argumentationsschritt erforderlich. Ging ich zunächst von Bettelheims Dewey-Rezeption und anschließend von den Schulkonzeptionen und dem Umweltbegriff beider Pädagogen aus, so soll jetzt nach zentralen Merkmalen ihres pädagogischen Denkens – jenseits der bisher thematisierten Aspekte – gefragt werden.

9.4 Nicht-normatives Vorgehen; Fehlen eines Bildungszieles; Lernen durch Erfahrung; Situations- und Handlungsbezug

»Ich habe [von Dewey] [...] gelernt [...], daß die einzige Möglichkeit, wie Menschen lernen, das Richtige zu tun, die ist, ihnen die Chance zu geben, selber herauszufinden, was für sie richtig und was für sie falsch ist« (Bettelheim 1971, 23). So schlicht diese Interviewäußerung Bettelheims klingt, so weitreichende Implikationen enthält sie. In diesem Zitat sind nicht weniger als fünf konstitutive Merkmale von Deweys pädagogischer Theorie und Praxis enthalten, die sich auch in Bettelheims Erziehungskonzeption identifizieren lassen. Es sind dies:

(1) das Fehlen eines normativen Gehaltes
(2) die Unbestimmbarkeit eines Bildungzieles
(3) das Prinzip des Lernens durch Erfahrung
(4) das Prinzip des Situationsbezuges sowie
(5) ein überragender Stellenwert des menschlichen Handelns.

Aus Platzgründen muß ich mich hier auf die Merkmale »Fehlen eines normativen Gehalts«, »Unbestimmbarkeit eines Erziehungszieles« und »Lernen durch Erfahrung« beschränken. Da die beiden zuerst genannten Kriterien den prozeß- bzw. zielorientierten Blickwinkel auf ein und dieselbe Grundposition benennen, fasse ich sie zu einem Punkt zusammen.

9.4.1 Fehlen eines normativen Gehalts und Unbestimmbarkeit eines Bildungszieles

In der Einleitung der von ihm herausgegebenen Anthologie *John Dewey: Erziehung durch und für Erfahrung* bezeichnet Helmut Schreier (1986, 48) den amerikanischen Pragmatismus als »Instrument zur Abwehr vorgegebener und genau umrissener Wertvorstellungen«. Damit ist die nicht-normative Ausrichtung dieser philosophischen Denkschule prägnant formuliert. In der Tat finden sich in Deweys Werk keine Anhaltspunkte für unwandelbare Normen und Ideen und damit verbunden, die Ablehnung alles »Vorgeschriebenen, anderswo Ausgedachten und Geplanten« (Dewey [1916] 1993, 54). Normative Grundwerte jedweder Provenienz erscheinen ihm vielmehr als gefährliche Instrumente zur Verhinderung von Erfahrung. Erst ihre entschiedene Zurückweisung gewährleistet, daß in dem jeweiligen konkreten Praxisprozeß – unbehelligt von Vorgaben – angemessene Vorstellungen, Absichten, Pläne und Ziele von den jeweils konkret Beteiligten selbst erarbeitet werden können. Lernen, in dem von ihm intendierten Sinne, findet nur dann statt, wenn es den Beteiligten ermöglicht wird, vor dem Hintergrund ihrer eigenen Erfahrungen mit dem gegebenen Problem zu 'ringen', eigene Fehler zu machen, sie zu korrigieren und derart ihren ganz persönlichen Lösungsweg zu finden ([1916] 1993, 213).

Worauf es Dewey in diesem Zusammenhang ankommt, ist die Einsicht, daß kein Gedanke oder Begriff umstandslos von einer Person auf die andere übertragen werden kann. Wird ein Gedanke mitgeteilt, so nimmt ihn der Adressat lediglich als *Information,* nicht aber als Gedanke auf. Nur wer selbst aktiv »forscht«, erprobt und korrigiert, denkt im Sinne Deweys (213).

Das Oktroyieren fremder Gedanken, Zielsetzungen etc. führt nach Dewey zu einer Schwächung der Antriebe, weil sich die Phantasie zwangsläufig jenen Fragen und Zielen zuwendet, die der jeweiligen Person mehr entsprechen:

> »Allem, was die Phantasie am tiefsten ergreift, was ihr am besten liegt (nämlich allem, was sich um unsere innigsten Wünsche gruppiert), gibt man sich nur gelegentlich und verstohlen hin. So beeinflussen diese unsere eigentlichsten Ziele und Zwecke unser Handeln in Formen, die mehr erkannt noch anerkannt werden. Da diese Formen und Wege durch Überlegungen über ihre Folgen nicht berichtigt werden, wirken sie demoralisierend« ([1916] 1993, 236).

Eine subtilere und damit noch gefährlichere Auswirkung normativen pädagogischen Vorgehens sieht er in der »Verwirrung des Sinnes für das Wahre und Wirkliche«, die in einer »gewohnheitsmäßigen Selbsttäuschung« münden kann.

Deweys Haltung zur Wertefrage läßt zwei Bewertungen zu. Positiv könnte man von einem Ideal der absoluten Wertfreiheit sprechen; negativ urteilend kann ein normatives Defizit konstatiert werden. Bei genauem Lesen wird man allerdings feststellen, daß beide Positionen die Werteproblematik bei Dewey nicht präzise erfassen. Zutreffend ist vielmehr, daß der Instrumentalist absolute Wertsetzungen zurückweist, ja, sie sogar bekämpft, gleichzeitig aber selbst durchaus wertende Aussagen trifft. Wie Schreier (1986, 66) gezeigt hat, favorisiert Dewey bei Schülern beispielsweise Fähigkeiten wie »Sinn für die Rechte und Ansprüche der anderen«, »Rücksichtnahme und Kooperation«, »Verantwortlichkeit«, »Sinn für wissenschaftliche Leistungen«, »Kunstsinn« und einige mehr. Wie der Dewey-Forscher ferner nachgewiesen hat, setzt der amerikanische Pädagoge diese Werte aber nicht als apodiktische, situationsunabhängige Größen, sondern will sie als *Orientierungen und Regulative* verstanden wissen, die von Menschen in Entwicklungsprozessen selbst herausgefunden werden müssen (1986, 66).

Logisch zu Ende gedacht muß eine nicht-normative Pädagogik auf ein festgelegtes Erziehungsziel verzichten. Die Ungreifbarkeit des normativen Gehalts von Deweys pädagogischem Denken ist also sehr eng mit dem zweiten hier zu erörternden Merkmal verbunden: der Unbestimmtheit eines Bildungszieles. Damit ist das vielleicht provozierendste Element von Deweys Denkens angesprochen: als erster Pädagoge legt der demokratische Pragmatist eine Bildungstheorie vor, die auf ein wie auch immer geartetes, vorher festgelegtes Ziel von Erziehung verzichtet (Oelkers 1993, 503).

Auch Dewey bestimmt Erziehung als Entwicklung und geistiges Wachstum; er wendet sich jedoch gegen die irrige Vorstellung von Wachstum als Bewegung auf ein festgelegtes Ziel hin. »Vom Wachstum wird angenommen, daß es ein Ziel *haben* müsse, während es in Wirklichkeit eines *ist*« (Dewey [1916] 1993, 76; Hervorh. i. O.). Indem er diese Betrachtungsweise in seinem Hauptwerk *Demokratie und Erziehung* auf den Erziehungsprozeß anwendet, glücken Dewey die beiden folgenden Schlüsselaussagen, die man das Fanal der Reformpädagogik überhaupt nennen könnte: »Der Vorgang der Erziehung [hat] kein Ziel außerhalb seiner selbst; er ist sein eigenes Ziel«. Und: Der Erziehungsvorgang bedeutet »beständige Neugestaltung, dauernden Neuaufbau, unaufhörliche Reorganisation« (75). Der Fluchtpunkt von Deweys Denken ist keine pädagogisch intendierte Vollkommenheit, sondern allein die lernende Erfahrung. Im Mittelpunkt steht das Lernen des Lernens (69). »Die wichtigste Einstellung, die gelehrt werden kann«, heißt es prägnant im Spätwerk *Erfahrung und Erziehung*, »ist das Bedürfnis nach weiterem Lernen« (Dewey [1938] 1963, 60). Als pädagogisch wertvoll kann demnach ein Entwicklungsprozeß nur dann gelten, wenn er zu weiterem Wachstum anregt.

Daß auch Bettelheims Ansatz ein nicht normatives Vorgehen favorisiert, hat er am deutlichsten in einem Interview zum Ausdruck gebracht:

>»Ich bin [...] an der Befreiung des Menschen interessiert und nicht an der Veränderung des Symptoms. [...] Mein Therapieziel ist, daß der Mensch frei entscheiden kann, was für ein Leben er führen will. Wenn ich ihm helfe, sich frei zu entscheiden, ob er z. B. psychotisch sein will oder nicht, dann habe ich mein Therapieziel erreicht. Freiheit heißt für mich nicht, daß er niemals psychotisch sein kann. Die Vorstellung, die ich von Freiheit und von der Therapie habe, drückt sich im Titel meines neuen Buches aus: Der Weg aus dem Labyrinth. Es heißt nicht: die Zerstörung des Labyrinths. Ich als Therapeut kann den Menschen nicht aus seinem Labyrinth herausreißen, nein, er muß den Weg selbst finden, denn nur dann ist es sein eigener Weg. Wir können ihm den Weg aus dem Labyrinth nicht vorschreiben. [...] Ich habe gar keine Ahnung, welches der Weg heraus sein soll, aber meine Aufgabe ist, dem Patienten zu helfen, seinen Weg, nicht meinen Weg, zu finden. Es zeugt meiner Ansicht nach von höchster Arroganz, einem Menschen vorschreiben zu wollen, wie er sich verhalten soll. Alles, was ich will, läßt sich in einem Satz sagen: Der Mensch soll die Freiheit haben, sich so oder so zu verhalten« (Bettelheim 1976, 15).

Auch wenn im Zentrum von Milieutherapie alles andere steht als der Gedanke, was an einem Kind zu verändern sei, so bedeutet dies nicht den völligen Verzicht auf Vorgaben. Der im Vergleich zu ihren nichtnormativen Elementen subtilere normative Gehalt von Milieutherapie ergibt sich vielmehr aus der Summe von mindestens drei Elementen:

Auf einer sehr grundlegenden Ebene arbeitet Milieutherapie – erstens – insofern normativ, als ohne Frage selbst- und fremddestruktive Akte der Kinder und Jugendlichen unterbunden werden. Als normatives Element muß – zweitens – die an die Kinder herangetragene Erwartung angesehen werden, sich auch in der Tat ihrem jeweils erreichten Reifegrad entsprechend zu verhalten. Diese Erwartung schließt allerdings regressive Phasen ausdrücklich nicht aus (Bettelheim [1955] 1985, 21; Bettelheim 1972). Auf dieses Element hat zuletzt Manfred Gerspach (1994, 252) mit der Bemerkung hingewiesen, Bettelheim sei einer der ersten gewesen, dem es gelang, einfühlsames Verstehen mit der verbindlichen Forderung nach realitätsgerechtem Verhalten zu legieren. Der normative Gehalt von Milieutherapie kommt schließlich – drittens – in den charakteristischen Bestrebungen zum Ausdruck, dem Kind Erfahrungen zu ersparen, die es überfordern oder seiner Selbstachtung auf andere Weise schaden würden. So gesehen enthält schon das Prinzip der planvollen Umweltgestaltung und der

Ausschluß pädagogisch unerwünschter Umweltwirkungen einen ausgeprägt normativen Gehalt. Wenn die nicht-normativen Elemente von Milieutherapie in der bisherigen Rezeption stärker beachtet wurden, als die sie ergänzenden normativen, dann wohl nicht zuletzt deshalb, weil die Mehrzahl der Publikationen Bettelheims Selbstverständnis unbefragt übernimmt. Das genaue Verhältnis von normativen und nicht-normativen Elementen in der Milieutherapie kann hier nicht geklärt werden. Es sollte vielmehr darauf aufmerksam gemacht werden, daß – ähnlich wie Deweys Philosophie nur ihrem Selbstverständnis nach wertfrei ist, tätsächlich aber auch in ihr bestimmte Orientierungen vorgegeben werden – den nicht-normativen Elementen in Bettelheims Ansatz subtilere, normative korrespondieren. Die im Rahmen von Milieutherapie erzielten Erfolge müssen daher wohl nicht zuletzt in der gelungenen Vermittlung nicht-normativer und normativer Elemente gesehen werden, in der Gewährung einer weitgehenden, wenngleich sinnvoll eingegrenzten Freiheit.

9.4.2 Lernen durch Erfahrung

Wenn, wie Dewey behauptet, echte Erziehung durch Erfahrungen zustande kommt und wenn – präziser – »Erziehung eine Entwicklung von, durch und für Erfahrung ist« (Dewey [1938] 1963, 41), dann muß eine Theorie der Erfahrung das Fundament des erziehungsphilosophischen Denkens bilden. Sie wird u. a. dadurch erforderlich, daß nicht alle Erfahrungen gleichermaßen als erzieherisch wertvoll gelten können und die jeweilige pädagogische Entscheidung für bestimmte Erfahrungen begründet werden muß.

Der Erfahrungsprozeß umfaßt nach Dewey grundsätzlich ein aktives und ein passives Element. Der aktive Aspekt besagt, daß in einer jeweils bestimmten Weise auf die Umwelt eingewirkt und dadurch Erfahrung aktiv herbeigeführt wird. Das passive Element besteht im Erleiden oder Hinnehmen der Folgen der aktiven Seite der Erfahrung. Ein solcher Prozeß der Erfahrungsproduktion ist aber noch kein Lernen. Soll aus »Erfahren« »Lernen« werden, müssen zwei weitere Bedingungen erfüllt sein: es gilt erstens, »[...] das, was wir den Dingen tun, und das, was wir von ihnen *erleiden,* nach rückwärts und vorwärts miteinander in Verbindung [zu] bringen« (Dewey [1916] 1993, 187; Hervorhebung im O.) und zweitens muß die durch das Handeln hervorgerufene Veränderung auf den Handelnden selbst zurückwirken und in ihm eine Veränderung bewirken.

Bloßer Aktionismus beinhaltet demnach nach Dewey noch kein erfahrungsbezogenes Lernen. Erst die bewußte Einsicht in die Beziehung zwischen einer Handlung und ihren Folgen konstituiert Erfahrung. Diese Vermittlung erfordert immer bewußte Reflexion; Erfahrung im Sinne Deweys beinhaltet grundsätzlich ein Element des Denkens. Nur durch einen reflexiven Akt, der Handlungen und ihre Folgen vermittelt, entstehen »Bedeutungen« (Dewey [1916] 1993, 188). Erst das Denken vollendet die Erfahrung. Der Begriff der »denkenden« Erfahrung stellt damit einen Schlüsselbegriff von Deweys »philosophy of education« dar (195).

Der hier bei Bettelheim nachzuweisende Grundsatz des »Lernens durch Erfahrung« weist ins Zentrum von Milieutherapie. Dies wird im Vergleich mit der klassischen Kinderanalyse deutlich. Im Gegensatz zu ihr braucht sich Milieutherapie nicht auf symbolische Ersatzdarstellungen von Ereignissen zu beschränken. Als eine die Totalität des kindlichen Lebens umfassende Betreuungsform steht Milieutherapie – in Diagnose und Therapie – das gesamte Spektrum alltäglicher Orte und Zeiten zur Verfügung: Die Erfahrungen, mit denen sie arbeitet, sind die Alltagserfahrungen der Kinder vom Aufstehen bis zum Schlafengehen (Bettelheim [1950] 1988, 73). Nicht die Einsicht in unbewußte Motive trägt zur Lösung von Problemen bei, vielmehr erscheinen »kontinuierliche« »wiederholte« und »aktuelle« Lebenserfahrungen als das Mittel der Wahl.

Ein Beispiel soll zeigen, wie das Prinzip »Lernen durch Erfahrung« an der Orthogenic School angewendet wurde. Ein psychotischer Jungen hatte panische Angst davor, die Toilette und Wasserspülung zu benutzen. Dies änderte sich erst, als eine Mitarbeiterin demonstrativ in die Toilettenschüssel stieg und den Jungen aufforderte, sie hinunterzuspülen, was er auch mehrmals versuchte. Nach Bettelheim war es diese Erfahrung, die nicht nur einen Wendepunkt in der Beziehung des Jungen zu seiner Betreuerin bewirkte, sondern auch seine Einstellung zur Welt nachhaltig veränderte. Nach dieser Demonstration empfand der Junge seine Umwelt nicht mehr ausschließlich als verfolgend (Bettelheim 1975, 172). Beschäftigt man sich eingehender mit diesem Beispiel, so zeigt sich allerdings, daß es sich nicht nahtlos in Deweys Bestimmung erfahrungsbezogenen Lernens einfügt. Es lassen sich nämlich nicht die von ihm geforderten vier Schritte von Erfahrungslernen nachweisen. Um davon sprechen zu können, muß ein Kind – erstens – aktiv auf seine Umwelt einwirken, erleidet – zweitens – die Folgen seines Tuns, stellt – drittens – eine Verbindung zwischen beiden her und ändert schließlich – viertens – aufgrund dieser Erfahrung seine Einstellung und sein zukünftiges Verhalten. In dem genannten Beispiel ist es aber nicht das Kind selbst, das die Folgen seines Handelns erleidet, sondern seine Betreuerin. Aufgrund seiner überwältigenden

Ängste wäre es unvorstellbar gewesen, den Jungen selbst dieser Erfahrung auszusetzen. Was Dewey das aktive und passive Element der Erfahrung nennt, fällt hier auseinander. Dennoch hat diese Situation große Auswirkungen auf den Umgang des Kindes mit der Toilette, die Beziehung zu seiner Betreuerin und sein Erleben von Welt insgesamt. Durch verbale Erklärungen oder gutes Zureden allein wäre diese Wirkung nicht zu erzielen gewesen. In diesem Fall macht eine Person, die als Hilfs-Ich des Jungen fungiert, zusammen mit ihm eine Erfahrung. Das Hilfs-Ich übernimmt dabei jenen Teil des Erfahrungsprozesses, der den Jungen überfordert hätte. Ebenso wie es gestörten Kindern bei professioneller Handhabung möglich ist, die Ich-Unterstützung im Rahmen eines marginalen Interviews nach Redl so zu verwerten, als handele es sich um eine eigene Ich-Leistung (Bettelheim [1950] 1988, 44), scheint auch erfahrungsbezogenes Lernen mit Unterstützung eines Hilfs-Ichs möglich zu sein. Die Auslagerung eines oder mehrerer Schritte des Erfahrungsprozesses auf ein Hilfs-Ich erlaubt die Anwendung in der Arbeit mit extrem Ich-schwachen Kindern.

Das Beispiel fügt sich darüber hinaus nicht in Deweys Schema ein, weil das Kind nicht absichtlich und zielgerichtet auf seine Umwelt einwirkt, sondern von Ängsten und unbewußten Motiven getrieben wird. Aufgrund seiner entschieden rationalen Ausrichtung meint Lernen durch Erfahrung bei ihm Lernen durch *bewußte* Erfahrung. Bestimmte Dewey im ersten Teil von *Demokratie und Erziehung* das Ziel von Erziehung als »Verbesserung der Qualität von Erfahrung« (Dewey [1916] 1993, 25) so tritt seine rationale Ausprägung des Begriffs in der gegen Ende des Buches vorgenommenen Präzisierung deutlich zutage. Hier bestimmt er das Ziel von Erziehung ausdrücklich als »intensifying and enlarging the scope of *concious* [!] experience« (zit. nach Bohnsack 1976, 150; Hervorhebung: F.-J. K.). Obwohl Dewey Erkenntnisse der Freudschen Psychoanalyse bekannt waren – Bemerkungen in seiner Einführung in die Sozialpsychologie *Die menschliche Natur. Ihr Wesen und ihr Verhalten* (Dewey 1931) belegen das – hat er die Bedeutung triebhafter oder unbewußter Mechanismen als Einschränkung vernünftigen Handelns nie akzeptiert (Apel 1974, 201). Bei ihm ist es daher auch ausdrücklich das Denken, das eine Erfahrung vollendet. Dagegen konstituiert sich Erfahrung in den genannten Beispielen aus der Milieutherapie primär gerade nicht durch die rationale Einsicht in eine Handlung und ihre Folgen, sondern durch die damit verbundenen Gefühle auf der Grundlage einer engen personalen Beziehung. Analog zu Deweys »denkender« (Lern)Erfahrung müßte in der Milieutherapie von einer »gefühlten« (Beziehungs)Erfahrung gesprochen werden. Diese Bestimmung verweist darauf, daß Milieutherapie auch hier auf einer elementareren Ebene als die Progressive Education ansetzen muß. Während Dewey die Erfahrungsfähigkeit seiner Schüler voraussetzen konnte, muß man bei den Schülern der Orthogenic School von einer durch traumatische Erfahrungen zerstörten oder nie entwickelten Erfahrungsfähigkeit im Sinne Deweys ausgehen.

9.5 Resümee: Milieutherapie als Synthese modifizierter psychoanalytischer Positionen und der Progressive Education Deweys

Erste allgemeine Hinweise auf die Bedeutung Deweys für Bettelheim ergab bereits die lebensgeschichtliche Annäherung. Die daran anschließende Rekonstruktion von Bettelheims ausdrücklicher Dewey-Rezeption konnte den Einfluß bestätigen und präzisieren. Dewey wird von Bettelheim als Gewährsmann für die Bedeutung des Realitätsprinzips in der Pädagogik, sowie für die Notwendigkeit eines erfahrungsbezogenen Lernens herangezogen. In einem kursorischen Vergleich ausgewählter Aspekte der Schultheorien beider Pädagogen konnte ich sodann belegen, daß die Bedeutung Deweys weit über diese beiden Punkte hinausreicht. Die überaus große Bedeutung, die der schulischen Lernumwelt von ihm zugesprochen wird, läßt sich analog im Konzept von Milieutherapie nachweisen. Der vorgenommene Vergleich der Schultheorien beider Pädagogen ließ aber auch eine zentrale – durch die unterschiedlichen Schülerschaften der Dewey und Orthogenic School bedingte – Differenz erkennen. Im Vergleich zur Progressive Education bewegt sich Milieutherapie lange Zeit – wenn nicht ausschließlich – auf der elementaren Ebene des *Leben lernens*. Bei Dewey hingegen steht das *Lernen lernen* im Zentrum. Dies ist auch der Grund, warum der personale Bezug in Bettelheims Konzept eine ungleich höhere Bedeutung einnimmt. Mit Hilfe konstruktiver menschlicher Beziehungen wird im Rahmen von Milieutherapie im günstigsten Fall Erfahrungsfähigkeit im Sinne Deweys erst wieder hergestellt.

Die von den besonderen Störungen seiner Klienten diktierten Modifikationen progressiver Positionen machen zweierlei deutlich. Erstens: Nicht nur im Hinblick auf die Psychoanalyse, sondern auch im Zusammenhang mit der Pädagogik Deweys muß bei Bettelheim von *modifizierten Positionen* gesprochen werden. Zweitens: Im Kontext der von Bettelheim vorgenommenen Modifikationen tritt deutlich zutage, daß die Theorie und Praxis von Deweys Progressive Education – trotz ihrer entschiedenen sozialen Ausrichtung – im Grunde allgemeine Erziehungsphilosophie und allgemeine Pädagogik bleiben. Den naheliegenden Schritt zu einer *Sozial-* oder *Heil*pädagogik hat er nicht vollzogen. Da schwere und schwerste Störungen ausdrücklich im Zentrum von Bettelheims Arbeit stehen, muß seine Anwendung und Modifikation der Progressive Education als eine umfassende Form der Rezeption angesehen werden, die die Übertragung des Ansatzes in ein pädagogisch-therapeutisches Arbeitsfeld einschließt.

Wie läßt sich nun Bettelheims Synthese modifizierter psychoanalytischer und modifizierter Positionen der Progressive Education – wie es jetzt präzise heißen muß – auf einen Begriff bringen? Eine erste annäherungsweise Bestimmung kann lauten: Bettelheim vertieft Deweys Ansatz um die tiefenpsychologische Dimension. Dadurch überwindet er mit dem pragmatischen Rationalismus und Fortschrittsoptimismus zugleich, was in der kritischen Dewey-Literatur »problem-solving-attitude« genannt wurde (zit. nach Bohnsack 1976, 453).

Lernen aus Erfahrung bedeutet bei Bettelheim mehr als die rationale Durchdringung eines Problems. Vielmehr und in erster Linie handelt es sich um einen emotionalen Lernprozeß, in dem es Widerstände zu überwinden sowie Übertragungs- und Gegenübertragungs-Phänomenen auf die Spur zu kommen gilt. Dies ist etwas ganz anderes als Deweys naturwissenschaftlich orientierter Ansatz von Problemlösung.

Deweys pragmatische Pädagogik beruht maßgeblich auf seinem Glauben an den menschlichen Verstand. Sein Menschenbild sieht vor, daß der Verstand in der Lage ist, sowohl die Verhaltensformen und Gewohnheiten wie auch die Spontaneität des Menschen, die sich als Lebensdrang äußert, zu steuern. Die Vernunft ist die große Gabe des Menschen, mit deren Hilfe er nicht nur sein eigenes Geschick in den Griff bekommen, sondern auch den Lauf der Geschichte beeinflussen kann. Bei Dewey ist das »Ich« noch Herr im eigenen Haus. Entscheidend an seinem Vernunftbegriff ist nun, daß dieser die Rücksicht auf die Interessen anderer immer schon enthält. Wie schon Baumgarten (1937, 330) eingewendet hat, muß daher der Eindruck entstehen, »[...] als ob Vernunft – das Wissen des Ichs um das Du – alle Arten der Gewaltsamkeit, der Grenzüberschreitung des Ichs gegen das Du gleichsam logisch verböte und ausschlösse.« Damit hat der demokratische Pragmatist die bloße Möglichkeit vernünftigen, rücksichtsvollen, moralischen Verhaltens in den Rang einer Tatsache erhoben, eine Tatsache, die in seinem Denken die Voraussetzung gleichermaßen für Demokratie und Erziehung bildet.

Diese eindimensionale Wahrnehmung der menschlichen Natur muß aus tiefenpsychologischer Perspektive naiv-aufklärerisch anmuten. An die Stelle von Deweys Fortschrittsoptimismus und Glaube an die Vernunft tritt daher bei Bettelheim auch eine tiefe Freudsche Skepsis. In der täglichen Konfrontation mit massiv gestörten Kindern war nicht möglich, was Kritiker Dewey vorgehalten haben: der Erfahrung der Unausweichlichkeit menschlichen Leids, der Sinnlosigkeit und der Destruktivität im menschlichen Leben aus dem Weg zu gehen (zit. nach Bohnsack 1976, 542). Deweys »Meliorismus« habe ihn vor der Einsicht in die Abgründe menschlicher Erfahrung abgehalten. Das Tragische, Dämonische, Irrationale des menschlichen Lebens – den »Griff unbewußter Furcht, Ängste und Schuld – [die] persönliche Begegnung mit der 'dunklen Nacht der Seele'« wird man daher in seinen Schriften vergeblich suchen (Ulich 1967, 81; Wirth 1966, 279). Am Begriff des Todestriebes spitzt sich diese Differenz zwischen pragmatischer und tiefenpsychologischer Perspektive zu. Daß der Begriff oder ein Äquivalent im pragmatischen Denken ohne Ort ist, versteht sich nach dem Gesagten fast von selbst. Bettelheim hingegen radikalisiert den Freudschen Begriff des Todestriebes. Die Freudsche Todestrieb*hypothese* avanciert bei ihm zu einer feststehenden Tatsache des menschlichen Innenlebens. Konnte Dewey der Schattenseite des menschlichen Lebens ausweichen, so drängte sich diese Bettelheim in der täglichen Arbeit auf. Auf ihn trifft damit zu, was Federn (1989) in allgemeiner Form zum Ausdruck brachte: Die durchaus umstrittene Todestriebhypothese fand gerade unter jenen Analytikern Anklang, die mit schweren Pathologien arbeiteten. Nicht ohne einen gewissen Trotz bewahrt sich der Analytiker aber auch einen Funken – wie mir scheint – pragmatischen Optimismus. Deutlich kommt dieser im folgenden Diktum Bettelheims zum Ausdruck, das dieses Kapitel beschließen soll: »Ich glaube an den Menschen, ich weiß ja, das ist ein Irrglaube, aber trotzdem« (Bettelheim 1980b, 127).

Literatur

Angres, R. (1990): Who, Really, Was Bruno Bettelheim? Commentary, 90, (4), 26–30
Apel, H.-J. (1974): Theorie der Schule in einer demokratischen Industriegesellschaft. Rekonstruktion des Zusammenhangs von Erziehung, Gesellschaft und Politik bei John Dewey. Düsseldorf
Badinter, E. (1981): Die Zweideutigkeiten des Schuldgefühls oder die Schrecken der Zurückweisung. Le Matin de Paris vom 16. Dezember, 28–29
Bauer, A. (1993): »Totenstarre« der Lebenden. Wenn das Kind vor mir das Kind in mir anspricht. In: Büttner, Ch./Elschenbroich, D./Ende, A. (Hrsg.): Kinderbilder – Männerbilder: Wahrnehmung und Selbstwahrnehmung von Kindern und Jugendlichen. Jahrbuch der Kindheit, Bd. 10. Weinheim; Basel, 126–139
Baumgärtner, A. C. (1987): »Ach, du bist's, alter Wasserpatscher ...« Zur aktuellen Rezeption Grimmscher Märchen. In: Baumgärtner, A. C./Maier, K. E. (Hrsg): Mythen, Märchen und moderne Zeit. S. 43–55. Würzburg
Baumgarten, E. (1937): Der Pragmatismus. Frankfurt/M.
Becker, St./Roller, A./Jünger, H. (1979): Perspektiven psychoanalytischer Sozialarbeit mit schwerst gestörten Kindern. Neue Sammlung, 19, 88–110
Becker, St. (1984): Säuglingspflege und Behandlung psychotischer Patienten – Ähnlichkeit und Differenz. Spezielle Probleme in der Handhabung therapeutischer Regression. In: Lempp, R.: Psychische Entwicklung und Schizophrenie. S. 125–132. Bern, Stuttgart, Toronto
Becker, St. (1993): Die Weiterentwicklung der Psychoanalytischen Pädagogik zur Psychoanalytischen Sozialarbeit. Psychosozial, 16, H. 1, 109–112
Becker, St. (1994): Die Bedeutung Bruno Bettelheims für die psychoanalytische Sozialarbeit in Deutschland. In: Kaufhold, R. (Hg.): Annäherung an Bruno Bettelheim. S. 237–243. Mainz
Benrubi, I. (1933): Pestalozzi und Rousseau. Deutsche Vierteljahresschrift für Literaturwissenschaft, Halle, 11. Jhg., 294–328
Bernfeld, S. (1919): Das jüdische Volk und seine Jugend. Wien
Bernfeld, S. ([1925] 1973): Sisyphos oder die Grenzen der Erziehung. Frankfurt/M.
Bernfeld, S. ([1921] 1996): Kinderheim Baumgarten. Bericht über einen ernsthaften Versuch mit neuer Erziehung. In: Herrmann, U. (Hrsg.): Siegfried Bernfeld, Sämtliche Werke Bd. 11, Sozialpädagogik, 9–155. Weinheim und Basel
Bernstein, R. (1990): Accusations of Abuse Haunt the Legacy of Dr. B. Bettelheim. The New York Times, 4. 11. 1990
Bettelheim, B. (1947): The Concentration Camp as a Class State. Modern Review, 1, October. S. 628 ff.
Bettelheim, B. (1948): The Special School for Emotionally Disturbed Children. In: Henry, N. B. (Ed.): The 47th Yearbook of the National Society for the Study of Education. S. 145–171. Chicago

Bettelheim, B. (1948a): Closed Institutions for Children? Bulletin of the Menniger Clinic, 12, 135–142

Bettelheim, B. (1948b): Somatic Symptoms in Super-Ego Formation. Am. Journal of Orthopsych. 18, 649–658

Bettelheim, B. (1948c): The Special School for Emotionally Disturbed Children. In: Henry, N. B. (Ed.): Juvenile Delinquency and the Schools. S. 145–171. Chicago

Bettelheim, B. (1949): Review of Mitscherlich, A.: Doctors of Infamy – The Story of the Nazi Medical Crimes. New York 1949. Am. Journal of Sociology, 55, 214–215

Bettelheim, B. (1949a): A Psychiatric School. Quarterly Journal of Child Behavior, 1, 86–95

Bettelheim, B. (1949b): On the Rehabilitation of the Offender. In: Federal Probation. Vol. 13, December, 5–15. Washington, DC.

Bettelheim, B. (1949c): Harry – A Study in Rehabilitation. J. of Abnormal and Social Psychology, 44, 231–265

Bettelheim, B. ([1954] 1990c): Die symbolischen Wunden. Pubertätsriten und der Neid des Mannes. Frankfurt/M.

Bettelheim, B. (1955): Truants from Life. Glencoe, Ill.

Bettelheim, B. (1964): Woman. Emancipation is Still to Come. New Republic, 151, November (19), 48–58

Bettelheim, B. (1957): Review of Jones, E.: The Life and Work of Sigmund Freud. Vol. 1 and 2. New York 1953, 1955. American Journal of Sociology, 62, (1), 418–420

Bettelheim, B. ([1962] 1989c): Gespräche mit Müttern. München. 9. Aufl.

Bettelheim, B. (1965): Early ego development in a mute autistic child. Bulletin of the Philadelphia Psychoanalytic Association, 15, 3, 127–136

Bettelheim, B. (1966): Training the Child-Care Worker in a Residential Center. American Journal of Orthopsychiatry. Vol. XXXVI, No.4, 694–705

Bettelheim, B. (1968): Where Self Begins. Child and Family, 7, Winter, 5–12

Bettelheim, B. (1968a): Replik auf die Besprechung von Meritt. American J. of Orthopsych. 38, 930–933

Bettelheim, B. (1969): The Education of Emotionally and Culturally Deprived Children. In: Ekstein, R./Motto, R. L.: From Learning for Love to Love of Learning. S. 235–244. New York

Bettelheim, B. (1971): Contemporaries. Bruno Bettelheim Ph. D. (Interview). Modern Medicine, 39, H. 18, 18–31

Bettelheim, B. ([1971] 1979): About the Sexual Revolution. In: Surviving and Other Essays. Ney York

Bettelheim, B. (1972): Regression as Progress. In: Giovacchini, P. (Ed.): Tactics and Techniques in Psychotherapy. S. 189 ff. New York

Bettelheim, B. (1975): Der Weg aus dem Labyrinth. Leben lernen als Therapie. Stuttgart

Bettelheim, B. (1975a): Die Rehabilitierung emotional gestörter Kinder. Neue Sammlung, 15, (1), 2–14

Bettelheim, B. (1975b): Food to Nurture the Mind. School Review, 83 (3) 433–448

Bettelheim, B. (1976): Autismus und Psychoanalyse (Interview). Psychologie heute, 3, (2) 12–18
Bettelheim, B. ([1976] 1990b): Kinder brauchen Märchen. 5. Aufl. Stuttgart
Bettelheim, B. (1979): Gespräch zwischen B. Bettelheim, G. Heinsohn und E. Klinnert, WDR, Köln
Bettelheim, B. (1980): Erziehung zum Überleben. Stuttgart
Bettelheim, B. (1980a): Schizophrenie als Reaktion auf Extremsituationen. In: Bettelheim (1980), 126–139
Bettelheim, B. (1980b): Eltern und Kinder müssen wieder lernen, ihre Probleme in der Familie zu lösen (Interview). Bild der Wissenschaft, 17, 9, 118–127
Bettelheim, B. (1980c): Der Einfluß der Umwelt auf die Entwicklung des Kindes. In: Burkhardt, Linde (Hrsg.): »... und wie lebst Du?« S. 117–124. Berlin
Bettelheim, B. (1981): Unsere Kinder, die kleinen Idioten (Interview). Betrifft Erziehung, 14, H. 10, 30–39
Bettelheim, B. ([1982] 1986): Freud und die Seele des Menschen. München
Bettelheim, B. ([1955] 1985): So können sie nicht leben. München
Bettelheim, B. (1986a): Persönliche Autonomie in der Massengesellschaft. Vortrag vom 9. April im Rahmen der Vortragsreihe »Ein Jahrhundert wird besichtigt«. Herausgegeben von der Robert Bosch Stiftung. S. 31 Stuttgart
Bettelheim, B. (1987): Eltern müssen nicht perfekt sein. In: Psychologie Heute, 14, (10) 28–32
Bettelheim, B. (1987a): The Therapeutic Milieu. In: Zeig, J.K. (Ed.): The Evolution of Psychotherapy. S. 223–231. New York
Bettelheim, B. (1988): Kulturtransfer von Österreich nach Amerika, illustriert am Beispiel der Psychoanalyse. In: Stadler, F. (Hrsg.): Vertriebene Vernunft II. Emigration und Exil österreichischer Wissenschaft. S. 216–220. Wien, München
Bettelheim, B. ([1950] 1988): Liebe allein genügt nicht. Stuttgart. 6. Aufl.
Bettelheim, B. (1988a): Ein Leben für Kinder. Erziehung in unserer Zeit. Stuttgart
Bettelheim, B. ([1960] 1989): Aufstand gegen die Masse. Frankfurt/M.
Bettelheim, B. ([1967] 1989a): Die Geburt des Selbst. The Empty Fortress. Frankfurt/M.
Bettelheim, B. (1990): Themen meines Lebens. Stuttgart
Bettelheim, B. ([1969] 1990a): Die Kinder der Zukunft. Gemeinschaftserziehung als Weg einer neuen Pädagogik. 8. Aufl. Heidelberg
Bettelheim, B. (1990d): Zwei Freud-Porträts: I. Konterfei ohne Tiefenschärfe. In: Themen meines Lebens. Stuttgart 1990, 50–59
Bettelheim, B./Ekstein, R. ([1990] 1994): Das letzte Gespräch zwischen B. Bettelheim und R. Ekstein. Grenzgänge zwischen den Kulturen. In: Kaufhold, R. (1994), 49–60
Bettelheim, B./Fremon, C. ([1991] 1994): Liebe und Tod. Ein Gespräch zwischen C. Fremon und B. Bettelheim. In: Kaufhold, R. (Hrsg.) (1994), 99–111. Mainz
Bettelheim, B./Hermann, I. (1993): Erziehung zum Leben. Gespräch zwischen I. Hermann und B. Bettelheim in der Sendereihe »Zeugen d. Jahrhunderts«. Göttingen

Bettelheim, B./Janowitz, M. (1949): Ethnic Tolerance: A Function of Social and Personal Control. The American Journal of Sociology, 55, September, 137–145

Bettelheim, B./Janowitz, M. (1950): Dynamics of Prejudice: A Psychological and Sociological Study of Veterans. New York

Bettelheim, B./Janowitz, M. (1950): Prejudice. The Scientific American, 183, October, (4) 11–13

Bettelheim, B./Janowitz, M. (1950): Reactions to Facist Propaganda – A Pilot Study. The Public Opinion Quarterly, 14, Spring, 53–60

Bettelheim, B./Karlin, D.: ([1975] (1984): Liebe als Therapie. München

Bettelheim, B./Klann-Delius, G./Delius, F. C. (1987): Kinder brauchen Monster. Aus einem Gespräch mit dem Psychoanalytiker Bruno Bettelheim über das Leben heute. Frankfurter Rundschau vom 13. Oktober

Bettelheim, B./Rosenfeld, A. A. (1993): The Art of the Ovious: New York

Bettelheim, B./Rosenfeld A. A. (1993): Kinder brauchen Liebe. Stuttgart

Bettelheim, B./Sanders, J. (1979): Milieu-Therapy: The Orthogenic School Model. In: Noshpitz, J. (Ed.): Basic Handbook of Child Psych. New York, Vol 3, S. 216–230

Bettelheim, B./Steiner, G. (1987): Freud – For or Against? In: Bourne, B./Eichler, U./Herman, D. (Eds.): Voices. Psychoanalysis. Channel 4 Television Series, Nottingham

Bettelheim, B./Sylvester, E. (1948): Therapeutic Influence of the Group on the Individual. The American Journal of Orthopsychiatry, 17, 684–692

Bettelheim, B./Sylvester, E. (1949): A therapeutic milieu. The American Journal of Orthopsychiatry, 18, 191–206

Bettelheim, B./Sylvester, E. (1949a): »Milieu Therapy« – Indications and Illustrations. The Psychoanalytic Review, 36, 54–68

Bettelheim, B./Wright, B. (1955): Staff Development in a Treatment Institution. The American Journal of Orthopsychiatry, 25, 705–719

Bettelheim, B./Zelan, K. (1982): Kinder brauchen Bücher. Lesen lernen durch Faszination. 2. Aufl. Stuttgart

Birkemeier, M. (1953): Dr. Maria Montessori. Unsere Schule, H. 1, 16–25

Bieniussa, P. (1986): Heimliche Regeln pädagogischen Handelns. Die Regulation des Selbstwertgefühls im Alltag der Heimerziehung. Weinheim und Basel

Bittner, G. (1981): Das Selbst – ein neues tiefenpsychologisches Konzept. In: Bittner, G. (Hg.): Selbstwerden des Kindes. Ein neues tiefenpsych. Konzept. S. 12–39. Fellbach

Blum-Maurice, R./Wedekind, E. (1980): Möglichkeiten und Grenzen eines Modellheimes. Das pädagogisch-therapeutische Jugendheim »Haus Sommerberg«. In: Neue Praxis, 10, H. 1, 106 ff.

Böhm, W. (1969): Maria Montessori. Bad Heilbrunn

Böhm, W. (1985): Theorie und Praxis. Würzburg

Böhnisch, L./Münchmeier, R. (1990): Pädagogik des Jugendraums. München

Bohnsack, F. (1964): John Deweys Theorie der Schule. Pädagogische Rundschau, 18, 249–271

Bohnsack, F. (1976): Erziehung zur Demokratie. John Deweys Pädagogik und ihre Bedeutung für die Reform unserer Schule. Ravensburg

Bohnsack, F. (1984): Dewey in Bielefeld. Pädagogische Rundschau, 38, 71–76

Bollnow, O. F. (1959): Maria Montessori. In: Bollnow, O. F.: Existenzphilosophie und Pädagogik. S. 52–59. Stuttgart

Brandt, L. W. (1961): Some Notes on English Freudian Terminology. Journal of the American Psychoanalytic Association, 9, 331–339

Brandt, L. W. (1972): Mindless psychoanalysis. Contemporary Psych. 17, 189–191

Brandt, L. W. (1977): Psychoanalyse vs psychoanalysis: tradutore, traditore ... Psyche, 31, 1045–1051

Brull, F. H. (1975): A reconsideration of some translations of Sigmund Freud. Psychotherapy: Theory, Research and Practice, 12, 273–279

Buhmann, C. (1990): Bonneuil – ein Ort zum Leben für Kinder in Schwierigkeiten. Arbeitshefte Kinderanalyse 11/12, August, 9–28

Carey, C. (1977): Bruno Bettelheim in person. San Francisco Review of Books, Sept.

Caudill, W. (1958): The Psychiatric Hospital as a Small Society. Boston

Ciompi, L. (1982): Affektlogik. Stuttgart

Clark, D. H. (1964): Administrative Psychiatry. London

Cleaver, L. (1997): Zur Aktualität Bruno Bettelheims. Ein persönlicher Bericht. In: Krumenacker, F.-J. (Hrsg.) (1997): Liebe und Haß in der Pädagogik. S. 19–42. Freiburg/Br.

Coen, S. (1988): How to Read Freud: A Critique of Recent Freud Scholarship. Journal of the American Psychoanalytic Association, 36, 483 ff.

Cohler, B. J./Taber, S. E. (1993): Residential College as Milieu: Person and Environment in the Transition to Young Adulthood. Residential Treatment for Children and Youth, Vol. 10, No. 3, 69–110

Colla, H. E. (1982): Heimerziehung. München

Coles, R. (1975): A Hero of Our Time. In: Coles, R.: The Mind's Fate. Ways of Seeing Psychiatry and Psychoanalysis. S. 137–141. Boston

Coser, L. A. (1984): Bruno Bettelheim (1903–): Psychotherapist and Cultural Critic. In: Coser, L. A.: Refugee Scholars in America. S. 63–68. New Haven, London

Coseriu, E. (1977): Tradition und Neuerung. Jahrbuch der Heidelberger Akademie der Wissenschaften für das Jahr 1977, 107 ff.

Craig, W. C. (1992): A Case Study in Psychoanalytic Treatment: Bettelheim on Autism. In: Craig, W. C.: Theories of Development. Concepts and Applications. New York

Dahl, J. (1974): Einrede gegen die Mengenlehre, Einrede gegen die Mobilität, Einrede gegen Plastic. Ebenhausen bei München

Darnton, N. (1990): »Benno Brutalheim«? A Revered Child Psychologist Comes Under Attack for Abusive Methods. Newsweek, September 10, 57–58

Dempsey, D. (1970): Bruno Bettelheim Is Dr. No. The New York Times Magazine, January 11, 22–23, 107–111

Dewey, J. (1905): Drei Jahre der Universitäts-Elementarschule. In: Dewey, J.: Schule und öffentliches Leben. S. 57–72. Berlin

Dewey, J. (1931): Die menschliche Natur. Ihr Wesen und ihr Verhalten. Stuttgart und Berlin
Dewey, J. (1935): Die Quellen einer Wissenschaft von der Erziehung. In: Dewey, J./Kilpatrik, W. H.: Der Projekt-Plan. Grundlegung und Praxis. S. 102–141. Weimar
Dewey, J. [1938] (1963): Erfahrung und Erziehung. In: Dewey, J./Handlin, O./Correll, W.: Reform des Erziehungsdenkens. S. 28–97. Weinheim
Dewey, J. [1922] (1974): Der Mensch und sein Verhalten. In: Dewey, J.: Psychologische Grundfragen der Erziehung. München, Basel
Dewey, J. (1986): Erziehung durch und für Erfahrung. Stuttgart
Dewey, J. [1916] (1993): Demokratie und Erziehung. Eine Einleitung in die philosophische Pädagogik. Weinheim und Basel
Eissler, K. (1965): Medical Orthodoxy and the Future of Psychoanalysis. New York
Ekstein, R. (1967): Lili E. Peller's Psychoanalytic Contributions to Teaching. Reiss-Davis Clinic Bulletin, Bd. 4, Nr. 1, 6 ff.
Ekstein, R. ([1990] 1994): Mein Freund Bruno (1903–1990). In: Kaufhold, R. (Hg.) (1994): Annäherung an Bruno Bettelheim. S. 87–94. Mainz
Federn, E. (1989): Todestrieb und Eros. Psychosozial, 12. Jg. H. 37, 18–21
Federn, E. (1994): Bruno Bettelheim und das Überleben im Konzentrationslager. In: Kaufhold, R. (Hrsg.) (1994) S. 125–127
Federn E. (1994a): Persönliche Mitteilung vom 28. 11. 1994
Federn E. (1994b): Persönliche Mitteilung vom 20. 12. 1994
Fermi, L. (1971): Bruno Bettelheim. In: Fermi, L.: Illustrious Immigrants – The Intellectual Migration Europe 1930–1941. Chicago.
Feuling, M. (1991): Be-Mangeln. Der Mangel als wirksames Moment in der institutionellen Betreuung psychotischer Menschen. Fragmente, Nr. 37, 143 ff.
Fink, H. (1991): Eine Erwiderung auf Bruno Bettelheims Buch »Freud and Man's Soul«. Jahrbuch für Psychoanalyse, 27, 243–256. Stuttgart
Finzen, A. (1983): Balanceakt zwischen Normalität und Extremsituation. Frankfurter Allgemeine Zeitung, 25. August
Fisher, D. J. (1991): Cultural Theory and Psychoanal. Tradition. New Brunswick, London
Fisher, D. J. (1991a): Psychoanalytic Cultur Criticism and the Soul. In: Fisher, D. J. (1991), S. 139–157
Fisher, D. J. (1991b): A Final Conversation with Bettelheim. In: Fisher, D. J. (1991), S. 177–183
Fisher, D. J. (1991c): The Psychoanalytic Movement. Bruno Bettelheim's Achievement. Free Associations. Vol. 2, Part 2 (Number 22), S. 191–201. London
Fisher, D. J. (1994): Hommage für Bettelheim. In: Kaufhold, R. (Hrsg.) (1994), S. 95–98
Foucault, M. (1976): Die Geburt der Klinik. München
Foucault, M. (1977): Überwachen und Strafen. Frankfurt/M.
Frattaroli, E. (1992): Orthodoxy and Heresy in the History of Psychoanalysis. In: Szajnberg, N. M. (Ed.) (1992): Educating the Emotions: Bruno Bettelheim and psychoanalytic development. S. 121–150. New York

Frattaroli, E. (1994): Bruno Bettelheims unrecognizes contribution to psychoanalytic thought. Psychoanalytic Review, Vol. 81, No. 3, 377–409
Fremon, C. (1994): Liebe und Tod. Ein Gespräch zwischen Bruno Bettelheim und Celeste Fremon. In: Kaufhold, R. (Hrsg.) (1994), S. 99–111
Freud, A. ([1936] 1987): Das Ich und seine Abwehrmechanismen. Die Schriften der Anna Freud, Bd. I. S. 193–355. München
Freud, A. (1980): Einführung in die Psychoanalyse für Pädagogen. Die Schriften der Anna Freud, Bd. I. München
Freud, S. (1915): Das Unbewußte. GW X, S. 264 ff. Frankfurt/M.
Freud, S. (1900): Die Traumdeutung. Studienausgabe Bd. II. Frankfurt/M.
Freud, S. (1910): Eine Kindheitserinnerung des Leonardo da Vinci. GW, Bd. 8. Frankfurt/M.
Freud, S. (1919): Wege der psychoanalytischen Therapie. Studienausgabe. Ergänzungsband. Frankfurt/M.
Freud, S. ([1936] 1987): Sigmund Freud – Oskar Pfister, Briefe 1909 – 1939. Frankfurt/M.
Freud, S. (1930): Das Unbehagen in der Kultur. Studienausgabe Bd. X. Frankfurt/M.
Freud, S. (1932): A Note on the Unconscious in Psychoanalysis. Standard Edition. Bd. 12. London. New York
Freud, S. (1933): Neue Folge zur Einführung in die Psychoanalyse. Studienausgabe Bd. I. Frankfurt/M.
Frischenschlager, U./Mayr, W. (1982): Bettelheims Orthogenic School. In: Erzieherpersönlichkeit und Handlungskompetenz. S. 227–248. Diss. Tübingen
Frise, M. (1990): Der Erzieher. Zum Tod B. Bettelheims. Frankfurter Allgemeine Zeitung, 15. März
Gay, P. (1989): Freud. Eine Biographie für unsere Zeit. Frankfurt/M.
Gerspach, M. (1994): Georg, der Ausreißer. Bruno Bettelheims Anregungen für die Heilpädagogik. In: Kaufhold, R. (Hrsg.) (1994), S. 244–256
Göppel, R. (1995): Bruno Bettelheim. In: Fatke, R./Scarbath, H. (Hrsg.): Pioniere psychoanalytischer Pädagogik. S. 109 ff. Frankfurt/M.
Goffman, E. ([1961] 1973): Asyle. Über die soziale Situation psychiatrischer Patienten und anderer Insassen. Frankfurt/M.
Goleman, D. (1990): Bruno Bettelheim Dies at 86; Psychoanalyst of Vast Impact. New York Times, 14. März
Groothoff; H.-H. (1971): Philosophie und Pädagogik. In: Ellwein, T./Groothoff, H.-H./Rauschenberger, H./Roth, H.: Erziehungswiss. Handbuch, III/1, Berlin
Grossman, R. (1990): Solving the puzzle that was Bruno Bettelheim. The Chicago Tribune, November 11, Section 5, pp. 1 and 9
Gudjons, H. (1971): Gesellschaft und Erziehung in Pestalozzis Roman »Lienhard und Gertrud«. Weinheim und Basel
Guyer, W. (1975): Pestalozzi aktueller denn je. Zürich
Hartmann, H. ([1950] 1974): Bemerkungen zur psychoanalytischen Theorie des Ichs. In: Kutter, P./Roskamp, H. (Hrsg.): Psychologie des Ich. S. 185–214. Darmstadt
Hegg, S. (1957): Pestalozzis Auffassung vom Seelenleben des Kindes und des Jugendlichen. Dissertation. Bern

Heiland, H. (1992): Maria Montessori. Reinbeck
Henry, J. (1954): The Formal Social Structure of a Psych. Hospital. Psychiatry, 17, 139–151
Henry, J. (1957): Types of Institutional Structure. Psychiatry, 20, 47–60
Henry, J. (1957a): The Culture for Emotionally Disturbed Children. In: The American Journal of Orthopsychiatry, 27, S. 725–734
Herrmann, U. (1994): Nachwort zu Bernfeld, S.: Sämtliche Werke, Bd. 2, Jugendbewegung und Jugendforschung, Schriften 1909–1930, S. 481–497
Heun, H. D./Wiesenhold-Heun, D. (1991): Sozialpädagogik und Heimerziehung. In: Roth, L. (Hrsg.): Handbuch der Pädagogik. S. 612–628. München
Horn, K. (1965): Rezension von Bettelheim, B.: Aufstand gegen die Masse. Die Chance des Individuums in der modernen Gesellschaft. München 1964. Psyche, (8), 819–823
Hülshoff, R. (1959): Das Problem der Du-Beziehung im Gedanken des »Hausglücks« bei Pestalozzi. Freiburg/Br.
Ignatieff, M. (1990): Die Einsamkeit der Überlebenden. Lettre International, 9, 98
Int. Gesell. f. Heimerziehung (Hrsg.) (1974): Heimerziehung und Heimplanung. Frankfurt/M.
Jacoby, R. ([1975] 1978): Soziale Amnesie. Frankfurt/M.
Jacoby, R. (1985): Die Verdrängung der Psychoanalyse. Frankfurt/M.
Janowitz, M. (1979): Bettelheim, Bruno. Biographical Supplement to the International Encyclopedia of the Social Sciences. S. 59–63. New York
Jatich, A. (1991): Leserbrief an Commentary. 91, (2), 9–10
Jatich, A. (1991a): Concerning Bettelheim (Letter to the Ed.). Society, 28, No. 5, 6 ff.
Jones, E. (1984): Sigmund Freud. Leben und Werk. München
Jones, M. (1976): Prinzipien der therapeutischen Gemeinschaft. Bern
Junker, H. (1991): Von Freud in den Freudianern. Essays. Tübingen 1990
Jurgensen, G. ([1976] 1987): Die Schule der Ungeliebten. München
Kaufhold, R. (1988): Bruno Bettelheim und der »Mythos« der Schuldfrage. Zeitschrift für Heilpädagogik 12, 88, 720–726
Kaufhold, R. (Hrsg.) (1993): Pioniere der Psychoanalytischen Pädagogik: Bruno Bettelheim, Rudolf Ekstein und Ernst Federn. Psychosozial, 16, H. 1, Nr. 54
Kaufhold, R. (Hrsg.) (1994): Annäherung an Bruno Bettelheim. Mainz
Kaufhold, R./Rügemer, W. (1991): Psychoanalyse, Kindererziehung und das Schicksal der Juden. Die Lebensbilanz des jüdischen Psychoanalytikers Bruno Bettelheim. Psychosozial, 14. Jhg., Heft 3, Nr. 47, 99–109
Kautsky, K. (1948): Teufel und Verdammte. Frankfurt/M.
Kermode, F. (1983): Freud is better in German. The New York Times Book Review, February 6, 9, 25
Klafki, W. (1978): Die Aktualität der Pädagogik John Deweys. Zum Dewey-Buch von Fritz Bohnsack. Zeitschrift für Pädagogik, 24, Nr. 5, 781–793
Klafki, W. (1992): Pestalozzi über seine Anstalt in Stans. Mit einer Interpretation von Wolfgang Klafki. 6. Aufl. Weinheim und Basel
Klee, E. (1955): Die Familienerziehung bei Pestalozzi. Zürich
Klüwer, K. (1971): Heimerziehung im Wandel der Gesellschaft. In: Gruppenpsychotherapie und Gruppendynamik, 5, 96 ff.

Kohut, H. (1976): Creativeness, charisma, group psychology: Reflections on the self-analysis of Freud. In: Gedo, E./Pollock, G. H. (Eds.): The Fusion of Science and Humanism. S. 172 ff. New York
Kohut, H. (1979): Die Heilung des Selbst. Frankfurt/M.
Koller, H.-Ch. (1990): Die Liebe zum Kind und das Begehren des Erziehers. Weinheim
Korczak, J. ([1916] 1983): Wie man ein Kind lieben soll. Göttingen
Kramer, R. (1977): Maria Montessori. Leben und Werk einer großen Frau. München
Krumenacker, F.-J. (1990): Bruno Bettelheim. Anstatt einer Autobiographie. Rezension von B. Bettelheim: Themen meines Lebens. Psychologie Heute, 17. Jhg. Heft 12, 64 f.
Krumenacker, F.-J. (1993): Menschlichkeit als Methode. Bruno Bettelheims humanistisches Psychoanalyse-Verständnis im Spiegel seiner Kritik an der amerikanischen Analyse. In: Kaufhold, R. (Hrsg.): 1993, 20–28
Krumenacker, F.-J. (1993a): Rezension von J. Seevak Sanders' »A Greenhouse for the Mind«. In: Kaufhold, R. (Hrsg.): 1993, 132 f.
Krumenacker, F.-J. (1994): Heimerziehung als Milieugestaltung – Zur Aktualität Bruno Bettelheims. In: Kaufhold, R. (Hrsg.) (1994), 262–275
Krumenacker, F.-J. (1994a): Bibliographie der Schriften Bruno Bettelheims und ihrer Sekundärliteratur. In: Kaufhold (Hrsg.) (1994), 303–330
Krumenacker, F.-J. (1994b): Rezension von John Dewey: Demokratie und Erziehung. Die Deutsche Schule, 86. Jg., H. 3, 375 f.
Krumenacker, F.-J. (1997) (Hrsg.): Liebe und Haß in der Pädagogik. Zur Aktualität Bruno Bettelheims. Freiburg/Br.
Krumenacker, F.-J. (1997): Zerstört Theorie die Menschlichkeit? Zum Wissenschaftsverständnis B. Bettelheims. Neue Sammlung, 37, H. 4, 651–670
Krumenacker, F.-J. (i. Dr.): Heimerziehung als eigenständige Erziehungsform – Zur unabgeschlossenen Rezeption und unentfalteten Aktualität Bruno Bettelheims. Erscheint in Colla, H. E. (Hrsg.): Handbuch der europäischen Heimerziehung und des Pflegekinderwesens. Neuwied und Berlin
Krumenacker, F.-J./Kaufhold, R. (1993): Bruno Bettelheims Orthogenic School – Vergangenheit und Gegenwart eines milieutherapeutischen Modellprojekts. In: Büttner, Ch./Elschenbroich, D./Ende, A. (Hrsg.): Kinderbilder – Männerbilder: Wahrnehmung und Selbstwahrnehmung von Kindern und Jugendlichen. Jahrbuch der Kindheit Bd. 10. S. 22–39, 179–181. Weinheim; Basel
Kuiper, P. C. (1991): Seelenfinsternis. Die Depression eines Psychiaters. Frankfurt/M.
Kurzweil, E. (1985): Rezension von Bettelheim, B.: Freud und die Seele des Menschen. Psyche, 39, 375–377
Kutter, P. (1989): Moderne Psychoanalyse. München, Wien
Laing, R. D. (1987): Diskussion des Beitrages »The Therapeutic Milieu« von Bettelheim. Zeig, J. K. (Ed.): The Evolution of Psychotherapy. New York
Laplanche, J./Pontalis, J.-B. ([1967] 1973): Das Vokabular der Psychoanalyse, Bd. 1. Frankfurt/M.
Lazarus, B. (1990): Bruno Bettelheim and the Uses of Freedom. The University of Chicago Magazine, Summer, S. 31–32

Lehmann-Haupt, C. (1974): The Patient is Always Right. Review of A Home for the Heart by Bruno Bettelheim. The New York Times, 25. März

Levi, P. (1986): Die Untergegangenen und die Geretteten. München

Liedke, M. (1992): Johann Heinrich Pestalozzi. 12. Aufl. Reinbek bei Hamburg

Loewenberg, P. (1991): L'apport de Bruno Bettelheim à la sociopsychanalyse. Revue Int. d' Hist. dela Psychoanalyse, 4, 691–693

Lohmann, H.-M. (1990): Ein skeptischer Menschenfreund. Zum Tode Bruno Bettelheims. Frankfurter Rundschau, 15. März

Lubin, M. (1982): Responding to the Disturbed Child's Obscure Reparative and Communicative Wishes: Mutuality in the Special Education of an Early Adolescent Boy. Residential Group Care and Treatment, Vol. 1, 3–20

Lyons, T. W. (1983): The Pelican and after. Richmond

Lyons, T. W. (1995): Persönliche Mitteilung vom 18. 2. 1995

Mackler, B. (1976): Mother Blamers. Clinical Psychologist, Vol. 30, (1), 9–11, 23

Mahlke, W. u. a. (1990): Abschlußbericht des Forschungsprojekts »Der gestaltete Raum im Heim und in der Familie als Lebenshilfe.« Nürnberg

Mahlke, W./Schwarte, N. (1985): Wohnen als Lebenshilfe. Weinheim; Basel

Mannoni, M. (1973): Der Psychiater, sein Patient und die Psychoanalyse. Olten/Freiburg

Mannoni, M. ([1973] 1987): 'Scheißerziehung'. Von der Antipsychiatrie zur Antipädagogik. Frankfurt/M.

Mannoni, M. ([1976] 1978): Ein Ort zum Leben. Die Kinder von Bonneuil, ihre Eltern und das Team der Betreuer. Frankfurt/M.

Marcus, P./Rosenberg, A. (1994): Einleitung zum Bettelheim-Sonderheft des Psychoanalytic Review 3, 371 ff.

Meier, U. P. (1987): Pestalozzis Pädagogik der sehenden Liebe. Bern und Stuttgart

Mentzos, S. (1988): Interpersonale und institutionalisierte Abwehr. Frankfurt/M.

Merritt, G. (1968): Review of Bettelheim, B.: The Empty Fortress. The American Journal of Orthopsychiatry, 38, October, 926–930

Montessori, M. ([1923] 1954): Das Kind in der Familie. Freiburg/Br.

Montessori, M. ([1913] 1930): Selbsttätige Kindererziehung im frühen Kindesalter. Stuttgart

Montessori, M. ([1916] 1976): Schule des Kindes. Freiburg/Br.

Montessori, M. (1932): Der Erwachsene und das Kind in ihrer Arbeit. Blätter der internationalen Montessori-Gesellschaft. Berlin, Stuttgart, 1, Nr 1, 14–22

Montessori, M. (1966): Über die Bildung des Menschen. Freiburg/Br.

Montessori, M. ([1946] 1979a): Die Konzentration und die Erzieherin. In: Dies.: Spannungsfeld Kind – Gesellschaft – Welt. S. 20–27. Freiburg/Br.

Montessori, M. ([1946] 1979b): Über Phantasie und Märchen. In: Spannungsfeld Kind – Gesellschaft – Welt. S. 58–66. Freiburg/Br.

Montessori, M. ([1936] 1993): Kinder sind anders. 8. Aufl. München

Morrison, T. (1986): Solomons Lied. Reinbek bei Hamburg

Muss, B. (1973): Gestörte Sozialisation. München

Nietzsche, F. ([1908] 1973): Ecce homo. Frankfurt/M.

Noshpitz, J. (1992): History of Milieu in Residential Treatment of Children and Youth. In: Szajnberg, N. M. (Ed.): Educating the Emotions. Bruno Bettelheim and Psychoanalytic Development. S. 91–120. New York

Oelkers, J. (1992): Reformpädagogik. Eine kritische Dogmengeschichte. 2. Aufl. Weinheim und München

Oelkers, J. (1993): Dewey in Deutschland – ein Mißverständnis. Nachwort zur Neuausgabe von J. Dewey: Demokratie und Erziehung. S. 497–517. Weinheim und Basel

Oelkers, J. (1993a): Vorwort zu J. Dewey: Demokratie und Erziehung. S. 3–4. Weinheim und Basel

Ornston, D. (1982): Strachey's Influence. International Journal of Psychoanalysis, 63, 409–426

Ornston, D. (1985): Review of Bettelheim, B.: Freud and Man's Soul. Journal of the American Psychoanalytic Association, 33, 189–200, Suppl.

Otto, B. (1993): B. Bettelheims Milieutherapie. 2. Aufl. Weinheim, Basel

Pauker, S. L. (1994): Enchantment and Disenchantment with B. Bettelheim: A Review of Six Works. Marcus/Rosenberg (Eds.) (1994), 581 ff.

Pekow, C. (1990): The Other Dr. Bettelheim; The Revered Psychologist Had a Dark, Violent Side. Washington Post, 26 August

Pestalozzi, J. H. (1927 ff.): Sämtliche Werke, bearbeitet von E. Dejung, W. Guyer, H. Schönbaum, Berlin und Leipzig

Peters, U. H. (1979): Anna Freud. Ein Leben für das Kind. München

Pine, F. (1988): The four psychologies of psychoanalysis and their place in clinical work. The Journal of the American Psychoanalytic Association, 36, 571–596

Raditsa, L. (1987): Wilhelm Reich. Eine philosophisch-kritische Betrachtung. Frankfurt/M.

Rauschenbach, B. (Hrsg.) (1985): Arno Schmidt. Der Briefwechsel mit Alfred Andersch. Zürich

Redford, R. C. (1990): Bettelheim Became the Very Evil He loathed. The New York Times, 20. November

Reich, K. (1994): Bettelheims Psychologie der Extremsituation. In: Kaufhold, R. (Hrsg.) (1994), 134–155

Reich, K. (1994a): Symbolische Wunden. Bruno Bettelheims Relativierung des Ödipuskomplexes. In: Kaufhold, R. (Hrsg.) (1994), S. 156–174

Reich, W. ([1933] 1973): Charakteranalyse, Frankfurt/M.

Reich, W. ([1942] 1979): Die Funktion des Orgasmus, 8. Aufl. Frankfurt/M.

Reichmayr, J. (1994): Spurensuche in der Geschichte der Psychoanalyse. Frankfurt/M.

Riley, M. J. (1958): Psychiatric Consultations in Residential Treatment. The Child Care Worker's View. The American Journal of Orthopsychiatry, 28

Roazen, P. (1969): Review of Children of the Dream. In: The New York Times, April 6, 3 + 23

Roazen, P. (1992): The Rise and Fall of B. Bettelheim. Psychohistory Rev., Vol. 20, (3), 221–250

Rogers, R. (1991): Self and Other. New York and London

Roubiczek, L. E. (1933): Gruppenerziehung des Kleinkindes vom Standpunkt der Montessori-Pädagogik und der Psychoanalyse. Zeitschrift für Psychoanalytische Pädagogik, VII. Jhg., H. 3/4, 93–118

Rousseau, J.-J. (1762): Emile oder über die Erziehung. In der neuen deutschen Fassung von L. Schmidts, 6. Aufl., Paderborn u.a. 1983

Rycroft, C. (1992): Soul Murder an Survival – Bruno Bettelheim. In: Rycroft on Analysis and Creativity. New York. S. 95–102

Sachs, S. (1989): Stefa Wilczynska. München, Weinheim

Safranski, R. (1990): Wieviel Wahrheit braucht der Mensch? Über das Denkbare und das Lebbare. München

Sanders, J. (o. J.): Vortrag auf dem Ehemaligentreffen der Universität von Chicago zu Ehren Bruno Bettelheims in Los Angeles

Sanders, J. (1990): A Child's Place. Residential Treatment for Children and Youth, Vol. 7, No. 4, 9–27

Sanders, J. (1993): Bruno Bettelheim und sein Vermächtnis: Die Orthogenic School in den neunziger Jahren. Psychosozial, 16, H. 1, 29–34

Schäfer, G. E. (1991): Erziehung an den Grenzen – Bruno Bettelheim. Neue Praxis, 21. Jhg., (3) 187–200

Schäfer, G. E. (1997): Liebe und Haß – Vertrautheit und Fremdheit. Überlegungen zum Bild des Kindes bei Bettelheim und Mannoni oder: Von den notwendigen Grenzen der Liebe in der Pädagogik. In: Krumenacker, F.-J. (Hrsg.): Liebe und Haß in der Pädagogik. S. 56–69. Freiburg/Br.

Scheler, M. ([1912] 1974): Wesen und Formen der Sympathie. Bern und München

Schindler, R. (1991): Topologie der Versagung. RISS-Zeitschrift für Psychoanalyse, 5, Nr. 13/14; 109–142

Schmauch, U. (1978): Ist Autismus heilbar? Zur Psychoanalyse des frühkindlichen Autismus. Bruno Bettelheim und Margret Mahler. Frankfurt/M.

Schmidbauer, W. (1977): Die hilflosen Helfer. Reinbeck bei Hamburg

Schreier, H. (1986): Einleitung zu J. Dewey: Erziehung durch und für Erfahrung. S. 9–82. Stuttgart

Schreier, H. (1991): John Dewey – Ein Wegbereiter der modernen Erlebnispädagogik? Lüneburg

Schwarz, M. M. (1977): Psychoanalysis in Fairy Land: Notes on Bettelheim as Interpreter. Literature and Psychology, 27, (3), 140–143

Scott, D. R. C. (1990): Repudiating the repudiation (Letter to the Editor). The University of Chicago Magazine, Dezember, 4

Searles, H. F. ([1960] 1974): Der psychoanalytische Beitrag zur Schizophrenieforschung. München

Sechehaye, M. A. ([1951] 1955): Symbolische Wunscherfüllung. Bern und Stuttgart

Seevak Sanders, J. (1989): A Greenhouse for the Mind. Chicago/London

Sichtermann, B. (1992): Vorsicht Kind. Berlin

Stein, A. (1969): Pestalozzi und die Kantische Philosophie. 2. Aufl. Darmstadt

Steinbeck, J. (1975): Jenseits von Eden. Frankfurt/M.

Stork, J. (1977): Wenn es ein Paradoxon gibt. Vorwort zu Bettelheim, B.: Die Geburt des Selbst. S. IX–XV. München

Stork, J. (1994): Zur Entstehung der Psychosen im Kindesalter. Kinderanalyse, 2, H. 2, 208–248
Sünkel, W. (1990): Die Situation des offenen Anfangs der Erziehung, mit Seitenblicken auf Pestalozzi und Makarenko. Zeitschrift für Pädagogik, 36. Jhg., Nr. 3, 297–307
Sutton, N. (1996): Bruno Bettelheim. Hamburg
Szajnberg, N. M. (Ed.) (1992): Educating the Emotions. New York
Teuns, S. (1991): In memoriam Bruno Bettelheim (Wien 1903– Silverspring/Washington 1990) Arbeitshefte Kinderpsychoanalyse, 13, 85–93
The University of Chicago (o .J.): The Orthogenic School. Chicago
Ulich, R. (1967): Contemplations on the Philosophy of John Dewey. Comparative Education, 3. Bd. Heft 2 (März 1967), 79–84
Waelder, R. ([1936] 1980): Das Prinzip der mehrfachen Funktion. Bemerkungen zur Überdeterminierung. In: Waelder, R.: Ansichten der Psychoanalyse. Eine Bestandsaufnahme. S. 57–76. Stuttgart
Wehrmann, E. (1990): Fausts Blindheit. Er wollte die Kinder retten, mit aller Gewalt. Die ZEIT, Nr.39 vom 21. September
Wigger, L. (1990): Die praktische Irrelevanz pädagogischer Ethik. Einige Reflexionen über Grenzen, Defizite und Paradoxien. Zeitschrift für Pädagogik, 36, 309–330
Winkler, M. (1988b): Eine Theorie der Sozialpädagogik. Über Erziehung als Rekonstruktion der Subjektivität. Stuttgart
Winkler, M. (1993): Entdramatisierung der Heimerziehung. Jugendwohl, 74, H. 6, 268 ff.
Winkler, M. (1997): Die Matrix des Lebens. B. Bettelheim und die Konstitution des pädagogischen Ortes. In: Krumenacker, F.-J. (Hrsg.) (1997): Liebe und Haß in der Pädagogik. S. 190 ff. Freiburg/Br.
Winnicott, D. W. (1969): The Use of an Object in the Context of Moses and Monotheism. In: Psychoanalytic Explorations. . S. 240–246. London
Winnicott, D. W. (1983): Haß in der Gegenübertragung. In: Reifungsprozesse und fördernde Umwelt. S. 47 ff. München
Wirth, A. G. (1966): Dewey as Educator. New York
Wirth, H.-J. (1989): Der Mythos vom Todestrieb. Psychosozial, 12, H. 37, 83–89
Wolffen, G. (1990): Ein Leben für Kinder. Zum Tode des Kinderpsychologen Bruno Bettelheim. Der Tagesspiegel vom 15. März
Wright, B. (1957): Attitude Toward Emotional Involvement and Professional Development in Residential Child Care. Dissertation. Universität von Chicago
Würbel, G. (1983): Der frühkindliche Autismus (Kanner). Diss. Salzburg
Wunsch, R. (1998): Das Konzept der höheren Integration. Eine pädagogische Studie über den Zusammenhang von Gesellschaft, Psychopathologie und Erziehungsinstitution in den Schriften B. Bettelheims. Dissertation. Essen
Wyatt, F. (1981): Rezension von Bettelheim, B. Kinder brauchen Märchen. Psyche, 35, 662–669
Wyneken, G. (1919): Schule und Jugendkultur. Jena
Wyneken, G. (1922): Wickersdorf. Lauenburg

Young-Bruehl, E. (1996): Undertow. A Life of B. Bettelheim, Who Could not Purge his own Demons. The New York Times Book Review. 14. 7. 1996, S. 22

Zimmerman, D. P. (1991): The Clinical Thought of Bruno Bettelheim: A Critical Historical Review. Psychoanalysis and Contemporary Thought: A Quarterly of Integrative and Interdisciplinary Studies, 14 (4) 685–721

Zimmerman, D. P. (1994): Bruno Bettelheim. The Mysterious Other. Historical Reflections on the History of Childhood Psychosis. Psychoanalytic Review, Vol. 81, No. 3, 411 ff.

Zimmerman, D. P. (1997): Bettelheim: A Life and Legacy: On Succumbing to the Temptations of »Celebrity Biography«. Psychoanal. Psychology, 14 (2), 279–293

Zwischenbericht Kommission Heimerziehung (1977): Heimerziehung und Alternativen. Frankfurt/M.

Personenregister

Abel 74
Aichhorn, A. 117, 152, 217
Altstadt, R. 58, 113, 234, 237f
Amor 89
Amor 89
Andreas–Salomé, L. 60
Angres, R. 25, 27, 30, 33, 212
Apel, H.-J. 274
Archimedes 96

Badinter, E. 22
Bauer, A. 88
Baumgarten, E. 276
Baumgärtner, A. C. 59
Becker, St. 92, 108, 152f, 211, 214
Beethoven, L.v. 103
Benedetti, G. 69
Benrubi, I. 221
Bernfeld, S. 25, 67, 88, 117, 141, 161, 232
Bernstein, R. 11
Bieniussa, P. 17
Birkemeier, M. 246
Bittner, G. 44
Blau, W. 26
Blum-Maurice, R. 152
Böhm, W. 234, 239f, 242f, 244, 246f, 252, 255
Böhnisch, L. 223f
Bohnsack, F. 263, 267, 274, 276f
Bohr, N. 53
Boller, M. 14
Bollnow, F. O. 239
Brandt, L. W. 57
Brull, F. H. 57
Bühler, C. 111
Bühler, K. 236

Buhmann, C. 65, 68
Buxbaum, E. 58

Carey, C. 58
Caudill, W. 108f
Celan, P. 15f
Ciompi, L. 111
Clark, D. H. 160
Cleaver, L. 31, 183
Coen, S. 12
Cohler, B. 30, 121, 159
Coles, R. 18f
Colla, H. 153, 156
Comenius, J. A. 217
Coser, L. A. 74
Coseriu, E. 217
Craig, W. C. 11
Cupido 7

Dahl, J. 146
Dante 79
Darnton, N. 30, 32
Delius, F. C. 69, 106, 110
Dempsey, D. 23f, 144, 160, 226, 250, 260f, 265
Dewey, J. 13f, 109, 121, 127, 161, 203, 217f, 233, 257–277
Don Bosco, G. 24
Dostojewski, F. 33

Eissler, K. 12
Ekstein, R. 21, 71, 93, 108, 152, 159, 207
Erikson, E. H. 191
Eros 61, 70f, 72f, 77

Faust 78
Federn, E. 29, 68f, 71, 277

Fermi, L. 17
Feuling, M. 65, 68
Fink, H. 58
Finzen, A. 106
Fisher, D. J. 11f, 21, 29, 41, 48, 52, 56, 58
Fitzgerald, S. 52
Foucault, M. 13, 138, 208
Francke, H. A. 218
Frank, A. 73
Frankenstein, C. 42f, 44
Frattaroli, E. 12, 44, 48f, 52, 54f, 56, 72, 79
Fremon, C. 18, 69, 70f
Freud, A. 39, 113, 115, 217, 237
Freud, S. 36f, 39, 43f, 50, 54, 57f, 59f, 62–64, 68f, 70f, 75, 77f, 84, 94, 99, 101, 104, 107, 110, 144, 203, 217, 237, 260f
Frischenschlager, U. 156f, 209
Frise, M. 11
Fröbel, F. 218

Gay, P. 58, 70
George 169
Gerspach, M. 271
Goethe, J. W. 78, 103
Goffman, E. 205, 210, 212
Goleman, D. 11
Göppel, R. 241
Groothoff, H.-H. 257
Grossman, R. 17, 30, 32
Gudjons, H. 229f
Guyer, W. 226

Harry 162, 165–188
Hartmann, H. 39f, 41, 103f
Hegg, S. 226, 232
Heiland, H. 234, 238, 246
Helstein, N. 32

Henry, J. 147, 213, 214
Hermann, I. 74
Herrmann, U. 161
Heun, H. D. 218
Hilldrup, C. 126
Horn, K. 106
Hülshoff, R. 230f
Hyalla, E. 257

Ignatieff, M. 58
Itard, J.-M.G. 234

Jacoby, R. 104
James, W. 257
Janowitz, M. 74
Jatich, A. 27, 30, 33, 208, 210
Jesus Christus 242
Joe 184f
Joey 46, 164, 171, 215
Jones, E. 59, 70, 89
Jones, M. 160
Jung, C. G. 89
Jünger, H. 92
Junker, H. 59f, 77
Jurgensen, G. 108, 154, 184, 238, 252

Kahn, D. 17
Kain 74f
Kant, I. 265
Karlin, D. 21, 62, 72, 77, 81, 109, 157f, 159, 199, 201, 207, 213f, 230, 255, 267
Karsch, J. 140, 145
Kaufhold, R. 12, 20, 241
Kaufman, R. 32
Kautsky, K. 114
Kermode, F. 58
Kivits, T. 74
Klafki, W. 221f, 230, 233, 257, 268

Klann–Delius, G. 69, 106, 110
Klee, E. 231
Klein, M. 46
Klüwer, K. 123
Kohut, H. 18, 44f, 48f, 55
Koller, H.-C. 229
Korczak, J. 216
Kramer, R. 236f
Krumenacker, F.-J. 12, 77
Kuiper, P. C. 79f
Kurzweil, E. 58
Kutter, P. 46

Lacan, J. 64
Laing, R. D. 20
Lange, F. A. 92
Laplanche, J. 15
Lazarus, B. 35
Lehman-Haupt, C. 20
Lessing, Th. 92, 217
Levi, P. 101f
Liedke, M. 226, 229f
Loewenberg, P. 261
Lohmann, H. M. 77
Lubin, M. 245
Lyons, T. W. 13, 28f, 31f, 154, 158

Mackler, B. 241
Mahler, M. 44, 108
Mahlke, W. 146, 233, 258
Makarenko, A. S. 34, 233
Mannoni, M. 64f, 119, 146, 210
Marcus, P. 12
Mary 197
Mayr, W. 156f, 209
Mead, G. H. 257
Meier, U.P. 224f
Mentzos, S. 156
Merritt, G. 11
Mies van der Rohe, L. 133

Mills, M. 238
Montessori, M. 13, 24, 160, 210f, 217f, 233–256, 263
Morrison, T. 85f
Münchmeier, R. 223f
Muss, B. 186

Nietzsche, F. 24
Noshpitz, J. 218

Ödipus 48, 50f
Oelkers, J. 243f, 258, 270
Ornston, D. 57f, 60, 76
Otto, B. 72

Parsons, T. 186
Pauker, S.L. 12
Pearce, C. S. 257
Pekow, C. 17, 24, 30, 33, 209
Peller, L. (geb. Roubiczek) 236
Pestalozzi, J. H. 13, 34, 217–233
Peters, U. H. 237
Pfister, O. 75f
Piaget, J. 217
Pine, F. 36, 47
Plank, E. 238
Polanyi, M. 59
Pontalis, J.-B. 15
Psyche 89

Raditsa, L. 206
Raines, T. 18
Redford, R. 208f
Redl, F. 21, 112, 116, 152, 217, 274
Reich, K. 48, 69
Reich, W. 18, 56, 107f, 154
Riley, M. J. 154
Roazen, P. 12, 160
Rogers, R. 46f, 55

Roller, A. 92
Rosenberg, A. 12
Rosenfeld, A. A. 66, 151, 167, 239, 254
Roubiczek, L. 236f
Rousseau, J.-J. 24, 221, 223
Rügemer, W. 20
Rycroft, C. 19

Sachs, S. 111
Safranski, R. 15
Sanders, J. 30, 58, 101, 105, 112, 116, 120, 122, 128f, 130, 149, 183, 205, 233, 250, 252f, 254
Sartre, J.-P. 189
Schäfer, G.E. 121, 210
Scheler, M. 81, 83
Schiller, F. 83
Schindler, R. 63
Schmauch, U. 215
Schmidbauer, W. 156f
Schnitzler, A. 144, 159
Schreier, H. 257, 262, 269f
Schwarte, N. 146, 258
Schwarz, M. M. 42
Scott, D. 29
Searles, H. F. 136
Sechehaye, M. A. 136
Séguin, E. 234
Shulenberger, G. 17, 184
Sichtermann, B. 157
Silberstein, E. 59
Stein, A. 221
Steinbeck, J. 74f
Steiner, G. 72
Strachey, J. 57f, 60f, 76, 94
Sünkel, W. 35
Sutton, N. 12, 17, 21, 30f, 32, 34, 42, 44, 74, 81, 91, 111f, 114, 121, 126, 128f, 173, 183, 184, 194, 238

Swift, J. 103
Sylvester, E. 97, 111f, 116f, 118, 120
Szajnberg, N. 12

Taber, S. 159
Teuns, S. 74, 108, 183, 242
Thanatos 61, 73
Tyroler, F. 17

Ulich, R. 277

Vaihinger, H. 92, 96, 217f
Vergil 107

Waelder, R. 53f
Wedekind, E. 152
Wehrmann, E. 30
Weinfeld, G. 234, 238
Weinman, R. (geb. Altstadt) 114
Wichern, J. 218f
Wiesenhold–Heun, D. 218
Wigger, L. 215
Wilczynska, S. 111
Winkler, M. 12, 67, 194, 219, 221, 228
Winnicott, D. W. 12, 32, 56, 108, 183, 211
Wirth, A. G. 277
Wolffen, G. 20
Wright, B. 163, 194, 219
Wunsch, R. 12
Würbel, G. 189
Wyatt, F. 42
Wyneken, G. 160f, 260

Young–Bruehl, E. 12

Zelan, K. 17, 142, 261
Zimmerman, D. P. 11, 32, 117
Zweig, A. 60

Sachregister

A Greenhouse for the Mind
 (Seevak Sanders) 105, 252
*A Note on the Unconscious
 in Psychoanalysis (Freud)* 76
Abstinenz 64
Abstufung von Lebenserfahrungen 127
Affektlogik (Ciompi) 111
Aktivität, humanisierende
 Wirkung von 189f
allseitige Besorgung (Pestalozzi) 229
alltägliche Erfahrungen 38, 116, 266, 273
Alltagstätigkeiten 125
American Association
 of Orthopsychiatry 112
An mein Zeitalter (Pestalozzi) 229
analytische Situation 81, 100
Angst im Erziehungsprozeß 93, 226f
Angst vor dem Verhungern
 bei Kindern 130
Arbeit an der Differenz
 Freud/Bettelheim 60–77
argumentum ad verecundiam 20
Aschenputtel (Gebr. Grimm) 91
aufgabenbezogene Hierarchie 149
Auschwitz 73
äußere Lebensumstände (Wirkung von) 99
Autonomie 95, 120, 151–154, 168, 191, 203
Autonomie, Verhinderung von 208
Autorität 93, 182, 187

Bedürfnisbefriedigung 60, 63–68, 94, 119, 167, 171, 187
Bemangelung (Feuling) 68
berufliche Eifersucht 149
Bettelheim, Bruno
–, *A Good Enough Parent*
 (dt. *Ein Leben für Kinder*) 84, 241f
–, *A Psychiatric School* 120
–, *A Therapeutic Milieu* 118
–, als Bilderstürmer 48, 51
–, als Held unserer Zeit 18f
–, als klassischer Freudianer 41
–, ambivalentes Erbe von 32
–, Anregungspotential von 33
–, *Aufstand gegen die Masse* 38, 53, 67, 104, 258
–, Auslassungen in seinen
 Schriften 17, 23
–, autoritäre Charakterstruktur
 von 182
–, Behandlungserfolge von 17
–, belles histoires von 17, 114
–, berufliches Verantwortungsgefühl von 22
–, Betonung des Gelingenden
 durch 17
–, *Das Wien Sigmund Freuds* 233
–, *Der Weg aus dem Labyrinth* 23, 37, 67, 83f, 117, 120f, 122, 128, 162, 197, 209, 215, 263
–, Dewey-Rezeption von 260–279
–, *Die äußerste Grenze* 69
–, *Die Geburt des Selbst* 11, 18, 47, 51, 56, 189, 193

–, *Die Kinder der Zukunft* 50
–, *Die symbolischen Wunden* 39, 41, 105
–, Do as I say, not as I do-Diktum von 30, 32
–, dunkle, gewalttätige Seite von
–, Ehrendoktorate von 20
–, *Ein Leben für Kinder* 241
–, Einheit von Theorie und Praxis 15
–, *Erziehung zum Überleben* 74
–, Fähigkeit zur Einfühlung 19
–, fehlende Lehranalyse von 21
–, Freitod 11f
–, *Freud und die Seele des Menschen* 36, 41, 55, 57f, 61, 69, 144, 233
–, Freud-Rezeption von 59
–, *Gespräche mit Müttern* 188, 241
–, Hagiographen von 20
–, Idealisierung von 18, 20
–, Identität von Leben und Werk 15
–, *Kinder brauchen Märchen* 11, 41f, 50, 55
–, Kritik an 11
–, Leserkreis von 18f
–, *Liebe allein genügt nicht* 11, 21, 34, 37f, 91, 121, 125, 169
–, Marginalität in der offiziellen Psychoanalyse 56
–, *Milieu Therapy: The Orthogenic School Model* (Bettelheim/Sanders) 122
–, Mißerfolge von 21
–, Mitarbeiterinnen von 16f, 22, 35
–, moralische Grundorientierung von 17
–, Nachrufe auf 11
–, *On Writing Case Stories* 196
–, *Persönliche Autonomie in der Massengesellschaft* 109
–, Pestalozzi-Rezeption von 219
–, Pflichtgefühl von 17
–, posthume Kritik an und Gegenkritik 20, 24–32
–, Pragmatismus von 47
–, Psychoanalyse-Verständnis von 36–56, 57–96
–, Reintegration der eigenen Persönlichkeit 102, 106, 116
–, *Schizophrenie als Reaktion auf Extremsituationen* 51
–, Schreibstil von 11, 15, 34
–, Schuldgefühle, das Konzentrationslager überlebt zu haben, von 23
–, Seelenmetapher von 61
–, Sekundärliteratur zu seinem Werk 18
–, Selbstdisziplin von 19
–, Selbststilisierung von 17, 23
–, *So können sie nicht leben* 37
–, Sozialisation in Wien 58
–, strategisch-selektiver Umgang mit Wahrheit 18, 22, 67
–, *Themen meines Lebens* 37, 52, 160, 218, 233, 259
–, theoretische Unentschlossenheit von 48, 51f
–, theoriegeschichtliche Einordnung von 217
–, Unberechenbarkeit von 24
–, verbale Brutalität von 21
–, verehrende Übertragung auf 17f
–, vorherrschendes Bild von 17

Bewegungserziehung 250
Bewußtseins-Kult 43
Beziehungsarbeit 105, 165–202
–, exklusive Zweierbeziehung in der 203
–, Vielfalt von Beziehungen in der 203
–, Gruppe in der 184f
–, instrumentell-expressive Arbeitsteilung in der 182, 186f, 203
Bindungstheorie 46
Brüderchen und Schwesterchen (Gebr. Grimm) *79*
Buchenwald (Konzentrationslager) 96, 114

Campus-Universität 159
Conjunctio oppositorum (Vereinigung von Gegensätzen) 53
Contrat Social (Rousseau) 223

Dachau (Konzentrationslager) 96, 114
Das Ich und seine Abwehrmechanismen (A. Freud) 39
Das psychiatrische Krankenhaus als kleine Gesellschaft (Caudill) 108
Das Unbehagen in der Kultur (Freud) 69f, 71
Demokratie und Erziehung (Dewey) 257f, 270, 274
Der wachsende Indikationsbereich der Psychoanalyse (A. Freud) 115
Deutungstechniker 89
Dewey-School 260, 263, 267
Die Heilung des Selbst (Kohut) 48

Die menschliche Natur. Ihr Wesen und ihr Verhalten (Dewey) 274
Die Mutterliebe (Badinter) 22
Die Schwestern (Skulptur von Karsch) 140
Die Traumdeutung (Freud) 107
Die Untergegangenen und die Geretteten (Levi) 101
Differenzerlebnisse 210
Disziplin 21

Einheitlichkeit 148–151
Einzeltherapie 117, 181
Elternarbeit 108
Emile oder über die Erziehung (Rousseau) 223
Empathie 16, 61, 79–88, 196
Engagement, totales 153, 195, 225
Erfahrung und Erziehung (Dewey) 261, 270
Erfahrungslernen 272–275
Erfahrungsprozeß 272
Eros, entsexualisierter 71–73, 94
Erziehung, gegenseitige 195, 204
Erziehungsprovinz 223
Es 39, 42
Essenssituation 126
Extremsituation 3, 96, 99f, 114, 206

Familienerziehung 230f
Fiktionen 92, 96
formal education 264
Frauenfigur aus Stein (The Lady) 135
Freudsche Orthodoxie 37, 48
funktionelle Identität bei gleichzeitiger Gegensätzlichkeit 154

Geburt, Wiedergeburt 129
Gegenübertragung 81
Gegenübertragung, Umgang mit der 199
gemeinsames Menschsein 87
Gemeinschaft 158–161
Gemeinschaftserziehung 161
Gesalbte (Häftlingtypus) 98
Gesammelte Werke (Freud) 75
Geschenke für Kinder 129
Geschichte als Sinngebung des Sinnlosen (Lessing) 217
gesprengte Institution (Mannoni) 210
Gesundheit 62f
gewalttätige Natur des Menschen 25
Ghettodenken 25
Göttliche Komödie (Dante) 79

Haltung, professionelle 80
Häresie, häretisch 48–52
Hauptbetreuer 149
Haus der Kinder 234f, 237, 252
Hausglück (Pestalozzi) 231
Heimalltag 105
Heimerziehung 81
Helfersyndrom 156f
Hoffnung 65
Holocaust 15
Humanist, Humanismus 57f, 59f, 96

Ich 42f
Ich-Psychologie 36, 38f, 40, 42, 44, 54
Ich-Stärkung, Stärke 38f, 86
Induktion, positive, pädagogische 123
Induktion, psychosoziale 123
induzierte Spontanphänomene (Klüwer) 123

informal education 264
Initiationsriten 40
institutionele Abwehr 156
Internationale Gesellschaft für Heimerziehung 266
Introjektion 180

Jenseits von Eden (Steinbeck) 74
John Dewey: Erziehung durch und für Erfahrung (Schreier) 269
Junktim von Heilen und Forschen 101

Kibbuz 158, 160
Kinder sind anders (Montessori) 238, 240, 242
Kinderfeste 129
Kindheitsschizophrenie 51
Komplementarität 53
konstruktive therapeutische Illusionierung 92
Konzentrationslager 13, 39, 63, 82, 99, 105, 110, 114f, 206f
korrigierende Erfahrungen 125f, 127, 173

Laboratory-School s. Dewey School
Leben lernen 275
Lernen lernen 275
Liebe, pädagogische 224, 226
Liebespädagogik 91
Lienhard und Gertrud (Pestalozzi) 226, 228, 230
Lustprinzip 71, 261

Madonna della Sedia (Raffael) 251
Milieucharakter 202
Milieudimensionen 123

Milieudimensionen, Synchronisation der 205
Milieudynamik 202, 204
Milieugestaltung 123
Milieutherapie 68, 111, 113, 115f, 120, 125, 208
–, Definition von 118, 205f
–, frühe 118–120
–, späte 120–123
–, Unterleben (Goffman) in der 212
–, als Synthese psychoanalytischer und Positionen des amerikanischen Pragmatismus 275ff
–, ästhetische Gestaltung in der 248
–, Beziehungsgestaltung in der 162–202
–, Dimension Umgebung 131
–, Direktor, Funktion des in 181–184
–, Gebäude, Räume, Ausstattungen in der 134
–, gradatim procedere in der 133
–, Grundprinzip der 266
–, institutionelle Dimension von 123, 146–161
–, Integration ihrer Dimensionen 122
–, Kritik der 207–216
–, kulturelle Prägung der 159
–, Macht und Willkür in der 213
–, magische Tage in der 128–130
–, menschliche Dimension von 123, 161–202
–, nicht alltägliche Ereignisse in der 123, 128–130
–, normativer Gehalt der 271f
–, Paradigma der 205
–, physikalische Dimension 123
–, Realität in der 267
–, Schonraum in der 267
–, Systematische Rekonstruktion von 111–206

Neue Folge der Vorlesungen zur Einführung in die Psychoanalyse (Freud) 70
nicht-verbale Kommunikation 122
Normalisation 236

Objektbeziehungstheorie 45–47
Optimismus, pädagogischer 259
Ordnung 251
Ort, pädagogischer 123, 219
Orthodoxie, orthodox 48–52
Orthogenic Jail 209
Orthogenic School, Sonia Shankman Orthogenic School 13, 22, 24, 26, 35, 49, 67f, 79, 87, 91, 92, 97, 109, 118, 121, 131f, 154, 156, 160, 166, 184, 189, 199, 207, 233, 253
–, Adolescent Unit der 144
–, amerikanische Elemente an der 159
–, Architektur der 137
–, Ethos der 213
–, Gemeinschaftsleben an der 158
–, künstlerische Gestaltung der 251
–, Macht und Willkür der Leitung 213
–, Organisationsstrukturen von 146–161
–, räumliche Gliederung der 252
–, Wohnzimmer der 140

Ostern 130
Oszillation zwischen Orten 211

Pädagogisches Poem (Makarenko) 34
Passah-Fest 130
Pestalozzis Auffassung vom Seelenleben des Kindes (Hegg) 232
Phantasie 246
Philosophie des als-ob (Vaihinger) 217
Primärprozeß 195
Progressive Education 257–287
–, Lernen durch Erfahrung in der 272–275
–, Orientierungen und Regulative der 270
–, Situationsbezug in der 268
–, Unbestimmbarkeit eines Bildungszieles in der 268–272
–, Fehlen eines normativen Gehalts 268–272
Progressive Education Association 260
Proportionen, dem Kind angemessene 254
Pseudobeziehungen 168
Psychoanalyse
–, als Beobachtungsmethode 100
–, als Diagnoseinstrument 100
–, als die Umwelt vernachlässigende Disziplin 91, 96–102
–, als Persönlichkeitstheorie 100
–, amerikanische 55, 77
–, Fixierung auf das Pathologische 41, 102
–, strukturalistische 64
–, Vier Psychologien der (Pine) 37–47, 55
Puppenstubenmilieu 230, 255
rationales Denken 79

Realitätsprinzip 259, 261f
Re-Integration der Mitarbeiter 155f, 197, 201
Reiz-Reaktionspsychologie 259
Rentnerdasein (Bernfeld) 67
Rettungspädagogik 244
Rockefeller-Foundation 260

Säugling 45, 189f
Schuldiger Mensch (Kohut) 48f
Schule und öffentliches Leben (Dewey) 262
Seele 74–96
Seelenfinsternis (Kuiper) 79
Seelenseziererer 89
Selbst 42, 45, 55
Selbstachtung 61–63, 133
Selbstbeherrschung, als Ziel von Erziehung 262
Selbsttätigkeit 245
Sexualtrieb 69
Situationsbezug 51f
Solomons Lied (Morrison) 85
Soziale Solidarität 154, 158, 213
Spurensuche in der Geschichte der Psychoanalyse (Reichmayer) 237
Stanser Brief (Pestalozzi) 34, 222, 229
Stumme Botschaften 135–145, 203
symbiotische Matrix 44
Symbolik (von Räumen, Ausstattungen, Situationen) 121
Symptome, Akzeptanz der 170

Takt, pädagogischer 192
Teufel und Verdammte (Kautsky) 114
The Standard Edition of the Complete Psychological Works of Sigmund Freud 57, 75
therapeutische Gemeinschaft 160
therapeutisches Milieu s. Milieutherapie
tiefenpsychologisch interpretierter und gestufter Alltag 123, 125–128
Todestrieb 61, 68–71, 94, 225, 277
Tragischer Mensch (Kohut) 48f
Triebdualismus, akzentuierter 73
Triebtheorie 37, 47

Übergangsorte 265
Übergangszeiten 265
Über-Ich 39, 42, 179f, 182
Umgebung, ländliche 132
Umgebung, städtische 132

Umwelt 101, 115, 120f, 206
Unbewußtes 38, 42f, 77, 98, 100, 130, 137, 225
Universität von Chicago 131f, 146, 260
Urkonflikt Bedürfnis-Außenwelt (Reich) 108

väterliches Prinzip 182f
Versagung 63f, 93
Verwöhnen 66
vorbereitete Umgebung 233, 247–248

Wechselseitigkeit 190
Wege der Psychoanalytischen Therapie (Freud) 64
Weglaufen 174f
Weihnachten 17, 129
Wesen und Formen der Sympathie (Scheler) 82
Wickersdorf 161
Wohnstubenpädagogik (Pestalozzi) 218
Würde 62f, 95, 242f

Zeugen Jehovas 98

UTB FÜR WISSENSCHAFT

Auswahl Fachbereich
Pädagogik

Gernert, Jugendhilfe
UTB Große Reihe 8068
(E. Reinhardt). 4. Aufl. 1993.
DM 46,00, öS 336,--, sfr 42,50

Größing, Einführung in
die Sportdidaktik
UTB Große Reihe 8130
(Limpert). 7. Aufl. 1997.
DM 49,80, öS 364,--, sfr 46,00

Kron,
Grundwissen Pädagogik
UTB Große Reihe 8038
(E. Reinhardt). 5. Aufl. 1996.
DM 56,--, öS 409,--, sfr 51,--

Kron,
Grundwissen Didaktik
UTB Große Reihe 8073
(E. Reinhardt). 2. Aufl. 1994.
DM 59,80, öS 437,--, sfr 54,--

Krüger/Helsper (Hrsg.), Einführung
in Grundbegriffe und Grundfragen
der Erziehungswissenschaft Bd. 1
UTB Große Reihe 8092
(Leske+Budrich). 3. Aufl. 1998.
DM 32,80, öS 239,--, sfr 30,50

Krüger/Rauschenbach (Hrsg.),
Einführung in die Arbeitsfelder
der Erziehungswissenschaft Bd. 4
UTB Große Reihe 8093
(Leske+Budrich). 2. Aufl. 1997.
DM 32,80, öS 239,--, sfr 30,50

Krüger (Hrsg.), Einführung
in Theorien und Methoden der
Erziehungswissenschaft Bd. 2
UTB Große Reihe 8108
(Leske+Budrich). 1997.
DM 32,80, öS 239,--, sfr 30,50

Harney/Krüger (Hrsg.),
Einführung in die Geschichte
von Erziehungswissenschaft und
Erziehungswirklichkeit Bd. 3
(Leske+Budrich). 1997.
DM 32,80, öS 239,--, sfr 30,50

Mönks, Lehrbuch der
Entwicklungspsychologie
UTB Große Reihe 8080
(E. Reinhardt). 1996.
DM 49,80, öS 364,--, sfr 46,00

Straßmeier, Didaktik f. d. Unterricht mit geistigbehinderten
Kindern
UTB Große Reihe 8132
(E. Reinhardt). 1997.
DM 39,80, öS 291,--, sfr 37,00

115 Rousseau,
Emil oder Über die Erziehung
(F. Schöningh). 12. Aufl. 1995.
DM 25,80, öS 188,--, sfr 24,00

178 Lassahn,
Einführung in die Pädagogik
(Quelle & Meyer). 8. Aufl. 1995.
DM 24,80, öS 181,--, sfr 23,00

656 Schwendtke (Hrsg.),
Wörterbuch der Sozialarbeit und
Sozialpädagogik
(Quelle & Meyer). 4. Aufl. 1995.
DM 44,00, öS 321,--, sfr 41,00

657 Kupffer/Martin (Hrsg.),
Einführung in Theorie und Praxis
der Heimerziehung
(Quelle & Meyer). 5. Aufl. 1994.
DM 26,80, öS 196,--, sfr 25,00

724 Rückriem/Stary/Franck,
Die Technik wissenschaftlichen
Arbeitens
(F. Schöningh). 10. Aufl. 1997.
DM 29,80, öS 218,--, sfr 27,50